Rückabwicklungen bei der Schenkungsteuer

Europäische Hochschulschriften
Publications Universitaires Européennes
European University Studies

Reihe II
Rechtswissenschaft

Série II Series II
Droit
Law

Bd./Vol. 4429

PETER LANG
Frankfurt am Main · Berlin · Bern · Bruxelles · New York · Oxford · Wien

Sebastian Engler

Rückabwicklungen bei der Schenkungsteuer

PETER LANG
Europäischer Verlag der Wissenschaften

Bibliografische Information Der Deutschen Bibliothek
Die Deutsche Bibliothek verzeichnet diese Publikation in der Deutschen Nationalbibliografie; detaillierte bibliografische Daten sind im Internet über <http://dnb.ddb.de> abrufbar.

Zugl.: Erlangen, Nürnberg, Univ., Diss., 2006

D 29(n2)
ISSN 0531-7312
ISBN 3-631-55546-6

www.peterlang.de

Vorwort

Die vorliegende Arbeit wurde im Sommersemester 2006 von der Juristischen Fakultät der Friedrich-Alexander-Universität Erlangen-Nürnberg als Dissertation angenommen.

Herzlich danken möchte ich Herrn Prof. Dr. Georg Crezelius für die Betreuung der Arbeit und die hilfreiche Unterstützung. Mein Dank gilt auch Herrn Prof. Dr. Winfried Veelken für die Erstellung des Zweitgutachtens.

Ich widme die Arbeit meinen Eltern und Frau Patricia Lorenz.

München, im Mai 2006 Sebastian Engler

Inhaltsübersicht

Inhaltsverzeichnis

Literaturverzeichnis

Arndt, Hans-Wolfgang	Steuerrecht, 3. Aufl., Heidelberg 2002.
Arnold, Arnd	Das neue Recht der Rücktrittsfolgen, Jura 2002, 154.
Ball, Kurt	Steuerrecht und Privatrecht, Mannheim u.a. 1924.
Balmes, Frank	Steuerklauseln und Steuermissbrauch, DStZ 1993, 620.
Barandt, Peter	Rückwirkung im Steuerrecht unter besonderer Berücksichtigung der steuerlichen Rückwirkung von Verträgen, Baden-Baden 1985.
ders.	Rückwirkung von Verträgen im Steuerrecht, BB 1983, 1293.
Barth, Kuno	Bürgerlich-rechtlich unwirksam gewordene Rechtsgeschäfte in steuerlicher Sicht, BB 1987, 1397.
Baumbach, Adolf/ Hopt, Klaus J.	Handelsgesetzbuch, 31. Aufl., München 2003.
Baur, Fritz/ Baur, Jürgen F./ Stürner, Rolf	Sachenrecht, 17. Aufl., München 1999.
Becker, Enno	Die Reichsabgabenordnung, 5. Aufl., Berlin 1926.
Beckmann, Günter	Die Satzungsklausel gegen verdeckte Gewinnausschüttungen, BB 1967, 532.
Beker, Manfred	Hinfällige Rechtsgeschäfte im Steuerrecht, München 1969.
Benne, Dietmar	Die Anfechtung als Ereignis mit steuerlicher Rückwirkung im Einkommensteuerrecht, BB 1980, 1846.
Beisse, H.	Wirtschaftliche Betrachtungsweise im Steuerrecht nach Wegfall des § 1 StAnpG, InfStW 1977, 1735.
Birk, Dieter	Steuerrecht, 7. Aufl., Heidelberg 2004.
ders.	Steuerrecht I, Allgemeines Steuerrecht, 2. Aufl., München 1994.
Bork, Reinhard	Der Vergleich, Berlin 1988.
Brambring, Günter/ Jerschke, Hans-Ulrich	Beck'sches Notar-Handbuch, 3. Aufl., München 2000.
Brandmüller, Gerhard	Die Ausführung einer Grundstücksschenkung im Sinne von § 9 Abs. 1 Nr. 2 ErbStG, BB 1995, 2244.

Brox, Hans	Die unentgeltliche Aufnahme von Kindern in eine Familien-Personengesellschaft, in: Habscheid, Walter J./Gaul, Hans Wilhelm/Mikat, Paul (Hrsg.), Festschrift für Friedrich Wilhelm Bosch zum 65. Geburtstag, Bielefeld 1976, S. 75.
ders./ Walker, Wolf-Dietrich	Allgemeines Schuldrecht, 29. Aufl., München 2003.
Burckhard, Hugo	Zum Begriff der Schenkung, Erlangen 1899.
Bydlinski, Franz	Juristische Methodenlehre und Rechtsbegriff, Wien u.a. 1982.
Christoffel, Hans Günter/ Geckle, Gerhard/ Pahlke, Armin	Erbschaftsteuergesetz, Freiburg u.a. 1998.
Classen, Andrea	Minderung der Einkünfte durch Rückzahlung verdeckter Gewinnausschüttungen?, BB 1984, 327.
Coester-Waltjen, Dagmar	Rücktrittsrechte in BGB und HGB, Jura 2001, 819.
Crezelius, Georg	Erbschaft- und Schenkungsteuer in zivilrechtlicher Sicht, Herne u.a. 1979.
ders.	Erbschaftsteuerrecht und Erbschaftsteuerpolitik, in: Lang, Joachim (Hrsg.), Die Steuerrechtsordnung in der Diskussion, Festschrift für Klaus Tipke zum 70. Geburtstag, Köln 1995, S. 403.
ders.	Steuerrecht II, Die einzelnen Steuerarten, 2. Aufl., München 1994.
ders.	Steuerrechtliche Rechtsanwendung und allgemeine Rechtsordnung, Herne u.a. 1983.
ders.	Überlegungen zu § 13a Abs. 4 und 5 ErbStG 1997, DB 1997, 1584.
ders.	Unternehmenserbrecht, München 1998.
ders.	Unverzinsliches Darlehen und Schenkungsteuerrecht, BB 1978, 621.
ders.	Verhältnis der Erbschaftsteuer zur Einkommen- und Körperschaftsteuer, in: Birk, Dieter (Hrsg.), Steuern auf Erbschaft und Vermögen, DStJG 22 (1999), S. 73.
ders.	Vom Beruf des Juristen für das Steuerrecht, JbFfSt 1990/1991, S. 13.

Degenhart, Christoph — Staatsrecht I, Staatsorganisationsrecht, 18. Aufl., Heidelberg 2002.

Döllerer, Georg — Die Maßgeblichkeit des Zivilrechts für das Ertragsteuerrecht in der neueren Rechtsprechung des Bundesfinanzhofs, JbFfSt 1986/1987, S. 37.

Dürr, Rudolf — Anmerkung zu OLG Düsseldorf, Urteil vom 12.7.1965, 18 U 125/64, NJW 1966, 1659.

Ebeling, Jürgen — Schenkungsteuerliche Rückabwicklung auf der Grundlage des neuen Schuldrechts, DB 2002, 553.

ders. — Ungereimtheiten im Erbschaftsteuerrecht, in: Birk, Dieter (Hrsg.), Steuern auf Erbschaft und Vermögen, Köln, DStJG 22 (1999), S. 227.

Eckert, Ralf — Anrechnung von Schenkungen auf die Zugewinnausgleichsforderung, DStR 1989, 347.

Eckstein, Ernst — Das Schenkungsversprechen, seine Erfüllung und sein Verhältnis zur Realschenkung, AcP 107 (1911), S. 384.

Ehlig, Frank — Steuerliche Zurechnung von Grundstücken im Privatvermögen nach Schenkung im Wege vorweggenommener Erbfolge unter Vorbehaltsklauseln, DStR 1996, 1629.

Eisele, Dirk — Lehrbuch der Erbschaftsteuer, 5. Aufl., Herne u.a. 2001.

Ellenbeck, Frank — Die Vereinbarung von Rückforderungsrechten in Grundstücksübertragungsverträgen, MittRhNotK 1997, 41.

Engisch, Karl — Einführung in das juristische Denken, 9. Aufl., Stuttgart u.a. 1997.

Erman — Bürgerliches Gesetzbuch, Band I, 10. Aufl., Köln 2000.

ders. — Bürgerliches Gesetzbuch, Band II, 10. Aufl., Köln 2000.

Esser, Josef — Wert und Bedeutung der Rechtsfiktionen, 2. Aufl., Frankfurt am Main 1969.

Felix, Günther — Anmerkung zu BFH, Urteil vom 22.6. 1991, II R 13/90, BB 1994, 1694.

ders. — Die Notwendigkeit der Vereinbarung von Rückfallklauseln bei Verträgen über vorweggenommene Erbfolge in Grundstücke, NJW 1994, 2334.

ders. — Diskussionsbeitrag: Weitergeltung des Schenkungsteuerrechts bis zur Neuregelung des Erbschaftsteuerrechts?, DStR 1995, 1619.

ders.	Geschwistergleichstellungsgeld und Schenkungsteuer, BB 1995, 2449.
ders./Streck, Michael	Nichtanerkennung gesellschaftsvertraglicher Vereinbarung durch die Finanzverwaltung bei Personengesellschaften, DB 1975, 2213.
Fikentscher, Wolfgang	Die Geschäftsgrundlage als Frage des Vertragsrisikos, München 1971.
Fischer, Bianca	Erbschaft- und Vermögensteuer – Ein Beitrag zu den Steuerrechtfertigungslehren, StuW 1978, 345.
Fischer, Michael	Die Unentgeltlichkeit im Zivilrecht, Köln u.a. 2002.
Flume, Werner	Allgemeiner Teil des Bürgerlichen Rechts, Zweiter Band: Das Rechtsgeschäft, 3. Aufl., Berlin u.a. 1979.
ders.	Die Steuerklausel und die steuerliche Kautelarjurisprudenz, DB 1970, 77.
ders.	Steuerwesen und Rechtsordnung, in: Hesse, Konrad (Hrsg.), Staatsverfassung und Kirchenordnung, Festgabe für Rudolf Smend zum 80. Geburtstag am 15. Januar 1962, Göttingen 1962, S. 59.
Frenkel, Erdmann	Zur Entstehung von Steueransprüchen und Steuerschulden, DStR 1979, 283.
Friedhofen, Peter	Schenkung unter Widerrufsvorbehalt im Erbschaftsteuerrecht, DB 1972, 458.
Fromm, Rüdiger	Kettenschenkung statt Schenkung unter Auflage – eine steueroptimale Gestaltung, DStR 2000, 453.
Fuhrmann, Claas	Rückgängigmachung von Schenkungen, Störung der Geschäftsgrundlage bei unerwartetem Schenkungsteueranfall, ErbStB 2003, 17.
Fumi, Horst-Dieter	Anmerkung zu FG Rheinland-Pfalz, Urteil vom 23.8.2002, 4 K 1204/01, EFG 2002, 1624.
Furkel, Rüdiger	Zur Rückgängigmachung verdeckter Gewinnausschüttungen, BB 1973, 1541.
Gaffron, Klaus	Steuerklauseln als Gestaltungsmittel, DB 1971, 297.
Gaier, Reinhard	Das Rücktritts(folgen)recht nach dem Schuldrechtsmodernisierungsgesetz, WM 2002, 1.
Gebel, Dieter	Betriebsvermögensnachfolge, 2. Aufl., München 2002.

ders.	Unbenannte Zuwendungen unter Ehegatten – eine überschätzte Rechtsfigur, DStZ 1993, 451.
ders.	Unentgeltliche Gebrauchs- und Nutzungsüberlassungen als freigebige Zuwendungen, DStZ 1992, 577.
ders.	Wirtschaftliches Eigentum im Erbschaft- und Schenkungsteuerrecht, BB 2000, 537.
Geck, Reinhard	Vorweggenommene Erbfolge und Betriebsvermögen: Eine Standortbestimmung nach dem BFH-Urteil vom 25.1.2001 zu § 13a ErbStG, ZEV 2001, 180.
Germer, Manfred	Rückforderung der Schenkung wegen Verarmung des Schenkers, BWNotZ 1987, 61.
Gernhuber, Joachim	Handbuch des Schuldrechts, Band 3, Die Erfüllung und ihre Surrogate, 2. Aufl., Tübingen 1994.
Gottwald, Peter	Insolvenzrechts-Handbuch, 2. Aufl., München 2001.
Götz, Hellmut	Lebzeitige Beendigung der Zugewinngemeinschaft als Gestaltungsmittel zur Erlangung rückwirkender Steuer- und Straffreiheit bei unbenannten Zuwendungen, DStR 2001, 417.
Grass, Adolf	Die Rückgängigmachung von Rechtsgeschäften durch Steuer- und Satzungsklauseln, StuW 1967, 449.
Groh, Manfred	Die wirtschaftliche Betätigung im rechtlichen Sinne, StuW 1989, 227.
Gursky, Karl-Heinz	Zur Mitherausgabe von Gebrauchsvorteilen bei der Sachkondiktion, JR 1998, 7.
Haarmann, Carl-Richard	Die Geltendmachung von Rückforderungsansprüchen aus § 528 BGB durch den Träger der Sozialhilfe nach dem Tode des Schenkers, FamRZ 1996, 522.
Hadding, Walther	Die Verweisung auf die Vorschriften über die Herausgabe einer ungerechtfertigten Bereicherung im BGB, in: Damrau, Jürgen (Hrsg.), Festschrift für Otto Mühl, Berlin u.a. 1981, S. 225.
Häger, Michael/ Forst, Paul	Übertragungen im Wege der vorweggenommenen Erbfolge, Vorsicht bei vertraglichen Rückfallklauseln, EStB 2001, 430.
Hallbauer, M. G.	Der zivilrechtliche Inhalt der neuen Steuergesetze und der Einfluß dieser Gesetze auf zivilrechtliche Verhältnisse, JW 1918, 590.
Hallerbach, Dorothee	Der Einfluß des Zivilrechts auf das Steuerrecht, DStR 1999, 2125.

Hartmann, Winfried — Schenkung durch Aufhebung einer Grundstückschenkung, UVR 2003, 98.

Häsemeyer, Ludwig — Insolvenzrecht, 3. Aufl., Köln u.a. 2003.

Haymann, Franz — Die Schenkung unter einer Auflage nach römischem und deutschem bürgerlichen Recht, Berlin 1905.

Heidemann, Frank/ Ostertun, Dietrich — Die Unternehmens-Insolvenz als Fall des § 13a Abs. 5 ErbStG, ZEV 2003, 267.

Hein, Werner — Überlegungen zur Entstehung des steuerrechtlichen Erstattungsanspruchs, DStR 1990, 301.

Heinemann, Klaus — Gesellschafter am seidenen Faden? Zur freien Widerruflichkeit von Schenkungsverträgen über Gesellschaftsbeteiligungen, ZHR 155 (1991), S. 447.

Heinrich, Udo — Die Gestaltung von Übertragungsverträgen im Schatten des Pflichtteilsergänzungsrechts, MittRhNotK 1995, 157.

Hellmuth, Eckhard — Die Zulässigkeit und die Wirkungen von Steuerklauseln und Satzungsklauseln, Münster 1972.

Hellwig, Konrad — Grenzen der Rückwirkung, in: Frank, Reinhard (Hrsg.), Festschrift für die Juristische Fakultät in Giessen zum Universitäts-Jubiläum, Giessen 1907, S. 21.

Herrmann, Carl/ Heuer, Gerhard/ Raupach, Arndt — Einkommensteuer- und Körperschaftsteuergesetz, Loseblatt, Stand: September 2004, Köln.

Herrmann, Elke — Vollzug von Schenkungen nach § 518 II BGB, Hamburg 1978.

dies. — Vollzug von Schenkungen nach § 518 II BGB, MDR 1980, 883.

Hertzberg, Christine von — Sicherung von Geldleistungen bei Rentenkaufverträgen und Übertragungsverträgen über Grundstücke, MittRhNotK 1988, 55.

Hess, Harald — Kommentar zur Insolvenzordnung, Band 1, Insolvenzordnung, Heidelberg 1999.

ders./Weis, Michaela — Anfechtungsrecht, Kommentar der §§ 129-147 InsO, §§ 1-20 AnfG 1999, 2. Aufl., Heidelberg 1999.

Holzer, Johannes — Die Insolvenzanfechtung, WiB 1997, 729.

Huber, Michael — Anfechtungsgesetz, 9. Auflage, München 2000.

Hübschmann, Walter/ Hepp, Ernst/ Spitaler, Armin — Abgabenordnung, Finanzgerichtsordnung, Loseblatt, Stand: Oktober 2004, Köln.

Irrgang, Werner — Sind zinslose Darlehen schenkungsteuerpflichtig?, BB 1973, 1256.

Jacobi, Bernhard — Über Rückwirkungsanordnungen im Bürgerlichen Gesetzbuch, Hamburg 1966.

Jauernig, Othmar — Bürgerliches Gesetzbuch, 10. Aufl., München 2003.

Jeep, Jens — Ehegattenzuwendungen im Zugewinnausgleich, Berlin 2000.

Jesse, Lenhard — Liegen die Einkommensteuer und die Erbschaft- und Schenkungsteuer auf „verschiedenen Ebenen"?, Berlin 1992.

Jülicher, Marc — Auswirkungen der neuen Insolvenzordnung auf die Vermögensnachfolge, ZEV 1998, 370.

ders. — Vertragliche Rückfallklausel, Widerrufsvorbehalte, auflösende Bedingungen und Weiterleitungsklauseln in Schenkungsverträgen, ZEV 1998, 201.

ders. — Vertragliche Rückforderungsrechte und Weiterleitungsklauseln in Schenkungsverträgen, DStR 1998, 1977.

ders. — Untiefen in der Einfahrt zum rettenden Hafen des § 29 Abs. 1 Nr. 1 ErbStG, ZErb 2001, 81.

ders. — Zahlungen auf Pflichtteilsergänzungsansprüche und ihre unterschiedliche Berücksichtigung im Erbschaftsteuerrecht, ZEV 2001, 428.

Jung, Richard — Die freigebige Zuwendung im Erbschaftsteuerrecht, Köln 1959.

Kamps, Heinz-Willi — Steuerneutrale Rückabwicklung einer Schenkung wegen Irrtums über die Steuerfolgen, FR 2001, 717.

ders. — Steuerneutrale Rückabwicklung von Schenkungen – zivilrechtliche Rückforderungsrechte (Teil 1), ZErb 2002, 174.

ders. — Steuerneutrale Rückabwicklung von Schenkungen – zivilrechtliche Rückforderungsrechte (Teil 2), ZErb 2002, 212.

Kapp, Reinhard — Einfluß nicht erwarteter steuerlicher Folgen auf Schenkungen, BB 1979, 1207.

ders. — Rückfall geschenkten Vermögens, FR 1977, 544.

ders.	Wegfall der Geschäftsgrundlage bei Schenkungen unter Lebenden, FR 1988, 352.
ders./Ebeling, Jürgen	Erbschaftsteuer- und Schenkungsteuergesetz, Loseblatt, Stand: Juni 2004, Köln.
Kirchhof, Paul	Die Kunst der Steuergesetzgebung, NJW 1987, 3217.
ders.	Steuerumgehung und Auslegungsmethoden, StuW 1983, 173.
Kirnberger, Christian/ Werz, Ralf Stefan	Freier Widerrufsvorbehalt bei Schenkungen, ErbStB 2003, 292.
Klein, Franz	Abgabenordnung, 8. Aufl., München 2003.
Klein, Friedrich	Steuerwesen und Rechtsordnung, FA N.F. 14 (1953/1954), S. 1.
Klein, Manfred	Ausländische Zivilrechtsformen im deutschen Erbschaftsteuerrecht, Köln 2000.
ders.	Typologie des Erbschaftsteuergesetzes bei Auslandserwerben – zugleich ein Beitrag zur wirtschaftlichen Betrachtungsweise im Erbschaftsteuerrecht, FR 2001, 118.
Klein-Blenkers, Friedrich	Die Bedeutung subjektiver Merkmale im Erbschaft- und Schenkungsteuerrecht, Berlin 1991.
ders.	Steuerentstehung und Verfügungsmöglichkeit im Erbschaftsteuer- und Schenkungsteuerrecht, DStR 1991, 1549, 1581.
Klumpp, Hans-Hermann	Die Schenkung von Gesellschaftsanteilen und deren Widerruf, ZEV 1995, 385.
Knobbe-Keuk, Brigitte	„Verunglückte" Schenkungen, in: Jakobs, Horst Heinrich/Knobbe-Keuk, Brigitte/Picker, Eduard/Wilhelm, Jan (Hrsg.), Festschrift für Werner Flume zum 70. Geburtstag, Bd. II, Köln 1978, S. 149.
dies.	Bilanz- und Unternehmenssteuerrecht, 9. Aufl., Köln 1993.
Knütel, Rolf	§ 822 BGB und die Schwächen unentgeltlichen Erwerbs, NJW 1989, 2504.
Kobor, Hagen	Die Auslegung im Erbschaftsteuergesetz, Berlin 2000.
ders.	Kommentar zu BFH, Urteil vom 25.1.2001, II R 52/98, FR 2001, 486.
Koch, Elisabeth	Die Bestandskraft von Schenkungen bei späterer Inanspruchnahme von Sozialhilfe, JR 1993, 313.

Koch, Karl/ Scholtz, Rolf-Detlev (Hrsg.) — Abgabenordung, 5. Aufl., Köln u.a.1996.

Köhler, Stefan — Erbschaftsteuerliche Präferenz für Betriebsvermögen, DStR 1997, 1553.

Koller, Thomas — Privatrecht und Steuerrecht, Bern 1993.

Kollhosser, Helmut — Aktuelle Fragen der vorweggenommenen Erbfolge, AcP 194 (1994), 231.

ders. — Anmerkung zu BFH, Urteil vom 24.7.2002, II R 33/01, ZEV 2002, 518.

ders. — Der Rückforderungsanspruch des verarmten Schenkers aus § 528 Abs. 1 Satz 1 BGB, ZEV 2001, 289.

ders. — Verfügbarkeit und Vererblichkeit des Rückforderungsanspruchs aus § 528 Abs. 1 Satz 1 BGB, ZEV 1995, 391.

Kornexl, Thomas — Die Schenkung an den Ehegatten in der Pflichtteilsergänzung: Teleologische Reduktion des § 2325 BGB bei Rückabwicklung, Rückschenkung und Weiterschenkung, ZEV 2003, 196.

Kottke, Klaus — Zur Rückwirkung von Ereignissen bei laufend veranlagten Steuern, DStR 1982, 545.

Kottke, K. — Steuerklauseln und Satzungsklauseln – eine Bestandsaufnahme nach neuem Recht, InfStW 1982, 224.

Krauß, Hans-Frieder — Überlassungen und Übergaben im Lichte des Sozialrechts, MittBayNot 1992, 77.

ders. — Der Rückforderungsanspruch wegen Verarmung des Schenkers im Kontext des Sozialrechts, ZEV 2001, 417.

Kruse, Heinrich Wilhelm — Abschied von den Einheitswerten, BB 1996, 717.

ders. — Lehrbuch des Steuerrechts, Band I, Allgemeiner Teil, München 1991.

ders. — Zum Entstehen und Erlöschen von Steueransprüchen, in: Lang, Joachim (Hrsg.), Die Steuerrechtsordnung in der Diskussion, Festschrift für Klaus Tipke zum 70. Geburtstag, Köln 1995, S. 277.

Kübler, Bruno/ Prütting, Hanns — InsO, Kommentar zur Insolvenzordnung, Loseblatt, Stand: September 2003, Köln.

Kühn, Rolf/ Wedelstädt, Alexander v. (Hrsg.) — Abgabenordnung und Finanzgerichtsordnung, 18. Aufl., Stuttgart 2004.

Kussmann, M./ Wochner, G. — Schenken, Erben, Steuern, 5. Aufl., Bonn u.a. 1999.

Lagemann, Folker — Die Steuerklausel, Gießen 1979.

Langenfeld, Gerrit — Grundstücksüberlassungen – eine Zwischenbilanz anläßlich der Beschlüsse des BVerfG vom 22.6.1995, ZEV 1995, 348.

ders. — Zum Rückforderungsrecht bei Schenkungen und Übergabe von Grundstücken, BWNotZ 1976, 12.

ders./ Günther, Karl-Heinz — Grundstückszuwendungen im Zivil- und Steuerrecht, 4. Aufl., Köln 1999.

Larenz, Karl — Geschäftsgrundlage und Vertragserfüllung, 3. Aufl., München 1963.

ders. — Lehrbuch des Schuldrechts, Band I, Allgemeiner Teil, 14. Aufl., München 1987.

ders. — Lehrbuch des Schuldrechts, Band II, Halbband 1, Besonderer Teil, 13. Aufl., München 1986.

ders./ Canaris, Claus-Wilhelm — Lehrbuch des Schuldrechts, Band II, Halbband 2, Besonderer Teil, 13.Aufl., München 1994.

ders./ Wolf, Manfred — Allgemeiner Teil des Bürgerlichen Rechts, 8. Aufl., München 1997.

ders./ Wolf, Manfred — Allgemeiner Teil des Bürgerlichen Rechts, 9. Aufl., München 2004.

Lauer, Georg Dietmar — Die Korrekturvorschrift des § 175 Abs. 1 Satz 1 Nr. 2 Abgabenordnung, Berlin 1984.

Lauer, J. — Unwirksame Rechtsgeschäfte im Anwendungsbereich des § 175 Satz 1 Nr. 2 AO 77, InfStW 1981, 169.

Leipold, Dieter — Anmerkung zu BGH, Urteil vom 27.4.1994, IV ZR 132/93, JZ 1994, 1121.

Leser, Hans — Der Rücktritt vom Vertrag, Tübingen 1975.

Liebisch, Arnold — Das Wesen der unentgeltlichen Zuwendungen unter Lebenden im bürgerlichen Recht und im Reichssteuerrecht, Leipzig 1927.

ders., — Steuerrecht und Privatrecht, Köln 1933.

Liebs, Detlef — Bereicherungsanspruch wegen Mißerfolgs und Wegfall der Geschäftsgrundlage, JZ 1978, 697.

Ludwig, Hans — Schenkung und nachträgliches Entgelt, Marburg, 1933.

Marotzke, Wolfgang — „Dingliche" Wirkungen der Gläubiger- und Konkursanfechtung, KTS 1987, 1.

Mastronardi, Philippe — Juristisches Denken, Bern u.a. 2001.

Martin, Suse — Gemischte Schenkung und Schenkung unter Auflage im Erbschaftsteuerrecht, BB 1981, 1324.

Mayer, Dieter — Schenkungswiderruf bei Gesellschaftsanteilen im Spannungsfeld zwischen Gesellschafts- und Schenkungsrecht, ZGR 1995, 93.

Mayer, Jörg — Der Übergabevertrag in der anwaltlichen und notariellen Praxis, 2. Aufl., Bonn 2001.

ders. — Die Rückforderung der vorweggenommenen Erbfolge, DNotZ 1996, 604.

Mayer, Norbert — Probleme der Pflichtteilsergänzung bei Überlassungen im Rahmen einer vorweggenommenen Erbfolge, FamRZ 1994, 739.

Medicus, Dieter — Allgemeiner Teil des BGB, 8. Aufl., Heidelberg 2002.

ders. — Schuldrecht I, Allgemeiner Teil, 15. Aufl., München 2004.

ders. — Schuldrecht II, Besonderer Teil, 12. Aufl., München 2004.

Megow, Heinrich — Berechtigt ein Irrtum über die Höhe der zu entrichtenden Steuer zur Anfechtung von Verträgen mit steuerlicher Wirkung?, DStZ/A 1952, 21.

ders. — Erbschaftsteuergesetz, 5. Aufl., Berlin u.a. 1969.

Meincke, Jens Peter — Anmerkung zu BVerfG, Urteil vom 27.12.1991, 2 BvR 72/90, StuW 1992, 188.

ders. — Das Recht der Nachlaßbewertung im BGB, Frankfurt/ Main 1973.

ders. — Erbschaft- und Schenkungsteuergesetz, 14. Aufl., München 2004.

ders. — Rechtfertigung der Erbschaft- und Schenkungsteuerrecht, in: Birk, Dieter (Hrsg.), Steuern auf Erbschaft und Vermögen, DStJG 22 (1999), S. 39.

ders.	Wandlungen in der Rechtsprechung zur gemischten Schenkung, ZEV 1994, 17.
ders.	Zur Abstimmung von Einkommensteuer und Erbschaftsteuer, in: Lang, Joachim (Hrsg.), Die Steuerrechtsordnung in der Diskussion, Festschrift für Klaus Tipke zum 70. Geburtstag, Köln 1995, S. 391.
Mellinghoff, Rudolf	Das Verhältnis der Erbschaftsteuer zur Einkommen- und Körperschaftsteuer – Zur Vermeidung steuerlicher Mehrbelastung, in: Birk, Dieter (Hrsg.), Steuern auf Erbschaft und Vermögen, DStJG 22 (1999), S. 127.
Meyding, Bernhard	Schenkungsteuerliche Anerkennung von Grundstücksschenkungen unter Rücknahmevorbehalt, ZEV 1995, 397.
Meyer-Arndt, Lüder	Probleme der Steuerklauseln, JbFfSt 1979/1980, S. 297.
Michel, Theodor	Zur Problematik der erbschaftsteuerlichen Folgen des Eintritts auflösender und aufschiebender Bedingungen, DVR 1969, 33.
Migsch, Erwin	Die sogenannte Pflichtschenkung, AcP 173 (1973), S. 46.
Moench, Dietmar/ Kien-Hümbert, Petra	Schenkungen mit Todes-Folgen, DStR 1991, 1137.
ders./ Kien-Hümbert, Petra/ Weinmann, Norbert	Erbschaft- und Schenkungsteuer, Loseblatt, Stand: August 2005, Neuwied u.a.
Mot.	Motive zu dem Entwurfe eines Bürgerlichen Gesetzbuches für das Deutsche Reich, Berlin u.a. 1888.
Münchener Kommentar	zum Bürgerlichen Gesetzbuch, Band 1, Allgemeiner Teil, §§ 1-240, AGB-Gesetz, 4. Aufl., München 2001.
Münchener Kommentar	zum Bürgerlichen Gesetzbuch, Band 2a, Schuldrecht, Allgemeiner Teil, §§ 241-432, 4. Aufl., München 2003.
Münchener Kommentar	zum Bürgerlichen Gesetzbuch, Band 3, Schuldrecht, Besonderer Teil I, §§ 433-606, 3. Aufl., München 1995.
Münchener Kommentar	zum Bürgerlichen Gesetzbuch, Band 5, Schuldrecht, Besonderer Teil III, §§ 705-853, Partnerschaftsgesellschaftsgesetz, Produkthaftungsgesetz, 4. Aufl., München 2004.
Münchener Kommentar	zum Bürgerlichen Gesetzbuch, Band 6, Sachenrecht §§ 854-1296, Wohnungseigentumsgesetz, Erbbaurechtsverordnung, Sachenrechtsbereinigungsgesetz, Schuldrechtsänderungsgesetz, 4. Aufl., München 2004.

Münchener Kommentar zum Bürgerlichen Gesetzbuch, Band 7, Familienrecht I, §§ 1297-1588, VAHRG, VAÜG, HausratsV, 4. Aufl., München 2000.

Münchener Kommentar zum Bürgerlichen Gesetzbuch, Band 9, Erbrecht, §§ 1922-2385, §§ 27-35 BeurkG, 3. Aufl., München 1997.

Münchener Kommentar zur Insolvenzordnung, Band 2, §§ 103-269, München 2002.

Naarmann, Peter — Das Verhältnis der Schenkungsteuer zur Erbschaftsteuer, Köln 1985.

Nehlsen-von Stryk, Karin — Unentgeltliches schuldrechtliches Wohnrecht, AcP 187 (1987), S. 552.

Neumark, Fritz — Grundsätze gerechter und ökonomisch rationaler Steuerpolitik, Tübingen 1970.

Oberhauser, Alois — Erbschaft- und Schenkungsteuern, in: Neumark, Fritz (Hrsg.), Handbuch der Finanzwissenschaft, Band II, 3. Aufl., Tübingen 1980, S. 487.

Obermeier, Arnold — Vorweggenommene Erbfolge und Erbauseinandersetzung, 2. Aufl., Herne u.a. 1995.

Oertmann, Paul — Anmerkung zu RG, Urteil vom 19.12.1927, 313/27 IV, JW 1928, 894.

ders. — Die Geschäftsgrundlage, Leipzig u.a. 1921.

ders. — Entgeltliche Geschäfte, München 1912.

Offerhaus, Klaus — Erlöschen von Ansprüchen aus dem Steuerschuldverhältnis, BB 1977, 740.

ders. — Was geschieht mit der Erbschaftsteuer?, DB 2002, 2064.

Olbertz, Egon — Rückwirkendes Ereignis i.S.d. § 175 Abs. 1 S. 1 Nr. 2 AO, StB 1996, 390.

Pahlke, Armin/Koenig, Ulrich (Hrsg.) — Abgabenordnung, München 2004.

Palandt — Bürgerliches Gesetzbuch, 63. Aufl., München 2004.

Pape, Gerhard/ Uhlenbruck, Wilhelm — Insolvenzrecht, München 2002.

Paulick, Heinz | Die steuerrechtliche Zulässigkeit von Steuerklauseln in rechtsdogmatischer Sicht, in: Oettle, Karl (Hrsg.), Steuerlast und Unternehmungspolitik, Kuno Barth zum fünfundsechzigsten Geburtstag, Stuttgart 1971, S. 347.

Pawlowski, Hans-Martin | Methodenlehre für Juristen, 3. Auflage, Heidelberg 1999.

Petzoldt, Rolf | Steuerliche Aspekte bei Grundstücksübertragungen im Wege der vorweggenommenen Erbfolge, DNotZ 1972, 581.

ders. | Zur subjektiven Seite bei freigebigen Zuwendungen, in: Carlé, Dieter/Korn, Klaus/Stahl, Rudolf (Hrsg.), Herausforderungen – Steuerberatung im Spannungsfeld der Teilrechtsordnungen, Festgabe für Günther Felix zum 60. Geburtstag, Köln 1989, S. 331.

Peusquens, Herbert | Der Irrtum über den Steuersatz als Irrtum über die Kalkulationsgrundlage, NJW 1974, 1644.

ders. | Die Bewertung bedingter Lasten, BB 1977, 1542.

Piltz, Detlev | Anmerkung zu BFH, Urteil vom 27.1.1994, IV R 114/91, ZEV 1994, 320.

ders. | Die neue Erbschaftsteuer des unternehmerischen Vermögens, ZEV 1997, 61.

Potthast, Bernd | Die Rückgängigmachung von Rechtsgeschäften und ihre steuerlichen Wirkungen, Münster u.a. 1952.

Prot. | Protokolle der Kommission für die zweite Lesung des Entwurfs des Bürgerlichen Gesetzbuchs, Berlin 1897.

Pruskowski, Wolfgang | Das Merkmal der Zuwendung im Tatbestand der Schenkung, Köln 1987.

Rachuy, Martin | Sicherung von Ansprüchen auf Eigentumsverschaffung an Grundstücken unter besonderer Berücksichtigung solcher aus Übergabeverträgen und sonstigen erbrechtlich motivierten Rechtsgeschäften unter Lebenden, MittRhNotK 1993, 81.

Raupach, Arndt | Darf das Steuerrecht andere Teile der Rechtsordnung stören?, in: Lang, Joachim (Hrsg.), Die Steuerrechtsordnung in der Diskussion, Festschrift für Klaus Tipke zum 70. Geburtstag, Köln 1995, S. 105.

Reichel, Hans | Zur Behandlung formnichtiger Verpflichtungsgeschäfte, AcP 104 (1909), S. 1.

Reinicke, Michael | Bedarf die Vereinbarung eines unentgeltlichen schuldrechtlichen Wohnrechts auf Lebenszeit der Form des § 518 Abs. 1 ?, JA 1982, 326.

Riezler, Erwin — Arbeitskraft und Arbeitsfreiheit in ihrer privatrechtlichen Bedeutung, ArchBürgR 27 (1906), S. 219.

Ritter, Wolfgang — Gedanken zur Erbschaftsteuer, BB 1994, 2285.

Rose, Gerd — Erbschaftsteuer, 11. Aufl., Bielefeld 2002.

Ruppe, Hans Georg — Möglichkeiten und Grenzen der Übertragung von Einkunftsquellen als Problem der Zurechnung von Einkünften, in: Tipke, Klaus (Hrsg.), Übertragung von Einkunftsquellen im Steuerrecht, DStJG 1 (1979), S. 7.

Rust, Kai-Oliver — Das rückwirkende Ereignis im Steuerrecht, Köln u.a. 1995.

Schäfer, Martin/ Strotmeier, Markus — Bewertung, Erbschaft- und Schenkungsteuerrecht, Grundsteuer, 5. Aufl., München 2002.

Schanz, Georg von — Der Einkommensbegriff und die Einkommensteuergesetze, FA 13 (1896), S. 1.

ders. — Studien zur Geschichte und Theorie der Erbschaftsteuer, FA 17 (1900), S. 1.

Schippers, Josef Christian — Der verlängerte Rückforderungsvorbehalt, MittRhNotK 1998, 69.

Schmidt, Karsten — Die Schenkung von Personengesellschaftsanteilen durch Einbuchung, BB 1990, 1992.

ders. — Konkursanfechtung und Drittwiderspruchsklage, JZ 1990, 619.

Schmidt, Ludwig — Einkommensteuergesetz, 23. Aufl., München 2004.

Schneider, Dieter — Zur Rechtfertigung von Erbschaft- und Vermögensteuer, StuW 1979, 38.

Schnoor, Randolf — Die Rückabwicklung verdeckter Gewinnausschüttungen nach Einführung des Halbeinkünfteverfahrens, GmbHR 2003, 861.

Schön, Wolfgang — Steuern im Bereicherungsausgleich, ZHR 155 (1991), 247.

Schramm, Theodor — Die Rechtsnatur der Schenkung, MDR 1962, 961.

Schubert, W. — Anmerkung zu BGH, Urteil vom 11.12.1981, V ZR 247/80, JR 1982, 411.

Schuhmann, Helmut — Der Wegfall der Geschäftsgrundlage und das ErbStG, UVR 1993, 17.

Schulz, Burghard — Erbschaftsteuer, Schenkungsteuer, 7. Aufl., Achim 1999.

Schulze-Osterloh, Joachim — Der „Bereicherungswille“ bei der freigebigen Zuwendung im Schenkungsteuerrecht, StuW 1977, 122.

ders. — Zivilrecht und Steuerrecht, AcP 190 (1990), S. 139.

Schütz, Wilhelm — Schenkweise Sicherheiten, JR 1964, 453.

Schwab, Martin — Schuldrechtsmodernisierung 2001/2002 – Die Rückabwicklung von Verträgen nach §§ 346 ff. BGB n.F., JuS 2002, 630.

Schwarz, Günter — Vermögensübertragung und Pflegefallrisiko, JZ 1997, 545.

Schwenn, Hermann — Die Gefahrtragung beim Rücktritt, AcP 152 (1952/1953), S. 138.

Sedlaczek, Dietmar — Fallstricke und Rettungsmöglichkeiten bei der Schenkungsteuer, ErbBstg 2002, 10.

Seer, Roman — Die neue Erbschaft- und Schenkungsteuer auf dem verfassungsrechtlichen Prüfstand, StuW 1997, 283.

Seutemann, Herbert — Der Widerruf von Schenkungen unter Ehegatten, Bielefeld 1984.

Sina, Peter — Widerruf und Zweckverfehlung einer Schenkung von GmbH-Anteilen, GmbHR 2002, 58.

Slapnicar, Klaus — Unentgeltliches Wohnen nach geltendem Recht ist Leihe, nicht Schenkung – Dogmengeschichtliches zu BGHZ 82, 354, JZ 1983, 325.

Soergel — Kommentar zum Bürgerlichen Gesetzbuch, Band 2, Allgemeiner Teil 2, §§ 104-240, 13. Aufl., Stuttgart u.a. 1999.

Soergel — Kommentar zum Bürgerlichen Gesetzbuch, Band 2, Schuldrecht I, §§ 241-432, 12. Aufl., Stuttgart u.a. 1990.

Soergel — Kommentar zum Bürgerlichen Gesetzbuch, Band 4/1, Schuldrecht III/1, §§ 516-651, 12. Aufl., Stuttgart u.a. 1997.

Soergel — Kommentar zum Bürgerlichen Gesetzbuch, Band 7, Familienrecht I, §§ 1297-1588, VAHRG, Nichteheliche Lebensgemeinschaft, 12. Aufl., Stuttgart u.a. 1988.

Soergel — Kommentar zum Bürgerlichen Gesetzbuch, Band 23, Erbrecht 3, §§ 2274-2385, Stand: Sommer 2002, Stuttgart.

Söllner, Alfred — Der Bereicherungsanspruch wegen Nichteintritts des mit einer Leistung bezweckten Erfolges, AcP 163 (1963), S. 20.

Sosnitza, Eduard — Gedanken zu einer Reform des Erbschaft- und Schenkungsteuergesetzes, UVR 1992, 342.

Spiegelberger, Sebastian	Buchbesprechung zu Petzold, Rolf, Erbschaft- und Schenkungsteuergesetz, 2. Aufl., 1986, DNotZ 1987, 782.
ders.	Die Rückabwicklung der vorweggenommenen Erbfolge, MittBayNot 2000, 1.
ders.	Vermögensnachfolge, München 1994.
Staudinger, J. von	Kommentar zum Bürgerlichen Gesetzbuch mit Einführungsgesetz und Nebengesetzen, Erstes Buch, Allgemeiner Teil, §§ 134-163, 13. Bearbeitung, Berlin 1996.
Staudinger, J. von	Kommentar zum Bürgerlichen Gesetzbuch mit Einführungsgesetz und Nebengesetzen, Zweites Buch, Recht der Schuldverhältnisse, §§ 255-314, Neubearbeitung 2001, Berlin.
Staudinger, J. von	Kommentar zum Bürgerlichen Gesetzbuch mit Einführungsgesetz und Nebengesetzen, Zweites Buch, Recht der Schuldverhältnisse, §§ 433-534, 13. Bearbeitung, Berlin 1995.
Staudinger, J. von	Kommentar zum Bürgerlichen Gesetzbuch mit Einführungsgesetz und Nebengesetzen, Zweites Buch, Recht der Schuldverhältnisse, §§ 779-811, Neubearbeitung 2002, Berlin.
Staudinger, J. von	Kommentar zum Bürgerlichen Gesetzbuch mit Einführungsgesetz und Nebengesetzen, Zweites Buch, Recht der Schuldverhältnisse, §§ 812-822, Neubearbeitung 1999, Berlin.
Staudinger, J. von	Kommentar zum Bürgerlichen Gesetzbuch mit Einführungsgesetz und Nebengesetzen, Viertes Buch, Familienrecht, §§ 1363-1563, Neubearbeitung 2000, Berlin.
Staudinger, J. von	Kommentar zum Bürgerlichen Gesetzbuch mit Einführungsgesetz und Nebengesetzen, Fünftes Buch, Erbrecht, §§ 2087-2196, 13. Bearbeitung 1996, Berlin.
Staudinger, J. von	Kommentar zum Bürgerlichen Gesetzbuch mit Einführungsgesetz und Nebengesetzen, Fünftes Buch, Erbrecht, §§ 2265-2338a, 13. Bearbeitung 1998, Berlin.
Theisen, Manuel	Steuerklauseln im Gesellschaftsvertrag der GmbH (I), GmbHR 1980, 132.
Thomas, Heinz/ Putzo, Hans	Zivilprozessordnung mit Gerichtsverfassungsgesetz, den Einführungsgesetzen und europarechtlichen Vorschriften, 25. Aufl., München 2003.

Tiedtke, Klaus — Güterrechtlicher Ausgleich bei Zuwendungen von Ehegatten untereinander und Wegfall der Geschäftsgrundlage bei Scheidung der Ehe, JZ 1992, 334.

Timm, Herbert — Entwicklungslinien in Theorie und Praxis der Erbschaftsbesteuerung während der letzten hundert Jahre, FA N.F. 42 (1984), 553.

Tipke, Klaus — Die Steuerrechtsordnung, Band I, Wissenschaftsorganisatorische, systematische und grundrechtlich-rechtsstaatliche Grundlagen, 2. Aufl., Köln 2000.

ders. — Die Steuerrechtsordnung, Band II, Steuerrechtfertigungstheorie, Anwendung auf alle Steuerarten, sachgerechtes Steuersystem, Köln 1999.

ders. — Die Steuerrechtsordnung, Band II, Steuerrechtfertigungstheorie, Anwendung auf alle Steuerarten, sachgerechtes Steuersystem, 2. Aufl., Köln 2003.

ders. — Die Steuerrechtsordnung, Band III, Föderative Steuerverteilung, Rechtsanwendung und Rechtsschutz, Gestalter der Steuerrechtsordnung, Köln 1993.

ders. — Steuerklauseln, NJW 1968, 865.

ders. — Steuerrecht und bürgerliches Recht, JuS 1970, 149.

ders./Kruse, Heinrich Wilhelm — Abgabenordnung, Finanzgerichtsordnung, Loseblatt, Stand: August 2004, Köln.

ders./Lang, Joachim — Steuerrecht, 17. Aufl., Köln 2002.

Trzaskalik, Christoph — Zuflussprinzip und periodenübergreifende Sinnzusammenhänge, StuW 1985, 222.

Troll, Max — Zur Wertermittlung bei Erstattung der Schenkungsteuer wegen Rückgabe des Geschenks, DB 1990, 498.

ders./Gebel, Dieter/Jülicher, Marc — Erbschaftsteuer- und Schenkungsteuergesetz, Loseblatt, Stand: Juli 2005, München.

Tuhr, Andreas von — Der Allgemeine Teil des Deutschen Bürgerlichen Rechts, 2. Band, Erste Hälfte, Berlin 1914.

Uhlenbruck, Wilhelm — Insolvenzordnung, 12. Aufl., München 2003.

Viskorf, Hermann-Ulrich — Kommentar zu BFH, Urteil vom 25.1.2001, II R 52/98, FR 2001, 485.

ders./Glier, Josef/ Hübner, Heinrich/ Knobel, Wolfgang/ Schuck, Stephan	Erbschaftsteuer- und Schenkungsteuergesetz, Bewertungsgesetz, Herne u.a. 2001.
Wachter, Thomas	Anmerkung zu BFH, Urteil vom 24.5.2000, II R 62/97, ZEV 2001, 78.
ders.	Störungen der Geschäftsgrundlage im Schenkungsteuerrecht, ZEV 2002, 176.
Wacke, Andreas	Die Rückauflassungsvormerkung für den Fall des vom Beschenkten verübten groben Undanks, JZ 2003, 179.
Walz, W. Rainer	Die steuerrechtliche Herausforderung des Zivilrechts, ZHR 147 (1983), S. 281.
ders.	Steuergerechtigkeit und Rechtsanwendung, Heidelberg u.a. 1980.
Weber-Grellet, Heinrich	Fairneß, Aufklärung und Transparenz, Wege zu einer leistungsgerechten Besteuerung, StuW 1999, 311.
Weser, Hans-Hermann	Rücknahmevorbehalte bei Grundstücksschenkungen im Wege vorweggenommener Erbfolge aus zivilrechtlicher Sicht, ZEV 1995, 353.
Westermann, Harm Peter	Das Gesellschaftsrecht zwischen bürgerlichem Recht, Steuerrecht und Bilanzrecht, in: Havermann, Hans (Hrsg.), Bilanz- und Konzernrecht, Festschrift zum 65. Geburtstag von Dr. Dr. h.c. Reinhard Goerdeler, Düsseldorf 1987, S. 697.
ders.	Störungen bei vorweggenommener Erbfolge, in: Goerdeler, Reinhard/Hommelhoff, Peter/Lutter, Marcus/Odersky, Walter/Wiedemann, Herbert (Hrsg.), Festschrift für Alfred Kellermann zum 70. Geburtstag am 29. November 1990, Berlin u.a. 1991, S. 505.
Wiebe, Wolfgang	Steuerklausel und Satzungsklausel, Münster 1973.
Wilde, Heiko	Das kanadische System des Erbschaftsteuerrechts als Alternative, ZEV 1997, 488.
Wimmer, Klaus	Frankfurter Kommentar zur Insolvenzordnung, 3. Aufl., Neuwied u.a. 2002.
Woerner, Lothar/ Grube, Georg	Die Aufhebung und Änderung von Steuerverwaltungsakten, 8. Aufl., Stuttgart 1988.
Wolf, Ernst	Rücktritt, Vertretenmüssen und Verschulden, AcP 153 (1954), S. 97.

Wolf, Michael	Die Steuerfreiheit bei Rückfall geschenkter Beteiligungen an Eltern oder Voreltern gemäß § 13 Abs. 1 Nr. 10 ErbStG, DStR 1988, 563.
Wunner, Sven Erik	Die Rechtsnatur der Rückgewährpflichten bei Rücktritt und auflösender Bedingung mit Rückwirkungsklausel, AcP 168 (1968), S. 425.
Zenthöfer, Wolfgang	Steuerklauseln und Satzungsklauseln – eine Zwischenbilanz, Teil I, DStZ 1987, 185.
Zeranski, Dirk	Der Rückforderungsanspruch des verarmten Schenkers, Berlin 1998.
Zippelius, Reinhold	Juristische Methodenlehre, 8. Aufl., München 2003.
Zöller, Artur	Schenkungen unter Lebenden, insbesondere Vermögensübertragungen an Kinder und zwischen Ehegatten bei der Schenkungsteuer, BWNotZ 1983, 34.

Abkürzungsverzeichnis

a.A.	andere(r) Ansicht
a.F.	alte(r) Fassung
Abs.	Absatz
AcP	Archiv für die civilistische Praxis
Alt.	Alternative
AnfG	Anfechtungsgesetz
Anh.	Anhang
Anm.	Anmerkung
AO	Abgabenordnung
ArchBürgR	Archiv für Bürgerliches Recht
AT	Allgemeiner Teil
Aufl.	Auflage
BB	Betriebsberater
Bd.	Band
BewG	Bewertungsgesetz
BFH	Bundesfinanzhof
BFHE	Sammlung der Entscheidungen des Bundesfinanzhofs
BGB	Bürgerliches Gesetzbuch
BGBl.	Bundesgesetzblatt
BGH	Bundesgerichshof
BGHZ	Entscheidungen des Bundesgerichtshofes in Zivilsachen
BR-Drucks.	Bundesrats-Drucksache
BStBl.	Bundessteuerblatt
BT-Drucks.	Bundestags-Drucksache
BVerfGE	Entscheidungen des Bundesverfassungsgerichts
BWNotZ	Zeitschrift für das Notariat in Baden-Württemberg
bzw.	beziehungsweise
d.h.	das heißt
DB	Der Betrieb

ders.	derselbe
dies.	dieselbe
DNotZ	Deutsche Notar-Zeitschrift
DStJG	Deutsche Steuerjuristische Gesellschaft
DStR	Deutsches Steuerrecht
DStZ	Deutsche Steuer-Zeitung
DStZ/A	Deutsche Steuer-Zeitung / A
DVR	Deutsche Verkehrsteuer-Rundschau
EFG	Entscheidungen der Finanzgerichte
Einf.	Einführung
Einl.	Einleitung
ErbBstg	Erbfolgebesteuerung
ErbStB	Der Erbschaft-Steuerberater
ErbStG	Erbschaftsteuer- und Schenkungsteuergesetz
EStB	Der Ertragsteuerberater
EStG	Einkommensteuergesetz
f.	folgende
FA N.F.	Finanzarchiv Neue Folge
FA	Finanzarchiv
FamRZ	Zeitschrift für das gesamte Familienrecht
FAZ	Frankfurter Allgemeine Zeitung
ff.	fortfolgende
FG	Finanzgericht
Fn.	Fußnote
FR	Finanz-Rundschau
GG	Grundgesetz
GmbHG	Gesetz betreffend die Gesellschaften mit beschränkter Haftung
GmbHR	GmbH-Rundschau
GrEStG	Grunderwerbsteuergesetz
Gruchot	Beiträge zur Erläuterung des Deutschen Rechts, begründet von Gruchot

h.c.	honoris causa
h.M.	herrschende(r) Meinung
Hrsg.	Herausgeber
Hs.	Halbsatz
i.S.d.	im Sinne des
i.V.m.	in Verbindung mit
InfStW	Information über Steuer und Wirtschaft
InsO	Insolvenzordnung
JA	Juristische Arbeitsblätter
JbFfSt	Jahrbuch der Fachanwälte für Steuerrecht
JR	Juristische Rundschau
Jura	Jura
JuS	Juristische Schulung
JW	Juristische Wochenschrift
JZ	Juristenzeitung
KTS	Konkurs, Treuhand, Sanierung
m.	mit
m.E.	meines Erachtens
m.w.N.	mit weiteren Nachweisen
MDR	Monatsschrift für deutsches Recht
MittBayNot	Mitteilungen des Bayerischen Notarvereins, der Notarkasse und der Landesnotarkammer Bayern
MittRhNotK	Mitteilungen der Rheinischen Notarkammer
Mot.	Motive
MünchKomm	Münchener Kommentar
n.F.	neue(r) Fassung
NJW	Neue Juristische Wochenschrift
Nr.	Nummer
Prot.	Protokolle
RFHE	Sammlung der Entscheidungen des Reichsfinanzhofs
RG	Reichsgericht

RGBl.	Reichsgesetzblatt
RGZ	Entscheidungen des Reichsgerichts in Zivilsachen
RStBl.	Reichssteuerblatt
Rz.	Randziffer
S.	Seite
SeuffArch.	Seufferts Archiv für Entscheidungen der obersten Gerichte in den deutschen Staaten
StB	Der Steuerberater
StuW	Steuer und Wirtschaft
u.a.	und andere
UVR	Umsatzsteuer- und Verkehrsteuer-Recht
vgl.	vergleiche
WarnRspr.	Rechtsprechung des Reichsgerichts, soweit sie nicht in der amtlichen Sammlung der Entscheidungen des RG abgedruckt ist, herausgegeben von Warneyer
WiB	Wirtschaftsrechtliche Beratung
WM	Wertpapier-Mitteilungen
z.B.	zum Beispiel
ZErb	Zeitschrift für die Steuer- und Erbrechtspraxis
ZEV	Zeitschrift für Erbrecht und Vermögensnachfolge
ZGR	Zeitschrift für Unternehmens- und Gesellschaftsrecht
ZHR	Zeitschrift für das gesamte Handelsrecht und Wirtschaftsrecht

Erster Teil: Einführung

§ 1 Problemstellung und Gang der Untersuchung

I. Problemstellung

Die Beweggründe des Zuwendenden bei einer Schenkung sind mannigfaltig. Größere Vermögensübertragungen zu Lebzeiten finden meist vor dem Hintergrund der Regelung der Erbfolge und in Erwartung erbschaft- oder einkommensteuerlicher Vorteile statt. Von den Motiven im Einzelnen abgesehen sind Schenkungen durch einen freigebigen Charakter gekennzeichnet, da der Verfügung des Schenkers keine Gegenleistung gegenübersteht. Diese Liberalität rechtfertigt es, ihnen im Vergleich zu gegenseitigen Verträgen einen geringeren Grad an Bestandskraft zuzuerkennen, was sich an vielen Stellen des geltenden Rechts[1] zeigt. Überdies ergibt sich daraus, dass der Schenker ein schutzwürdiges Interesse daran hat, bei unerwarteten und nicht vorhersehbaren Entwicklungen sowie bei Störungen im Verhältnis zum Beschenkten angemessen reagieren und gegebenenfalls das Geschenk zurückverlangen zu können[2]. Da die insoweit bestehenden gesetzlichen Rückforderungsmöglichkeiten der §§ 527, 528, 530 BGB vielfach unzureichend und ungeeignet sind, ist es in der kautelarjuristischen Praxis üblich geworden, in Schenkungsverträgen eigenständige Rückforderungsklauseln zu vereinbaren[3]. Rechtstechnisch handelt es sich dabei in der Regel um Widerrufsrechte, Rücktrittsrechte, auflösende Bedingungen oder selbstständige Rückforderungsrechte. Inhaltlich können die Rückforderungsmöglichkeiten frei oder auf bestimmte Ereignisse und Gründe beschränkt sein. Beispielhaft seien die Ehescheidung, die Insolvenz, der vorzeitige Tod des Beschenkten oder die Nichterfüllung steuerlicher Erwartungen erwähnt. Die Rückabwicklung einer Schenkung kann aber auch andere Ursachen haben. Neben den Fällen der Nichtigkeit, der Anfechtung und des Wegfalls der Geschäftsgrundlage sind die einvernehmliche Aufhebung oder Rückschenkung zu nennen.

Das geltende Erbschaft- und Schenkungsteuerrecht unterwirft Schenkungen der Besteuerung, da anderenfalls durch Vermögensübertragungen zu Lebzeiten die Erbschaftsteuer um-

---

[1] Vgl. §§ 519, 527, 528, 530, 605, 671, 816 Abs. 1 S. 2, 822, 2287, 2288, 2325 BGB, §§ 39 Abs. 1 Nr. 4, 134 InsO, § 4 AnfG.

[2] *Kolhosser*, AcP 194 (1994), 231, 235; *Langenfeld/Günther*, Grundstückszuwendungen, Rz. 283.

[3] Vgl. z. B. *Langenfeld/Günther*, Grundstückszuwendungen, Rz. 296; *Spiegelberger*, MittBayNot 2000, 1, 5.

gangen werden könnte[4]. Die Erbschaft- und Schenkungsteuer findet heute ihre Rechtfertigung in der durch den Vermögensübergang in der Generationenfolge beim Erwerber eintretenden Bereicherung und der dadurch gesteigerten Leistungsfähigkeit[5]. Kommt es nun vor dem beschriebenen zivilrechtlichen Hintergrund zu einer Rückabwicklung der Schenkung, stellen sich im Grundsatz zwei Fragen, die den Untersuchungsgegenstand der vorliegenden Arbeit ausmachen. Zum einen ist zu klären, welchen Einfluss die Rückabwicklung auf die Besteuerung der Schenkung hat, zum anderen, ob die Rückabwicklung ihrerseits einen steuerpflichtigen Vorgang darstellt. Bliebe es bei einer Aufrechterhaltung der Besteuerung der Schenkung und wäre auch die Rückabwicklung steuerpflichtig, käme es mit dem nachfolgenden Erb- oder Schenkungsfall im Ergebnis zu einer Dreifachbesteuerung, obwohl nach der Systematik des geltenden Erbschaft- und Schenkungsteuerrechts der Vermögensübergang in der Generationenfolge nur einmal besteuert werden soll.

Bevor sich die Frage nach der Aufrechterhaltung der Besteuerung der Schenkung und der Besteuerung der Rückabwicklung stellt ist zu prüfen, ob hinsichtlich der Schenkung der Steueranspruch im Sinne von § 38 AO überhaupt entstanden war. Das ist der Fall, wenn eine freigebige Zuwendung nach § 7 Abs. 1 Nr. 1 ErbStG vorliegt und diese nach § 9 Abs. 1 Nr. 2 ErbStG ausgeführt worden ist. Vor der Erfüllung dieses Steuertatbestandes stellt sich die Frage nach der Aufrechterhaltung der Besteuerung nicht, zumal es angesichts der Rückabwicklung auch nicht mehr dazu kommen wird. Auch die Rückabwicklung kann in diesen Fällen nicht steuerbar sein, da der Empfänger vor der Ausführung der Schenkung zumindest steuerrechtlich nichts erhalten hat, was er zurückgeben könnte.

Der einmal entstandene Steuertatbestand soll dem Grundsatz nach nicht mehr änderbar sein. Eine nachträgliche Änderung soll nur in Betracht kommen, wenn es sich bei der Rückabwicklung um ein rückwirkendes Ereignis nach § 175 Abs. 1 Satz 1 Nr. 2 AO handelt. Ob ein rückwirkendes Ereignis vorliegt, richtet sich nach materiellen Kriterien und nicht nach § 175 Abs. 1 Satz 1 Nr. 2 AO, der nur die verfahrensrechtliche Konsequenz zieht. In der Vergangenheit ist die Problematik des rückwirkenden Ereignisses allgemein, das heißt, ohne konkrete Reflektion auf eine bestimmte Steuer, bearbeitet worden[6]. Heute indes ist geklärt, dass sich die Frage der materiellen Rückwirkung nach dem jeweils in Frage stehenden Steuergesetz richtet[7]. Für das hier in Rede stehende Erbschaft- und Schenkungsteuerrecht bedeutet

[4] Siehe unten § 2 II. 2. a).
[5] Siehe unten § 2 II.
[6] *G. Lauer*, Korrekturvorschrift; *Rust*, Das rückwirkende Ereignis im Steuerrecht.
[7] Siehe unten § 7 II. 1. und § 7 II. 3. b).

das, dass die Frage der Rückwirkung zunächst anhand von § 29 ErbStG zu erörtern ist. Angesichts der seit 1906 nahezu unveränderten Fassung des § 29 ErbStG muss aber auch auf die Systematik der Erbschaft- und Schenkungsteuer und der ihr zugrundliegenden Prinzipien zurückgegriffen werden. Insoweit wird in der vorliegenden Arbeit ein von § 29 ErbStG losgelöster Ansatz entwickelt, nach dem die Frage der materiellen Rückwirkung beantwortet werden kann. Dieser Ansatz wird als Rechtsfolgenansatz bezeichnet.

II. Gang der Untersuchung

Zunächst werden die systematischen Grundlagen des Erbschaft- und Schenkungsteuerrechts herausgearbeitet. Sie dienen sowohl der Bestimmung des Rechtsfolgenansatzes, nachdem sich die Frage der Rückwirkung richtet, als auch der Überprüfung der bei den einzelnen Rückabwicklungen gewonnenen Ergebnisse. Da vor der Vollendung des Steuertatbestandes eine steuerneutrale Rückabwicklung möglich ist, ist es notwendig, anschließend die allgemeinen Grundsätze zur freigebigen Zuwendung und deren Ausführung zu erörtern. Den Abschluss des Allgemeinen Teils bildet die Herausarbeitung der Kriterien, nach denen sich die materielle Rückwirkung bestimmt.

Im Hauptteil der Arbeit werden dann die einzelnen Arten der Rückabwicklung, die sich nach den zivilrechtlichen Vorgaben richten, untersucht. Dabei wird zunächst jeweils die zivilrechtliche Lage dargestellt. Anschließend wird bei jeder Rückabwicklung geprüft, ob der Steuertatbestand erfüllt war und welchen Einfluss die Rückabwicklung auf einen entstandenen Steueranspruch hat und inwieweit die Rückabwicklung selbst steuerpflichtig ist.

Zweiter Teil: Grundlagen

§ 2 Systematische Grundlagen des Erbschaft- und Schenkungsteuerrechts

I. Prinzipien des geltenden Erbschafts- und Schenkungsteuerrechts

1. Bereicherungsprinzip

Gegenstand der Erbschaft- und Schenkungsteuer ist nicht der Nachlass als solcher[8]. Von der Steuer wird vielmehr diejenige Bereicherung erfasst, die dem einzelnen Erwerber zufällt[9]. Die Bereicherung ist demnach das entscheidende Kriterium für die Steuerpflicht[10]. Sie kommt nur in Betracht, wenn der Empfänger einen Vermögensvorteil (vgl. § 14 Abs. 1 Satz 1 ErbStG) im Sinne einer Vermögensmehrung erlangt hat[11].

Das Bereicherungsprinzip ist im Gesetz klar verankert. Nach § 10 Abs. 1 Satz 1 ErbStG gilt die Bereicherung des Erwerbers als steuerpflichtiger Erwerb, soweit sie nicht steuerfrei ist. Auch der BFH spricht im Hinblick auf diese Vorschrift vom Bereicherungsprinzip[12]. Der Wert der Bereicherung ist zugleich Steuerbemessungsgrundlage[13]. In § 7 Abs. 1 Nr. 1 und 4, Abs. 3, Abs. 5 ErbStG kommt das Bereicherungsprinzip für Schenkungen unter Lebenden zum Ausdruck. Bei Schenkungen im Sinne von § 516 Abs. 1 BGB ist zudem die Bereicherung bereits Tatbestandsmerkmal des zivilrechtlichen Rechtsgeschäfts[14].

Der BFH verwendet den Begriff der „unentgeltlichen Bereicherung"[15]. Unentgeltlich ist eine Zuwendung, wenn ihr nach dem Inhalt des Rechtsgeschäfts keine Gegenleistung gegenübersteht[16]. Der Terminus „unentgeltliche Bereicherung" ist erbschaft- und schenkungsteuerlich ein Pleonasmus[17], denn bei der Bestimmung der Bereicherung nach dem ErbStG werden Gegenleistungen bereits saldiert. Wenn eine Bereicherung vorliegt, ist diese immer unentgeltlich. Der Begriff der „unentgeltlichen Bereicherung" wird nur unter dem Blickwinkel der §§ 812 ff. BGB verständlich. Dort werden dem Grundsatz nach Leistung und Gegenleistung

---

[8] *Seer* in Tipke/Lang, Steuerrecht, § 13 Rz. 103.

[9] *Gebel* in Troll/Gebel/Jülicher, ErbStG, Einf. Rz. 1; *Kapp/Ebeling*, ErbStG, Einl. Rz. 4; *Seer* in Tipke/Lang, Steuerrecht, § 13 Rz. 102; *Viskorf* in Viskorf/Glier/Hübner/Knobel/Schuck, ErbStG, Einf. Rz. 2.

[10] *Kapp/Ebeling*, ErbStG, Einl. Rz. 4.

[11] *Crezelius*, Erbschaft- und Schenkungsteuer, S. 27; *Meincke*, ErbStG, § 1 Rz. 4.

[12] BFH BStBl. II 1981, 411, 412; 1983, 179, 180.

[13] *Tipke*, StRO II, S. 879.

[14] *Putzo* in Palandt, BGB, § 516 Rz. 6

[15] BFH BStBl. II 1973, 329, 334; 1984, 37, 38.

[16] *Crezelius*, Steuerrecht II, § 19 Rz. 6; vgl. auch *Heinrichs* in Palandt, BGB, Einf v § 305 Rz. 8.

[17] *Crezelius*, Steuerrecht II, § 19 Rz. 6.

getrennt von einander rückabgewickelt. Eine Verbindung wird erst durch Zurückbehaltungsrechte oder durch die Saldotheorie[18] hergestellt.

2. Erbanfallsteuer

Eine Erbschaftsteuer kann entweder als Nachlasssteuer oder als Erbanfallsteuer ausgestaltet sein[19].

Die Nachlasssteuer ist eine letzte echte Vermögensteuer[20]. Da der Nachlass als solcher das Objekt der Besteuerung ist, können die unterschiedlichen Verwandtschaftsverhältnisse zwischen dem Erblasser und den Erben nicht berücksichtigt werden[21]. Die Progression des Steuertarifs bezieht sich auf die unverteilte Erbmasse[22].

Seit dem ersten reichseinheitlichem ErbStG 1906[23] dominiert in Deutschland das System der Erbanfallsteuer. Lediglich in den Jahren 1919 bis 1922 wurde parallel zur Erbanfallsteuer eine Nachlasssteuer erhoben[24]. Wegen der dadurch bestehenden faktischen Doppelbesteuerung des Erbfalls und der 1922 eingeführten Vermögensteuer[25] war die Nachlasssteuer aber nicht länger haltbar[26].

Die Erbanfallsteuer besteuert dasjenige, was durch den Erbfall erworben wurde und nicht den Nachlass als solchen[27]. Sie ist daher Konsequenz des Bereicherungsprinzips[28], denn nur durch die Anknüpfung an den Anfall auf Seiten des Erwerbers lässt sich die jeweilige Bereicherung erfassen.

Nach den Ausführungen des BVerfG zum Prinzip des Verwandtenerbrechts und zum Familienprinzip[29] im Hinblick auf Art. 6 Abs. 1 und Art. 14 GG ist nur eine Erbanfallsteuer verfassungskonform, da nur diese das Verwandtschaftsverhältnis berücksichtigen kann[30].

---

[18] Vgl. *Sprau* in Palandt, BGB, § 818 Rz. 48.
[19] *Timm*, FA N.F. 42 (1984), S. 553.
[20] *Birk*, Steuerrecht, Rz. 1201.
[21] *Crezelius*, Erbschaft- und Schenkungsteuer, S. 25; *Birk*, Steuerrecht, Rz. 1201.
[22] *Crezelius*, Erbschaft- und Schenkungsteuer, S. 25.
[23] RGBl. 1906, 620.
[24] Eingeführt mit Erbschaftsteuergesetz vom 10.09.1919, RGBl. I 1919, 1543; abgeschafft mit Gesetz vom 7.8.1922, RGBl. I 1922, 695.
[25] Gesetz vom 8.4.1922, RGBl. I 1922, 335.
[26] *Gebel* in Troll/Gebel/Jülicher, ErbStG, Einf. Rz. 71.
[27] *Birk*, Steuerrecht, Rz. 1202; *Viskorf* in Viskorf/Glier/Hübner/Knobel/Schuck, ErbStG, Einf. Rz. 2; *Pahlke* in Christoffel/Geckle/Pahlke, ErbStG, Einf. Rz. 3.
[28] *Seer* in Tipke/Lang, Steuerrecht, § 13 Rz. 103.
[29] BVerfG BStBl. II 1995, 671, 673.
[30] *Moench*, ErbStG, Einf. Rz. 2.

3. Stichtagsprinzip

Das ErbStG stellt für die Steuerberechnung auf einen bestimmten Stichtag ab. Das ist der Zeitpunkt des Entstehens der Steuer nach §§ 9 ErbStG, 38 AO. Für Erwerbe von Todes wegen bestimmt § 9 Abs. 1 Nr. 1 ErbStG vom Grundsatz her den Erbfall (§§ 1922 Abs. 1, 1942 Abs. 1 BGB) als maßgeblichen Zeitpunkt. Bei Schenkungen entsteht die Steuer nach § 9 Abs. 1 Nr. 2 ErbStG mit der Ausführung der Schenkung.

Der Entstehungszeitpunkt der Steuer hat Bedeutung für die subjektive Steuerpflicht (§ 2 ErbStG), für den Bewertungsstichtag (§ 11 ErbStG), für die Steuerklasse (§ 15 ErbStG), für die Berücksichtigung früherer und späterer Erwerbe (§§ 14, 27 ErbStG) und für die Behaltefristen (§ 13a Abs. 5 ErbStG)[31]. Da alle Merkmale der Steuerberechnung nach den Verhältnissen am Stichtag der Steuerentstehung zu bestimmen sind, lässt sich von einem Stichtagsprinzip sprechen[32].

Relevant ist das Stichtagsprinzip vor allem für die Ermittlung des Wertes der Bereicherung, da sich diese strikt an den Verhältnissen am Bewertungsstichtag ausrichtet[33]. Es ist notwendige Ergänzung des Bereicherungsprinzips, um die Bereicherung erfassen zu können[34]. Vermögensgegenstände unterliegen laufender Wertveränderung[35]. Durch die Schaffung eines zeitlichen Bezugspunktes wird eine Neutralisierung dieser Veränderungen möglich[36]. Daneben dürften auch das rechtsstaatliche Bestimmtheitsgebot und das Willkürverbot die Festlegung eines oder mehrerer Stichtage fordern.

Die Wahl des Bewertungsstichtages durch das ErbStG erscheint insofern sachgerecht, als das angefallene Vermögen ab diesem Zeitpunkt nach §§ 1922, 1942 BGB Vermögen des Erben oder Beschenkten geworden ist. Danach eintretende Wertveränderungen spielen sich in der Sphäre des Empfängers ab[37]. Probleme treten auf, wenn diese Wertveränderungen negativ[38] sind und zu einem Zeitpunkt eintreten, der nach dem Stichtag liegt und zu dem der Erwerber rechtlich oder tatsächlich noch keine Verfügungsmöglichkeit über den Vermögensgegens-

---

[31] *Seer* in Tipke/Lang, Steuerrecht, § 13 Rz. 168; *Meincke*, ErbStG, § 9 Rz. 5; *Weinmann* in Moench, ErbStG, § 9 Rz. 2.

[32] *Weinmann* in Moench, ErbStG, § 9 Rz. 2.

[33] *Gebel* in Troll/Gebel/Jülicher, ErbStG, § 9 Rz. 12.

[34] *Crezelius*, Unternehmenserbrecht, Rz. 179.

[35] *Crezelius*, Erbschaft- und Schenkungsteuer, S. 29.

[36] *Meincke*, Nachlaßbewertung im BGB, S. 211.

[37] *Seer* in Tipke/Lang, Steuerrecht, § 13 Rz. 169; *Weinmann* in Moench, ErbStG, § 11 Rz. 1; BFH BStBl. II 1991, 310; 1992, 298.

[38] Z. B. fallende Börsenkurse.

tand hatte[39]. Insoweit kollidiert das formelle Stichtagsprinzip mit dem materiellen Bereicherungsprinzip[40].

4. Maßgeblichkeit des Zivilrechts

a) Zivilrecht und Steuerrecht

aa) Problem

Das Steuerrecht im Allgemeinen und das Erbschaft- und Schenkungsteuerrecht im Besonderen knüpfen an zivilrechtliche Sachverhalte an. Damit ist eines der klassischen Probleme des Steuerrechts angesprochen, nämlich sein Verhältnis zum Zivilrecht[41]. Im Kern geht es darum, ob dem Zivilrecht entlehnte Begriffe der Steuergesetze ausschließlich zivilrechtlich zu verstehen sind, oder ob sie einer eigenständigen steuerrechtlichen Interpretation zugänglich sind und inwieweit zivilrechtliche Wertungen steuerrechtlich beachtet werden müssen. Die Brisanz der Frage resultiert aus der durch die Privatautonomie gewährten Vielfalt der zivilrechtlichen Gestaltungsmöglichkeiten und der durch den Grundsatz der Tatbestandsmäßigkeit der Besteuerung (Art. 20 Abs. 3 GG) bedingten Begrenztheit des Steuerrechts[42]. Bei einem vollständigen Vorrang des Zivilrechts würde der Gesetzgeber gezwungen sein, dem Erfindungsgeist der Steuergestalter laufend Einhalt zu gebieten[43].

bb) Herrschende Meinung

Die heute herrschende Meinung geht von einer Autonomie des Steuerrechts aus[44]. Zivil- und Steuerrecht sind einander als gleichrangig nebengeordnet[45]. Das Steuerrecht will bestimmte

---

[39] Dazu *Ebeling*, DStJG 22 (1999), S. 234 ff.; *Kapp/Ebeling*, ErbStG, § 3 Rz. 9 f., § 9 Rz. 8 ff.; § 11 Rz. 1 ff.; *Meincke*, ErbStG, § 9 Rz. 11 f.; *Weinmann* in Moench, ErbStG, § 11 Rz. 6 ff.; vgl. FG München ZEV 2003, 127.

[40] *Crezelius*, Steuerrecht II, § 19 Rz. 9.

[41] Vgl. *Ball*, Steuerrecht und Privatrecht; *Becker*, RAO, § 4 passim; *Crezelius*, Rechtsanwendung und Rechtsordnung, S. 180 ff.; *Flume*, Festgabe Smend, S. 59 ff.; *Koller*, Privatrecht und Steuerrecht, S. 236 ff.; *Liebisch*, Steuerrecht und Privatrecht.

[42] *Hallerbach*, DStR 1999, 2125, 2125.

[43] *Hallerbach*, DStR 1999, 2125, 2125.

[44] BVerfG, BStBl. II 1992, 212, 213; *Birk*, Steuerrecht I, § 3 Rz. 6, § 11 Rz. 8 ff.; *Hallerbach*, DStR 1999, 2125, 2130; *Klein*, FA N. F. 14 (1953/1954), S. 1, 6; *Kirchhof*, StuW 1983, 173, 180 ff.; *ders.*; NJW 1987, 3217, 3221; *Raupach*, Festschrift Tipke, S. 105, 106 ff.; *Tipke*, JuS 1970, 149; *ders.*, StRO I, S. 49 ff.; *Walz*, Steuergerechtigkeit und Rechtsanwendung, S. 208 ff., 211 ff.; *ders.*, ZHR 147 (1983), 281, 284 ff.; *Weber-Grellet*, StuW 1999, 311, 312 f.; *Westermann*, Festschrift Goerdeler, S. 697, 710.

tatsächliche Geschehen sowie wirtschaftliche Vorgänge und Zustände, wie Einkommen, Vermögen, Bereicherung, Verbrauch und Aufwand erfassen[46]. Zwar liefert das Zivilrecht die Institutionen für den Rechtsverkehr[47] und liegen bestimmten wirtschaftlichen Gestaltungen typische zivilrechtliche Gestaltungen zugrunde[48]. Aus dieser Präzedenz des Zivilrechts[49] folgt aber keine Rangpriorität im Sinne eines Wertungsvorrangs zugunsten des Zivilrechts[50]. Das Steuerrecht hat vielmehr seine eigene Teleologie und seine eigenen Prinzipien[51]. Während das Steuerrecht der Mittelbeschaffung für den Staat dient, verfolgt das Zivilrecht den Zweck, verschiedene Interessen von Privatrechtssubjekten auszugleichen[52]. Beide Rechtsgebiete beurteilen denselben Sachverhalt aus einer anderen Perspektive und unter anderen Wertungsgesichtspunkten[53]. Die Anknüpfung an das Zivilrecht ist daher nur gesetzestechnisches Hilfsmittel[54].

Für die Erfassung von wirtschaftlichen Vorgängen stehen strukturell drei Möglichkeiten zur Verfügung[55]. Zum einen kann das Gesetz ausdrücklich auf zivilrechtliche Vorschriften verweisen, wie zum Beispiel in § 3 Abs. 1 Nr. 1 ErbStG. Daneben ist die Verwendung von eigenen steuerrechtlichen Begriffen, wie etwa den des Wirtschaftsgutes in §§ 4, 6 und 7 EStG möglich. Die dritte und problematische Variante ist die Verwendung von zivilrechtlich vorgeprägten Begriffen ohne direkten Verweis auf zivilrechtliche Normen, wie zum Beispiel in § 21 EStG. In allen drei Fällen ist eine genaue Eruierung der zivilrechtlichen Lage unumgänglich. Bei einem rein zivilrechtlichen Verständnis der Norm versteht sich das von selbst. Bei der Verwendung eines steuerrechtlichen Eigenbegriffes bedarf es der zivilrechtlichen Subsumtion um feststellen zu können, ob der Eigenbegriff auch diesen konkreten Sachverhalt erfassen wollte[56].

Für die Auslegung zivilrechtlicher Begriffe im Steuerrecht bedeutet das, dass nicht von einer teleologischen Prävalenz des Zivilrechts auszugehen ist[57]. Es gibt weder eine Vermutung für

---

[45] BVerfG, BStBl. II 1992, 212, 213; *Birk*, Steuerrecht I, § 11 Rz. 8; *Hallerbach*, DStR 1999, 2125, 2130; *Klein*, FA N. F. 14 (1953/1954), S. 1, 6.
[46] *Kruse*, Steuerrecht I, § 1 II 2; *Lang* in Tipke/Lang, Steuerrecht, § 1 Rz. 17; *Tipke*, StRO I, S. 44.
[47] *Lang* in Tipke/Lang, Steuerrecht, § 1 Rz. 17.
[48] *Tipke*, StRO I, S. 45.
[49] *Birk*, Steuerrecht I, § 11 Rz. 8; *Kirchhof*, StuW 1983, 173, 181; *Tipke*, StRO I, S. 44 ff.
[50] BVerfG BStBl. II 1992, 212, 213; *Birk*, Steuerrecht I, § 11 Rz. 8; *Klein*, FA N. F. 14 (1953/1954), S. 1, 6; *Kirchhof*, NJW 1987, 3217, 3221; *Tipke*, StRO I, S. 50.
[51] *Tipke*, StRO I, S. 50.
[52] *Hallerbach*, DStR 1999, 2125, 2127, *Kruse*, Steuerrecht I, § 1 II 2; *Tipke*, StRO I, S. 50.
[53] BVerfG BStBl. II 1992, 212, 213.
[54] *Tipke*, StRO I, S. 51.
[55] *Crezelius*, Erbschaft- und Schenkungsteuer, S. 31 f.; *Lang* in Tipke/Lang, Steuerrecht, § 1 Rz. 18.
[56] *Crezelius*, Steuerrecht II, § 1 Rz. 11.
[57] *Lang* in Tipke/Lang, Steuerrecht, § 1 Rz. 19; *Tipke*, StRO I, S. 53 f.

noch gegen eine zivilrechtliche Interpretation[58]. Vielmehr sind die Tatbestandsmerkmale spezifisch steuerrechtlich zu würdigen[59] und nach dem steuerrechtlichen Normzweck zu interpretieren[60]. Es ist selbstverständlich, dass gleichlautende Begriffe eines Gesetzes nicht zwingend gleich ausgelegt werden müssen, erst recht nicht bei verschiedenen Gesetzen[61]. Sinnzusammenhang und Zweck können eine andere Auslegung rechtfertigen[62], so dass insoweit eine Relativität der Rechtsbegriffe besteht[63]. Selbstverständlich ist auch, dass öffentlich- rechtliche Vorschriften die Privatautonomie begrenzen können[64]. Zum Teil wird befürwortet, dass das zivilrechtliche Verständnis zumindest der Ausgangspunkt[65] der Interpretation sein beziehungsweise Indizwirkung haben sollte[66].

cc) Mindermeinungen

Meinungen, die der Zivilrechtsordnung den Vorrang vor dem Steuerrecht einräumen[67] oder das Steuerecht als Folgerecht des Zivilrechts verstehen[68], konnten sich aus heutiger Sicht nicht durchsetzen[69]. Die durch die Privatautonomie gewährleistete und durch Art. 2 Abs. 1 GG abgesicherte zivilrechtliche Gestaltungsfreiheit erhielte danach den Vorrang vor der Gleichmäßigkeit der Besteuerung[70]. Im Steuerrecht gehe es immer um die Erfassung zivilrechtlicher Gestaltungen, da es keinen per se besteuerungswürdigen Sachverhalt gebe[71].
Neben dem Gedanken der Einheit der Rechtsordnung[72] und der besser entwickelten Zivilrechtsdogmatik[73] spricht für diese Auffassung vor allem die durch die Maßgeblichkeit des Zivilrechts geschaffene Rechtssicherheit[74], da damit verhindert wird, dass je nach Beliebigkeit[75] eine zivilrechtliche oder rein steuerrechtliche Interpretation vorgenommen wird.

---

[58] BVerfG BStBl. II 1992, 212, 213; *Kruse/Drüen* in Tipke/Kruse, AO, § 4 Rz. 264; *Lang* in Tipke/Lang, Steuerrecht, § 1 Rz. 19; *Ruppe* in Herrmann/Heuer/Raupach, EStG, Einf Rz. 457.
[59] *Lang* in Tipke/Lang, Steuerrecht, § 1 Rz. 20.
[60] BVerfG BStBl. II 1992, 212, 214; *Lang* in Tipke/Lang, Steuerrecht, § 1 Rz. 21; *Schulze-Osterloh*, AcP 190 (1990), 139, 150, 164.
[61] *Engisch*, Einführung in das Juristische Denken, S. 94; *Kruse*, Steuerrecht I, § 1 II 2.
[62] *Kruse*, Steuerrecht I, § 1 II 2.
[63] *Engisch*, Einführung in das Juristische Denken, S. 94, 209.
[64] *Kruse*, Steuerrecht I, § 1 II 2.
[65] *Meincke*, StuW 1992, 188, 190.
[66] *Hallerbach*, DStR 1999, 2125, 2129; *Ruppe*, DStJG 1 (1979), S. 7, 11.
[67] *Flume*, Festgabe Smend, S. 59 ff., 73.
[68] *Crezelius*, Rechtsanwendung und Rechtsordnung, S. 334.
[69] *Koller*, Privatrecht und Steuerrecht, S. 251 ff.
[70] *Crezelius*, Rechtsanwendung und Rechtsordnung, S. 330 ff.
[71] *Crezelius*, Steuerrecht II, § 1 Rz. 12.
[72] Z. B. *Liebisch*, Steuerrecht und Privatrecht, S. 164.
[73] *Crezelius*, Rechtsanwendung und Rechtsordnung, S. 360.
[74] *Döllerer*, JbFfSt 1986/1987, S. 37, 54.
[75] *Crezelius*, Rechtsanwendung und Rechtsordnung, S. 185.

b) Erbschaftsteuerrecht und Zivilrecht

Das Erbschaftsteuerrecht weist geradezu zwangsläufig Verbindungen zum Zivilrecht auf, da das Erbrecht im BGB geregelt ist. Das Zivilrecht ist daher für das Erbschaftsteuerrecht maßgeblich[76]. Allerdings kann nicht von einer generellen Maßgeblichkeit gesprochen werden, da dem Gesetzgeber die Möglichkeit unbenommen ist, eigenständige steuerrechtliche Regelungen zu treffen[77], wovon er auch Gebrauch gemacht hat. So qualifiziert das Erbschaftsteuerrecht einen Erwerb durch Rechtsgeschäft unter Lebenden als Erwerb von Todes wegen (§§ 3 Abs. 1 Nr. 4, 4 Abs. 2 Satz 1 ErbStG), einen Erwerb vom Erben als Erwerb vom Erblasser (§ 3 Abs. 2 Nr. 4 ErbStG) oder einen Erwerb vom Erblasser als Erwerb vom Erben (§ 6 Abs. 2 Satz 1 ErbStG)[78]. Das Problem der Maßgeblichkeit des Zivilrechts ist heute vor allem ein Problem seiner Reichweite, insbesondere im Rahmen der Auslegung erbschaftsteuerlicher Bestimmungen. Dazu ist zunächst zu konstatieren, dass selbstverständlich auch im Erbschaftsteuerrecht die allgemeinen Auslegungsgrundsätze Anwendung finden[79]. Eindeutig ist die Prävalenz des Zivilrechts in den Regelungen, in denen ausdrücklich mit Klammerverweis auf Normen des BGB Bezug genommen wird, (§§ 3 Abs. 1 Nr. 1 und 2, 4 Abs. 1, 5, 7 Abs. 1 Nr. 4-6, 15 Abs. 3 20 Abs. 3 29 Abs. 1 Nr. 2 und 3 ErbStG)[80]. Es gelten dann auch die zivilrechtlichen Folgewirkungen, etwa die der §§ 142, 333, 1953 BGB[81]. Für wirtschaftliche Betrachtungen ist hier kein Raum[82].

Problematischer ist das Verständnis von zivilrechtlichen Begriffen ohne direkten Normenverweis, z. B. beim Begriff der Auflage in § 3 Abs. 2 Nr. 2 ErbStG.

Die Rechtsprechung geht im Hinblick auf die Autonomie des Steuerrechts davon aus, dass es weder eine Vermutung für noch gegen eine zivilrechtliche Interpretation gibt[83]. Demgegenüber meint ein Teil des Schrifttums, dass das zivilrechtliche Verständnis Vermutungswirkung habe[84] oder zumindest Indizwirkung haben sollte[85]. Die Gründe für ein vom Zivilrecht

---

[76] *Crezelius*, Erbschaft- und Schenkungsteuer, S. 36 f.; *Schäfer/Strotmeier*, Erbschaft- und Schenkungsteuer, Rz. 356; *Schulz*, Erbschaftsteuer, S. 36.

[77] *Crezelius*, Steuerrecht II, § 19 Rz. 11; *Eisele*, Lehrbuch der Erbschaftsteuer, S. 30; *Gebel* in Troll/Gebel/Jülicher, ErbStG, Einf. Rz. 29; *Moench*, ErbStG, Einf. Rz. 55; *Seer* in Tipke/Lang, Steuerrecht, § 13 Rz. 106.

[78] *Meincke*, ErbStG, Einf. Rz. 7 mit weiteren Beispielen.

[79] *Meincke*, ErbStG, Einf. Rz. 8; *Pahlke* in Christoffel/Geckle/Pahlke, ErbStG, Einf. Rz. 13; *Viskorf* in Viskorf/Glier/Hübner/Knobel/Schuck, ErbStG, § 1 Rz. 28.

[80] *Eisele*, Lehrbuch der Erbschaftsteuer, S. 29; *Gebel* in Troll/Gebel/Jülicher, ErbStG, Einf. Rz. 30; *Kobor*, Die Auslegung im Erbschaftsteuergesetz, S. 74 f.; *Pahlke* in Christoffel/Geckle/Pahlke, ErbStG, Einf. Rz. 15; *Viskorf* in Viskorf/Glier/Hübner/Knobel/Schuck, ErbStG, § 1 Rz. 29.

[81] *Gebel* in Troll/Gebel/Jülicher, ErbStG, Einf. Rz. 30.

[82] *Gebel* in Troll/Gebel/Jülicher, ErbStG, Anh AO Rz. 11.

[83] BVerfG BStBl. II 1992, 212, 213; BFH/NV 1994, 373, 376.

[84] *Meincke*, StuW 1992, 186, 190; *ders.*, ErbStG, Einf. Rz. 7; *Moench*, ErbStG, Einf. Rz. 56.

abweichendes Verständnis müssen von einigem Gewicht sein[86]. Andere Autoren sprechen sich für eine zwingende zivilrechtliche Interpretation aus, da das Erbschaftsteuerrecht auf einen eigenen Ordnungsrahmen verzichtet und daher strukturell vom Zivilrecht abhängig ist[87].

Der Konflikt des Erbschaftsteuerrechts mit dem Zivilrecht spiegelt sich auch in der Diskussion um die sogenannte wirtschaftliche Betrachtungsweise wider. Dabei sollte man zunächst berücksichtigen, dass wirtschaftliche Überlegungen bei der Gesetzesanwendung keine steuerrechtliche Besonderheit darstellen, sondern in allen Rechtsgebieten stattfinden[88]. Wirtschaftliche Betrachtungen sind letztlich Bestandteil der teleologischen Auslegungsmethode[89]. Der BFH lehnt im Erbschaftsteuerrecht wegen der bürgerlich-rechtlichen Anknüpfung die wirtschaftliche Betrachtungsweise ab. Es gebe keine Erbschaft im wirtschaftlichen Sinne[90]. Diese Auffassung findet grundsätzlich Zustimmung[91]. Neben dem eher formalen Argument der gesetzestechnischen Anknüpfung spricht gegen eine wirtschaftliche Betrachtungsweise vor allem der Grundsatz der Tatbestandmäßigkeit der Besteuerung (Art. 20 Abs. 3 GG), der bei einer Anknüpfung an das Zivilrecht eine Loslösung von selbigem verbietet[92]. Wer an das Zivilrecht anknüpft, muss auch dessen Wertungen übernehmen[93]. Schließlich regelt bereits das Zivilrecht wirtschaftliche Sachverhalte[94]. Wichtig ist daher vor allem die zivilrechtlich richtige Qualifikation der Sachverhalte, die nicht von der Bezeichnung abhängt, die die Parteien gewählt haben (iura novit curia)[95].

Im Hinblick auf die Vermögenszuordnung hält der BFH wirtschaftliches Eigentum im Erbschaftsteuerrecht nicht generell für ausgeschlossen[96]. Diese wenig aussagekräftige These trifft jedenfalls nicht für das durch Erbschaft erworbene Vermögen zu. Dort richtet sich der Gegenstand des Erwerbs ausschließlich nach dem Zivilrecht[97].

---

[85] *Hallerbach*, DStR 1999, 2125, 2129.
[86] *Gebel* in Troll/Gebel/Jülicher, ErbStG, Einf. Rz. 31; *Viskorf* in Viskorf/Glier/Hübner/Knobel/Schuck, ErbStG, § 1 Rz. 29.
[87] *Kobor*, Die Auslegung im Erbschaftsteuergesetz, S. 81; vgl. auch *Crezelius*, Erbschaft- und Schenkungsteuer, S. 31 f.
[88] *Groh*, StuW 1989, 227, 228 f.
[89] *Beisse*, InfStW 1977, 1735, 1735; *Lang* in Tipke/Lang, Steuerrecht, § 5 Rz. 65 m. w. N.
[90] BFH BStBl. III 1960, 348, 349; BStBl. II 1983, 116, 117; 1983, 179.
[91] *Crezelius*, Erbschaft- und Schenkungsteuer, S. 30 ff.; *Eisele*, Lehrbuch der Erbschaftsteuer, S. 29 f.; *Kobor*, Die Auslegung im Erbschaftsteuergesetz, S. 85 f.; *Meincke*, ErbStG, Einf. Rz. 7; *Pahlke* in Christoffel/Geckle/Pahlke, ErbStG, Einf. Rz. 15; a. A. *Klein*, FR 2001, 118, 122 f.
[92] *Crezelius*, Erbschaft- und Schenkungsteuer, S. 33.
[93] *Crezelius*, Erbschaft- und Schenkungsteuer, S. 31 f.
[94] *Crezelius*, Erbschaft- und Schenkungsteuer, S. 32.
[95] *Crezelius*, Erbschaft- und Schenkungsteuer, S. 34 f.
[96] BFH BStBl. II 1991, 320; BFH/NV 2001, 162, 163; zustimmend *Moench*, ErbStG, Einf. Rz. 57; ebenso *Schulz*, Erbschaftsteuer, S. 40.
[97] *Gebel*, BB 2000, 537.

c) Schenkungsteuerrecht und Zivilrecht

Die Frage nach der zivilrechtlichen Maßgeblichkeit stellt sich auch bei der Besteuerung von Schenkungen im Sinne des § 7 Abs. 1 ErbStG. Im Hinblick auf die Auslegung gilt auch hier grundsätzlich das unter a) und b) Gesagte. Probleme ergeben sich hier vor allem beim Gegenstand der Schenkung[98]. Der rein steuerrechtliche Begriff der freigebigen Zuwendung in § 7 Abs. 1 Nr. 1 ErbStG macht es dem Rechtsanwender vom Ausgangspunkt her leicht, sich vom Zivilrecht zu lösen. So wird in Abweichung vom Zivilrecht die Gewährung eines zinslosen Darlehens als freigebige Zuwendung besteuert[99]. Des Weiteren lässt es der BFH in ständiger Rechtsprechung für die Steuerentstehung nach § 9 Abs. 1 Nr. 2 ErbStG bei einer Grundstücksschenkung genügen, wenn die Auflassung (§ 925 BGB) vorliegt und der Zuwendende die Eintragungsbewilligung (§ 19 GBO) erklärt hat[100]. Hier tritt eine Besteuerung ein, obwohl es bürgerlich-rechtlich noch nicht zur Erfüllung (§ 362 BGB) gekommen ist, da ohne Eintragung kein Eigentumswechsel stattfinden konnte (§ 873 BGB).

d) Bezug zur Thematik

Dem Verhältnis des Steuerrechts zum Zivilrecht soll und kann hier nicht grundsätzlich nachgegangen werden. Da das Erbschaft- und Schenkungsteuerrecht an die zivilrechtlichen Institute Erbschaft und Schenkung anknüpft, wird in dieser Arbeit von der grundsätzlichen Maßgeblichkeit des Zivilrechts ausgegangen. Das bedeutet, dass zivilrechtliche Begriffe des Erbschaft- und Schenkungsteuerrecht auch zivilrechtlich verstanden und Wertungen des Zivilrechts übernommen werden, soweit nicht steuerliche Aspekte im Rahmen der Auslegung zu einem anderen Ergebnis führen. Das ergibt sich nicht zuletzt daraus, dass Rückabwicklungen von Schenkungen zunächst in den Formen des Zivilrechts stattfinden. Es ist Aufgabe des Zivilrechts, die verschiedenen Möglichkeiten der Rückabwicklung rechtlich zu fassen. Erst im Anschluss daran können Aussagen über die steuerrechtlichen Konsequenzen getroffen werden. Da die steuerrechtliche Beurteilung von Erbschaft und Schenkungen erst nach deren zivilrechtlichen Einordnung erfolgt, gilt das auch für deren Rückabwicklungen.

---

98 Siehe unten § 3 II. 2. e)

99 BFH BStBl. II 1979, 631.

II. Rechtfertigung der Erbschaft- und Schenkungsteuer

Als Eingriff in die Eigentumsfreiheit (Art. 14 Abs. 1 Satz 1 GG) bedarf die Erbschaft- und Schenkungsteuer der verfassungsrechtlichen Legitimation[101]. Neben Art. 106 Abs. 2 Nr. 2 GG als formellen Anhaltspunkt[102], kommt es auf die materielle Begründung an[103].

1. Erbschaftsteuer

a) Fiskalzweck

Wie jede andere Steuer dient auch die Erbschaftsteuer dem Staat zur Erzielung von Einnahmen (§ 3 AO)[104]. Trotz ihrer im Vergleich zum Gesamtsteueraufkommen geringen Bedeutung[105] steht eine Abschaffung der Erbschaft- und Schenkungsteuer derzeit nicht zur Debatte[106].

b) Leistungsfähigkeitsprinzip

Die Rechtfertigung der Erbschaftsteuer ergibt sich heute im Wesentlichen aus dem Leistungsfähigkeitsprinzip[107]. Gegenstand der Besteuerung ist die Bereicherung, die dem einzelnen Erwerber zufließt[108]. Als Bereicherungssteuer knüpft sie an die Vermögensmehrung beim Empfänger (dem Bereicherten) an[109]. Erfasst werden soll die wirtschaftliche Leistungsfähigkeit des Bereicherten[110], was letztlich dem Leistungsfähigkeitsprinzip entspricht[111]. Es geht dabei um die Steigerung der wirtschaftlichen und steuerlichen Leistungsfähigkeit, die

---

[100] BFH BStBl. II 1979, 642; 1990, 504; 1991, 32.

[101] *Seer*, StuW 1997, 283, 284.

[102] BVerfG BStBl. II 1995, 671, 673

[103] *Seer*, StuW 1997, 283, 284.

[104] *Crezelius*, Steuerrecht II, § 19 Rz.1.

[105] Vgl. Steuerspirale von Globus, SteuStud 2002, 474.

[106] Vgl. FAZ vom 13.2.2004, S. 43 und FAZ vom 16.2.2004, S. 13.

[107] *Crezelius*, Festschrift Tipke, S. 403, 406; *Meincke*, DStJG 22 (1999), S. 39 ff., 58; *Seer*, StuW 1997, 283, 284 f.; *Tipke*, StRO II, S. 872; zum Leistungsfähigkeitsprinzip als allgemein anerkanntes Fundamentalprinzip gerechter Besteuerung *Lang* in Tipke/Lang, Steuerrecht, § 4 Rz. 81 ff. m. w. N.

[108] *Kapp/Ebeling*, ErbStG, Einl. Rz. 5; *Offerhaus*, DB 2002, 2064; *Ritter*, BB 1994, 2285; *Tipke*, StRO II, 1. Aufl. 1993, S. 752.

[109] *Seer* in Tipke/Lang, Steuerrecht, § 13 Rz. 102; vgl. auch *Meincke*, Festschrift Tipke, S. 391, 394.

[110] *Arndt*, Steuerrecht, S. 106; *Neumark*, Grundsätze gerechter und ökonomisch rationaler Steuerpolitik, S. 136, 170; vgl. BVerfG BStBl. II 1995, 671, 673.

[111] *Pahlke* in Christoffel/Geckle/Pahlke, ErbStG, Einf. Rz. 4.

der Erwerber durch den Erbfall erhalten hat.[112] Sie ist Ziel und Rechtfertigung der Besteuerung[113]. Anknüpfungspunkt ist also die erhöhte Fähigkeit, Steuern zahlen zu können (ability to pay)[114].

Ergänzend zum Leistungsfähigkeitsprinzip wird vorgebracht, eine Besteuerung sei gerechtfertigt, wenn nicht gar geboten, da es sich bei einer Erbschaft um einen nicht selbst verdienten, mithin mühelosen Erwerb handelt.[115] Das rechtfertige eine steuerliche Sonderbelastung.[116] Dieser Gedanke geht letztlich auf die Reinvermögenszugangstheorie[117] von *Georg von Schanz* zurück. „Besteuert man den selbsterwirtschafteten Erwerb, so wird man vernünftigerweise den zufälligen nicht freilassen dürfen"[118]. In Übereinstimmung mit *Tipke*[119] ist hierzu jedoch zu sagen, dass es nicht um die Rechtfertigung einer Sonderbelastung unter dem Aspekt der "Mühelosigkeit" geht. Es geht vielmehr um die Erfassung von Einkommen überhaupt, insbesondere von solchem, welches bei der Einkommensteuer des Erben nicht erfasst wird. Im Hinblick auf das Leistungsfähigkeitsprinzip spielt es keine Rolle, ob es sich um am Markt erwirtschaftetes Einkommen handelt oder nicht[120].

c) Umverteilungsfunktion

Die Erbschaftsteuer dient auch der Umverteilung[121]. Es sollen die Akkumulation von Vermögen bei einigen wenigen[122] und die damit verbundenen Start- und Chancenungleichheiten nivelliert werden[123]. Allerdings ist die Umverteilungsfunktion kein Primärzweck der Erbschaftsteuer[124]. Zum einen ist der Umverteilungseffekt der Erbschaftsteuer gering, was insbesondere mit der weitaus größeren Bedeutung der Einkommen- und Körperschaftsteuer im

---

[112] *Crezelius*, Unternehmenserbrecht, Rz. 178; *ders.*, Steuerrecht II, § 19 Rz. 2; *Gebel* in Troll/Gebel/Jülicher, ErbStG, Einf. Rz. 3; *Meincke*, DStJG 22 (1999), S. 40; *Moench*, ErbStG, Einf. Rz. 3; *Offerhaus*, DB 2002, 2064; *Ritter*, BB 1994, 2285, 2286; *Seer* in Tipke/Lang, Steuerrecht, § 13 Rz. 2; *Viskorf* in Viskorf/Glier/Hübner/Knobel/Schuck, ErbStG, Einf. Rz. 15; vgl. auch BVerfG BStBl. II 1995, 671, 673.
[113] BR-Drucks. 140/72, S. 59; BT-Drucks. VI/3418, S. 59.
[114] *Tipke*, StRO II, 1. Aufl. 1993, S. 746; *Schneider*, StuW 1979, 38, 39; a. A. *B. Fischer*, StuW 1978, 345, 346.
[115] *Neumark*, Grundsätze gerechter und ökonomisch rationaler Steuerpolitik, S. 92; vgl. auch *B. Fischer*, StuW 1978, 345, 346 f.; *Tipke*, StRO II, S. 872; *Ritter*, BB 1994, 2285, 2286.
[116] *Ritter*, BB 1994, 2285, 2286.
[117] Vgl. *Ruppe* in Herrmann/Heuer/Raupach, EStG, Einf. Rz. 12.
[118] *von Schanz*, FA 17 (1900), S. 1, 172; vgl. auch *von Schanz*, FA 13 (1896), S. 1, 24.
[119] *Tipke*, StRO II, S. 872 f.
[120] *Tipke*, StRO II, S. 872 f.
[121] *Crezelius*, Festschrift Tipke S. 403, 407; *Ritter*, BB 1994, 2285, 2287; *Tipke*, StRO II, S. 875 m. w. N.
[122] *Viskorf* in Viskorf/Glier/Hübner/Knobel/Schuck, ErbStG, Einf. Rz. 16.
[123] *B. Fischer*, StuW 1978, 345, 347 f.
[124] *Tipke*, StRO II, S. 875.

Hinblick auf das Steueraufkommen zusammenhängt[125]. Zum anderen kann die Erbschaftsteuer mitunter zur Veräußerung des Erbes zwingen und dadurch eine Akkumulation, vor allem im unternehmerischen Bereich, fördern anstatt zu verhindern[126]. Im Übrigen ist die Umverteilungsfunktion Bestandteil des Leistungsfähigkeitsprinzips[127], da das Steuerrecht per se distributiven Charakter hat[128].

d) Staatliches Miterbrecht

Die Erbschaftsteuer wurde immer wieder auch als staatliches Miterbrecht begriffen[129]. Allerdings lässt sich diese Auffassung mit dem geltenden Recht nicht vereinbaren. Der Staat partizipiert zwar an der Erbschaft, aber eben in der Form eines Geldanspruchs und gerade nicht als ein (Mit)erbe mit den damit verbundenen Rechten und Pflichten[130]. Der Staat findet keinen Eingang in die Erbengemeinschaft[131], eine Differenzierung nach der Vermögensgröße (vgl. § 19 Abs. 1 ErbStG) ist mit einem Erbrecht nicht vereinbar[132].

e) Einwände

Gegen die Rechtfertigung der Erbschaftsteuer wird eine Reihe von Einwänden diskutiert[133]. Hervorzuheben sind hierbei vor allem der Einwand, dass es sich bei dem Vererbten um Vermögen handelt, das bereits beim Erblasser besteuert wurde[134] sowie der Einwand, dass das erworbene Vermögen nicht größer oder wertvoller wird[135]. Beide Einwände vernachlässigen jedoch, dass es sich um zwei verschiedene Steuersubjekte handelt, die besteuert werden[136]. Im Ergebnis ist die Erbschaftsteuer jedenfalls in ihrem Kernbereich – nämlich dann, wenn die Steuer Reinvermögenszugänge beim Erwerber nach Maßgabe des Erwerbs erfasst

---

[125] *Viskorf* in Viskorf/Glier/Hübner/Knobel/Schuck, ErbStG, Einf. Rz. 16; *Tipke*, StRO II, S. 876 m. w. N.; vgl. auch *Ritter*, BB 1994, 2285, 2287.
[126] *Crezelius*, Steuerrecht II, § 19 Rz. 1; *Ritter*, BB 1994, 2285, 2287.
[127] *Tipke*, StRO II, S. 875.
[128] *Crezelius*, Festschrift Tipke, S. 403, 407.
[129] Nachweise bei *Crezelius*, Erbschaft- und Schenkungsteuer, S. 23.
[130] *Crezelius*, Erbschaft- und Schenkungsteuer, S. 23; *ders.*, Steuerrecht II, § 19 Rz. 1.
[131] *B. Fischer*, StuW 1978, 345, 349.
[132] *Crezelius*, Erbschaft- und Schenkungsteuer, S. 23.
[133] *Meincke*, DStJG 22 (1999), S. 39 ff.
[134] Vgl. *Meincke*, DStJG 22 (1999), S. 39 ff.
[135] *Ritter*, BB 1994, 2285, 2287; *Kruse*, BB 1996, 717, 718.
[136] *Meincke*, Festschrift Tipke, 391, 394 f.; *ders.*, DStJG 22 (1999), S. 44; *Seer* in *Tipke/Lang*, Steuerrecht, § 13 Rz. 102; *ders.*, StuW 1997, 283, 285.

– gut begründet[137]. Im Übrigen sind Steuern, die dem Leistungsfähigkeitsprinzip entsprechen, schon deshalb gerechtfertigt[138].

2. Schenkungsteuer

a) Ergänzungsfunktion

Die Schenkungsteuer hatte immer schon die Funktion, eine Umgehung der Erbschaftsteuer zu verhindern, da ohne die zusätzliche Besteuerung der Schenkungen unter Lebenden die Erbschaftsbesteuerung leicht durch Verfügungen über das Vermögen zu Lebzeiten des Erblassers umgangen werden könnte[139]. Diese Funktion hat auch heute noch Gültigkeit[140]. Die Schenkungsteuer ist insoweit notwendige Ergänzung der Erbschaftsteuer[141]. Sie flankiert die Erbschaftsteuer sinnvoll und wird daher als vorweggenommene Erbschaftsteuer[142] sowie als Unterart der Erbschaftsteuer[143] verstanden.
Die für die Erbschaftsteuer geltenden Rechtfertigungsgründe – Fiskalzweck, Erfassung der Leistungsfähigkeit und Umverteilung – kommen somit auch im Bereich der Schenkungsteuer zur Anwendung.

b) Keine materielle Eigenständigkeit der Schenkungsteuer

Zunehmend wird eine eigenständige Bedeutung der Schenkungsteuer gegenüber der Erbschaftsteuer betont[144]. Die Schenkungsteuer habe nicht nur ergänzende Funktion, sondern sei der Erbschaftsteuer gleichwertig[145]. Dafür spreche der Wortlaut der seit 1974[146] geltenden

---

[137] *Meincke*, DStJG 22 (1999), S. 58.
[138] *Tipke*, StRO II, 1. Aufl. 1993, S. 751.
[139] Vgl. Begründung zum ErbStG 1906, RT-Drucks. Nr. 10 Anlage 5, 1905/1906, S. 1060; BVerfG BStBl. II 1983, 779, 783; BFH/NV 1986, 96, 98.
[140] *Crezelius*, Steuerrecht II, § 19 Rz. 3; *Jülicher* in Troll/Gebel/Jülicher, ErbStG, § 1 Rz. 61; *Kapp/Ebeling*, ErbStG, Einl. Rz. 6; *Pahlke* in Cristoffel/Geckle/Pahlke, ErbStG, Einf. Rz. 2; *Schäfer/Strotmeier*, Erbschaft- und Schenkungsteuer, Rz. 352; *Viskorf* in Viskorf/Glier/Hübner/Knobel/Schuck, ErbStG, Einf. Rz. 4.
[141] *Gebel* in Troll/Gebel/Jülicher, ErbStG, Einf. Rz. 1; *Viskorf* in Viskorf/Glier/Hübner/Knobel/Schuck, ErbStG, Einf. Rz. 4; *Crezelius*, Steuerrecht II, § 19 Rz. 3; *Rose*, Erbschaftsteuer, S. 13.
[142] *Seer* in Tipke/Lang, Steuerrecht, § 13 Rz. 105.
[143] *Kapp/Ebeling*, ErbStG, Einl. Rz. 6; *Viskorf* in Viskorf/Glier/Hübner/Knobel/Schuck, ErbStG, Einf. Rz. 4.
[144] *Meincke*, ErbStG, § 1 Rz. 10; *Felix*, DStR 1995, 1619; *Naarmann*, Das Verhältnis der Schenkungsteuer zur Erbschaftsteuer, S. 214.
[145] *Jülicher* in Troll/Gebel/Jülicher, ErbStG, § 1 Rz. 61.
[146] eingeführt durch Gesetz vom 17.4.1974, BGBl. I 1974, 933.

Überschrift des ErbStG[147]. Daneben rechtfertige der Bereicherungsansatz auch für sich genommen eine Schenkungsteuer[148]. Auf die Ergänzungsfunktion komme es nicht an, da die Steigerung der wirtschaftlichen Leistungsfähigkeit wie beim Erbfall, nur eben bereits zu Lebzeiten eintrete[149].

Eine Eigenständigkeit der Schenkungsteuer ist nur insoweit anzuerkennen, als dass sie formal an das Rechtsgeschäft der Schenkung und nicht an den Todesfall anknüpft. Materiell sind Erbschaft- und Schenkungsteuer dagegen gleichartig[150], d. h., in der Sache handelt es sich um ein und dieselbe Steuer, da jeweils an den unentgeltlichen Erwerb von Vermögen angeknüpft wird. Der Umstand, dass sich auch die Schenkungsteuer aus der der Bereicherung folgenden Steigerung der Leistungsfähigkeit rechtfertigt, spricht gerade gegen eine von der Erbschaftsteuer losgelöste Betrachtung. Eine Änderung der Gesetzesüberschrift kann an dieser inneren Verknüpfung nichts ändern. Selbst ein separates Schenkungsteuergesetz könnte eine materielle Eigenständigkeit nicht hervorrufen[151].

III. Erbschaft- und Schenkungsteuer im Steuersystem

Das deutsche Steuersystem beruht mit seiner Vielzahl von Einzelgesetzen nicht auf einer rational geplanten, in sich abgestimmten Idee der Besteuerung. Ihm liegt kein an einem Konzept orientiertes System der Besteuerung zugrunde, in dem sich die Steuerarten untereinander sinnvoll ergänzen[152]. Die Einteilung der Steuern in verschiedene Steuerarten, die vor allem Bedeutung in den Bereichen der grundgesetzlichen Finanzverfassung und der Doppelbesteuerungsabkommen hat[153], gestaltet sich daher schwierig[154]. Nach der heute üblichen steuerrechtswissenschaftlichen Einteilung[155] ist klar, dass die Erbschaft- und Schenkungsteuer eine direkte, nicht periodische Personensteuer ist[156]. Fraglich ist dagegen, ob sich

---

[147] *Meincke*, ErbStG, § 1 Rz. 10; *Jülicher* in Troll/Gebel/Jülicher, ErbStG, § 1 Rz. 61.

[148] *Seer* in Tipke/Lang, Steuerrecht, § 13 Rz. 105; *Offerhaus*, DB 2002, 2064; *Viskorf* in Viskorf/Glier/Hübner/Knobel/Schuck, ErbStG, Einf. Rz. 4.

[149] *Seer* in Tipke/Lang, Steuerrecht, § 13 Rz. 105; *Jülicher* in Troll/Gebel/Jülicher, ErbStG, § 1 Rz. 61.

[150] Tipke, StRO II, S. 873.

[151] Tipke, StRO II, S. 873.

[152] *Crezelius*, Steuerrecht II, § 2 Rz. 1; *Lang* in Tipke/Lang, Steuerrecht, § 4 Rz. 1; *Kruse* in Tipke/Kruse, AO, § 3 Rz. 1.

[153] *Crezelius*, Steuerrecht II, § 2 Rz. 1.

[154] *Kruse*, Steuerrecht I, § 3 I. 1.

[155] *Birk*, Steuerrecht I, § 6 Rz. 1 ff.; *ders.*, Steuerrecht, Rz. 80 ff.; *Crezelius*, Steuerrecht II, § 2 Rz. 1 ff; *Kruse*, Steuerrecht I, § 3 III.; *ders.*, in Tipke/Kruse, AO, § 3 Rz. 56 ff.; *Lang* in Tipke/Lang, Steuerrecht, § 8 Rz. 20 ff.

[156] *Crezelius*, Steuerrecht II, § 2 Rz. 2, 8; *Eisele*, Lehrbuch der Erbschaftsteuer, S. 29; *Gebel* in Troll/Gebel/Jülicher, ErbStG, Einf. Rz. 3; *Meincke*, ErbStG, Einf. Rz. 1; *Viskorf* in Viskorf/Glier/Hübner/Knobel/Schuck, ErbStG, Einf. Rz. 3.

bei der Erbschaft- und Schenkungsteuer nach dem derzeitigen Recht um eine Einkommensteuer, eine Vermögensteuer oder eine Verkehrsteuer handelt.

1. Einkommensteuer

Grundsätzlich sind drei Anknüpfungspunkte des staatlichen Steuerzugriffs möglich. Diese sind der Hinzuerwerb von Vermögen, der Vermögensbestand und die Verwendung von Vermögen[157]. Die Erbschaft- und Schenkungsteuer ist danach eine Steuer auf den Hinzuerwerb[158], da der Vermögenszuwachs beim Erwerber belastet wird[159]. Materiell stellt sie daher eine Form der Einkommensteuer dar[160]. Erfasst wird nämlich Einkommen im weiteren Sinne[161], namentlich das nicht am Markt erwirtschaftete, mühelose Einkommen[162]. Die Erbschaft- und Schenkungsteuer könnte daher wie in Kanada im Prinzip auch in das EStG inkorporiert werden[163].

2. Vermögensteuer

Da beim Übergang des Vermögens durch Erbfall oder Schenkung die Steuer im Allgemeinen aus dem übergegangenen Vermögen getragen wird, kommt es zu einer Abschöpfung eines Teils des Vermögens[164]. Wegen dieses Substanzsteuereffekts[165] wird die Erbschaftsteuer als Steuer vom Vermögen[166] beziehungsweise als Vermögenssubstanzsteuer verstanden[167]. Hier hat sich die finanzwissenschaftliche Perspektive durchgesetzt[168]. Mehrere Autoren sprechen

---

157 BVerfGE 93, 121, 134 f.; Birk, Steuerrecht, Rz. 80; *ders.*, Steuerrecht I, Rz. 8; *Crezelius*, Steuerrecht II, § 2 Rz. 3; *Lang* in Tipke/Lang, Steuerrecht, § 4 Rz. 95.

158 *Birk*, Steuerrecht, Rz. 84.

159 BVerfG BStBl. II 1995, 671, 673.

160 *Crezelius*, Steuerrecht II, § 2 Rz. 3; *Gebel* in Troll/Gebel/Jülicher, ErbStG, Einf. Rz. 15; *Lang* in Tipke/Lang, Steuerrecht, § 8 Rz. 38; Tipke, StRO II, S. 872 ff.

161 *Jesse*, Liegen die Einkommensteuer und die Erbschaft- und Schenkungsteuer auf „verschiedenen Ebenen“ ?, S. 107 f.; *Meincke*, ErbStG, Einf. 2; *Seer* in Tipke/Lang, Steuerrecht,§ 13 Rz. 103.

162 *Birk*, Steuerrecht, Rz. 84; *Jesse*, Liegen die Einkommensteuer und die Erbschaft- und Schenkungsteuer auf „verschiedenen Ebenen“ ?, S. 100 ff.; *von Schanz*, FA 13 (1896), S. 1 ff.; *Tipke*, StRO II, S. 872.

163 *Meincke*, ErbStG, Einf. 2; *Wilde*, ZEV 1997, 488, 490.

164 *Oberhauser* in Neumark, Handbuch der Finanzwissenschaft II, S. 487, 488.

165 *Lang* in Tipke/Lang, Steuerrecht, § 8 Rz. 39.

166 *Kruse* in Tipke/Kruse, AO, § 3 Rz. 66.

167 *Oberhauser* in Neumark, Handbuch der Finanzwissenschaft II, S. 487, 488; *Rose*, Erbschaftsteuer, S. 13; *Seer*, StuW 1997, 283, 285.

168 *Kruse* in Tipke/Kruse, AO, § 3 Rz. 56.

der Erbschaft- und Schenkungsteuer sowohl einen Einkommensteuer- als auch einen Vermögensteuercharakter zu[169].

Indes kann der Substanzsteueransatz nicht überzeugen. Zwar ist der Substanzsteuereffekt nicht bestreitbar, wenn man nur das Vermögen als solches betrachtet. Entscheidend ist jedoch, dass die Erbschaftsteuer eine Personensteuer ist. Mit dem Erwerber steht ein neues Steuersubjekt zur Verfügung, das auf das Erworbene bislang noch keine Steuern gezahlt hat. Anknüpfungspunkt des derzeitigen Rechts ist die Bereicherung des Erwerbers[170]. Die Ausrichtung am einzelnen Steuersubjekt wird durch die verschiedenen Steuerklassen und den progressiven Tarif deutlich. Mit Ausnahme der Ersatzerbschaftsteuer für Familienstiftungen hat sich das deutsche Erbschaftsteuerrecht für das Erbanfallprinzip und gerade gegen eine Nachlasssteuer entschieden[171]. Deshalb ist die Charakterisierung als Substanzsteuer unzutreffend[172]. Eine Vermögensteuer soll die potenzielle Ertragskraft erfassen. Die derzeitige Erbschaftsteuer knüpft aber nicht an den Bestand, sondern an den Transfer von Vermögen an[173].

3. Verkehrsteuer

Wegen der Anknüpfung an den Vermögensübergang wird die Erbschaft- und Schenkungsteuer auch als Verkehrsteuer gesehen[174]. Die Rechtsprechung ist in dieser Frage nicht einheitlich[175]. Die Aussage des BVerfG, der Gesetzgeber wolle den wirtschaftlichen Vorgang des Substanzübergangs besteuern[176], trägt zur Lösung wenig bei. Für eine Verkehrsteuer soll § 3 Abs. 2 GrEStG sprechen[177].

Der Charakterisierung der Erbschaft- und Schenkungsteuer als Verkehrsteuer kann nicht zugestimmt werden. Die formale Anknüpfung an einen Verkehrsvorgang sagt noch nichts über den materiellen Gehalt einer Steuer aus[178]. Merkmal einer Verkehrsteuer ist es, dass durch die Vornahme eines Rechtsgeschäfts eine gewisse Leistungsfähigkeit indiziert wird[179].

---

[169] *Klein*, Ausländische Zivilrechtsformen im deutschen Erbschaftsteuerrecht, Rz. 13; *Seer* in Tipke/Lang, Steuerrecht, § 13 Rz. 103 f.; *Meincke*, ErbStG, Einf. Rz. 1.
[170] Siehe oben I. 1.
[171] Siehe oben I. 1.
[172] *Gebel* in Troll/Gebel/Jülicher, ErbStG, Einf. Rz. 2.
[173] *Birk*, Steuerrecht, Rz. 84.
[174] *Eisele*, Lehrbuch der Erbschaftsteuer, S. 29; *Rose*, Erbschaftsteuer, S. 13, *Schulz*, Erbschaftsteuer, S. 22; *Viskorf* in Viskorf/Glier/Hübner/Knobel/Schuck, ErbStG, Einf. Rz. 3.
[175] Pro BFH BStBl. II 1983, 179, 180; contra BFH BStBl. II 1984, 27, 28.
[176] BVerfG BStBl. II 1984, 608, 613.
[177] *Klein*, Ausländische Zivilrechtsformen im deutschen Erbschaftsteuerrecht, Rz. 13.
[178] *Crezelius*, Steuerrecht II, § 19 Rz. 2; *Seer* in Tipke/Lang, Steuerrecht, § 13 Rz. 104.
[179] *Birk*, Steuerrecht I, § 6 Rz. 12.

Bei der Erbschaftsteuer handelt es sich dagegen um eine Bereicherungssteuer[180]. Besteuerungsgegenstand ist der Vermögenszuwachs[181]. Die Erbschaftsteuer rechtfertigt sich aus der durch den Erwerb gesteigerten Leistungsfähigkeit[182]. Der Vermögenserwerb im Erfall erfolgt aber nicht wie bei einer Verkehrsteuer aufgrund eines zweiseitigen Rechtsgeschäfts[183], sondern weil das BGB den Erwerb aus ordnungspolitischen Gründen anordnet. Im Übrigen lassen sich die Berücksichtigung der Verwandtschaftsverhältnisse (§ 15 ErbStG), die Progression (§ 19 ErbStG) und die Verrechnungsmöglichkeit von Passiva (§ 10 Abs. 5 ErbStG) als Ausdruck der subjektiven Leistungsfähigkeit nicht mit dem Wesen einer Verkehrsteuer vereinbaren[184]. Auch die systematische Gegenüberstellung in Art. 106 Abs. 2 Nr. 2 GG einerseits und Art. 106 Abs. 2 Nr. 4 GG andererseits spricht gegen eine Verkehrsteuer.

Denkbar erscheint es, nur die Schenkungsteuer als Verkehrsteuer zu sehen. Denn hier liegt ein zweiseitiges Rechtsgeschäft vor und der Schenkungsvorgang indiziert eine gewisse Leistungsfähigkeit. Insofern würde auch § 20 Abs. 1 Satz 1 ErbStG Sinn machen, der auch den Schenker zum Steuerschuldner erklärt. Gegen eine derartige Emanzipation der Schenkungsteuer spricht aber die materielle Verknüpfung mit der Erbschaftsteuer[185]. Sowohl die Erbschaft- als auch die Schenkungsteuer rechtfertigen sich aus der Steigerung der Leistungsfähigkeit des Erwerbers. Diese entsteht aber auch bei Schenkungen erst durch den Erwerb und ist nicht wie bei einer Verkehrsteuer notwendig Ausdruck einer bereits vorhandenen Leistungsfähigkeit. Indiziert wird allenfalls eine Leistungsfähigkeit des Schenkers. Diese ist aber nicht der Grund der Erbschaft- und Schenkungsteuer[186]. Jener besteht nämlich im Erwerb des Vermögens und nicht in der Vermögensverwendung.

---

[180] BFH BStBl. II 1973, 329, 349; 1984, 27, 28.

[181] *Gebel* in Troll/Gebel/Jülicher, ErbStG, Einf. Rz. 3.

[182] Siehe oben II. 1. b); BFH BStBl. II 1995, 207, 208; BVerfG BStBl. II 1995, 671, 673.

[183] *Crezelius*, Erbschaft- und Schenkungsteuer, S. 24.

[184] BFH BStBl. II 1973, 329, 349; *Crezelius*, Erbschaft- und Schenkungsteuer, S. 24; *Klein*, Ausländische Zivilrechtsformen im deutschen Erbschaftsteuerrecht, Rz. 20.

[185] Siehe oben II. 2.

[186] Siehe oben II. 2.

§ 3 Begriff der Schenkung im Zivil- und Steuerrecht

I. Zivilrecht

1. Schenkung im BGB

Neben den §§ 516 ff. BGB ist die Schenkung noch in einer Vielzahl von anderen Tatbeständen Regelungsgegenstand des BGB[187]. Der Begriff der Schenkung ist nicht durchweg einheitlich zu verstehen, sondern im Kontext des jeweiligen Rechtssatzes[188]. Hier interessiert vor allem die Schenkung nach §§ 516 ff. BGB.

2. Vertragscharakter

§ 516 BGB geht von dem Normalfall der sogenannten Handschenkung aus. Heute ist anerkannt, dass auch die Schenkung nach § 516 Abs. 1 BGB ein obligatorischer Vertrag im Sinne der §§ 145 ff. BGB ist[189]. Verpflichtungsgeschäft und Erfüllungsgeschäft fallen hier zusammen[190]. Die Annahme des Angebots zu einem Schenkungsvertrag wird regelmäßig durch Entgegennahme des Geschenks konkludent erklärt oder der Schenker verzichtet auf den Zugang der Annahmeerklärung nach § 151 S. 1 BGB[191].

Die nicht sofort vollzogene Schenkung unterwirft das BGB in § 518 Abs. 1 dem Formzwang der notariellen Beurkundung. Das soll den Schenker vor Übereilungen schützen, aber auch durch Schaffung von Beweismitteln Rechtssicherheit zwischen Schenker und Beschenktem für den Fall herstellen, dass der Zuwendende verstirbt oder sich nicht an sein Versprechen festhalten lassen will[192]. Dementsprechend wird der Formmangel durch Vollzug gemäß § 518 Abs. 2 BGB geheilt. Bei der Handschenkung nach § 516 Abs. 1 BGB besteht dieses Bedürfnis nicht, da hier Versprechen und Vollzug zusammenfallen. Auch aus der systemati-

---

[187] Z. B. §§ 1477, 1641, 1804, 2113, 2205, 2207, 2287, 2288, 2325 ff. BGB.

[188] *Burckhard*, Begriff der Schenkung, S. 12, 108.

[189] Mot. II, S. 159 f.; grundlegend *Eckstein*, AcP 107 (1911), S. 384 ff.

[190] RGZ 111, 151; *Cremer* in Staudinger, BGB, § 516 Rz. 4; *Eckstein*, AcP 107 (1911), S. 384, 387; *Kollhosser* in MünchKomm-BGB-, § 516 Rz. 9; *Larenz*, Schuldrecht II/1, § 47 I; *Medicus*, Schuldrecht II, Rz. 175; *Mühl/Teichmann* in Soergel, BGB, § 516 Rz.1; *Schramm*, MDR 1962, 961, 963; *Seiler* in Erman, BGB, § 516 Rz. 3.

[191] *Medicus*, Schuldrecht II, Rz. 175.

[192] Mot. II, S. 293; *Cremer* in Staudinger, BGB, § 516 Rz. 2; *Eckstein*, AcP 107 (1911), S. 384, 398; *Kollhosser* in MünchKomm-BGB-, § 516 Rz. 1; *Mühl/Teichmann* in Soergel, BGB, § 516 Rz.1; *Seiler* in Erman, BGB, § 516 Rz. 1.

schen Stellung im Zweiten Buch des BGB sowie aus § 516 Abs. 2 BGB[193] ergibt sich, dass die Schenkung ein Vertrag ist.

3. Unentgeltlichkeit

Subjektiv ist gemäß § 516 Abs. 1 BGB die Einigung über die Unentgeltlichkeit der Zuwendung nötig. Die Parteien können die Unentgeltlichkeit eines Rechtsgeschäfts dabei aber nicht willkürlich bestimmen. Maßgeblich sind die objektive Sachlage[194] und die tatsächlichen Vorstellungen der Parteien. So kann ein objektiv unentgeltliches Rechtsgeschäft nicht bewusst zu einem entgeltlichen erklärt werden und umgekehrt[195]. Geht eine Partei irrig von einem entgeltlichen Geschäft aus, fehlt es an der nötigen Einigung im Sinne von § 516 Abs. 1 BGB[196]. Die Absicht, den Beschenkten zu bereichern, ist nicht notwendig[197].
Der Begriff der Unentgeltlichkeit wird im Zivilrecht nicht einheitlich verwendet. Grundsätzlich kann man den Unentgeltlichkeitsbegriff der rechtsgeschäftlichen Schuldverhältnisse von dem im Bereicherungsrecht und dem im Erb- und Vollstreckungsrecht unterscheiden[198]. Für die Schenkung ist nur der rechtsgeschäftliche Unentgeltlichkeitsbegriff[199] interessant. Am besten lässt sich der Begriff der Unentgeltlichkeit von seiner Kehrseite her bestimmen[200]. Unentgeltlich ist eine Zuwendung, wenn sie nach dem Inhalt des Rechtsgeschäftes nicht mit einer Gegenleistung verknüpft ist[201]. Besteht dagegen eine Abhängigkeit von einer Gegenleistung, liegt ein entgeltliches Geschäft vor[202]. Eine solche Verknüpfung kann synallagmatisch, konditional oder kausal ausgestaltet sein[203]. Insoweit lässt sich von Verknüpfungen im engeren, d. h. im Rechtssinne sprechen.
Aber nicht jede Verknüpfung mit einer Gegenleistung begründet eine Entgeltlichkeit. Derartige Verknüpfungen, die sich auch als Verknüpfungen im weiteren Sinne bezeichnen lassen, sind z. B. bei der remuneratorischen Schenkung oder der Zweckschenkung zu finden. Bei

---

193 *Cremer* in Staudinger, BGB, § 516 Rz. 4; *Eckstein*, AcP 107 (1911), S. 384, 399 f., 403.
194 *Burckhard*, Begriff der Schenkung, S. 128; *Putzo* in Palandt, BGB, § 516 Rz. 11.
195 *Burckhard*, Begriff der Schenkung, S. 24.
196 *Kollhosser* in MünchKomm-BGB-, § 516 Rz. 13; *Putzo* in Palandt, BGB, § 516 Rz. 11.
197 *Crezelius*, Erbschaft- und Schenkungsteuer, S. 125.
198 *M. Fischer*, Unentgeltlichkeit, passim.
199 *M. Fischer*, Unentgeltlichkeit, S. 98.
200 *Crezelius*, Erbschaft- und Schenkungsteuer, S. 124; *Jung*, Freigebige Zuwendung, S. 11; *Liebisch*, Wesen der unentgeltlichen Zuwendungen, S. 24.
201 *Kollhosser* in MünchKomm-BGB-, § 516 Rz. 13; *Cremer* in Staudinger, BGB, § 516 Rz. 25; *Putzo* in Palandt, BGB, § 516 Rz. 8.
202 *Crezelius*, Erbschaft- und Schenkungsteuer, S. 124; *Jung*, Freigebige Zuwendung, S. 11 f.; *Liebisch*, Wesen der unentgeltlichen Zuwendungen, S. 27 f.
203 BGH NJW 1982, 436; *Cremer* in Staudinger, BGB, § 516 Rz. 27 f; *Kollhosser* in MünchKomm-BGB-, § 516 Rz. 13 ff.; *Oertmann*, Entgeltliche Geschäfte, S. 15 ff.

der remuneratorischen Schenkung will der Schenker den Beschenkten nachträglich für etwas „belohnen", nicht aber „entlohnen"[204]. Eine solche nachträgliche Zuwendung ist „Entgelt, wenn es vertraglich zum Entgeld gemacht wird“[205]. Bei der Zweckschenkung bezweckt der Schenker, den Beschenkten zu einem bestimmten Verhalten zu bewegen, allerdings ohne dass ein vertraglich vereinbartes einklagbares Recht darauf besteht[206]. Auch wenn in diesen Fällen eine Verknüpfung mit einer Gegenleistung vorliegt, erreicht diese nicht die rechtliche[207] Qualität, ein entgeltliches Rechtsgeschäft zu begründen[208]. Es verbleibt vielmehr bei Schenkungen. Altruismus ist somit kein Tatbestandsmerkmal der Schenkung[209]. Vielmehr sind Motive und die ethische Seite einerseits und die juristischen Seite und der rechtsgeschäftliche Wille andererseits zu unterscheiden[210].

Die Abgrenzung ist mitunter schwierig[211]. Letztlich kommt es auf die übereinstimmende Willensrichtung der Parteien an[212].

4. Gegenstand der Schenkung

a) Bereicherungsgegenstand und Entreicherungsgegenstand

Tatbestandsmerkmale der Schenkung nach § 516 BGB sind die Bereicherung des Beschenkten und die Entreicherung des Schenkers[213]. Regelmäßig hat der Gegenstand, der die Bereicherung beim Beschenkten bewirkt, auch die Entreicherung beim Schenker verursacht. Wird eine Schenkung rückabgewickelt, etwa indem der Schenker ein Rückforderungsrecht nach §§ 527, 528, 531 Abs. 2 BGB geltend macht, kann sich die Frage stellen, was er vom Beschenkten zurückverlangen kann. Soweit noch vorhanden, ist der Gegenstand der Schenkung auch der Gegenstand des Rückforderungsrechts. Im Hinblick auf den Schenkungsgegenstand kann aber fraglich sein, ob durch die Zuwendung überhaupt eine Entreicherung und eine Bereicherung im Sinne der §§ 516 ff. BGB stattgefunden hat[214] und welcher von mehreren in

---

204 *Kollhosser* in MünchKomm-BGB-, § 516 Rz. 3; Prot. II, S. 1, 19.
205 *Ludwig*, Schenkung und nachträgliches Entgelt, S. 45.
206 *Kollhosser* in MünchKomm-BGB-, § 525 Rz. 4; *Mühl/Teichmann* in Soergel, BGB, § 525 Rz. 6; *Seiler* in Erman, BGB, § 525 Rz. 6.
207 *Cremer* in Staudinger, BGB, § 516 Rz. 28.
208 A. A. *Migsch*, AcP 173 (1973), S. 46, 50 ff., 69.
209 *Burckhard*, Begriff der Schenkung, S. 28 f.
210 *Burckhard*, Begriff der Schenkung, S. 28 f., 128; *Flume*, Allgemeiner Teil, Bd. 2, § 4, 5.
211 *Jung*, Freigebige Zuwendung, S. 16 ff.; *Kollhosser* in MünchKomm-BGB-, § 516 Rz. 16, 19.
212 *Jung*, Freigebige Zuwendung, S. 19.
213 *Cremer* in Staudinger, BGB, § 516 Rz. 16; *Kollhosser* in MünchKomm-BGB-, § 516 Rz. 3 ff.; *Seiler* in Erman, BGB, § 516 Rz. 5 f.
214 Dazu sogleich b).

Betracht kommenden Gegenständen der rückforderbare Schenkungsgegenstand ist. Letzteres ist bei der gemischten und der mittelbaren Schenkung problematisch.

b) Vermögensbegriff und Schenkungsgegenstand

aa) Problem

§ 516 Abs. 1 BGB spricht von einer „Zuwendung aus dem Vermögen" des Schenkers. Als Schenkungsgegenstände kommen einzelne Vermögensbestandteile, aber auch das gesamte Vermögen (§ 311 b Abs. 3 BGB) oder eine Erbschaft (§ 2385 BGB) in Betracht. Ideelle Güter scheiden aus[215]. Eindeutige Fälle von Schenkungen sind etwa die Übereignung von Sachen oder die Abtretung von Forderungen oder sonstigen Rechten, verbunden mit den entsprechenden schuldrechtlichen Verabredung. Fraglich sind dagegen Konstellationen, in denen es nicht zu einer dauerhaften Übertragung von Rechten kommt, sondern nur zu Gebrauchsüberlassungen auf Zeit, zur Bestellung oder Aufgabe von Sicherheiten oder zur unentgeltlichen Erbringung von Dienstleistungen. Hier kommt es auf das Verständnis des Vermögensbegriffs an[216]. Entscheidend ist, ob man unter Vermögen nur den Vermögensstamm (Vermögenssubstanz) subsumiert oder ob auch die den einzelnen Substanzgegenständen innewohnenden Vermögensvorteile als Vermögensbestandteil begriffen werden. Ob in diesen Fällen Schenkungen vorliegen, ist vor allem im Zusammenhang mit der Frage der Anwendbarkeit des § 518 BGB diskutiert worden. Im Hinblick auf die Rückabwicklungen von Schenkungen geht es um die Anwendbarkeit der speziellen Rückabwicklungsbestimmungen der §§ 527 ff. BGB.

bb) Einzelfälle

aaa) Unentgeltliche Wohnraumüberlassung

Der BGH geht bei einer unentgeltlichen Wohnungsüberlassung seit dem Urteil vom 11.12.1981[217] von einem Leihvertrag aus[218] und lehnt eine Schenkung ab. Mit dem überwie-

[215] *Kollhosser* in MünchKomm-BGB-, § 516 Rz. 3; Prot. II, S. 1, 3 ff.
[216] *Burckhard*, Begriff der Schenkung, S. 57.
[217] BGHZ 82, 354.
[218] BGH NJW 1985, 1553; anders noch BGH NJW 1970, 941.

genden Schrifttum[219] ist dieser Auffassung zuzustimmen. Denn die Schenkung unterscheidet sich von der Leihe dahingehend, dass bei der Schenkung die Überlassung eines Gegenstandes auf Dauer erfolgt, bei einer Leihe dagegen nur vorübergehend. Auch eine längerfristige oder gar lebenslange Überlassung wird aber durch die Länge noch nicht zu einer dauerhaften. Die Sache bleibt von der Substanz her im Vermögen des Leistenden[220]. Selbst wenn in den Fällen des lebenslangen Wohnrechts ein Bedürfnis nach der Formvorschrift des § 518 BGB bestehen mag[221], kann das nicht den Vertragstypus ändern oder gar bestimmen.

bbb) Unverzinsliches Darlehen

Bei der Gewährung eines zinslosen Darlehens stellt sich die Frage, inwieweit der durch die unentgeltliche Sach- oder Kapitalüberlassung entstehende Nutzungsvorteil Gegenstand einer Schenkung im Sinne des § 516 Abs. 1 BGB sein kann. Der BFH geht – mit Hinblick auf eine Schenkungsteuerpflicht – davon aus, dass bereits zivilrechtlich eine Schenkung vorliegt[222]. Auch das Reichsgericht hielt das für möglich[223]. In der zivilrechtlichen Literatur ist heute jedoch allgemein anerkannt, dass eine Schenkung zu verneinen ist[224]. Es fehlt an dem Merkmal der Entreicherung auf der Seite des Schenkers. Der Darlehensgeber hat seine gegenwärtige, vorhandene Vermögenssubstanz nicht gemindert. Das ergibt sich bereits aus dem Wortlaut und der Entstehungsgeschichte der §§ 516 ff. BGB[225]. Endscheidend ist aber vor allem die Systematik des Gesetzes[226]. Die zeitweise Überlassung von Geld oder anderen vertretbaren Sachen regelte das BGB bis zum 31.12.2001 als Darlehen in den §§ 609 ff. BGB. Die Unentgeltlichkeit ist dabei sogar der gesetzliche Regelfall des § 607 BGB a.F. Aus den § 608 und § 609 Abs. 3 BGB a.F. ergibt sich unzweifelhaft, dass auch das zinslose Darlehen im Fünften Titel des Siebten Abschnitts des Zweiten Buches des BGB mitgeregelt

---

219 *Slapnicar*, JZ 1983, 325; *Reinicke*, JA 1982, 326, 328; *Herrmann*, Vollzug von Schenkungen, S. 194 ff.; *Schubert*, JR 1982, 411 ff.; *Nehlsen- von Stryk*, AcP 187 (1987), S. 552, 566; *Mühl/Teichmann* in Soergel, BGB, § 516 Rz. 6; *Kollhosser* in MünchKomm-BGB-, § 516 Rz. 3b; *Cremer* in Staudinger, BGB, § 516 Rz. 58.

220 BGHZ 84, 354, 357.

221 *Reinicke*, JA 1982, 326; dagegen *Kollhosser* in MünchKomm-BGB-, § 516 Rz. 3b; *Cremer* in Staudinger, BGB, § 516 Rz. 58.

222 BFH, BStBl. II 1979, 631; offen aber BFH/NV 1995, 70, 71.

223 RG Gruchot 71, 531, 532.

224 *Crezelius*, BB 1978, 621, 624; *Irrgang*, BB 1973, 1256; *Kollhosser* in MünchKomm-BGB-, § 516 Rz. 3; *Larenz*, Schuldrecht II/1, § 47 I; *Medicus*, Schuldrecht II, Rz. 172; *Mühl/Teichmann* in Soergel, BGB, § 517 Rz. 4; *Seiler* in Erman, BGB, § 516 Rz. 4, 10.

225 *Crezelius*, BB 1978, 621, 624; *Irrgang*, BB 1973, 1256; *Kollhosser* in MünchKomm-BGB-, § 516 Rz. 3.

226 *Crezelius*, BB 1978, 621, 623 f.; *Irrgang*, BB 1973, 1256, 1257; *Kollhosser* in MünchKomm-BGB-, § 516 Rz. 3, 48; *Larenz*, Schuldrecht II/1, § 47 I; *Medicus*, Schuldrecht II, Rz. 172; *Mühl/Teichmann* in Soergel, BGB, § 517 Rz. 4; *Seiler* in Erman, BGB, § 516 Rz. 4, 10.

werden sollte. Die Unentgeltlichkeit allein macht ein zinsloses Darlehen aber nicht zur Schenkung[227]. Die Schenkung ist nur ein Unterfall von vielen unentgeltlichen Zuwendungen[228]. § 517 BGB stellt klar, dass der Verzicht (im untechnischen Sinne) auf einen möglichen Erwerb nicht als Schenkung gesehen werden soll.

An der Beurteilung, dass jedenfalls zivilrechtlich keine Schenkung vorliegt, hat sich auch nach dem Gesetz zur Modernisierung des Schuldrechts[229] nichts geändert. Das Gesetz unterscheidet nun zwischen Gelddarlehen in den §§ 488 ff. BGB n.F. und Sachdarlehen in den §§ 607 ff. BGB n.F. Zwar geht der gesetzliche Regelfall in § 488 Abs. 1 Satz 2 BGB n.F. und § 607 Abs. 1 Satz 2 BGB n.F. von einer Entgeltlichkeit der Darlehen aus. Dem § 488 Abs. 3 Satz 3 BGB n.F. und dem § 609 BGB n.F. („Ein") sind jedoch zu entnehmen, dass auch die unentgeltliche Variante des Darlehens diesen Regelungsbereichen unterfällt.

ccc) Bestellung von Sicherheiten

Soweit ein Schuldner für eine eigene Verbindlichkeit selbst eine Sicherheit (§ 232 BGB) leistet, ist klar, dass es sich hierbei nicht um eine Schenkung handelt[230]. Die Bestellung einer Sicherheit verstärkt hier lediglich ein bestehendes Recht. Dem Gläubiger wird kein neuer Vermögenswert zugewendet[231].

Problematisch wird die Situation, wenn für eine fremde Schuld eine Sicherheit geleistet wird, z. B. durch Bestellung einer Hypothek oder einer Bürgschaft. Hier ist zwischen dem Verhältnis des sicherheitsleistenden Dritten zum Schuldner einerseits sowie dem Verhältnis des Dritten zum Gläubiger andererseits zu differenzieren[232].

Eine Schenkung an den Schuldner liegt vor, wenn auf den jeweiligen Rückgriffsanspruch (§§ 774 Abs. 1, 1143 Abs. 1 BGB) verzichtet wird[233]. Das gilt aber nur, wenn die bestellte Sicherheit auch realisiert wurde[234]. Denn die bloße Bestellung einer Sicherheit stellt lediglich eine Vermögensgefährdung, noch nicht aber die für eine Schenkung notwendige Vermögensverringerung dar[235]. Soweit die Sicherheitsleistung dem Schuldner gegenüber unentgelt-

---

[227] *Larenz*, Schuldrecht II/1, § 47 I.
[228] *Liebisch*, Wesen der unentgeltlichen Zuwendungen, S. 68; *Kollhosser* in MünchKomm-BGB-, § 516 Rz. 3.
[229] BGBl. I 2001, 3138.
[230] RGZ 6, 85; 9, 100, 103; 30, 6, 7 ff.; *Cremer* in Staudinger, BGB, § 516 Rz. 56; *Kollhosser* in MünchKomm-BGB-, § 516 Rz. 7; *Putzo* in Palandt, BGB, § 516 Rz. 7.
[231] *Larenz*, Schuldrecht II/1, § 47 I; *Schütz*, JR 1964, 453.
[232] BGH MDR 1955, 283, 284; *Cremer* in Staudinger, BGB, § 516 Rz. 56.
[233] BGH MDR 1955, 283, 284; *Kollhosser* in MünchKomm-BGB-, § 516 Rz. 7; *Mühl/Teichmann* in Soergel, BGB, § 516 Rz. 9.
[234] *Cremer* in Staudinger, BGB, § 516 Rz. 56; *Schütz*, JR 1964, 453, 454.
[235] BGH MDR 1955, 283, 284.

lich erfolgte, liegt dem ein Auftragsverhältnis (§ 662 BGB), bei Entgeltlichkeit ein Geschäftsbesorgungsvertrag (§ 675 BGB) zugrunde[236].

Kommt es zur Verwertung der Sicherheit, scheitert im Verhältnis des Sicherheitsleistenden zum Gläubiger eine Schenkung an dem Merkmal der Unentgeltlichkeit. Denn dann wird auf die Forderung des Gläubigers gegen den Schuldner geleistet. Eine Schenkung an den Gläubiger ist aber anzunehmen, wenn die Forderung des Gläubigers gegen den Schuldner aufgrund Mittellosigkeit wertlos war[237]. Demgegenüber liegt keine Schenkung vor, soweit lediglich eine Bürgschaft bestellt oder ein Schuldbeitritt erklärt wurde. Zu diesem Zeitpunkt ist noch keine Bereicherung auf Gläubigerseite eingetreten.[238]

ddd) Erlass und Stundung einer Forderung

Bei entsprechender causa stellt der Erlass einer Forderung nach § 397 BGB eine Schenkung dar, denn die Forderung war Bestandteil der Vermögenssubstanz[239]. Durch den Erlass tritt eine Verringerung der Aktiva ein, während beim Schuldner eine Bereicherung durch Befreiung von einer Verbindlichkeit zu verzeichnen ist. In der bloßen Stundung einer Forderung dagegen ist keine Schenkung zu sehen, da es insoweit an einer Vermögensverschiebung fehlt. Die Stundung kann dem Erlass einer Zinsforderung nicht gleichgestellt werden, da bei der Stundung – anders als beim Verzug – eine solche Zinsforderung nicht entsteht[240].

eee) Dienstleistungen

Die Arbeitskraft als solche ist kein Vermögensbestandteil[241]. Sie fließt vielmehr aus der Persönlichkeit des Menschen und ist Quelle für den Vermögenserwerb, aber kein Vermögensrecht[242]. Dementsprechend kann der Einsatz der Arbeitskraft auch keine Weggabe von Vermögen sein[243]. Diese Interpretation des Vermögensbegriffs folgt vor allem aus systematischen Gründen. Gegen Entgelt erbrachte Dienstleistungen werden vom Gesetz nämlich als Dienstleistungsvertrag (§§ 611 ff. BGB), Reisevertrag (§§ 651a ff. BGB), Mäklervertrag (§§ 652 ff. BGB) Darlehensvermittlungsvertrag (§§ 655a ff. BGB) oder Geschäftsbesorgungs-

[236] BGH MDR 1955, 283, 285; *Sprau* in Palandt, BGB, Einf § 765 Rz. 5.
[237] *Kollhosser* in MünchKomm-BGB-, § 516 Rz. 7; *Mühl/Teichmann* in Soergel, BGB, § 516 Rz. 9.
[238] RGZ 54, 282, 284; 90, 177, 181.
[239] Statt vieler *Putzo* in Palandt, BGB, § 516 Rz. 5; vgl. auch bereits WarnRspr 1915, Nr. 232.
[240] WarnRspr 1915, Nr. 232.
[241] *Jung*, Freigebige Zuwendung, S. 6; *Liebisch*, Wesen der unentgeltlichen Zuwendungen, S. 69; *Riezler*, ArchBürgR 27 (1906), S. 219, 236.
[242] *Jung*, Freigebige Zuwendung, S. 6; *Riezler*, ArchBürgR 27 (1906), S. 219, 236.
[243] *Riezler*, ArchBürgR 27 (1906), S. 219, 237.

vertrag (§ 675 ff BGB) behandelt. Dem stehen als unentgeltliche Varianten zum einen der Auftrag (§§ 662 ff. BGB) und zum anderen die Geschäftsführung ohne Auftrag (§§ 677 ff. BGB) gegenüber. Diese Vorschriften liefen leer, würden unentgeltlich erbrachte Dienstleistungen zugleich den §§ 516 ff. BGB unterliegen. Der Gesetzgeber hat auch die einzelnen Schuldverhältnisse im Achten Abschnitt des Zweiten Buchs des BGB gleichwertig nebeneinander angeordnet. Die unentgeltliche Gewährung von Dienstleistungen als Schenkung aufzufassen scheidet daher aus systematischen Gründen aus.

cc) Zusammenfassende Stellungnahme und Ergebnis

Eine Schenkung ist zu verneinen, wenn der Zuwendende nicht entreichert ist, sondern lediglich eine denkbare anderweitige Erwerbschance nicht wahrgenommen hat. Maßgebliches Tatbestandsmerkmal ist insoweit die Entreicherung des Zuwendenden im Wege der dauerhaften Verminderung der gegenwärtigen Vermögenssubstanz[244]. Das ergibt sich zunächst aus dem Wortlaut „aus dem Vermögen". Gemeint ist damit vorhandenes, bereits erworbenes Vermögen[245]. Dafür spricht auch die Entstehungsgeschichte[246] der Norm. Der Schenker muss ärmer werden[247]. Vermögen ist die Gesamtheit aller geldwerten Rechte[248]. Die bloße Möglichkeit, für ein Darlehen Zinsen zu verlangen oder sich eine Dienstleistung vergüten zu lassen, macht einen potenziellen, noch nicht entstandenen Anspruch noch nicht zu einem Vermögensbestandteil.

Vor allem stützt diese Auffassung die Systematik des BGB. § 517 BGB stellt im Wege einer Negativfunktion[249] klar, dass das Unterlassen eines Vermögenserwerbs keine Schenkung ist. Unterlassen eines Vermögenserwerbs ist keine Weggabe von Vermögen[250]. Entscheidend kommt hinzu, dass das BGB neben der Schenkung weitere unentgeltliche Zuwendungen kennt. Eine Schenkung liegt daher nicht vor bei Rechtsgeschäften eigenen Typus und eigenen Namens[251]. Die vorübergehende, unentgeltliche Gebrauchsüberlassung regelt das Gesetz als Leihe (§ 598 BGB) und als zinsloses Darlehen (§§ 488 Abs. 3 Satz 3, 609 BGB n.F.).

[244] BGHZ 101, 229, 232; *Larenz*, Schuldrecht II/1, § 47 I; *Kollhosser* in MünchKomm-BGB-, § 516 Rz. 3; *Mühl/Teichmann* in Soergel, BGB, § 516 Rz. 6; *Pruskowski*, Merkmal der Zuwendung, S. 115; *Seiler* in Erman, BGB, § 516 Rz. 4.

[245] *Kollhosser* in MünchKomm-BGB-, § 516 Rz. 3; *Larenz*, Schuldrecht II/1, § 47 I; *Herrmann*, Vollzug von Schenkungen, S. 199; *Reinicke*, JA 1982, 326, 328; *Crezelius*, BB 1978, 621, 624.

[246] Prot. II, S. 286 f., 290.

[247] Prot. II, S. 287.

[248] *Larenz/Wolf*, BGB AT, § 21 Rz. 3.

[249] *Kollhosser* in MünchKomm-BGB-, § 517 Rz. 1.

[250] *Herrmann*, Vollzug von Schenkungen, S. 199; *Pruskowski*, Merkmal der Zuwendung, S. 116; *Reinicke*, JA 1982, 326, 328; *Slapnicar*, JZ 1983, 325, 329.

[251] *Burckhard*, Begriff der Schenkung, S. 33.

Der Auftrag (§§ 662 ff. BGB) und die Geschäftsführung ohne Auftrag (§§ 677 ff. BGB) sind die Formen für die unentgeltliche Geschäftsbesorgung und die unentgeltliche Erbringung von Dienstleistungen. Die unentgeltliche Verwahrung wird in den §§ 688, 690 BGB angesprochen[252]. Das Gesetz unterscheidet entgeltliche Geschäfte und unentgeltliche. Entsprechend der nicht in Geld bestehenden Gegenleistung ordnet er den entgeltlichen das jeweilige unentgeltliche Pedant zu; die Schenkung dem Kauf, der Auftrag dem Dienstvertrag, die Leihe der Miete[253].

Unentgeltliche Zuwendungen, die keine Vermögenssubstanzzuwendungen darstellen und aus systematischen Gründen anderen vom Gesetz vorgesehenen Rechtsgeschäftstypen zuzuordnen sind, unterliegen somit zivilrechtlich nicht dem Schenkungsrecht der §§ 516 ff. BGB und den speziellen Rückforderungsrechten der §§ 527 ff. BGB.

II. Schenkung im Erbschaft- und Schenkungsteuerrecht

1. Überblick

Das ErbStG besteuert Schenkungen in einem eigenen Erwerbstatbestand nach § 1 Nr. 2 ErbStG. Der § 7 ErbStG legt fest, welche Tatbestände erbschaftsteuerlich als Schenkung „gelten". In vorliegendem Zusammenhang erlangen nur der Tatbestand der freigebigen Zuwendung nach § 7 Abs. 1 Nr. 1 ErbStG und der Erwerb aufgrund einer Auflage oder Bedingung nach § 7 Abs. 1 Nr. 2 ErbStG Bedeutung. Die Tatbestände des § 7 Abs. 1 Nr. 3 bis 10 und Abs. 5 bis 7 ErbStG, die ohnehin nur ergänzende Funktion haben, können außer Betracht bleiben.

2. Freigebige Zuwendung nach § 7 Abs. 1 Nr. 1 ErbStG

a) Historische Entwicklung

Das ErbStG 1906[254] besteuerte zunächst ausdrücklich nur Schenkungen unter Lebenden. Erst mit dem ErbStG 1919[255] fand der Terminus der freigebigen Zuwendung Eingang in den Gesetzestext. Schenkung und freigebige Zuwendung wurden nach § 40 S. 2 ErbStG 1919

---

[252] *Medicus*, Schuldrecht II, Rz. 172; *Kollhosser* in MünchKomm-BGB-, § 516 Rz. 3; *Seiler* in Erman, BGB, § 516 Rz. 4.

[253] *Nehlsen-von Stryk*, AcP 187 (1987), S. 552, 564.

[254] RGBl. 1906, 654.

[255] RGBl. 1919, 1543.

gleichgestellt. Nach dem ErbStG 1922[256] wurden unter anderem in § 3 Nr. 1 Schenkungen „im Sinne des bürgerlichen Rechts“ und in § 3 Nr. 2 „jede andere freigebige Zuwendung unter Lebenden“ besteuert. Damit war der Weg eröffnet, die Schenkung nach dem BGB als Unterfall der „freigebigen Zuwendung“ zu begreifen[257]. Der Gesetzgeber hat daher im Jahr 1974 auf die Verwendung des Schenkungsbegriffs verzichtet[258] und benutzt seit dem ErbStG 1974[259] nur noch den Begriff der freigebigen Zuwendung.

b) Objektiver Tatbestand

In objektiver Hinsicht verlangt § 7 Abs. 1 Nr. 1 ErbStG eine Zuwendung, durch die der Bedachte auf Kosten des Zuwendenden bereichert wird. Im Grundsatz bedeutet das wie bei § 516 BGB eine Bereicherung durch Vermögensmehrung beim Empfänger, verbunden mit einer Entreicherung durch Vermögensminderung beim Zuwendenden[260]. Die Zuwendung muss objektiv unentgeltlich sein, d. h., ihr darf keine Gegenleistung gegenüberstehen, mit der sie synallagmatisch, kausal oder konditional verknüpft ist[261].

c) Subjektiver Tatbestand

Es ist allgemein anerkannt, dass aus dem Begriff der Freigebigkeit ein subjektives Tatbestandselement zu folgern ist[262]. Daneben ist ein subjektives Tatbestandmerkmal notwendig, da die Erfassung jeglicher Bereicherung aus rechtlichen und praktischen Gründen nicht möglich ist, und um Überschneidungen mit der Einkommensteuer zu vermeiden[263]. Im Rahmen von § 7 Abs. 1 Nr. 1 ErbStG werden die beiden Grundprobleme von subjektiven Tatbestandsmerkmalen besonders virulent[264]. Zum einen ist es im Hinblick auf den Grundsatz der Gleichmäßigkeit der Besteuerung[265] problematisch, die Besteuerung von den Vorstellungen der Beteiligten abhängig zu machen. Zum anderen ergeben sich praktische Probleme bei der

[256] RGBl. 1922, 695.
[257] RFHE 29, 137.
[258] BT-Drucks. VI/3418, S. 64.
[259] BGBl. I 1974, 933.
[260] *Crezelius*, Steuerrecht II, § 20 Rz. 10; *Kapp/Ebeling*, ErbStG, § 7 Rz. 6; *Gebel* in Troll/Gebel/Jülicher, ErbStG, § 7 Rz. 17; *Moench*, ErbStG, § 7 Rz. 12; *Schuck* in Viskorf/Glier/Hübner/Knobel/Schuck, ErbStG, § 7 Rz. 5 f.
[261] *Kapp/Ebeling*, ErbStG, § 7 Rz. 8; *Gebel* in Troll/Gebel/Jülicher, ErbStG, § 7 Rz. 17; *Moench*, ErbStG, § 7 Rz. 12.
[262] *Gebel* in Troll/Gebel/Jülicher, ErbStG, § 7 Rz. 267; *Moench*, ErbStG, § 7 Rz. 109.
[263] *Klein-Blenkers*, Bedeutung subjektiver Merkmale, S. 86 ff.
[264] *Klein-Blenkers*, Bedeutung subjektiver Merkmale, S. 19.
[265] *Lang* in Tipke/Lang, Steuerrecht, § 4 Rz. 70 ff.

Feststellung[266]. Die Diskussion um die subjektive Seite der freigebigen Zuwendung zielt vor allem auf die Beurteilung von Zuwendungen im geschäftlichen Bereich und unter Ehegatten[267] und um gemischte Schenkungen[268]. Erschwerend wirkt die umfangreiche Terminologie, die verwendet wird. In der Literatur[269] und der Rechtsprechung reicht das Spektrum von Vorteilsabsicht über Bereicherungswille, Wille zur Unentgeltlichkeit[270], Wille zur Freigebigkeit[271] bis zum Bewusstsein der Unentgeltlichkeit[272]. Im Schrifttum hat sich heute überwiegend die dreiteilige Sichtweise von *Meincke*[273] durchgesetzt, der den subjektiven Tatbestand in einen Willen zur Bereicherung, einem Willen zur Unentgeltlichkeit und einem Willen zur schenkweisen Zuwendung aufspaltet, wobei alle drei Elemente kumulativ für eine freigebige Zuwendung vorliegen müssen[274]. Objektivierende[275] oder zivilrechtliche Ansätze[276] konnten sich nicht durchsetzen. Nach der Rechtsprechung des BFH genügt zur Verwirklichung des subjektiven Tatbestands der freigebigen Zuwendung der (einseitige) Wille des Zuwendenden zur Unentgeltlichkeit. Diese liegt vor, wenn sich der Zuwendende der Unentgeltlichkeit der Zuwendung derart bewusst ist, dass er seine Leistung ohne Verpflichtung und ohne rechtlichen Zusammenhang mit einer Gegenleistung oder einem Gemeinschaftszweck erbringt[277]. Klar ist, dass ein auf die Bereicherung des Empfängers gerichteter Wille im Sinne einer Bereicherungsabsicht nicht erforderlich[278] und das Zuwendungsmotiv irrelevant ist[279].

---

[266] *Klein-Blenkers*, Bedeutung subjektiver Merkmale, S. 19 f.
[267] *Moench*, ErbStG, § 7 Rz. 12.
[268] Vgl. auch die Fälle bei *Klein-Blenkers*, Bedeutung subjektiver Merkmale, S. 26 ff.
[269] Vgl. Nachweise bei *Klein-Blenkers*, Bedeutung subjektiver Merkmale, S. 46.
[270] BFH BStBl. II 1994, 366, 369; BFH/NV 1995, 70, 73.
[271] BFH BStBl. II 1979, 631; 1980, 402; 1982, 714, 715.
[272] BFH BStBl. II 1991, 181, 182; 1992, 925; *Gebel*, DStZ 1993, 451, 457 f.
[273] *Meincke*, ErbStG, § 7 Rz. 78 ff.
[274] *Gebel* in Troll/Gebel/Jülicher, ErbStG, § 7 Rz. 286; *Klein-Blenkers*, Bedeutung subjektiver Merkmale, S. 123, aber ohne Bereicherungswille; *Moench*, ErbStG, § 7 Rz. 110; *Petzoldt*, Festgabe Felix, S. 331, 342.
[275] *Schulze-Osterloh*, StuW 1977, 122; vgl. auch *Kirchhof*, NJW 1987, 3217, 3222 f.
[276] *Crezelius*, Erbschaft- und Schenkungsteuer, S. 127.
[277] BFH BStBl. II 1992, 921, 923; 1992, 925, 927; 1994, 366, 369; 1997, 832, 834.
[278] BFH BStBl. II 1980, 402, 403; 1987, 80, 81; 1992, 921, 923; 1992, 925, 927; 1994, 366, 369; *Crezelius*, Erbschaft- und Schenkungsteuer, S. 124; *Gebel* in Troll/Gebel/Jülicher, ErbStG, § 7 Rz. 274.
[279] *Gebel* in Troll/Gebel/Jülicher, ErbStG, § 7 Rz. 274.

d) Unterschied zur Schenkung nach bürgerlichem Recht

Der Begriff der freigebigen Zuwendung wird heute als Oberbegriff für Schenkungen im bürgerlich-rechtlichen Sinne und sonstige freigebige Zuwendungen verstanden[280]. Während bei Schenkungen nach §§ 516 ff. BGB das beiderseitige Einverständnis über die Unentgeltlichkeit erforderlich ist, reicht bei den sonstigen freigebigen Zuwendungen der einseitige Wille des Zuwendenden zur Unentgeltlichkeit aus[281]. In objektiver Hinsicht besteht demgegenüber kein Unterschied[282].

e) Problem des Begriffs der freigebigen Zuwendung am Beispiel des Gegenstandes der Zuwendung

Der Begriff der freigebigen Zuwendung ist ein rein steuerrechtlicher und ist begrifflich zivilrechtlich nicht vorgeprägt. Da insoweit selbst bei einer streng verstandenen Maßgeblichkeit des Zivilrechts steuerrechtlich autonome Auslegungsspielräume entstehen, wird der Begriff der freigebigen Zuwendung dazu verwendet, Vorgänge der Schenkungsteuer zu unterwerfen, die mit den §§ 516 ff. BGB überhaupt nichts zu tun haben, und das, obwohl im Grundsatz Einigkeit über das Verhältnis der freigebigen Zuwendung zur Schenkung nach dem BGB besteht[283]. Die Problematik wird beim Gegenstand der Zuwendung besonders deutlich. So wird von der Rechtsprechung die Gewährung eines zinslosen Darlehens als steuerbare Zuwendung eines Vermögensvorteils gesehen[284]. Ein Übergang von Vermögenssubstanz sei nicht nötig[285]. Auch eine Nutzungsmöglichkeit könne Zuwendungsgegenstand sein[286]. Die Vermögensmehrung beim Bedachten liege in der Zinsersparnis, die Entreicherung beim Schenker im Verzicht auf die Erzielung der üblichen Nutzungen[287]. Diese Rechtsprechung ist zu Recht vielfach auf Kritik gestoßen. Zum Teil wird vertreten, dass auch die sonstige

---

[280] RFHE 29, 137; BFH BStBl. III 1957, 449; BT-Drucks. VI/3418, S. 64; *Kapp/Ebeling*, ErbStG, § 7 Rz. 3; *Gebel* in Troll/Gebel/Jülicher, ErbStG, § 7 Rz. 2; *Meincke*, ErbStG, § 7 Rz. 9; *Moench*, ErbStG, § 7 Rz. 1; *Schuck* in Viskorf/Glier/Hübner/Knobel/Schuck, ErbStG, § 7 Rz. 2; *Seer* in Tipke/Lang, Steuerrecht, § 13 Rz. 121.

[281] RFHE 29, 137, 148; BFH BStBl. II 1992, 921, 923; 1994, 366, 369; 1995, 609; 1997, 832, 834; *Crezelius*, Steuerrecht II, § 20 Rz. 9; *Kapp/Ebeling*, ErbStG, § 7 Rz. 3; *Meincke*, ErbStG, § 7 Rz. 11; *Moench*, ErbStG, § 7 Rz. 109; *Schuck* in Viskorf/Glier/Hübner/Knobel/Schuck, ErbStG, § 7 Rz. 2; *Seer* in Tipke/Lang, Steuerrecht, § 13 Rz. 121.

[282] *Meincke*, ErbStG, § 7 Rz. 10.

[283] Siehe oben d).

[284] BFH BStBl. II 1979, 631; 1979, 740; 1996, 160; BFH/NV 1995, 70, 71; 2001, 1122.

[285] BFH BStBl. II 1979, 631; *Moench*, ErbStG, § 7 Rz. 15.

[286] BFH BStBl. II 1979, 631.

[287] BFH BStBl. II 1979, 631.

freigebige Zuwendung den Übergang von Vermögenssubstanz erfordere[288]. Nach einer weiteren Auffassung sei der Eigentumsübergang auf den Bedachten entscheidend, da die Nutzungsmöglichkeit aus dem Eigentum folge[289]. Die Zuwendung bestünde in der Differenz zwischen hingegebenem Gegenstand und dem abgezinsten Rückforderungsanspruch[290]. Darüber hinaus komme es auch auf den subjektiven Verwendungsplan des Zuwendenden an[291]. Auch die Einräumung von dinglichen Nutzungsrechten soll eine freigebige Zuwendung sein[292]. Die unentgeltliche Leistung von Diensten dagegen nicht[293] oder nur wenn üblicherweise eine Vergütung zu erwarten wäre[294]. Eine Bürgschaftsübernahme als solche ist noch keine freigebige Zuwendung, kann sie aber sein, wenn der Bürge auf den Rückgriff gegen den Hauptschuldner verzichtet[295].

g) Stellungnahme

Eine von den §§ 516 ff. BGB losgelöste Interpretation des § 7 Abs. 1 Nr. 1 ErbStG ist abzulehnen. Hält man sich die Entstehungsgeschichte des Begriffs der freigebigen Zuwendung vor Augen[296], so spricht vieles dafür, dass es bei der Einführung des Begriffs der freigebigen Zuwendung vor allem um die Erfassung der gemischten Schenkung ging und nicht um die Schaffung eines neuen Rechtsbegriffs. Darüber hinaus ist es widersprüchlich, einerseits den Unterschied zur bürgerlich-rechtlichen Schenkung nur auf der subjektiven Seite zu sehen, andererseits Rechtsgeschäfte, die objektiv keine Schenkungen sind, zu freigebigen Zuwendungen zu machen. Ferner dürfte der einseitige Wille des Zuwendenden die Ausnahme darstellen, da der Empfänger eine unentgeltliche Leistung in der Regel annehmen wird, sei es konkludent und unter Verzicht des Zugangs der Annahme nach § 151 Satz 1 BGB.

---

288 *Crezelius*, BB 1978, 621, 625; *Kapp/Ebeling*, ErbStG, § 7 Rz. 4; *Irrgang*, BB 1973, 1256, 1257.
289 *Gebel*, DStZ 1992, 577, 581; *Meincke*, ErbStG, § 7 Rz. 51; *Schuck* in Viskorf/Glier/Hübner/Knobel/Schuck, ErbStG, § 7 Rz. 18.
290 *Gebel*, DStZ 1992, 577, 581; *Meincke*, ErbStG, § 7 Rz. 51; *Schuck* in Viskorf/Glier/Hübner/Knobel/Schuck, ErbStG, § 7 Rz. 18.
291 *Gebel* in Troll/Gebel/Jülicher, ErbStG, § 7 Rz. 30.
292 *Gebel* in Troll/Gebel/Jülicher, ErbStG, § 7 Rz. 29; *ders.*, DStZ 1992, 577, 582; *Klein-Blenkers*, Bedeutung subjektiver Merkmale, S. 134; *Meincke*, ErbStG, § 7 Rz. 9.
293 *Meincke*, ErbStG, § 7 Rz. 9.
294 *Gebel* in Troll/Gebel/Jülicher, ErbStG, § 7 Rz. 35.
295 BFH BStBl. II 2000, 596, 597.
296 RFHE 29, 137, 146 ff.; vgl. *Klein-Blenkers*, Bedeutung subjektiver Merkmale, S. 132; *Crezelius*, Erbschaft- und Schenkungsteuer, S. 131 f.

§ 4 Vollzug und Ausführung der Schenkung

I. Relevanz für Rückabwicklungen

Nach § 9 Abs. 1 Nr. 2 ErbStG entsteht die Steuer bei Schenkungen unter Lebenden mit dem Zeitpunkt der Ausführung der Zuwendung. Vor dem Eintritt dieses Zeitpunkts ist der Steueranspruch nach § 38 AO noch nicht entstanden. Für Rückabwicklungen, die vor diesem Zeitpunkt erfolgen, bedeutet das, dass sich für das Ausgangsgeschäft kein Erstattungsproblem ergibt. Auch die Rückabwicklung kann in diesem Fall nicht steuerpflichtig sein, da der Empfänger zumindest aus steuerrechtlicher Sicht noch nichts bekommen hatte, was er nun wieder zurückgibt. Um so wichtiger ist es daher, bei den einzelnen Rückabwicklungsarten den Entstehungszeitpunkt der Steuer genau festzustellen. Nur so lässt sich klar ermitteln, in und bis zu welchem Abwicklungsstadium der Schenkung noch eine steuerneutrale Rückabwicklung möglich ist. Vorab sollen die Grundsätze zur Ausführung der Schenkung nach § 9 Abs. 1 Nr. 2 ErbStG behandelt werden.

II. Zivilrechtliche Situation

Zivilrechtlich hat die Frage des Schenkungsvollzugs vor allem im Rahmen des § 362 Abs. 1 BGB und im Rahmen der Heilungsvorschriften formnichtiger Schenkungen nach § 518 Abs. 2 und § 2301 Abs. 2 BGB Bedeutung. Ansonsten ist klar, dass bei der Rückabwicklung einer Schenkung das Ergebnis des Vollzugsgeschäfts wieder rückgängig zu machen ist. Dies erfolgt regelmäßig nicht durch Rückabwicklung des Vollzugsgeschäfts, sondern durch ein weiteres dingliches Rechtsgeschäft. Bei Schenkung und Übereignung einer Sache wird die Rückabwicklung nicht im Wege der Aufhebung der Übereignung, sondern durch Rückübereignung durchgeführt. Gleichwohl ist es denkbar, dass auch das Erfüllungsgeschäft aus Rechtsgründen (Anfechtung, Widerruf, Nichtigkeit) rückabzuwickeln ist.

1. Erfüllung nach § 362 Abs. 1 BGB

Nach § 362 Abs. 1 BGB erlischt das Schuldverhältnis, wenn die geschuldete Leistung an den Gläubiger bewirkt wird. Unter Bewirkung der Leistung ist hier nicht nur die Vornahme der Leistungshandlung, sondern auch der Eintritt des Leistungserfolgs zu verstehen[297]. Das be-

[297] BGHZ 12, 267, 268; 87, 156, 162; *Heinrichs* in Palandt, BGB, § 362 Rz. 1; *Westermann* in Erman, BGB, § 362 Rz. 1.

deutet, dass der mit dem Rechtsgeschäft verabredete Erfolg, z. B. die Verschaffung des Eigentumsrechts an einer Sache, eingetreten sein muss. Die Schenkung eines Grundstücks ist daher erst mit der nach § 873 Abs. 1 BGB vorgeschriebenen Grundbucheintragung erfüllt.

2. Vollzug nach § 518 Abs. 2 BGB

Der Vollzug der Schenkung ist neben § 362 Abs.1 BGB auch im Rahmen von § 518 BGB relevant, wenn es nämlich darum geht, ob ein nach §§ 518 Abs. 1, 125 Satz 1 BGB an sich nichtiger Schenkungsvertrag nach § 518 Abs. 2 BGB geheilt wird. Auch hier spricht das Gesetz vom Bewirken der Leistung. Es ist streitig, ob für den Schenkungsvollzug der Leistungserfolg eingetreten sein muss[298], oder ob es ausreicht, dass der Schuldner alle erforderlichen Leistungshandlungen vorgenommen hat[299]. Einigkeit besteht indessen darüber, dass bloße Vorbereitungshandlungen, wie die Erteilung einer (unwiderruflichen) Vollmacht, für sich genommen noch keinen Vollzug darstellen, da der Erwerber noch keine gesicherte Erwerbsposition erhalten hat[300].

Was der Vollzug im Einzelnen bedeutet, hängt vom Schenkungsgegenstand ab[301]. Bei einer Grundstücksschenkung kommt es entweder auf die Einräumung eines Anwartschaftsrechts[302] oder die Eintragung im Grundbuch an[303]. Eine Anwartschaft entsteht mit der Abgabe einer nach § 873 Abs. 2 BGB bindenden Auflassungserklärung sowie der Eintragung einer Auflassungsvormerkung oder der Stellung des Eintragungsantrags des Empfängers[304]. Allerdings ist wegen § 311 b Abs. 1 Satz 2 BGB bei Grundstückschenkungen immer die Grundbucheintragung entscheidend[305].

Die besseren Gründe sprechen dafür, auf den Eintritt des Leistungserfolges abzustellen. Zwar ist der Zweck des § 518 Abs. 1 BGB, den Schenker vor Übereilung zu schützen, erfüllt, wenn der Schenker alles Erforderliche getan hat[306]. § 518 BGB dient aber auch der

---

[298] *Herrmann*, MDR 1980, 883 ff.; *dies.*, Vollzug von Schenkungen, S. 130 ff.; *Kollhosser* in MünchKomm-BGB-, § 518 Rz. 12; *Mühl/Teichmann* in Soergel, BGB, § 518 Rz. 8 f.; *Reinicke*, JA 1982, 326, 328; *Seiler* in Erman, BGB, § 518 Rz. 5.
[299] BGH NJW 1970, 941, 942; FamRZ 1985, 693, 695; *Brox*, Festschrift Bosch, S. 75, 88; *Cremer* in Staudinger, BGB, § 518 Rz. 16; *Putzo* in Palandt, BGB, § 518 Rz. 9; *Vollkommer* in Jauernig, BGB, § 518 Rz. 6.
[300] *Cremer* in Staudinger, BGB, § 518 Rz. 16; *Seiler* in Erman, BGB, § 518 Rz. 5.
[301] *Vollkommer* in Jauernig, BGB, § 518 Rz. 6.
[302] *Mühl/Teichmann* in Soergel, BGB, § 518 Rz. 10, 18; *Putzo* in Palandt, BGB, § 518 Rz. 13.
[303] *Herrmann*, Vollzug von Schenkungen, S. 221 f.
[304] *Bassenge* in Palandt, BGB, § 925 Rz. 23 ff.; *Kanzleiter* in MünchKomm-BGB-, § 925 Rz. 35 ff. m. w. N.
[305] *Cremer* in Staudinger, BGB, § 518 Rz. 18; *Mühl/Teichmann* in Soergel, BGB, § 518, Rz. 10.
[306] *Mühl/Teichmann* in Soergel, BGB, § 518 Rz. 8.

Rechtssicherheit[307]. Die Formel, „alles Erforderliche" getan zu haben, ist im Gegensatz zum Leistungserfolg juristisch wenig aussagekräftig[308], wodurch die Abgrenzung zwischen Vollzug und nicht vorliegendem Vollzug unsicher wird[309] und der Rechtssicherheit nicht gedient ist. Daneben wäre es systemwidrig, bei der Handschenkung nach § 516 BGB den Leistungserfolg zu verlangen und bei § 518 Abs. 2 BGB nicht[310]. Für die hier vertretene Auffassung sprechen auch die Entstehungsgeschichte[311] sowie der Wortlaut und systematische Zusammenhang zu § 267 Abs. 1 und § 362 Abs. 1 BGB[312]. Im Übrigen träte ein Wertungswiderspruch zu § 311 b Abs. 1 S. 2 BGB auf, wenn man nicht auf den Eintritt des Leistungserfolgs abstellen würde[313].

3. Schenkungsvollzug nach § 2301 Abs. 2 BGB

Das BGB kennt neben § 518 Abs. 2 BGB noch den Schenkungsvollzug nach § 2301 Abs. 2 BGB. Der Unterschied zu § 518 Abs. 2 BGB besteht zunächst darin, dass es sich bei der Schenkung von Todes wegen um ein Schenkungsversprechen unter der Überlebensbedingung des Beschenkten handeln muss. Ansonsten gilt für den Vollzug nach § 2301 Abs. 2 BGB das zu § 518 Abs. 2 BGB Ausgeführte mit der Ausnahme, dass ein Vollzug nach dem Tod des Schenkers nicht mehr möglich ist, da ansonsten der Zweck des § 2301 Abs. 1 BGB, eine Umgehung der erbrechtlichen Testiervorschriften zu verhindern, leer laufen würde[314].

III. Ausführung der Zuwendung nach § 9 Abs. 1 Nr. 2 ErbStG

1. Allgemeines

Die Zuwendung ist ausgeführt, wenn der Beschenkte erhalten hat, was ihm nach der Schenkungsabrede verschafft werden sollte[315]. Die Verschaffung richtet sich nach dem Gegenstand

---

307 *Herrmann*, MDR 1980, 883, 885.
308 *Herrmann*, MDR 1980, 883, 885.
309 *Seiler* in Erman, BGB, § 518 Rz. 5.
310 *Herrmann*, Vollzug von Schenkungen, S. 54 ff., 183 ff.; *Mühl/Teichmann* in Soergel, BGB, § 518 Rz. 9.
311 *Herrmann*, MDR 1980, 883, 884 f.; *Kollhosser* in MünchKomm-BGB-, § 518 Rz. 14; *Mühl/Teichmann* in Soergel, BGB, § 518 Rz. 8.
312 *Herrmann*, MDR 1980, 883, 884; *Kollhosser* in MünchKomm-BGB-, § 518 Rz. 13; *Mühl/Teichmann* in Soergel, BGB, § 518 Rz. 9.
313 *Brox*, Festschrift Bosch, S. 75, 88; *Kollhosser* in MünchKomm-BGB-, § 518 Rz. 16; *Mühl/Teichmann* in Soergel, BGB, § 518 Rz. 9.
314 BGH NJW 1986, 2107, 2108; *Edenhofer* in Palandt, BGB, § 2301 Rz. 8.
315 BFH BStBl. II 1985, 382, 383; *Kapp/Ebeling*, ErbStG, § 9 Rz. 57; *Meincke*, ErbStG, § Rz. 42; *Weinmann* in Moench, ErbStG, § 9 Rz. 22.

der Schenkung[316]. Bei Sachen ist die Schenkung in der Regel mit dem Erwerb des Eigentums[317], bei Forderungszuwendungen mit der Erlangung der Gläubigerstellung vollzogen[318]. § 9 Abs. 1 Nr. 2 ErbStG verfolgt aus historischer Sicht[319] vor allem den Zweck, das bloße, noch nicht ausgeführte Schenkungsversprechen nicht der Schenkungsteuer zu unterwerfen[320]. Dahinter steht, dass in nicht seltenen Fällen eine Vollziehung der Schenkung unterbleibt[321]. Auf den Übergang des wirtschaftlichen Eigentums kommt es nicht an[322].

2. Grundstücksschenkung

Problematisch ist die Ausführung der Zuwendung vor allem bei Grundstücksschenkungen. Der Wortlaut des § 9 Abs. 1 Nr. 2 ErbStG legt es nahe, auf den abgeschlossenen Eigentumserwerb, d. h. den Zeitpunkt der Grundbucheintragung nach § 873 Abs. 1 BGB abzustellen[323]. Nach derzeit geltender Rechtsprechung reicht es dagegen aus, wenn die Auflassung nach § 925 Abs. 1 BGB und die Eintragungsbewilligung nach § 19 GBO in der § 29 GBO entsprechenden Form erklärt wurden, so dass der Erwerber in der Lage ist, die Eigentumsänderung beim Grundbuchamt zu beantragen[324]. Nicht erforderlich ist, dass der Erwerber den nach §§ 17 GBO, 879 BGB rangwahrenden Eintragungsantrag gestellt hat[325]. Vor dem Hintergrund, dass der Zeitpunkt der Schenkungsausführung nicht von der Arbeit des Grundbuchamtes abhängig sein soll[326], ist diese Rechtsprechung zu begrüßen[327]. Anderenfalls könnten sich Nachteile bei Gesetzesänderungen, bei § 14 ErbStG sowie bei einer Aufhebung der Schen-

---

[316] *Gebel* in Troll/Gebel/Jülicher, ErbStG, § 9 Rz. 81; *Meincke*, ErbStG, § 9 Rz. 40, 43; *Schuck* in Viskorf/Glier/Hübner/Knobel/Schuck, ErbStG, § 9 Rz. 53; zum Schenkungsgegenstand siehe oben § 3 I. 4. und § 3 II. 2. e).

[317] *Gebel* in Troll/Gebel/Jülicher, ErbStG, § 9 Rz. 81; *Meincke*, ErbStG, § 9 Rz. 43; *Schuck* in Viskorf/Glier/Hübner/Knobel/Schuck, ErbStG, § 9 Rz. 56; *Weinmann* in Moench, ErbStG, § 9 Rz. 23.

[318] RT-Drucks. 1/4856, S. 7, 16; *Gebel* in Troll/Gebel/Jülicher, ErbStG, § 9 Rz. 81; *Meincke*, ErbStG, § 7 Rz. 47, § 9 Rz. 43; *Schuck* in Viskorf/Glier/Hübner/Knobel/Schuck, ErbStG, § 9 Rz. 58; *Weinmann* in Moench, ErbStG, § 9 Rz. 23.

[319] *Meincke*, ErbStG, § 7 Rz. 46 f.

[320] *Gebel* in Troll/Gebel/Jülicher, ErbStG, § 9 Rz. 78; *Meincke*, ErbStG, § 9 Rz. 41; *Schuck* in Viskorf/Glier/Hübner/Knobel/Schuck, ErbStG, § 9 Rz. 48; *Weinmann* in Moench, ErbStG, § 9 Rz. 22, 26.

[321] RFHE 9, 276, 278.

[322] BFH BStBl. II 1983, 116; 179; *Gebel* in Troll/Gebel/Jülicher, ErbStG, Anh AO Rz. 11.

[323] BFH BStBl. II 1983, 19, 20; *Brandmüller*, BB 1995, 2244, 2245; *Gebel* in Troll/Gebel/Jülicher, ErbStG, § 9 Rz. 94; *Meincke*, ErbStG, § 9 Rz. 45.

[324] BFH BStBl. II 1979, 642, 643; 1983, 19, 20; 1988, 741, 742; 1990, 504, 506; 1991, 320, 321; BFH/NV 2000, 1095, 1095.

[325] BFH BStBl. II 1991, 320, 321.

[326] BFH BStBl. II 1983, 19, 20.

[327] *Gebel* in Troll/Gebel/Jülicher, ErbStG, § 9 Rz. 96; *Meincke*, ErbStG, § 9 Rz. 45; *Schuck* in Viskorf/Glier/Hübner/Knobel/Schuck, ErbStG, § 9 Rz. 70.

kung vor Eintragung ergeben[328]. Allerdings wäre es konsequent, auch den Eintragungsantrag des Erwerbers zu verlangen, da erst dann die Tätigkeitssphäre des Grundbuchamt begonnen hat[329]. Die Rechtsprechung begründet ihre Auffassung mit der Parallele zu § 518 Abs. 2 BGB[330] sowie damit, dass die Schenkungsabrede zugleich auch immer eine Abrede über ein Anwartschaftsrecht enthalte[331]. Theoretisch ist es aber auch nach Stellung des Eintragungseintrags noch denkbar, dass der Eigentumserwerb scheitert, nämlich dann, wenn der Schenker noch ein zweites Mal anderweitig verfügt hatte, und der zweite Erwerber seinerseits bereits einen Eintragungsantrag gestellt hatte. In der Literatur wird daher zu Recht die Eintragung als Zeitpunkt der Ausführung gesehen[332]. Erst dann ist die insoweit maßgebliche Verfügungsmöglichkeit endgültig beim Erwerber[333].

Der BFH meint weiter, dass ein Erwerber, der sich steuerlich anerkannt freien Widerrufsvorbehalten aussetzen kann, auch keinen Schutz vor abredewidrigen Verfügungen verdiene[334]. Diese Auffassung verkennt aber, dass Widerrufsvorbehalte frei vereinbart werden[335] und dass in der Entscheidung[336], auf die der BFH Bezug nimmt, der Erwerber bereits Eigentümer gewesen ist[337]. Für den Zeitpunkt der Eintragung spricht auch der Vergleich zum Erbfall beim Tod des Schenkers vor der Eintragung. Es stellt einen Widerspruch dar, einerseits die Ausführung der Schenkung zu bejahen, andererseits das Grundstück noch zum Nachlass zu zählen[338].

3. Genehmigungen

Nach h.M. wirken Genehmigungen von Schenkungen grundsätzlich auf das Datum des Ausführungsgeschäftes zurück. Die zivilrechtliche Rückwirkungsfiktion nach § 184 Abs. 1 BGB ist zu beachten[339].

---

[328] *Meincke*, ErbStG, § 9 Rz. 48; siehe unten § 13.
[329] *Crezelius*, JbFfSt 1990/1991, S. 13, 21; *Gebel* in Troll/Gebel/Jülicher, ErbStG, § 9 Rz. 96; *Meincke*, ErbStG, § 9 Rz. 48.
[330] BFH BStBl. II 1979, 642, 643; 1980, 307, 308; dagegen *Meincke*, ErbStG, § 9 Rz. 47.
[331] dagegen *Gebel* in Troll/Gebel/Jülicher, ErbStG, § 9 Rz. 95.
[332] *Gebel* in Troll/Gebel/Jülicher, ErbStG, § 9 Rz. 95.
[333] *Kapp/Ebeling*, ErbStG, § 9 Rz. 58.
[334] BFH BStBl. II 1991, 320, 321.
[335] *Gebel* in Troll/Gebel/Jülicher, ErbStG, § 9 Rz. 95.
[336] BFH BStBl. II 1989, 1034.
[337] *Klein-Blenkers*, DStR 1991, 1549, 1553.
[338] *Gebel* in Troll/Gebel/Jülicher, ErbStG, § 9 Rz. 95; *Weinmann* in Moench, ErbStG, § 9 Rz. 32b.
[339] *Brandmüller*, BB 1995, 2244, 2246; *Kapp/Ebeling*, ErbStG, § 9 Rz. 80; *Meincke*, ErbStG, § 9 Rz. 42; *Weinmann* in Moench, ErbStG, § 9 Rz. 25; a. A. *Gebel* in Troll/Gebel/Jülicher, ErbStG, § 9 Rz. 44, 89, 99 und R 23 Abs. 3 ErbStR 2003.

In zwei derzeit beim BFH anhängigen Verfahren hat das FG Rheinland-Pfalz dagegen entschieden, dass die Genehmigung der Auflassung eines vollmachtslosen Vertreters keine Rückwirkung entfalte[340]. Vielmehr sei die Schenkung erst zum Zeitpunkt der Genehmigung ausgeführt. Das Gericht beruft sich dabei im Wesentlichen auf § 38 AO, der bestimme, dass der Steuertatbestand erst in dem Zeitpunkt entstehe, in dem alle Merkmale erfüllt seien, soweit nichts anderes bestimmt sei. Eine dem § 14 GrEStG vergleichbare Regelung fehle dem ErbStG jedoch[341]. Die Genehmigung gehöre vielmehr zum steuerbegründenden Tatbestand[342].

Diese Betrachtungsweise steht zwar im Einklang zu den zu §§ 38 und 175 Abs. 1 Satz 1 Nr. 2 AO allgemein geltenden Grundsätzen[343], bedeutet aber eine für das Erbschaft- und Schenkungsteuerrecht ungewöhnliche Loslösung von der bürgerlich-rechtlichen Prägung[344]. Einen überzeugenden Lösungsvorschlag dieses Problems macht *Schuck*[345], indem er zwischen behördlichen und solchen Genehmigungen unterscheidet, die dem Einfluss der Parteien unterliegen. Da die Erteilung öffentlich-rechtlicher Genehmigungen von den Behörden abhängt, soll ihnen rückwirkende Kraft zugesprochen werden, anderen Genehmigungen dagegen nicht[346].

Hinzuweisen ist in diesem Zusammenhang auf die strikte Trennung von Verpflichtungs- und Erfüllungsgeschäft, die das Steuerrecht in seinen § 7 Abs. 1 Nr. 1 und § 9 Abs. 1 Nr. 2 ErbStG aufnimmt. Genehmigungsfähig und gegebenenfalls genehmigungsnotwendig sind beide Rechtsgeschäfte. Erst dann ist der Steuertatbestand des § 38 AO, der sich aus § 7 und § 9 ErbStG zusammensetzt, erfüllt.

---

340 FG Rheinland-Pfalz EFG 2002, 1622 und EFG 2003, 140; ebenso bereits und ohne Revision FG Rheinland-Pfalz ZEV 1998, 279.

341 FG Rheinland-Pfalz EFG 2002, 1622, 1623.

342 FG Rheinland-Pfalz ZEV 1998, 279, 280; FG Rheinland-Pfalz EFG 2002, 1622, 1623.

343 BFH BStBl. II 1973, 307, 309; 1981, 435, 438; 2002, 10, 10; *Brockmeyer* in Klein, AO § 38 Rz. 13; *G. Lauer*, Korrekturvorschrift, S. 61 ff.; *J. Lauer*, InfStW 1981, 169, 171; *Loose* in Tipke/Kruse, AO, § 175 Rz. 37.

344 *Fumi*, EFG, 2002, 1624.

345 *Schuck* in Viskorf/Glier/Hübner/Knobel/Schuck, ErbStG, § 9 Rz. 55.

346 In diesem Sinne differenzierend auch das FG Rheinland-Pfalz, EFG 2002, 1622, 1624.

Dritter Teil: Zulässigkeit von nachträglichen Änderungen des einmal entstandenen Steueranspruchs

§ 5 § 29 ErbStG als Ausgangspunkt der Untersuchung

Rückabwicklungen im Schenkungsteuerrecht werden derzeit vor allem mit Blick auf § 29 ErbStG diskutiert[347]. Daher soll zunächst diese Norm genauer betrachtet werden.

I. Überblick

§ 29 Abs. 1 Nr. 1 und 2 ErbStG regeln die Fälle der Herausgabe des Geschenks wegen eines Rückforderungsrechts und deren Abwendung nach § 528 Abs. 1 Satz 2 BGB. Während § 29 Abs. 1 Nr. 3 ErbStG ergänzend zu § 5 ErbStG die Steuerfreiheit des Zugewinnausgleichs sicherstellt, dient § 29 Abs. 1 Nr. 4 ErbStG der Förderung von gemeinnützigen kulturellen oder wissenschaftlichen Zwecken. Der Abs. 2 der Vorschrift besteuert den Nutzungsvorteil beim Erwerber im Zeitraum bis zur Herausgabe des Geschenks.

II. Meinungsstand zu § 29 Abs. 1 Nr. 1 und 2 ErbStG

1. Sinn und Zweck der Norm

a) Keine Steuererstattung bei freiwilliger Rückabwicklung

Das derzeit übliche Verständnis von § 29 Abs. 1 Nr. 1 ErbStG geht dahin, dass bei einer freiwilligen Rückgängigmachung einer Schenkung eine Rückschenkung, das heißt, eine erneute Tatbestandverwirklichung nach § 7 Abs. 1 Nr. 1 ErbStG angenommen wird und darüber hinaus § 29 Abs. 1 Nr. 1 ErbStG nicht zur Anwendung gelangt[348]. Die Folge ist, dass sowohl die Schenkung als auch die Rückabwicklung steuerpflichtig sind. Hat der Erwerber dagegen das Geschenk wegen eines Rückforderungsrechtes herausgeben müssen, sei eine Aufrechterhaltung der Besteuerung unbillig und nicht gerechtfertigt, da beim Beschenkten

[347] Zuletzt z. B. *Fuhrmann*, ErbStB 2003, 17 und *Kamps*, ZErb 2002, 174; *ders*, ZErb 2002, 212.
[348] *Kapp/Ebeling*, ErbStG, § 29 Rz. 1; *Jülicher* in Troll/Gebel/Jülicher, ErbStG, § 29 Rz. 3; *Kamps*, ZErb 2002, 174, 176; *Knobel* in Viskorf/Glier/Hübner/Knobel/Schuck, ErbStG, § 29 Rz. 2; *Meincke*, ErbStG, § 29 Rz. 6; *Moench*, ErbStG, § 29 Rz. 1; *Pahlke* in Christoffel/Geckle/Pahlke, ErbStG, § 29 Rz. 1; *Schulz*, Erbschaftsteuer, S. 515.

unfreiwillig die Bereicherung wegfalle. Dementsprechend ordne § 29 Abs. 1 Nr. 1 ErbStG das Erlöschen der Steuer an[349].

b) Kritik

Das Kriterium der Freiwilligkeit unterliegt Bedenken, weil derjenige, der ohne Rechtspflicht aus sittlichem Anstand heraus ein Geschenk zurückgibt, schlechter gestellt wird, als derjenige, bei dem die Herausgabe erzwungen werden muss oder gegen den ein Rückforderungsrecht besteht[350]. Erfolgt eine freiwillige Rückabwicklung ohne Rückforderungsrecht innerhalb kurzer Zeit nach der Schenkung, erscheint die Besteuerung von Schenkung und Rückschenkung im Vergleich zur steuerfreien Rückabwicklung mit Erstattung der Schenkungssteuer besonders unbillig[351]. Daher wird vielfach die Schaffung einer dem § 16 GrEStG vergleichbaren Regelung für das Erbschaft- und Schenkungsteuerrecht gefordert[352].

2. Tatbestand des § 29 Abs. 1 Nr. 1 und 2 ErbStG

a) Antragserfordernis

Auch wenn die Norm nicht ausdrücklich einen Antrag an die Finanzbehörde vorsieht, ist ein entsprechendes Begehren notwendig, da die Behörde regelmäßig von Rückabwicklungen keine Kenntnis erhält[353] und selbst bei Kenntnis ein von selbst Tätigwerden nicht zu erwarten ist.

b) Rückforderungsrecht

Die für den Steuerpflichtigen günstige Norm des § 29 Abs. 1 Nr. 1 ErbStG greift nur ein, wenn ein Rückforderungsrecht bestand. Solche Rechte sind vor allem die gesetzlichen Ansprüche der §§ 812 ff. BGB in den Fällen der Nichtigkeit und Anfechtung sowie die schen-

---

349 *Kapp/Ebeling*, ErbStG, § 29 Rz. 2; *Jülicher* in Troll/Gebel/Jülicher, ErbStG, § 29 Rz. 1; *Knobel* in Viskorf/Glier/Hübner/Knobel/Schuck, ErbStG, § 29 Rz. 2, 7; *Meincke*, ErbStG, § 29 Rz. 6; *Moench*, ErbStG, § 29 Rz. 2; *Pahlke* in Christoffel/Geckle/Pahlke, ErbStG, § 29 Rz. 1; *Schulz*, Erbschaftsteuer, S. 515.

350 *Moench*, ErbStG, § 29 Rz. 2.

351 *Moench*, ErbStG, § 29 Rz. 2; *Pahlke* in Christoffel/Geckle/Pahlke, ErbStG, § 29 Rz. 1; *Sosnitza*, UVR 1992, 342, 348.

352 *Jülicher* in Troll/Gebel/Jülicher, ErbStG, § 29 Rz. 3; *Knobel* in Viskorf/Glier/Hübner/Knobel/Schuck, ErbStG, § 29 Rz. 8; *Moench*, ErbStG, § 29 Rz. 2; *Sosnitza*, UVR 1992, 342, 348.

kungsspezifischen Rückforderungsrechte der §§ 527 Abs. 1, 528 Abs. 1 Satz 1 und 531 Abs. 2 BGB[354]. Aber auch vertraglich vereinbarte Rechte im Zusammenhang mit Rücktritts- oder Widerrufvorbehalten werden als Rückforderungsrechte im Sinne von § 29 Abs. 1 Nr. 1 ErbStG verstanden, allerdings nur, wenn sie von Anfang an im Schenkungsvertrag vereinbart waren[355]. Nicht erforderlich ist, dass der Herausgabeanspruch dem Schenker zusteht. Auch Ansprüche Dritter kommen in Betracht. Entscheidend ist nicht, an wen das Geschenk herauszugeben ist, sondern dass der Beschenkte das Erworbene nicht behalten darf[356]. Zu nennen sind hier etwa der Anspruch des Nacherben infolge des § 2113 BGB, der Anspruch des Vertragserben nach § 2287 BGB oder des Berechtigten aus § 816 Abs. 1 Satz 2 BGB[357]. Die Rechte der Dritten können auch aus vertraglichen Vereinbarungen stammen[358].
Soweit Rückforderungsrechte bestehen, dürfen diesen keine Einwendungen oder Einreden entgegenstehen, mit denen der ursprüngliche Erwerber die Herausgabepflicht vereiteln könnte. Denn soweit er dies könnte, besteht kein Zwang zur Herausgabe, der die Anwendung des § 29 ErbStG rechtfertigen würde[359].

c) Nachweisproblem

Neben der Frage, ob ein Rückforderungsrecht vorliegt, stellt sich die Frage, wie dieses der Finanzverwaltung gegenüber nachgewiesen werden kann. Die Feststellungslast trifft nämlich insoweit denjenigen, der die Steuererstattung begehrt[360]. Musste der Schenker gegen den Beschenkten auf dem Rechtswege die Herausgabe erzwingen, ist in dem zivilgerichtlichen Urteil das Rückforderungsrecht regelmäßig festgestellt. Auch wenn die Finanzbehörden und

---

353 *Kamps*, ZErb 2002, 174, 176.
354 *Kapp/Ebeling*, ErbStG, § 29 Rz. 7 ff.; *Jülicher* in Troll/Gebel/Jülicher, ErbStG, § 29 Rz. 6 ff.; *Knobel* in Viskorf/Glier/Hübner/Knobel/Schuck, ErbStG, § 29 Rz. 10 ff.; *Meincke*, ErbStG, § 29 Rz. 6; *Moench*, ErbStG, § 29 Rz. 3; *Pahlke* in Christoffel/Geckle/Pahlke, ErbStG, § 29 Rz. 5 ff.; *Schulz*, Erbschaftsteuer, S. 515; *Sedlaczek*, ErbBstg 2002, 10, 12.
355 *Kapp/Ebeling*, ErbStG, § 29 Rz. 29.; *Jülicher* in Troll/Gebel/Jülicher, ErbStG, § 29 Rz. 10 ff.; *Knobel* in Viskorf/Glier/Hübner/Knobel/Schuck, ErbStG, § 29 Rz. 7; *Meincke*, ErbStG, § 29 Rz. 7; *Moench*, ErbStG, § 29 Rz. 3; *Pahlke* in Christoffel/Geckle/Pahlke, ErbStG, § 29 Rz. 5; *Schulz*, Erbschaftsteuer, S. 515; *Sedlaczek*, ErbBstg 2002, 10, 12.
356 BFH/NV 2001, 39, 40; *Kapp/Ebeling*, ErbStG, § 29 Rz. 22; *Knobel* in Viskorf/Glier/Hübner/Knobel/Schuck, ErbStG, § 29 Rz. 7; *Meincke*, ErbStG, § 29 Rz. 6; *Moench*, ErbStG, § 29 Rz. 3; *Pahlke* in Christoffel/Geckle/Pahlke, ErbStG, § 29 Rz. 5, 8; *Wachter*, ZEV 2001, 78, 79.
357 *Meincke*, ErbStG, § 29 Rz. 6; *Pahlke* in Christoffel/Geckle/Pahlke, ErbStG, § 29 Rz. 8.
358 *Jülicher* in Troll/Gebel/Jülicher, ErbStG, § 29 Rz. 18 ff.; *ders.*, ZErb 2001, 81, 82; *Moench*, ErbStG, § 29 Rz. 3; *Wachter*, ZEV 2001, 78, 79.
359 RFH RStBl. 1934, 351; *Jülicher* in Troll/Gebel/Jülicher, ErbStG, § 29 Rz. 4.; *ders.*, ZErb 2001, 81.
360 BFH/NV 1990, 234; *Jülicher* in Troll/Gebel/Jülicher, ErbStG, § 29 Rz. 5; *Moench*, ErbStG, § 29 Rz. 2 f.; *Pahlke* in Christoffel/Geckle/Pahlke, ErbStG, § 29 Rz. 19.

Finanzgerichte rechtlich an dieses Urteil nicht gebunden sind[361], dürfte in der Praxis das Bestehen eines Rückforderungsgrundes damit klar sein. Erfolgte die Rückabwicklung dagegen ohne Rechtsstreit und konnten die Finanzbehörde und die Finanzgerichte im Rahmen ihrer Amtsermittlung nach § 88 AO und § 76 FGO kein Rückforderungsrecht feststellen, geht dies zu Lasten des Steuerpflichtigen.

d) Geschenk

Herauszugeben ist grundsätzlich derjenige Gegenstand, der der Besteuerung nach § 1 Abs. 1 Nr. 2 i. V. m. § 7 ErbStG zugrunde lag[362]. Geschenke von Todes wegen nach § 3 Abs. 1 Nr. 2 ErbStG fallen ebenfalls hierunter[363]. Anzuerkennen ist auch die Herausgabe von erlangten Surrogaten, etwa nach § 816 Abs. 1 Satz 1 BGB oder § 818 Abs. 1 BGB[364]. Fraglich ist, ob § 29 Abs. 1 Nr. 1 ErbStG eingreift, wenn die Herausgabe des Geschenks durch eine Geldsumme abgewendet wird. Der BFH hat das für den Fall des § 2329 Abs. 2 BGB abgelehnt[365]. Der Umstand, dass das das Geschenk beim Beschenkten noch vorhanden sei, stehe dem Erlöschen der Schenkungsteuer nach § 29 Abs. 1 Nr. 1 ErbStG entgegen[366]. Ziehe man den Gegenschluss aus § 29 Abs. 1 Nr. 2 ErbStG, dann werde die Steuererstattung bei Abwendung der Herausgabe durch Zahlung nur im Fall des § 528 Abs. 1 Satz 2 BGB gewährt[367]. Im Hinblick auf das wirtschaftliche Ergebnis ist allerdings kein Unterschied erkennbar, ob jemand Wertersatz wegen Untergangs des Schenkungsgegenstand nach § 818 Abs. 1 und 2 BGB zu leisten hat oder ob der Wertersatz trotz Existenz des Schenkungsgegenstandes gezahlt wird. Daneben besteht eine tatsächliche Vermutung dafür, dass der Schenker in Anbetracht des ihm zustehenden Rückforderungsrechtes sich nicht mit einer dem Geschenk nicht entsprechenden Ersatzleistung zufrieden geben wird. Daher sollten auch Ersatzleistungen, soweit sie in Erfüllung der Herausgabepflicht vorgenommen wurden, im Rahmen des § 29 ErbStG anerkannt werden. Der BFH hat im entschiedenen Fall § 10 Abs. 5 Nr. 2 ErbStG angewendet[368].

---

[361] *Hüßtege* in Thomas/Putzo, GVG, § 13 Rz. 30.
[362] *Meincke*, ErbStG, § 29 Rz. 4; *Pahlke* in Christoffel/Geckle/Pahlke, ErbStG, § 29 Rz. 4.
[363] *Meincke*, ErbStG, § 29 Rz. 4; *Moench*, ErbStG, § 29 Rz. 3.
[364] *Jülicher*, ZErb 2001, 81, 82; *Troll* DB 1990, 498.
[365] BFH ZEV 2004, 124, 125; siehe unten § 25.
[366] BFH ZEV 2004, 124, 125.
[367] BFH ZEV 2004, 124, 125; *Jülicher*, ZErb 2001, 81, 82; *Kamps*, ZErb 2002, 174, 175.
[368] BFH ZEV 2004, 124, 125; vgl. auch unten § 25.

e) Herausgabe

Der Tatbestand des § 29 Abs. 1 Nr. 1 ErbStG ist erst erfüllt, wenn das Geschenk auch tatsächlich herausgegeben worden ist[369]. Dem liegt der gleiche Rechtsgedanke wie § 41 AO zugrunde, wonach an die tatsächliche wirtschaftliche Situation angeknüpft wird. Berücksichtigt man, dass die Schenkungsteuer nach § 9 Abs. 1 Nr. 2 ErbStG mit der Ausführung der Schenkung entsteht, dann bedeutet Herausgabe vor allem, dass die Wirkungen des Schenkungsvollzuges zurückgenommen werden müssen[370]. Da es sich bei der Herausgabe letztlich um die Ausführung der Schenkung in umgekehrter Richtung handelt, müssen insoweit auch die gleichen Maßstäbe gelten. Für eine Grundstücksrückübereignung bedeutet das, dass Auflassung und Eintragungsbewilligung ausreichen[371].

3. Rechtsfolge

a) Erlöschen mit Wirkung für die Vergangenheit

Verfahrensrechtlich eröffnet § 29 Abs. 1 Nr. 1 ErbStG die Korrekturmöglichkeit für rückwirkende Ereignisse nach § 175 Abs. 1 Satz 1 Nr. 2 AO[372]. Materiell erlischt der Steueranspruch. Die Anordnung der Vergangenheitswirkung ist in zweierlei Hinsicht notwendig. Durch sie wird zum einen der Anwendungsbereich des § 175 Abs. 1 Satz 1 Nr. 2 eröffnet, denn die Aufhebung des ursprünglichen Steuerbescheids ist zwingend notwendig, da anderenfalls ein formeller Rechtsgrund für die Steuerschuld bestehen bliebe[373]. Zum anderen bewirkt die Rückwirkungsanordnung, dass die materielle Erlöschenswirkung über § 47 AO hinausgeht, da die Erlöschenswirkung der in § 47 AO aufgezählten Regelbeispiele nur ex nunc sein kann. Denn es ergäbe keinen Sinn, wenn etwa die Zahlung den Steueranspruch ex tunc erlöschen ließe mit der Folge, dass die Zahlung nunmehr materiell rechtsgrundlos erfolgte.

---

[369] BFH/NV 1986, 768; *Jülicher* in Troll/Gebel/Jülicher, ErbStG, § 29 Rz. 5; *Meincke*, ErbStG, § 29 Rz. 5; *Moench*, ErbStG, § 29 Rz. 3; *Knobel* in Viskorf/Glier/Hübner/Knobel/Schuck, ErbStG, § 29 Rz. 7; *Obermeier*, Vorweggenommene Erbfolge, Rz. 1632; *Pahlke* in Christoffel/Geckle/Pahlke, ErbStG, § 29 Rz. 4.

[370] *Meincke*, ErbStG, § 29 Rz. 5.

[371] Siehe oben § 4 III. 2.; *Moench*, ErbStG, § 29 Rz. 3.

[372] *Kapp/Ebeling*, ErbStG, § 29 Rz. 66; *Knobel* in Viskorf/Glier/Hübner/Knobel/Schuck, ErbStG, § 29 Rz. 1, 54; *Meincke*, ErbStG, § 29 Rz. 2; *Moench*, ErbStG, § 29 Rz. 1; *Pahlke* in Christoffel/Geckle/Pahlke, ErbStG, § 29 Rz. 19.

[373] BT-Drucks. VI/3418, S. 75.

Ist die Steuer materiell ex tunc erloschen und der ursprüngliche Bescheid nach § 175 Abs. 1 Satz 1 Nr. 2 AO aufgehoben, entsteht der Steuererstattungsanspruch nach § 37 Abs. 2 AO automatisch[374]. Zu beachten ist hierbei, dass der Rechtsgrund des Steueranspruchs in der Verwirklichung des Steuertatbestandes liegt und nicht im Steuerbescheid[375]. Dieser setzt vielmehr den Steueranspruch lediglich fest und wirkt nur deklaratorisch[376]. Die von der herrschenden Meinung vertretene formelle Rechtsgrundtheorie[377] lässt sich mit der heutigen AO nicht vereinbaren[378]. Dementsprechend entsteht der materielle Erstattungsanspruch nach § 37 Abs. 2 AO mit Zahlung und dem Fehlen des Steuertatbestandes, sei es, dass dieser nie erfüllt war oder nachträglich weggefallen ist[379]. Zwar steht die Bestandskraft des ursprünglichen Steuerbescheides bis zu seiner Änderung nach § 175 Abs. 1 Satz 1 Nr. 2 AO der Durchsetzung entgegen. Die verfahrensrechtliche Aufhebung oder Änderung des Ausgangsbescheids ist aber nicht Entstehungsgrund des Erstattungsanspruchs[380].

Die Anordnung der Rückwirkung wirft zugleich die Frage auf, ob neben der gezahlten Steuer auch angefallene Stundungszinsen und Säumniszuschläge zu erstatten sind. Das wird in der Literatur zum Teil vertreten[381]. Diese Auffassung ist aber abzulehnen. Zum einen ist die Vorschrift des § 240 Abs. 1 Satz 4 AO eindeutig[382]. Zum anderen sind die Säumniszuschläge nicht wegen der Schenkung angefallen, sondern weil der Steuerpflichtige seiner Zahlungsverpflichtung nicht nachgekommen ist. Säumniszuschläge dienen insoweit als Druckmittel zur Durchsetzung des staatlichen Steueranspruchs[383]. Das gleiche gilt auch für Stundungszinsen[384]. Die Aufrechterhaltung von Stundungszinsen und Säumniszuschlägen ist insofern nicht unbillig.

---

374 BT-Drucks. VI/3418, S. 75.

375 *Brockmeyer* in Klein, AO, § 38 Rz. 4; *Fischer* in Hübschmann/Hepp/Spitaler, AO, § 38 Rz. 82; *Kruse/Drüen* in Tipke/Kruse, AO, § 37 Rz. 35; *Kruse*, Festschrift Tipke, S. 277, 279.

376 *Fischer* in Hübschmann/Hepp/Spitaler, AO, § 38 Rz. 82; *Kruse/Drüen* in Tipke/Kruse, AO, § 37 Rz. 35; *Kruse*, Festschrift Tipke, S. 277, 279.

377 BFH BStBl. II 1995, 781; 1995, 867; 1996, 87; 2002, 447, 448 f.; vgl. auch Nachweise bei *Fischer* in Hübschmann/Hepp/Spitaler, AO, § 38 Rz. 80 und bei *Kruse/Drüen* in Tipke/Kruse, AO, § 37 Rz. 35.

378 *Hein*, DStR 1990, 301, 304; *Kruse/Drüen* in Tipke/Kruse, AO, § 37 Rz. 42 ff.

379 *Fischer* in Hübschmann/Hepp/Spitaler, AO, § 38 Rz. 79; *Hein*, DStR 1990, 301, 302; *Kruse/Drüen* in Tipke/Kruse, AO, § 37 Rz. 35, 42.

380 *Brockmeyer* in Klein, AO, § 38 Rz. 5; *Kruse*, Festschrift Tipke, S. 277, 282.

381 *Kamps*, ZErb 2002, 174, 176; *Knobel* in Viskorf/Glier/Hübner/Knobel/Schuck, ErbStG, § 29 Rz. 54; *Meincke*, ErbStG, § 29 Rz. 2.

382 *Jülicher* in Troll/Gebel/Jülicher, ErbStG, § 29 Rz. 26.

383 *Rüsken* in Klein, AO, § 240 Rz. 1.

384 *Jülicher* in Troll/Gebel/Jülicher, ErbStG, § 29 Rz. 26.

b) Frist

aa) Problem

Problematisch soll sein, inwieweit Fristen bei der Geltendmachung des Erstattungsanspruchs gelten[385]. Vor allem *Ebeling*[386] vertritt die Auffassung, dass überhaupt keine Fristen gelten sollen, da § 29 ErbStG keine Fristen festlege und insbesondere die Bestimmung des § 175 Abs. 1 Satz 2 AO nicht passe. Allerdings ist auch *Ebeling* der Auffassung, dass der ursprüngliche Steuerbescheid „außerkraftgesetzt" werden müsse[387]. Wie das verfahrensrechtlich geschehen soll, bleibt aber offen.

bb) Stellungnahme

Der materielle Erstattungsanspruch entsteht bei fehlendem Steueranspruch bereits mit der Zahlung[388]. Als Anspruch aus dem Steuerschuldverhältnis nach § 37 Abs. 1 AO unterliegt der Erstattungsanspruch der fünfjährigen Zahlungsverjährung nach §§ 228 ff. AO[389]. Nach § 229 Abs. 1 Satz 2 AO beginnt diese jedoch nicht vor Ablauf des Kalenderjahres, in dem die Änderung des Ausgangsbescheides vorgenommen wurde, d. h. mit Zustellung (§ 124 AO) des Änderungsbescheides.
Wird ein Steuerbescheid nach § 175 Abs. 1 Satz 1 Nr. 2 AO geändert, kommt auch zwangsläufig § 175 Abs. 1 Satz 2 AO zur Anwendung. Danach beginnt die Festsetzungsfrist erst mit Ablauf des Kalenderjahres, in dem das rückwirkende Ereignis eintritt. Das maßgebliche rückwirkende Ereignis ist im Hinblick auf § 41 AO die Herausgabe des Schenkungsgegenstandes. Danach verbleiben noch vier Jahre (§ 169 Abs. 2 AO) und der Rest des Jahres der Herausgabe, um den Anspruch auf Änderung des Ausgangsbescheides geltend zu machen. Nach der Änderung des Ausgangsbescheides verbleiben noch fünf Jahre und der Rest des Änderungsjahres bis zur Verjährung des Erstattungsanspruchs.

---

[385] Vgl. *Pahlke* in Christoffel/Geckle/Pahlke, ErbStG, § 29 Rz. 19.
[386] *Kapp/Ebeling*, ErbStG, § 29 Rz. 68.
[387] *Kapp/Ebeling*, ErbStG, § 29 Rz. 69.
[388] *Kruse*, Festschrift Tipke, S. 277, 282.
[389] *Offerhaus*, BB 1977, 740, 741.

c) § 29 Abs. 2 ErbStG

In dem Zeitraum der ursprünglichen Entstehung der Schenkung bis zur Rückabwicklung hat regelmäßig der Erwerber den Schenkungsgegenstand genutzt. Dieser Nutzungsvorteil ist nach § 29 Abs. 2 ErbStG zu versteuern. Technisch wird dabei der Kapitalwert nach den §§ 13 ff. BewG bestimmt und der Besteuerung zugrunde gelegt[390]. Der Anwendungsbereich der Vorschrift ist allerdings gering. Keine Besteuerung des Nutzungsvorteils erfolgt nämlich, wenn dem Beschenkten von vornherein kein Nutzungsrecht zustand, etwa weil der Schenker sich den Nießbrauch am Geschenk vorbehalten hatte, oder wenn der Beschenkte die Nutzungen nach § 818 Abs. 1 und 2 BGB herauszugeben hatte[391].
Streitig ist, ob es sich bei § 29 Abs. 2 ErbStG um die Bestimmung eines eigenständigen Erwerbs handelt[392] oder nur um eine Einschränkung des § 29 Abs. 1 ErbStG[393]. Zwar wird nach beiden Auffassungen der Erwerb im Rahmen des § 14 ErbStG berücksichtigt. Ein Unterschied besteht allerdings dann, wenn die Steuer für den Nutzungsvorteil höher ist, als für den Erwerb des ursprünglichen Schenkungsgegenstandes[394]. Fraglich ist, ob dann eine Steuer nacherhoben werden kann[395].
Die Vorschrift des § 29 Abs. 2 ErbStG unterliegt mehreren systematischen Bedenken. Zum einen besteuert der Staat den Nutzungsvorteil auf Erwerberseite, verzinst aber nicht zugleich die zu erstattende Steuer, da eine Vorschrift im Sinne von § 233 Satz 1 AO nicht existiert[396]. Zum anderen ergibt sich auch hier das bereits erwähnte Problem der unentgeltlichen Nutzungsüberlassung[397]. Hat der Erwerber den Gegenstand genutzt und muss er für diese Nutzung keinen Wertersatz leisten, dann hat er zwar durchaus eine Vermögensersparnis gehabt. Tatsächlich ist ihm aber überhaupt keine Vermögenssubstanz zugeflossen, wie das an und für sich bei der Erbschaft- und Schenkungsteuer notwendig ist. Darüber hinaus kann es zu

---

390 *Jülicher* in Troll/Gebel/Jülicher, ErbStG, § 29 Rz. 58; *Knobel* in Viskorf/Glier/Hübner/Knobel/Schuck, ErbStG, § 29 Rz. 47 ff.; *Pahlke* in Christoffel/Geckle/Pahlke, ErbStG, § 29 Rz. 21.
391 *Jülicher* in Troll/Gebel/Jülicher, ErbStG, § 29 Rz. 56; *Knobel* in Viskorf/Glier/Hübner/Knobel/Schuck, ErbStG, § 29 Rz. 52; *Meincke*, ErbStG, § 29 Rz. 18; *Moench*, ErbStG, § 29 Rz. 23; *Pahlke* in Christoffel/Geckle/Pahlke, ErbStG, § 29 Rz. 21; *Troll*, DB 1990, 498.
392 *Meincke*, ErbStG, § 29 Rz. 3; *Moench*, ErbStG, § 29 Rz. 24.
393 *Jülicher* in Troll/Gebel/Jülicher, ErbStG, § 29 Rz. 58; *Knobel* in Viskorf/Glier/Hübner/Knobel/Schuck, ErbStG, § 29 Rz. 43; *Troll*, DB 1990, 498.
394 *Jülicher* in Troll/Gebel/Jülicher, ErbStG, § 29 Rz. 58.
395 Verneinend *Kamps*, ZErb 2002, 174, 177 und *Troll*, DB 1990, 498.
396 *Meincke*, ErbStG, § 29 Rz. 17.
397 Siehe oben § 3 II. 2. e).

einer Doppelbelastung von Einkommensteuer und Schenkungsteuer kommen[398]. Die schenkungsteuerliche Belastung des Nutzungsvorteils ist dann systematisch nicht anzugreifen, wenn Nutzungen tatsächlich gezogen wurden, d. h. Früchte und Erträge angefallen sind und diese beim Erwerber verbleiben. Denn bei einer Rückabwicklung der Schenkung ist die Situation die, dass an und für sich der Schenker diese Nutzungen gezogen hätte und die Nutzungen dann seine Vermögenssubstanz erhöht hätten, die er dann im Erbfall steuerpflichtig übertragen hätte. Allerdings darf hier nicht übersehen werden, dass die gezogenen Nutzungen regelmäßig der Einkommensteuer unterlegen hätten. Die Substanzvermehrung durch die Nutzungsziehung wäre also erst nach Abzug der Einkommensteuer erfolgt. Daher ist es nicht gerechtfertigt, auch den Teil der Nutzungen, von dem die Einkommensteuerschuld beglichen wird, mit in die Bemessungsgrundlage einzubeziehen. Zumindest sollte hier der Abzug nach §§ 10 Abs. 5 i.V.m. § 1 Abs. 2 ErbStG zugelassen werden[399].

III. Zusammenfassung und Ergebnis

Nach derzeitigem Verständnis ergibt sich aus § 29 Abs. 1 Nr. 1 ErbStG eine Steuererstattung nur, wenn der Beschenkte das Geschenk aufgrund eines gesetzlichen oder von Anfang an vertraglich vereinbarten Rückforderungsrechts herausgeben musste. Nachtragliche Vereinbarungen, insbesondere freiwillige Rückabwicklungen wie Rückschenkungen oder Aufhebungsverträge führen nicht zur Erstattung der für die Schenkung angefallenen Steuer.

---

[398] Grundlegend zum Verhältnis der Erbschaftsteuer und Einkommensteuer *Crezelius*, DStJG 22 (1999), S. 73 ff.; *Meincke*, Festschrift Tipke, S. 391 ff.; *Mellinghoff*, DStJG 22 (1999), S. 127 ff.

[399] a. A. BFH DStR 2003, 367, 370.

§ 6 Kein Grundsatz der Unabänderlichkeit des einmal entstandenen Steueranspruchs

I. Entstehung des Steueranspruchs

1. § 38 AO

Der Steueranspruch im Sinne des § 37 Abs. 1 AO entsteht nach § 38 AO kraft Gesetzes mit Verwirklichung des durch Gesetz (§ 4 AO) umschriebenen Tatbestands. Daher ist die Entstehung nicht von einem voluntativen Akt der am Steuerschuldverhältnis Beteiligten abhängig, insbesondere nicht vom Verwirklichungswillen des Steuerpflichtigen[400]. Der die Steuer festsetzende Verwaltungsakt hat nur deklaratorische Wirkung[401].

§ 38 AO ist eine Blankettnorm, die sich auf die einzelnen Steuergesetze bezieht[402]. Tatbestand im Sinne von § 38 AO ist die Gesamtheit der in den materiellen Steuerrechtsnormen enthaltenen abstrakten Voraussetzungen[403]. Er ist das abstrakte Spiegelbild des konkreten Lebenssachverhalts, dessen Verwirklichung Besteuerungsobjekt ist[404]. Der Steueranspruch entsteht, wenn der in der Wirklichkeit vorliegende Sachverhalt die Merkmale des in der Norm umschriebenen Tatbestands erfüllt[405].

2. Schenkungsteuerrecht

Nach § 9 Abs. 1 Nr. 2 ErbStG ensteht die Steuer und damit nach § 38 AO der Steueranspruch mit Ausführung der Schenkung[406].

---

400 BFH BStBl. II 1990, 939, 941; BFH/NV 1992, 1; 1993, 586; *Brockmeyer* in Klein, AO, § 38 Rz. 3; *Fischer* in Hübschmann/Hepp/Spitaler, AO, § 38 Rz. 5; *Frenkel*, DStR 1979, 283; *Koenig* in Pahlke/Koenig, AO, § 38 Rz. 3; *Kruse* in Tipke/Kruse, AO, § 38 Rz. 8; *ders.*, Steuerrecht I, § 6 III 1;

401 *Fischer* in Hübschmann/Hepp/Spitaler, AO, § 38 Rz. 12; *Kruse*, Steuerrecht I, § 6 III 2; *Lang* in Tipke/Lang, Steuerrecht, § 7 Rz. 12; siehe oben § 5 II. 3.

402 *Brockmeyer* in Klein, AO, § 38 Rz. 1; *Fischer* in Hübschmann/Hepp/Spitaler, AO, § 38 Rz. 23; *Hoffmann* in Koch/Scholtz, AO, § 38 Rz. 5; *Koenig* in Pahlke/Koenig, AO, § 38 Rz. 1; *Kruse* in Tipke/Kruse, AO, § 38 Rz. 1.

403 *Hoffmann* in Koch/Scholtz, AO, § 38 Rz. 4; *Kruse* in Tipke/Kruse, AO, § 38 Rz. 6.

404 BFH BStBl. II 1985, 386; *Fischer* in Hübschmann/Hepp/Spitaler, AO, § 38 Rz. 23; *Koenig* in Pahlke/Koenig, AO, § 38 Rz. 7; *Kruse* in Tipke/Kruse, AO, § 38 Rz. 6.

405 *Fischer* in Hübschmann/Hepp/Spitaler, AO, § 38 Rz. 23; *Kruse* in Tipke/Kruse, AO, § 38 Rz. 6.

406 Dazu bereits oben § 4 III.

II. Kein Grundsatz der Unabänderlichkeit des einmal entstandenen Steueranspruchs

1. Meinungsstand

Der einmal entstandene Steueranspruch soll nach heute nahezu[407] einhelliger Ansicht im Grundsatz unabänderlich sein, d. h. sich durch nachträgliche Entwicklungen nicht mehr ändern können[408]. Insbesondere durch Rückgängigmachungen, Rückdatierungen oder Rückbeziehungen von tatsächlichem Geschehen oder rechtlichen Gestaltungen soll der Steueranspruch nicht beeinflusst werden können[409]. Der Unabänderlichkeitsgrundsatz wird daher auch als Rückwirkungsverbot bezeichnet[410]. Begründet wird dieser Grundsatz damit, dass die Besteuerung an wirtschaftliche Vorgänge anknüpfe, die, wenn sie sich einmal ereignet haben, nicht mehr rückgängig gemacht werden könnten[411]. Darüber hinaus könne durch zivilrechtliche Vereinbarungen auf den entstandenen öffentlich-rechtlichen nicht mehr eingewirkt werden, da insoweit ein unzulässiger Eingriff in öffentlich-rechtliche Verhältnisse vorliege[412].

Die Gegenansicht meint, dass aus § 38 AO und dem Grundsatz der Tatbestandsmäßigkeit der Besteuerung folge, dass so wie diese Vorschrift den Anspruch aus dem Steuerschuldverhältnis entstehen lasse, sobald der Tatbestand verwirklicht sei, andererseits der Steueranspruch auch wieder entfallen oder sich ändern müsse, wenn und soweit der den Tatbestand verwirklichende Sachverhalt wegfalle oder sich ändere[413].

[407] *Barandt*, Rückwirkung im Steuerrecht, S. 109 f.; *Kottke*, DStR 1982, 545, 547.

[408] BFH BStBl. II 1983, 736, 738; *Blesinger* in Kühn/v. Wedelstädt, AO, § 38 Rz. 9; *Brockmeyer* in Klein, AO, § 38 Rz. 1; *Fischer* in Hübschmann/Hepp/Spitaler, AO, § 38 Rz. 55; *Hoffmann* in Koch/Scholtz, AO, § 38 Rz. 6; *Koenig* in Pahlke/Koenig, AO, § 38 Rz. 27; *Kruse* in Tipke/Kruse, AO, § 38 Rz. 29; *ders.*, Steuerrecht I, § 6 III 4 a); *Lang* in Tipke/Lang, Steuerrecht, § 7 Rz. 15.

[409] BFH BStBl. III 1963, 297, 298; BStBl. II 1980, 441, 443; 1983, 736, 738; 1985, 55, 56; 1989, 281, 282; 1997, 682, 685; *Blesinger* in Kühn/v. Wedelstädt, AO, § 38 Rz. 9; *Brockmeyer* in Klein, AO, § 38 Rz. 11; *Hoffmann* in Koch/Scholtz, AO, § 38 Rz. 6; *Koenig* in Pahlke/Koenig, AO, § 38 Rz. 27; *Kruse* in Tipke/Kruse, AO, § 38 Rz. 30, 35; *ders.*, Steuerrecht I, § 6 III 4 a).

[410] Vgl. BFH BStBl. II 1985, 55, 56; *Barandt*, Rückwirkung im Steuerrecht, S. 79 ff.; *Rust*, Das rückwirkende Ereignis im Steuerrecht, S. 24.

[411] BFH BStBl. 1983, 736, 738; *Kruse* in Tipke/Kruse, AO, § 38 Rz. 35; *ders.*, Steuerrecht I, § 6 III 4 a).

[412] RFHE 33, 77; BFH BStBl. II 1983, 736, 738; 1885, 55, 56; *Brockmeyer* in Klein, AO, § 38 Rz. 11; *Fischer* in Hübschmann/Hepp/Spitaler, AO, § 38 Rz. 55; *Kruse*, Steuerrecht I, § 6 III 4 a).

[413] *Barandt*, Rückwirkung im Steuerrecht, S. 109 f.; *Kottke*, DStR 1982, 545, 547.

2. Kritische Stellungnahme

Dem Unabänderlichkeitsgrundsatz ist zunächst entgegenzusetzen, dass er keine gesetzliche Grundlage hat. Zumindest lässt sich keine Norm finden, die einen solchen ausdrücklich festlegt. § 38 AO bestimmt lediglich, dass und wann der Steueranspruch entsteht, trifft jedoch keine Aussage über die Rechtsfolgen nachträglicher Sachverhaltsänderungen. Man könnte zwar aus den einzelsteuergesetzlichen Bestimmungen, die Rückwirkungen zulassen[414], den Umkehrschluss ziehen, dass es einen solchen Grundsatz gibt. Eine solche Schlussfolgerung ist aber nicht zwingend, da der Gesetzgeber einen solchen Grundsatz positiv festgelegt hätte, wenn er einen solchen beabsichtigt hätte[415]. Im Übrigen erfordert der Grundsatz des Gesetzesvorbehalts und der Tatbestandmäßigkeit der Besteuerung bei einem klassischen Eingriffsrecht wie dem Steuerrecht, dass ein solches Rückwirkungsverbot gesetzlich normiert ist. Darüber hinaus zeigen auch die § 41 AO und § 175 AO, dass es einen solchen Grundsatz gerade nicht gibt.

Wenig überzeugen kann auch die These, dass sich wirtschaftliche Vorgänge nicht rückgängig machen lassen, wenn sie einmal stattgefunden haben. Das ist zwar insofern richtig, als dass sich in der Vergangenheit liegende tatsächlich abgelaufene Vorgänge nicht ungeschehen machen lassen. Da es aber um wirtschaftliche Vorgänge geht, kann man durch gegenläufige Dispositionen eine wirtschaftliche Situation schaffen, die derjenigen entspricht, die vorläge, wenn der ursprüngliche Vorgang gar nicht stattgefunden hätte. So kann etwa eine rechtsgeschäftlich geleistete Sache zurückgegeben werden und durch den zusätzlichen Ausgleich von Nutzungen und Wertveränderungen ein Zustand geschaffen werden, der demjenigen entspricht, wenn ursprünglich überhaupt nichts geschehen wäre. Im Ergebnis ist dann ein wirtschaftlicher Vorgang rückgängig gemacht worden. Hinzukommt, dass die meisten Steuergesetze an Rechtsgeschäfte und wirtschaftliche Vorgänge nicht um ihrer selbst willen anknüpfen, sondern dies deshalb tun, weil damit im Ergebnis eine tatsächliche Leistungsfähigkeitssteigerung beim Steuerpflichtigen verbunden ist beziehungsweise Leistungsfähigkeit vorlag[416]. Werden demgegenüber vollzogene Rechtsgeschäfte oder sonstige wirtschaftliche Vorgänge rückgängig gemacht, liegt die der Steuererhebung zugrunde liegende Leistungsfähigkeit nicht vor, weshalb eine Aufrechterhaltung der Besteuerung nicht gerechtfertigt ist.

---

414 Z. B. § 6 Abs. 4 AStG, §§ 5 Abs. 2, 6 Abs. 2, 7 Abs. 2, 8 BewG, § 2 Abs. 1 UmwStG, §§ 15a, 17 UStG, § 9 VersG, § 16 GrEStG, § 29 ErbStG.

415 *Barandt*, Rückwirkung im Steuerrecht, S. 79 ff.

416 Zu den Rechtfertigungslehren der einzelnen Steuerarten vgl. *Tipke*, StrO II, passim. Dem Leistungsfähigkeitsprinzip liegen z. B. die ESt (*Lang* in Tipke/Lang, Steuerrecht, § 9 Rz. 42), die KSt, die ErbSt (Siehe oben § 2 II. 1. b) zugrunde. Auch Verkehrsteuern wie die GrESt werden erhoben,

Eine Besteuerung, die dem Leistungsfähigkeitsprinzip widerspricht, verstößt gegen den aus Art. 3 GG folgenden Grundsatz der gleichmäßigen Besteuerung[417].

Für eine Unabänderlichkeit des einmal entstandenen Steueranspruchs könnte sprechen, dass dem Fiskus im Hinblick auf die Planbarkeit der Staatsfinanzen ein Vertrauensschutz auf den entstandenen Steueranspruch gebühren könnte. Allerdings ist zweifelhaft, ob dem Staat als Juristischer Person – der damit letztlich nur ein künstliches juristisches Gebilde ist – ein derartiger Vertrauensschutz zusteht. Jedenfalls dürfte dieser weit weniger gewichtig sein, als die individuelle Grundrechtsbetroffenheit des Steuerpflichtigen, dem bei einer systematisch falschen und gegen das Leistungsfähigkeitsprinzip verstoßenden Besteuerung eine Verletzung des Art. 3 GG droht. Des weiteren ist das Steueraufkommen für den Staat ohnehin nur begrenzt planbar. Es ist stark von der allgemeinen Konjunktur und der Solvenz der Steuerpflichtigen abhängig. Daneben existieren eine Reihe von steuerlichen Wahlrechten[418], die die Steuerhöhe beeinflussen. Ferner erkennen die Vertreter des Unabänderlichkeitsgrundsatzes selbst Ausnahmen an[419], weshalb im Ergebnis die Planungsunsicherheit beim Fiskus bei Ablehnung eines Rückwirkungsverbots nicht erheblich mehr betroffen als sie es ohnehin schon ist.

Auch der Begründung, Rückgängigmachungen, Rückdatierungen und Rückbeziehungen seien unzulässige Dispositionen über öffentlich-rechtliche Ansprüche kann so nicht zugestimmt werden. Selbstverständlich sind Vereinbarungen, die inhaltlich über einen öffentlich-rechtlichen Anspruch disponieren, unzulässig. Weder durch Vereinbarungen mit dem Finanzamt[420] noch Vereinbarungen von Privaten untereinander können im Außenverhältnis den Steueranspruch beeinflussen. Eine völlig andere Frage ist es jedoch, wenn Private ihre Verhältnisse zivilrechtlich zulässig gestalten und der Steueranspruch dadurch mittelbar beeinflusst wird, weil das Steuerrecht daran anknüpft. Der Beeinflussung des Steueranspruchs besteht aber nicht deshalb, weil die Privatrechtssubjekte dies wollen oder vereinbaren, sondern weil das Steuerrecht diese Vereinbarungen seinem System zugrundelegt. Die mögliche Beeinflussung des Steueranspruchs ist inhaltlich überhaupt nicht Bestandteil des Rechtsgeschäfts. Der Inhalt des Rechtsgeschäfts ergibt sich ausschließlich aus dem Zivilrecht. Die Grenze ist hier erst bei einer missbräuchlichen Gestaltung im Sinne von § 42 AO zu ziehen. Derartige Vereinbarungen können auch nicht als unzulässige Verträge zu Lasten Dritter an-

---

da durch die Vornahme des Verkehrsgeschäfts eine Leistungsfähigkeit indiziert wird (*Birk*, Steuerrecht, Rz. 94).

[417] BVerfGE 6, 55, 67; 8, 51, 68 f., 9, 237, 243; 68, 143, 152 f.; 82, 60, 86 f.

[418] Vgl. *Kruse*, Steuerrecht I, § 6 III 4 c).

[419] *Kruse*, Steuerrecht I, § 6 III 4 b).

[420] RFHE 8, 159; BFH BStBl. III 1955, 251; BStBl. II 85, 354.

gesehen werden, da sie den Fiskus nicht belasten, sondern nur einen grundsätzlich unzulässigen und rechtfertigungsbedürftigen Grundrechtseingriff wieder neutralisieren.

III. Ergebnis

Ein Grundsatz der Unabänderlichkeit des einmal entstandenen Steueranspruchs ist nicht anzuerkennen. Im Hinblick auf das Leistungsfähigkeitsprinzip und den Grundsatz der gleichmäßigen Besteuerung ist eine nachträgliche Beeinflussung des Steueranspruchs nicht ausgeschlossen.

§ 7 Nachträgliche Änderungen des entstandenen Steueranspruchs

Mit der Ablehnung des Grundsatzes der Unabänderlichkeit ist noch nicht geklärt, in welchen Fällen und unter welchen Vorraussetzungen sich der entstandene Steueranspruch ändert. Dazu sollen im folgenden qualitative und inhaltliche Anforderungen herausgearbeitet werden. In der Sache geht es dabei um Fragen, die die Vertreter des Rückwirkungsverbots als Ausnahmen vom Unabänderlichkeitsgrundsatz diskutieren[421].

I. § 175 Abs. 1 Satz 1 Nr. 2 AO als lediglich verfahrensrechtliche Norm

Antwort auf die Frage, wann nachträgliche Änderungen des Steueranspruchs vorliegen, könnte § 175 Abs. 1 Satz 1 Nr. 2 AO geben. Die Norm lässt erkennen, dass es steuerlich rückwirkende Ereignisse geben muss. Allerdings definiert sie selbst nicht, wann ein solches Ereignis vorliegt[422]. Vielmehr ermöglicht sie als rein verfahrensrechtliche Vorschrift[423] die Aufhebung und Änderung des ursprünglichen Steuerbescheids. Wann steuerliche Rückwirkung vorliegt, bestimmt sich dagegen ausschließlich nach dem materiellen Recht[424].

II. Materielle Änderungen des entstandenen Steueranspruchs

1. Kein allgemeines steuerschuldrechtliches Pendant zu § 175 Abs. 1 Satz 1 Nr. 2 AO

Ein allgemeines steuerschuldrechtliches Pendant zu § 175 Abs. 1 Satz 1 Nr. 2 AO gibt es nicht[425]. In Betracht käme hier allenfalls § 41 Abs. 1 Satz 1 AO, der von Teilen der Literatur[426] als normative Grundlage einer allgemeinen steuerrechtlichen Doktrin der Rückgängigmachung von Steuertatbeständen gesehen wird. Dagegen ist jedoch einzuwenden, dass sich § 41 Abs. 1 Satz 1 AO nur auf unwirksame und unwirksam gewordene Rechtsgeschäfte bezieht. Die überwiegende Meinung geht daher zu Recht davon aus, dass sich die Frage, ob

---

[421] Vgl. z. B. *Kruse*, Steuerrecht I, § 6 III 4 b).
[422] BFH BStBl. II 1993, 897, 900; *G. Lauer*, Korrekturvorschrift, S. 23; *Loose* in Tipke/Kruse, AO, § 175 Rz. 27; *Rust*, Das rückwirkende Ereignis im Steuerrecht, S. 22 ff.; *Seer* in Tipke/Lang, Steuerrecht, § 21 Rz. 439.
[423] *Balmes* in Kühn/v. Wedelstädt, AO, § 175 Rz. 10; *Fischer* in Hübschmann/Hepp/Spitaler, AO, § 41 Rz. 42; *Koenig* in Pahlke/Koenig, AO, § 175 Rz. 34; *G. Lauer*, Korrekturvorschrift, S. 23.
[424] BFH BStBl. II 1993, 897, 901; 1994, 648; 2004, 107, 109; *Balmes* in Kühn/v. Wedelstädt, AO, § 175 Rz. 10; *v. Groll* in Hübschmann/Hepp/Spitaler, AO, § 175 Rz. 236, 280; *Koenig* in Pahlke/Koenig, AO, § 175 Rz. 42; *G. Lauer*, Korrekturvorschrift, S. 23; *Loose* in Tipke/Kruse, AO, § 175 Rz. 27; *Seer* in Tipke/Lang, Steuerrecht, § 21 Rz. 439.
[425] *Rust*, Das rückwirkende Ereignis im Steuerrecht, S. 26.
[426] *Fischer* in Hübschmann/Hepp/Spitaler, AO, § 41 Rz. 42, 91.

ein Ereignis steuerliche Wirkung für die Vergangenheit hat, nach dem jeweils betroffenen materiellen Steuergesetz richtet[427].

2. Rechtsqualitative Anforderungen an nachträgliche Änderungen des Steueranspruchs

a) Gesetzliche Änderungen

aa) Spezialgesetzlich ausdrücklich angeordnete Änderungen

Der einmal entstandene Steueranspruch wird unzweifelhaft dann nachträglich beeinflusst, wenn eine spezialgesetzliche Norm dies ausdrücklich anordnet[428]. Zu nennen sind hier § 29 ErbStG, § 16 GrEStG, § 17 UStG, §§ 5 Abs. 2, 6 Abs. 2, 7 Abs. 2, 8 BewG. Aus dem Gegenschluss zu § 41 Abs. 1 Satz 1 AO ergibt sich, dass im Fall des unwirksamen Rechtsgeschäfts und der tatsächlichen Rückabwicklung desselben ein Steueranspruch nach § 38 AO nicht besteht[429].

bb) Systematische Änderungen

Daneben können sich Änderungen des Steueranspruchs aus den Systematiken der einzelnen Steuergesetze ergeben[430]. Auch eine solche Änderung beruht auf dem Gesetz. Sie ist lediglich nicht ausdrücklich normiert, sondern ergibt sich aus dem Gesamtzusammenhang des Steuergesetzes in der Steuerrechtsordnung. Die systematische Auslegung ist heute rechtsmethodologisch anerkannt[431]. Spezielle Vorschriften über Änderungen des Steueranspruchs sind daher dann nicht als abschließende und andere Fallgestaltungen ausschließende Regelungen anzusehen, wenn sie sich damit in Widerspruch zu tragenden Prinzipien der Einzel-

---

[427] BFH BStBl. II 1984, 786, 787; 1992, 472, 477; 1992, 479, 485; 1993, 897, 901; 1994, 302, 303; 1994, 648, 649; 1998, 569, 573; 1998, 695, 698; DStR 2003, 2162, 2163; *v. Groll* in Hübschmann/Hepp/Spitaler, AO, § 175 Rz. 280; *J. Lauer*, InfStW 1981, 169; *Loose* in Tipke/Kruse, AO, § 175 Rz. 22; *Rüsken* in Klein, AO, § 175 Rz. 54; *Seer* in Tipke/Lang, Steuerrecht, § 21 Rz. 439; a. A. *Rust*, Das rückwirkende Ereignis im Steuerrecht, S. 27.

[428] BFH BStBl. II 1983, 736, 738; *Barandt*, Rückwirkung im Steuerrecht, S. 80; *Beker*, Hinfällige Rechtsgeschäfte, S. 40 ff.; *Fischer* in Hübschmann/Hepp/Spitaler, AO, § 38 Rz. 5; *Koenig* in Pahlke/Koenig, AO, § 38 Rz. 27, § 175 Rz. 35; *Kruse*, Steuerrecht I, § 6 III 4 b) δ) aa) (S. 126); *ders.* in Tipke/Kruse, AO, § 38 Rz. 29; *G. Lauer*, Korrekturvorschrift, S. 128; *Rüsken* in Klein, AO, § 175 Rz. 55.

[429] *Fischer* in Hübschmann/Hepp/Spitaler, AO, § 41 Rz. 40, 93; *Kruse* in Tipke/Kruse, AO, § 41 Rz. 5; *Rust*, Das rückwirkende Ereignis im Steuerrecht, S. 34 f.

[430] So auch *Hoffmann* in Koch/Scholtz, AO, § 38 Rz. 6 und *Rüsken* in Klein, AO, § 175 Rz. 56.

[431] Z. B. *Mastronardi*, Juristisches Denken, Rz. 845 ff.; *Pawlowski*, Methodenlehre, Rz. 175 ff., 362 f.

steuergesetze setzen, es sei denn, sie wurden bewusst erlassen, um anderen schützenswerten Interessen – wie zum Beispiel der Rechtssicherheit – Geltung zu verschaffen.

cc) Zwischenergebnis

Nachträgliche Änderungen des Steueranspruchs können sich nicht nur aus dies ausdrücklich anordnenden Normen ergeben, sondern auch aus den systematischen Prinzipien der Einzelsteuergesetze.

b) Vertragliche Änderungen des entstandenen Steueranspruchs

aa) Meinungsstand

Nach heute herrschender Meinung sollen sich Ausnahmen zum Grundsatz der Unabänderlichkeit des entstandenen Steueranspruchs nur aus dem Gesetz ergeben können[432]. Soweit Rückabwicklungen aufgrund zivilrechtlicher gesetzlicher Regelungen stattfinden, also insbesondere in Fällen der Vertragspflichtverletzungen, sind diese steuerrechtlich zu berücksichtigen[433].

Demgegenüber wird eine Rückwirkung nicht anerkannt, wenn diese rechtsgeschäftlich vereinbart wurde[434]. Die öffentlich-rechtlichen Steueransprüche seien vertraglichen Dispositionen nachträglich nicht zugänglich[435]. Vor allem entfalteten vertragliche Vereinbarungen nur zwischen den Vertragsparteien Rechtswirkungen[436]. Akzeptiert wird lediglich eine Rückbeziehung ernsthafter gerichtlicher und außergerichtlicher Vergleiche zur Regelung streitiger

---

[432] RFHE 36, 64; 36, 236; BFH BStBl. II 1985, 55, 56; BFH/NV 1995, 665, 666; *Blesinger* in Kühn/v. Wedelstädt, AO, § 38 Rz. 9; *Brockmeyer* in Klein, AO, § 38 Rz. 11; *Fischer* in Hübschmann/Hepp/Spitaler, AO, § 38 Rz. 56; *Hoffmann* in Koch/Scholtz, AO, § 38 Rz 6; *Koenig* in Pahlke/Koenig, AO, § 38 Rz. 27; *Kruse* in Tipke/Kruse, AO, § 38 Rz. 30; *Lang* in Tipke/Lang, Steuerrecht, § 7 Rz. 15; *Loose* in Tipke/Kruse, AO, § 175 Rz. 28, 37; *Rüsken* in Klein, AO, § 175 Rz. 54, 64; *Woerner/Grube*, Aufhebung und Änderung, S. 129.

[433] *Loose* in Tipke/Kruse, AO, § 175 Rz. 35; *Rüsken* in Klein, AO, § 175 Rz. 62.

[434] RFHE 36, 64; 36, 236; BFH BStBl. II 1985, 55, 56; BFH/NV 1995, 665, 666; *Blesinger* in Kühn/v. Wedelstädt, AO, § 38 Rz. 9; *Brockmeyer* in Klein, AO, § 38 Rz. 11; *Fischer* in Hübschmann/Hepp/Spitaler, AO, § 38 Rz. 56; *Hoffmann* in Koch/Scholtz, AO, § 38 Rz 6; *Koenig* in Pahlke/Koenig, AO, § 38 Rz. 27; *Kruse* in Tipke/Kruse, AO, § 38 Rz. 30; *Lang* in Tipke/Lang, Steuerrecht, § 7 Rz. 15; *Loose* in Tipke/Kruse, AO, § 175 Rz. 28, 37; *Rüsken* in Klein, AO, § 175 Rz. 54, 64; *Rust*, Das rückwirkende Ereignis im Steuerrecht, S. 29 ff.; *Woerner/Grube*, Aufhebung und Änderung, S. 129; a. A. *Barandt*, Rückwirkung im Steuerrecht, S. 125 f.; *Kottke*, DStR 1982, 545, 548.

[435] *Loose* in Tipke/Kruse, AO, § 175 Rz. 22.

[436] *Rust*, Das rückwirkende Ereignis im Steuerrecht, S. 30.

Rechtverhältnisse[437]. Die Rechtsprechung billigt außerdem rückwirkende Regelungen, wenn die Rückwirkung sich nur über kurze Zeit erstreckt, nur technische Bedeutung hat und sich steuerliche Folgen nicht ergeben, insbesondere kein steuerlicher Vorteil erstrebt wird[438].

bb) Stellungnahme

Im Hinblick auf das Leistungsfähigkeitsprinzip lassen sich Steuern in Steuern auf den Hinzuerwerb, Steuern auf den Vermögensbestand und in Steuern auf die Verwendung von Einkommen und Vermögen einteilen[439]. Die Steuern auf den Hinzuerwerb, wie etwa die Einkommen- und Körperschaftsteuer, die Gewerbesteuer und die Erbschaftsteuer, rechtfertigen sich aus der Steigerung der Leistungsfähigkeit, die aus dem Vermögenszuwachs resultiert[440]. Steuern auf den Vermögensbestand wie die Vermögensteuer oder die Grundsteuer lassen sich damit begründen, dass der Besitz von Vermögen Leistungsfähigkeit indiziert[441]. Bei Steuern auf die Einkommens- und Vermögensverwendung wie zum Beispiel der Umsatzsteuer und der Grunderwerbsteuer wird durch diese Verwendung Leistungsfähigkeit angezeigt. Insbesondere Verkehrssteuern, wie die Grunderwerbsteuer knüpfen daher nicht nur formal an Rechtsverkehrsgeschäfte an, sondern tun das materiell deshalb, weil damit eine Leistungsfähigkeit des Steuerpflichtigen zum Ausdruck kommt[442]. Vor diesem Hintergrund können nachträgliche Änderungen nur bei Steuern auf den Vermögensbestand unerheblich sein, da diese auf einen Bestand zu einem bestimmten Zeitpunkt abstellen. Demgegenüber berühren Änderungen, d. h. insbesondere Rückabwicklungen bei Zuerwerbs- und Verwendungssteuern unmittelbar das Leistungsfähigkeitsprinzip, da die Steigerung der Leistungsfähigkeit nicht eingetreten ist beziehungsweise das Indiz für vorliegende Leistungsfähigkeit nicht gegeben ist. Im Hinblick auf das Leistungsfähigkeitsprinzip als Rechtfertigung für die Steuererhebung, macht es aber keinen Unterschied, ob die Leistungsfähigkeit von Anfang an oder erst letztendlich nicht gegeben war und schon gar nicht, ob dieser Endzustand durch eine gesetzliche Vorschrift oder einen Vertrag geschaffen wurde.
Begünstigt wird diese Ansicht durch die durch Art. 2 Abs. 1 GG verfassungsrechtlich[443] und durch § 311 Abs. 1 BGB einfachgesetzlich abgesicherte Vertragsfreiheit, die ihrerseits

[437] BFH BStBl. III 1967, 175, 177 f.; BStBl. II 1973, 11, 12 f.; 1975, 603; 1984, 786, 787; *Fischer* in Hübschmann/Hepp/Spitaler, AO, § 38 Rz. 62; *G. Lauer*, Korrekturvorschrift, S. 73; *Loose* in Tipke/Kruse, AO, § 175 Rz. 36; *Rüsken* in Klein, AO, § 175 Rz. 62.
[438] BFH BStBl. II 1982, 362, 365; 1985, 55, 57; 1987, 710, 711; 1997, 682, 685.
[439] *Birk*, Steuerrecht, Rz. 80 ff.
[440] *Birk*, Steuerrecht, Rz. 80; Tipke, StRO II, S. 614 ff.; S. 872 f.
[441] *Birk*, Steuerrecht, Rz. 86.
[442] *Birk*, Steuerrecht, Rz. 94; Tipke, StRO II, S. 1017 ff, 1023.
[443] BVerfGE 8, 274, 328; 12, 341, 347; zuletzt BVerfGE 95, 267, 303.

rückwirkende Verträge zulässt[444]. Der Staat setzt sich mit sich selbst in Widerspruch, wenn er einerseits beim Steuerzugriff an Rechtsgeschäfte anknüpft und andererseits die in diesem Zusammenhang bestehende Vertragsfreiheit steuerlich negiert. Die Grenze der Zulässigkeit besteht erst im Missbrauch der zivilrechtlichen Gestaltungsmöglichkeiten. Durch die Nichtanerkennung von vertraglichen Rückwirkungen wird zudem die geltende Grundrechtsdogmatik konterkariert. Wegen der Subsidiarität des Art. 2 Abs. 1 GG sind nämlich rückwirkende Verträge grundsätzlich zulässig. In diese Grundrechte eingreifende Einschränkungen sind nur durch oder aufgrund Gesetzes möglich und bedürfen der verfassungsrechtlichen Rechtsfertigung. Es gibt aber weder für den sogenannten Unabänderlichkeitsgrundsatz eine Rechtsgrundlage[445], noch ist für die steuerliche Nichtanerkennung von rückwirkenden Verträgen eine Rechtsnorm ersichtlich. Ein generelles steuerrechtliches Verbot rückwirkender Verträge läuft im Ergebnis darauf hinaus, dass der Steuerpflichtige nur dann dazu berechtigt ist, wenn ein solcher positivrechtlich erlaubt ist. Zwar ist auch der Staatskasse ein Interesse am Bestand seiner Einnahmen zuzusprechen[446]. Das ändert aber nichts an der Notwendigkeit der gesetzlichen Kodifizierung. Der Staat hat es durch seinen Gesetzgeber in der Hand, durch die Gestaltung des Steuerrechts seine Interessen zu sichern und im Rahmen des GG gesetzlich Grenzen anzuordnen. Zum Teil hat er das getan. So werden in § 16 GrEStG Rückabwicklungen nur innerhalb von zwei Jahren anerkannt. Bei den Veranlagungssteuern ergeben sich Grenzen durch das Prinzip der jährlichen Veranlagung[447]. Solange derartige einschränkende Normen aber nicht existieren, sind vertraglich vereinbarte Rückwirkungen anzuerkennen.

Wenig zu überzeugen vermag auch das Argument, die personale Wirkung einer vereinbarten Rückwirkung sei auf die beteiligten Personen beschränkt. Diese im Zivilrecht geltende und dort richtige These geht auf das Prinzip der Relativität der Schuldverhältnisse mit dem sich daraus ergebenden Verbot, Verträge zu Lasten Dritter abzuschließen[448], zurück. Vorliegend geht es aber nicht um zivilrechtliche Rechtsbeziehungen. Der Fiskus tritt hoheitlich auf und das Verhältnis zwischen ihm und den Beteiligten ist ein öffentlich-rechtliches. Soweit es um Erstattungen von bereits gezahlten Steuern geht, wird dem Fiskus kein Nachteil zugefügt. Vielmehr wird lediglich eine Belastung aus einem rechtfertigungsbedürftigen Grundrechtseingriff wieder neutralisiert.

---

[444] Mot. II, S. 79; *Flume*, Allgemeiner Teil, Bd. 2, § 33, 5; *Gernhuber*, Erfüllung, § 17, 2 c; *Löwisch* in Staudinger, BGB, § 305 Rz. 48; *Wolf* in Soergel, BGB, § 305 Rz. 48.

[445] Siehe oben § 6 II. 2.

[446] Siehe oben § 6 II. 2.

[447] Siehe unten III. 1.

[448] *Heinrichs* in Palandt, BGB, Einl v § 241 Rz.3.

Außerdem können rückwirkende Verträge nicht als unzulässige Dispositionen über öffentlich-rechtliche Ansprüche gesehen werden[449].

c) Änderungen durch Rückgängigmachung von tatsächlichem Geschehen

Im Rahmen der Diskussion um den Grundsatz der Unabänderlichkeit des einmal entstanden Steueranspruchs, ist zu lesen, dass die Rückgängigmachung von tatsächlichem Geschehen den entstandenen Steueranspruch nicht beeinflussen soll[450]. Dazu ist zu bemerken, dass richtig ist, dass sich in der Vergangenheit liegendes tatsächliches Geschehen nicht ungeschehen machen lässt. Man kann aber durch neue tatsächliche Geschehen eine Situation schaffen, die derjenigen entspricht, die vorläge, wenn das ursprüngliche Geschehen nicht stattgefunden hätte. Wirtschaftliche Vorgänge lassen sich insofern rückgängig machen[451]. Darüber hinaus ist zu beachten, dass derartige Rückgängigmachungen in aller Regel eine rechtliche Grundlage haben. So findet etwa die Rückgängigmachung einer verdeckten Gewinnausschüttung nicht in einem rechtsfreien Raum statt, sondern weil die Körperschaft und ihre Mitglieder eine solche vereinbart haben. Auch die hier zu behandelnden Rückabwicklungen von Schenkungen basieren alle auf einer gesetzlichen oder vertraglichen Regelung. Die Beurteilung der Frage der Rückwirkung kann daher immer nur vor dem Hintergrund der der Rückabwicklung zugrundeliegenden Rechtsgrundlage erfolgen.

d) Ergebnis

Nachträgliche Änderungen des Steueranspruchs können sich aus dem Gesetz, aber auch aus vertraglichen Vereinbarungen ergeben. Ausschließlich tatsächliche Rückabwicklungen gibt es nicht, da diese immer eine Rechtsgrundlage haben.

3. Inhaltliche Anforderungen an Änderungen des Steueranspruchs

Nachdem geklärt ist, wodurch der Steueranspruch rückwirkend geändert werden kann, soll nunmehr untersucht, wann inhaltlich eine nachträgliche Änderung des Steueranspruchs zu bejahen ist.

---

[449] Siehe oben § 6 II. 2.
[450] *Hoffmann* in Koch/Scholtz, AO, § 38 Rz. 6; *Kruse* in Tipke/Kruse, AO, § 38 Rz. 30.
[451] Siehe oben § 6 II. 2.

a) Rückwirkung im Zivilrecht

Da eines der Kernprobleme die zivilrechtlich vereinbarte Rückwirkung ist soll zunächst untersucht werden, was Rückwirkung im Zivilrecht bedeutet.

aa) Problem

Während sich das Öffentliche Recht im Zusammenhang mit dem Begriff der Rückwirkung der Frage widmet, inwieweit Rechtsnormen auf Sachverhalte, die in der Vergangenheit liegen oder begannen, anzuwenden sind[452], hat man es im Zivilrecht mit vertraglich vereinbarten und gesetzlich angeordneten Rückwirkungen zu tun[453]. Diesen Ansatzpunkt aufnehmend ist zwischen einer sachverhaltsbezogenen und einer normenbezogenen Rückwirkung zu unterscheiden[454]. Während die sachverhaltsbezogene Rückwirkung auf eine nachträgliche Änderung der Tatsachen hinausläuft, geht es bei der normenbezogenen Rückwirkung um die Frage, welcher Normenbestand auf welchen Zeitraum anzuwenden ist[455]. Im Rahmen des hier zu behandelnden Themas stellt sich nur die Frage nach der sachverhaltsbezogenen Rückwirkung. Das Grundproblem der sachverhaltsbezogenen Rückwirkung besteht darin, dass sich einerseits der tatsächliche, in der Vergangenheit stattgefundene Lebenssachverhalt nachträglich nicht mehr ändern lässt, andererseits eine rechtliche Behandlung erfolgen soll, als ob der Sachverhalt gar nicht oder anders stattgefunden hätte[456]. Das klassische Beispiel ist die rechtsgeschäftliche Anfechtung nach §§ 142 ff. BGB. Nach § 142 Abs. 1 BGB ist das Rechtsgeschäft als von Anfang an nichtig anzusehen. Die Rückabwicklung von Leistungen erfolgt nach den §§ 812 ff. BGB also so, als ob es nie zu einem Vertrag gekommen wäre. Tatsächlich lässt sich aber der in der Vergangenheit liegende Vertragsschluss nicht rückgängig machen.

---

[452] Statt vieler *Degenhart*, Staatsrecht I, Rz. 358 ff.
[453] Z. B. §§ 80, 110, 142 Abs. 1, 184 Abs. 1, 263, 940 Abs. 2, 1953, 2344 BGB.
[454] *Rust*, Das rückwirkende Ereignis im Steuerrecht, S. 8.
[455] *Rust*, Das rückwirkende Ereignis im Steuerrecht, S. 8.
[456] *Hellwig*, Festschrift Fakultät Giessen, S. 21, 26; *Leser*, Rücktritt, S. 174.

bb) Fiktions- und Deklarationstheorie

Dogmatisch begründet wird die Rückwirkung im Zivilrecht traditionell entweder mit der Fiktionstheorie[457] oder mit der Deklarationstheorie[458]. Während nach der Fiktionstheorie Rechtsfolgen auf einen hypothetischen Sachverhalt angewendet werden, wirkt die Rechtsfolgenanordnung nach der Deklarationstheorie rein klarstellend dahingehend, dass eine bereits von Anfang an gegebene Rechtslage erst nachträglich erkannt wird. Vorzugswürdig ist die Fiktionstheorie. Die Deklarationstheorie verkennt, dass die Wirkung von Gestaltungsrechten, wie zum Bespiel dem Anfechtungsrecht, von deren Ausübung abhängt[459]. Daneben ist es widersprüchlich, einerseits von Rückwirkung zu sprechen, andererseits aber zu behaupten, eine bestimmte Wirkung habe von Anfang an bestanden[460]. Demgegenüber wird die Fiktionstheorie dem Umstand gerecht, dass eine nachträgliche Änderung von tatsächlichen Geschehnissen in der Vergangenheit denklogisch nicht möglich ist.

cc) Rechtsfolgenansatz

Die Fiktionstheorie mag als dogmatische Begründung etwa für die Anfechtungsfälle taugen. Indes kann von dem Vorliegen oder Nichtvorliegen einer Fiktion nicht auf das Vorliegen oder Nichtvorliegen einer Rückwirkung geschlossen werden. Das in der Vergangenheit liegende tatsächliche Geschehen ist nicht änderbar. Dagegen ist es aber möglich, unterschiedliche Rechtsfolgen an unterschiedliche Tatbestände zu knüpfen. Rechtliche Gebote haben aber nur Sinn, wenn man sie auch befolgen kann, d. h. rechtlich ordnen lassen sich immer nur Gegenwart und Zukunft[461]. Das bedeutet, dass es nicht entscheidend sein kann, auf welche rechtstechnische Art und Weise eine Rückwirkung hergestellt wird, sondern darauf ankommen muss, welchen Zustand die anzuwendenden Rechtsfolgen herstellen. Denn den in der Vergangenheit tatsächlich stattgefundenen Vertragsschluss kann auch eine Fiktion wie die des § 142 Abs. 1 BGB nicht tatsächlich ändern. Die Rückwirkung bei der Anfechtung resultiert nämlich nicht aus § 142 Abs. 1 BGB, sondern daraus, dass dadurch die §§ 812 ff. BGB zur Anwendung kommen, die ihrerseits einen Zustand schaffen wollen, der gegeben wäre, wenn das angefochtene Rechtsgeschäft nie stattgefunden hätte. Jede Form der Rückwirkung

---

457 *Jacobi*, Rückwirkungsanordnungen, S. 31; *Esser*, Rechtsfiktionen, S. 172; *Hellwig*, Festschrift Fakultät Giessen, S. 21, 26; *Rust*, Das rückwirkende Ereignis im Steuerrecht, S. 10 ff.; *von Tuhr*, BGB AT II/1, S. 22 ff.

458 Vgl. Nachweise bei *Rust*, Das rückwirkende Ereignis im Steuerrecht, S. 11 Fn. 51.

459 *Rust*, Das rückwirkende Ereignis im Steuerrecht, S. 11; *von Tuhr*, BGB AT II/1, S.23.

460 *Hellwig*, Festschrift Fakultät Giessen, S. 21, 27; *Jacobi*, Rückwirkungsanordnungen, S. 17.

461 *Esser*, Rechtsfiktionen, S. 175.

lässt sich daher auch ohne Fiktion ausdrücken[462]. Sachverhaltsbezogene Rückwirkungsanordnungen sind somit als Ausdruck einer vom Gesetz vorgesehenen Rechtsfolgenanordnung zu verstehen[463]. Vertraglich vereinbarte Rückwirkungen werden von der Vertragsfreiheit[464] gedeckt, da im Prinzip kein Unterschied zu gesetzlich angeordneten Rückwirkungsfiktionen besteht[465], allerdings nur soweit die Vereinbarungen nicht Dritte beeinflussen[466].

dd) Ergebnis

Festzuhalten bleibt danach, dass Rückwirkungsanordnungen die gegenwärtige und zukünftige Lage so regeln, wie sie geregelt sein würde, wenn der fingierte Sachverhalt in der Vergangenheit vorhanden gewesen wäre[467]. Die Frage, ob eine Rückwirkung vorliegt, richtet sich aber nicht danach, ob rechtstechnisch auf der Tatbestandseite ein anderer Sachverhalt fingiert wird, sondern danach, ob die zur Anwendung kommenden Rechtsfolgen diesen Zustand herstellen. Rückwirkung ist nicht das Ergebnis von gesetzlich angeordneten oder vertraglich vereinbarten Fiktionen, sondern resultiert daraus, dass durch den Vollzug der gesetzlichen Fiktionen oder vertraglichen Vereinbarungen ein Zustand geschaffen wird, der demjenigen entspricht, der bestünde, wenn ursprünglich nichts stattgefunden hätte.

b) Rückwirkende Änderungen des Steueranspruchs

aa) Meinungsstand

Ausgehend vom Grundsatz der Unabänderlichkeit des Steueranspruchs[468] und der These, dass Durchbrechungen desselben nur aufgrund Gesetzes zulässig seien[469], soll sich nach heute herrschender Meinung auch inhaltlich die rückwirkende Beeinflussung des Steueranspruchs nach den materiellen Steuergesetzen richten[470]. Die Diskussion konzentriert sich

---

[462] *Esser*, Rechtsfiktionen, S. 176; *Rust*, Das rückwirkende Ereignis im Steuerrecht, S. 13.
[463] *Leser*, Rücktritt, S. 174; *Rust*, Das rückwirkende Ereignis im Steuerrecht, S. 7 ff.; *von Tuhr*, BGB AT II/1, S.22.
[464] *Emmerich* in MünchKomm-BGB-, § 311 Rz. 2 ff.
[465] *Jacobi*, Rückwirkungsanordnungen, S. 33; a. A. *von Tuhr*, BGB AT II/1, S.27 f.
[466] *Jacobi*, Rückwirkungsanordnungen, S. 34 ff.
[467] *Esser*, Rechtsfiktionen, S. 175; *Hellwig*, Festschrift Fakultät Giessen, S. 21, 27; *Rust*, Das rückwirkende Ereignis im Steuerrecht, S. 12 f., 69.
[468] Siehe oben § 9 II. 1.
[469] Siehe oben § 10 II. 2. b).
[470] BFH BStBl. II 1984, 786, 787; 1992, 472, 477; 1992, 479, 485; 1993, 897, 901; 1994, 302, 303; 1994, 648, 649; 1998, 569, 573; 1998, 695, 698; DStR 2003, 2162, 2163; *v. Groll* in Hübschmann/Hepp/Spitaler, AO, § 175 Rz. 280; *J. Lauer*, InfStW 1981, 169; *Loose* in Tipke/Kruse, AO,

dabei vor allem darauf, in welchen Fällen ein rückwirkendes Ereignis im Sinne von § 175 Abs. 1 Satz 1 Nr. 2 AO vorliegt. Neben den einzelsteuergesetzlichen Spezialnormen wie zum Beispiel § 29 ErbStG, § 16 GrEStG und § 17 UStG[471], werden die zivilrechtliche Rückwirkungsfiktionen[472], wie die rechtsgeschäftliche Anfechtung[473] oder die Erbschaftsausschlagung[474] als rückwirkende Ereignisse anerkannt. Auch die Rückabwicklung eines vollzogenen nichtigen Rechtsgeschäfts ist eine rückwirkende Durchbrechung, da der Steueranspruch wegen § 41 Abs. 1 Satz 1 AO zunächst entstanden war[475]. Bei laufenden Veranlagungssteuern werden Veränderungen bei sogenannten Einmaltatbeständen wie Veräußerungen nach §§ 16, 17 EStG akzeptiert[476]. Darüber hinaus stehen vor allem Bilanzänderungen, Bilanzberichtigungen, Steuerklauseln, rückwirkende Gesetze und steuerliche Bedingungen im Sinne von § 175 Abs. 2 AO in der Diskussion[477].

Die Rechtsprechung hat in der Vergangenheit versucht, das rückwirkende Ereignis allgemein zu definieren. Rückwirkende Ereignisse sollen danach solche sein, die den Sachverhalt verändern und steuerrechtlich derart in die Vergangenheit zurückwirken, dass ein Bedürfnis besteht, eine endgültig getroffene Regelung an diese Sachverhaltsänderung anzupassen[478]. Später hieß es dann, die Änderung des Sachverhalts müsse in einer Weise steuerlich in die Vergangenheit wirken, dass nunmehr der veränderte Sachverhalt der Besteuerung zugrunde zu legen sei[479]. Derartige Formeln helfen nicht weiter. Wohl auch deshalb hat die Rechtsprechung in der Folge auf die Maßgeblichkeit des Einzelsteuergesetzes abgestellt[480].

Im Schrifttum wurde von *Rust*[481] eine übergreifende Definition herausgearbeitet. Danach liegt ein rückwirkendes Ereignis vor, wenn ein Sachverhalt, dessen Verwirklichung eine normativ fixierte Rückwirkungsanordnung in Geltung setzt, dazu führt, dass für die gegenwärtige steuerschuldrechtliche Rechtslage nunmehr von Rechts wegen die Anordnungen und

---

§ 175 Rz. 22; *Rüsken* in Klein, AO, § 175 Rz. 54; *Seer* in Tipke/Lang, Steuerrecht, § 21 Rz. 439; a. A. *Rust*, Das rückwirkende Ereignis im Steuerrecht, S. 27.

471 Siehe oben § 10 II. 2. a) aa).

472 *Szymczak* in Koch/Scholtz, AO, § 175 Rz. 12/1.

473 *Kruse*, Steuerrecht I, § 6 III 4 b) β), § 15 III 6; *Loose* in Tipke/Kruse, AO, § 175 Rz. 34; *Rüsken* in Klein, AO, § 175 Rz. 62; *Seer* in Tipke/Lang, Steuerrecht, § 21 Rz. 440;

474 *Brockmeyer* in Klein, AO, § 38 Rz. 13; *Seer* in Tipke/Lang, Steuerrecht, § 21 Rz. 440;

475 *Koenig* in Pahlke/Koenig, AO, § 175 Rz. 49; *Kruse*, Steuerrecht I, § 6 III 4 b) α), § 15 III 6; *Loose* in Tipke/Kruse, AO, § 175 Rz. 37; *Rüsken* in Klein, AO, § 175 Rz. 6; *Seer* in Tipke/Lang, Steuerrecht, § 21 Rz. 440;

476 BFH BStBl. II 1993, 897; 2004, 107; *Brockmeyer* in Klein, AO, § 38 Rz. 13; *Hoffmann* in Koch/Scholtz, AO, § 38 Rz. 6; *Seer* in Tipke/Lang, Steuerrecht, § 21 Rz. 443.

477 Vgl. *Koenig* in Pahlke/Koenig, AO, § 175 Rz. 46 ff.; *Loose* in Tipke/Kruse, AO, § 175 Rz. 33 ff.; *Seer* in Tipke/Lang, Steuerrecht, § 21 Rz. 440 ff.;

478 BFH BStBl. II 1989, 957, 958; 1991, 55, 56.

479 BFH BStBl. II 1993, 897, 901; 1994, 648, 649.

480 BFH BStBl. II 1993, 897, 901; 1994, 302, 303; 1994, 648, 649; 2004, 107, 109;

481 Das rückwirkende Ereignis im Steuerrecht, S. 64.

Gebote maßgeblich sind, die ein fiktiver Sachverhalt oder Normenbestand hervorgerufen hätten, wenn sie in der Vergangenheit Realität gewesen wären[482].

bb) Stellungnahme

Der von *Rust* aufgestellten Definition ist im Prinzip zuzustimmen. Sie basiert letztlich auf der im Zivilrecht geltenden Dogmatik, wonach es für die Frage der Rückwirkung darauf ankommt, dass die anzuwendenden Rechtsfolgen einen Zustand herstellen, der bestünde, wenn die in der Vergangenheit liegenden, nicht mehr änderbaren Sachverhalte nicht oder anders stattgefunden hätten[483]. Das diese Betrachtung auch im Steuerrecht gelten muss, ergibt sich aus zwei Überlegungen. Zum einen knüpft das Steuerrecht überwiegend an zivilrechtliche Vorgänge an, sodass die dort geltenden Grundsätze quasi automatisch auch solche des Steuerrechts werden. Zum anderen ist der Rechtsfolgenansatz keine auf spezifisch zivilrechtlichen Gründen beruhende These, sondern die Überlegung, dass die Frage der Rückwirkung nicht von gesetzlich oder vertraglich angeordneten Fiktionen anhängt, sondern von dem Zustand, der die durch Rückabwicklungen geschaffen wird, hat auch im Steuerrecht Geltungsberechtigung. Freilich sind bei der Anwendung des Rechtsfolgenansatzes auch immer die spezifischen Merkmale der jeweils in Frage stehenden Steuerart zu berücksichtigen. Insoweit verdient auch die Rechtsprechung, wonach die Frage der Rückwirkung vom Einzelsteuergesetz abhängt, Zustimmung. Abstrakt kann dabei wie folgt unterschieden werden. Beruht die Steuererhebung auf der Erfassung eines wirtschaftlichen Vorgangs und der daraus resultierenden Leistungsfähigkeitssteigerung, dann ist eine Rückabwicklung, die die Leistungsfähigkeit rückgängig macht, beachtlich, es sei denn besondere Normen[484] oder Prinzipien[485] der jeweiligen Steuer stehen dem entgegen. Stelit die Steuer dagegen auf Zustände[486] oder Verhaltensweisen[487] zu bestimmten Zeitpunkten ab, dann kommt eine Rückwirkung nicht in Betracht.

4. Zusammenfassung und Ergebnis

Ein rückwirkendes Ereignis und damit eine Änderung des Steueranspruchs liegt dann vor, wenn aufgrund einer gesetzlichen Vorschrift oder eines Vertrages Rechtsfolgen zum Tragen

---

[482] *Rust*, Das rückwirkende Ereignis im Steuerrecht, S. 64.
[483] Siehe oben 3. a).
[484] Z. B. § 16 GrEStG; vgl. o. II. 2. b) bb).
[485] Z. B. das Veranlagungsprinzip bei der Einkommensteuer; siehe unten III. 1.
[486] So früher die Vermögensteuer nach § 5 Abs. 1 VStG.

kommen, die einen Zustand herstellen, der bestehen würde, wenn der ursprüngliche den Steuertatbestand erfüllende Sachverhalt nicht stattgefunden hätte und die der jeweiligen Steuerart zugrundeliegenden Prinzipien und die dort geltenden Normen einer Änderung nicht entgegenstehen.

III. Grenzen der nachträglichen Änderungen des Steueranspruchs

1. Grenzen durch Prinzipien des jeweiligen Steuergesetzes

Die Steuerrechtswissenschaft hat heute zu den meisten Einzelsteuergesetzen die ihnen zugrundeliegende systematische Prinzipien herausgearbeitet[488]. Diese Prinzipien können nicht nur für, sondern auch gegen eine nachträgliche Änderung des Steueranspruchs sprechen. So ist etwa vom Grundsatz her auch bei laufend veranlagten Steuern die rückwirkende Berücksichtigung nachträglicher Änderungen möglich[489]. Die weit überwiegende Meinung in Literatur und Rechtsprechung geht aber davon aus, dass im Regelfall keine rückwirkende Berichtigung stattfindet, sondern dass nachträgliche Sachverhalte in dem Veranlagungszeitraum, in dem sie stattfinden, steuerlich erfasst werden[490]. Insbesondere bei Bilanzierenden sollen regelmäßig sowohl Bilanzberichtigungen als auch Bilanzänderungen ausscheiden[491]. Hintergrund dieser Auffassung sind vor allem die bei der Einkommensteuer geltenden Grundsätze ordnungsgemäßer Buchführung, das Stichtagsprinzip, das Zu- und Abflussprinzip sowie praktische Erwägungen[492]. Ausnahmsweise rückwirkend werden nur Änderungen sogenannter „Einmaltatbestände" behandelt. „Einmaltatbestände" sind einmalige Vorgänge oder Ereignisse, wie z. B. die Veräußerungstatbestände der §§ 16, 17 EStG[493].

---

[487] Nach § 1 Abs. 1 Nr. 1 KraftStG ist Steuergegenstand das Halten eines Kraftfahrzeugs.
[488] Vgl. etwa zur Erbschaft- und Schenkungsteuer oben § 2.
[489] *Brockmeyer* in Klein, AO, § 41 Rz. 4; *G. Lauer*, Korrekturvorschrift, S. 49; *Loose* in Tipke/Kruse, AO, § 175 Rz. 29.
[490] RFH RStBl. 1936, 116, 117 f.; BFH BStBl. II 1969, 432, 433; 1971, 375, 378; BFH GrS BStBl. II 1993, 897, 901; *Hoffmann* in Koch/Scholtz, AO, § 38 Rz. 6; *J. Lauer*, InfStW 1981, 169, 169; *Olbertz*, StB 1996, 390, 392; *Rüsken* in Klein, AO, § 175 Rz. 57; *von Wallis* in Hübschmann/Hepp/Spitaler, AO, § 175 Rz. 14; *Woerner/Grube*, Aufhebung und Änderung, S. 129; a. A. für die Fälle der Unwirksamkeit von Rechtsgeschäften *Barth*, BB 1987, 1397, 1404.
[491] BFH BStBl. II 1984, 786, 787; 1992, 472, 478; *Rüsken* in Klein, AO, § 175 Rz. 57; a. A. *Benne*, BB 1980, 1846, 1849 und *Loose* in Tipke/Kruse, AO, § 175 Rz. 30;
[492] *Beker*, Hinfällige Rechtsgeschäfte, S. 69 ff.; *G. Lauer*, Korrekturvorschrift, S. 32 ff.; *Potthast*, Rückgängigmachung, S. 40.
[493] BFH BStBl. II 1993, 897, 901; *Hoffmann* in Koch/Scholtz, AO, § 38 Rz. 6; *Rüsken* in Klein, AO, § 175 Rz. 58; *Seer* in Tipke/Lang, Steuerrecht, § 21 Rz. 443.

2. Grenze durch § 41 Abs. 1 Satz 1 AO

Rückabwicklungen können steuerrechtlich nur beachtet werden, wenn sie auch tatsächlich durchgeführt werden. Lassen die Beteiligten das wirtschaftliche Ergebnis eines unwirksamen Rechtsgeschäfts trotz der Unwirksamkeit eintreten oder bestehen, bleibt es nach § 41 AO bei der Besteuerung[494]. Hintergrund ist, dass die wirtschaftliche Leistungsfähigkeit der Beteiligten trotzdem beeinflusst wurde[495]. Auch wenn § 41 Abs. 1 Satz 1 AO die Frage, wann eine Rückwirkung vorliegt, nur im Bereich der Unwirksamkeit von Rechtsgeschäften beantworten kann, lässt sich aus ihm jedoch gleichwohl die Wertung entnehmen, dass keine Rückwirkung gegeben ist, wenn die Parteien das wirtschaftliche Ergebnis eines rückabzuwickelden Rechtsgeschäfts bestehen lassen, also tatsächlich nicht rückabwickeln. Das gilt zumindest bei Steuern, die sich aus der Steigerung der Leistungsfähigkeit heraus rechtfertigen[496].

3. Grenzen durch spezialgesetzliche Normen

Darüber hinaus können sich Grenzen für nachträgliche Änderung des entstandenen Steuergesetze aus einer speziellen Norm des jeweiligen Steuergesetzes ergeben. Von einer solchen eingrenzenden Wirkung lässt sich sprechen, wenn die Norm einerseits umfassende Regelungen für Rückabwicklungen trifft, andererseits bewusst bestimmte Fällen nicht erfassen will. Eine solche Norm ist zum Beispiel § 16 GrEStG. § 16 GrEStG erfasst zum einen alle Rückabwicklungs- und Änderungsmöglichkeiten der nach § 1 GrEStG steuerbaren Tatbestände, begrenzt zum anderen aber aus Gründen der Rechtssicherheit die Steuererstattung auf Rückabwicklungen, die innerhalb von zwei Jahren vorgenommen werden. Eine solche begrenzende Norm könnte auch § 29 Abs. 1 ErbStG sein[497].

[494] *Fischer* in Hübschmann/Hepp/Spitaler, AO, § 41 Rz. 40, 72; *J. Lauer*, InfStW 1981, 169, 170.
[495] *Lang* in Tipke/Lang, Steuerrecht, § 5 Rz. 85; *Tipke*, StRO III, S. 1310.
[496] Siehe oben § 2 I. 1., II. 1. b), 2. b).
[497] Dazu sogleich § 8 II.

IV. Folgen für den entstanden Steueranspruch – Rückwirkendes Erlöschen oder nachträglicher Wegfall ?

Ändert sich der entstandene Steueranspruch nachträglich durch ein rückwirkendes Ereignis, stellt sich die Frage, ob dieser nachträglich wegfällt oder ob er rückwirkend erlischt. Die Frage ist rein dogmatischer Natur, da in beiden Fällen ein Erstattungsanspruch des Steuerpflichtigen entsteht.

Soweit die Rückwirkung durch gesetzlich angeordnete oder vertraglich vereinbarte Fiktionen entsteht, ist es angezeigt, von einem nachträglichen Wegfall des Steuertatbestands und damit des Steueranspruchs zu sprechen, da von der Rechtstechnik her der Steuertatbestand nicht erfüllt war.

Wie dargelegt wurde, ist die Frage der Rückwirkung jedoch nicht von rechtstechnischen Fiktionen abhängig, sondern von den Rechtsfolgen, die zum Tragen kommen. In den Fällen, in denen die Rückwirkung nicht durch Fiktionen, sondern ausschließlich durch die anzuwendenden Rechtsfolgen hergestellt wird, lässt sich besser von einem rückwirkenden Erlöschen sprechen, da damit zum Ausdruck kommt, dass es nicht um nachträgliche Tatbestandsänderungen geht, sondern um Fälle von materieller Rückwirkung.

V. Zusammenfassung und Ergebnis

Nachträgliche Änderungen des entstandenen Steueranspruchs können sich materiell sowohl aus dem Gesetz als auch aus vertraglichen Regelungen ergeben. Inhaltlich hat eine Rückabwicklung grundsätzlich dann steuerliche Rückwirkung, wenn die bei der Rückabwicklung zur Anwendung gelangenden zivilrechtlichen Rechtsfolgen einen Zustand herstellen, der demjenigen entspricht, der bestünde, wenn der ursprünglich besteuerte Sachverhalt nicht stattgefunden hätte (Rechtsfolgenansatz). Einschränkungen können sich aus speziellen Normen und Prinzipien des jeweiligen Steuergesetzes ergeben.

§ 8 Folgerungen für Rückabwicklungen bei der Schenkungsteuer

Im folgenden ist zu untersuchen, ob grundlegende Prinzipien oder Normen der Anwendung des Rechtsfolgenansatzes im Erbschaft- und Schenkungsteuerrecht entgegenstehen.

I. Vereinbarkeit des Rechtsfolgenansatzes mit den Prinzipien des Erbschaft- und Schenkungsteuerrechts

Das grundlegende Prinzip des Erbschaft- und Schenkungsteuerrechts ist das Bereicherungsprinzip[498]. Die Steuer will die Bereicherung des Einzelnen erfassen, die dieser durch Erbschaft oder Schenkung erlangt hat. Deshalb wird die Bereicherung in §§ 10, 19 ErbStG auch zur Bemessungsgrundlage gemacht. Systematisch rechtfertigt sich die Erhebung der Erbschaft- und Schenkungsteuerrecht mit der Steigerung der Leistungsfähigkeit, die der Steuerpflichtige durch die Bereicherung erhalten hat[499]. Wird im Rahmen einer Rückabwicklung eine Situation geschaffen, die derjenigen entspricht, wenn gar nicht geschenkt worden wäre, ist vor dem Hintergrund des Bereicherungs- und Leistungsfähigkeitsprinzips ein rückwirkendes Erlöschen des entstandenen Steueranspruchs sachgerecht. Denn der Erwerber hat im Ergebnis weder eine Bereicherung erfahren, noch ist seine Leistungsfähigkeit gesteigert worden.

Anknüpfungspunkt der Besteuerung ist nach § 1 Abs. 1 Nr. 1 ErbStG der Vermögensübergang von Todes wegen, was im Regelfall der gesetzlichen Erbfolge nach § 3 Abs. 1 Nr. 1 ErbStG i. V. m. §§ 1924 ff. BGB den Übergang des Vermögens von einer Generation auf die nächste bedeutet. Daneben zeigt auch § 1 Abs. 1 Nr. 4 ErbStG, dass das Vermögen pro Generation einmal – und auch nur einmal – besteuert werden soll. Die Schenkungsteuer hat die Funktion, Umgehungen der Erbschaftsteuer durch Verfügungen zu Lebzeiten zu verhindern und stellt damit die Anknüpfung an den Erbfall ergänzend sicher[500]. Wird nunmehr ein unter Lebenden stattgefundener Vermögensübergang wieder rückabgewickelt, spricht auch der Aspekt des Vermögensübergangs in der Generationenfolge gegen die Aufrechterhaltung der ursprünglichen Besteuerung, da der Übergang im Ergebnis nicht stattgefunden hat und sich das Vermögen nach wie vor bei der älteren Generation befindet. Hinzu kommt, dass der entscheidende Vermögensübergang auf die nachfolgende Generation noch aussteht.

---

[498] Siehe oben § 2 I. 1.

[499] Siehe oben § 2 II. 1. b) und § 2 II. 2. a).

[500] Siehe oben § 2 II. 2. a).

Die Erbschaft- und Schenkungsteuer ist auch keine Verkehrssteuer, die nur an den Verkehrsvorgang Erbschaft oder Schenkung als solchen anknüpft[501], was gegen eine nachträgliche Änderung des durch die Schenkung entstandenen Steueranspruchs sprechen würde. Abgesehen davon, dass auch Verkehrsteuern nicht den Verkehrsakt als solchen besteuern wollen, sondern die damit zum Ausdruck kommende Leistungsfähigkeit[502], ist die Erbschaft- und Schenkungsteuer keine Verkehrsteuer, sondern eine Einkommensteuer im weiteren Sinne[503], die sich aus der Steigerung der Leistungsfähigkeit heraus rechtfertigt.

Von § 29 ErbStG abgesehen[504] sind ansonsten keine weiteren Normen oder Prinzipien ersichtlich, die gegen eine Anwendung des hier vertretenen Rechtsfolgenansatzes sprechen. Ein Prinzip der jährlichen Veranlagung existiert im Erbschaft- und Schenkungsteuerrecht nicht. Das geltende Stichtagsprinzip hat nur Bedeutung für die Bewertung[505].

Danach stehen dem Rechtsfolgenansatz die Prinzipien des Erbschaft- und Schenkungsteuerrecht nicht entgegen. Das Bereicherungs- und Leistungsfähigkeitsprinzip sowie die Idee der Besteuerung des Vermögens in der Generationenfolge gebieten geradezu eine Behandlung wie sie der Rechtsfolgenansatz vornimmt.

II. Kein Begrenzung durch Umkehrschluss aus § 29 Abs. 1 ErbStG

1. Problemstellung

Der hier postulierte Rechtsfolgenansatz müsste zurücktreten, wenn man § 29 ErbStG als abschließende und sonstige Fälle ausschließende Regelung betrachten würde, und eine nachträgliche Änderung des Steueranspruchs mit der Folge der Steuererstattung nur in den von § 29 Abs. 1 ErbStG genannten Fällen anerkennen würde. Ein solches Verständnis ist gegenwärtiger Stand der überwiegenden Meinung, wobei das Ergebnis in bestimmten Fällen kritisiert wird[506]. Methodologisch geht es um die Frage, ob aus § 29 Abs. 1 ErbStG der Umkehrschluss (*argumentum e contrario*) gezogen werden kann, dass in den dort nicht genannten Fällen, eine nachträgliche Änderung des entstandenen Steueranspruchs nicht in Betracht kommt.

---

501 Siehe oben § 2 III. 3.
502 *Birk*, Steuerrecht, Rz. 94.
503 Siehe oben § 2 III.
504 Dazu sogleich II.
505 Siehe oben § 2 I. 3.
506 Siehe oben § 5 II. 1.

2. Stellungnahme

a) Methodologische Grundlagen des Umkehrschlusses

Ist man gehalten, eine gesetzliche Norm im Wege des Umkehrschlusses auszulegen, hat man es mit Sachverhalten zu tun, die im Gesetz nicht, d. h. weder positiv noch negativ geregelt sind. Wird ein Sachverhalt von einer Norm nicht erfasst, kann man daher nicht ohne weiteres den Umkehrschluss ziehen, da man genauso gut argumentieren könnte, der Sachverhalt sei genauso wie der geregelte Fall zu behandeln[507]. Für die Zulässigkeit des *argumentum e contrario* bedarf es daher weiterer zusätzlicher Argumente als nur den Umkehrschluss selbst[508]. Solche sind vor allem historische und gesetzessystematische Erwägungen[509].

b) Historische Überlegungen

Schon das RErbStG 1906[510] bestimmte in seinem § 56, dass die entrichtete Steuer zu erstatten ist, „soweit das Geschenk wegen eines auf Gesetz beruhenden Rückforderungsrechts hat herausgegeben werden müssen, ferner wenn die Herausgabe nach Maßgabe des § 528 Abs. 1 Satz 2 des Bürgerlichen Gesetzbuchs abgewendet worden ist oder wenn der Schenker die Erfüllung des schenkweise erteilten Versprechens auf Grund des § 519 des Bürgerlichen Gesetzbuchs verweigert hat“. Das BGB war erst seit 1900 in Kraft. Im Hinblick auf zeitlichen Nähe dazu und den Wortlauts „auf Gesetz“ wollte § 56 RErbStG wohl vor allem die schenkungsspezifischen Rückforderungsrechte der §§ 516 ff. BGB berücksichtigen. Der nachfolgende § 44 RErbStG 1919[511] entsprach bereits der heutigen Fassung des § 29 Abs. 1 Nr. 1 und Nr. 2 ErbStG. Mit dem Gesetz zur Reform des Erbschaft- und Schenkungsteuerrechts[512] vom 17. April 1974 wurden § 29 Abs. 1 Nr. 3 und Abs. 2 ErbStG ergänzt. § 29 Abs. 1 Nr. 4 ErbStG wurde durch das Kultur- und Stiftungsförderungsgesetz[513] angefügt. Die für Rückabwicklungen von Schenkungen nach derzeitigem Stand maßgebliche Norm des § 29 ErbStG, insbesondere § 29 Abs. 1 Nr. 1 ErbStG, geht demnach also auf das RErbStG 1906 zurück.

---

507 Vgl. *Pawlowski*, Methodenlehre, Rz. 488.
508 *Bydlinski*, Methodenlehre und Rechtsbegriff, S. 476 f.; *Pawlowski*, Methodenlehre, Rz. 488.
509 *Pawlowski*, Methodenlehre, Rz. 489 f.
510 RGBl. 1906, 620.
511 RGBl. 1919, 1543, 1559.
512 BGBl. I 1974, 933.
513 BGBl. I 1990, 2775.

Bis 1918 setzte sich das deutsche Steuerrecht aus einer Vielzahl von Einzelsteuergesetzen des Reiches und der Länder zusammen, die jeweils besondere und in vielem voneinander abweichende Bestimmungen über den Behördenaufbau, das Steuerverfahrensrecht und das Steuerschuldrecht enthielten[514]. Das Steuerrecht war zu Beginn des 20. Jahrhunderts insgesamt wenig entwickelt; eine Steuerrechtswissenschaft gab es nicht[515]. Erst mit Einführung der RAO mit Gesetz vom 13.12.1919[516] wurde erstmalig reichseinheitlich und steuerübergreifend Steuerschuldrecht geregelt und kodifiziert[517].

Betrachtet man diese beiden Entwicklungen zusammen, dann lässt sich feststellen, dass die Regelung des § 56 RErbStG 1906 und damit letztlich auch der heutige § 29 ErbStG zunächst deshalb nötig war, weil zu Beginn des 20. Jahrhunderts das allgemeine Steuerschuldrecht kaum entwickelt, jedenfalls nicht einheitlich kodifiziert war. Die heute geltende steuerschuldrechtliche Dogmatik hat sich erst später, namentlich nach Erlass der RAO 1919 entwickelt. Die auf das Jahr 1906 zurückgehende Norm des § 29 ErbStG kann daher aus historischer Sicht nicht herangezogen werden, um steuerschuldrechtliche Fragen im Erbschaft- und Schenkungsteuerrecht abschließend zu beurteilen.

c) Systematische Aspekte

Wie bereits gezeigt wurde[518], sprechen auch systematische Überlegungen zur Erbschaft- und Schenkungsteuer dafür, die Frage der steuerlichen Folgen einer Rückabwicklung unabhängig von § 29 ErbStG zu betrachten.

3. Ergebnis

Nach alledem kann aus § 29 ErbStG nicht geschlossen werden, dass in den Fällen, in denen § 29 ErbStG nicht eingreift, eine nachträgliche Änderung des durch die Schenkung und deren Vollzug entstandenen Steueranspruchs ausgeschlossen ist.

---

[514] *Söhn* in Hübschmann/Hepp/Spitaler, AO, Einf. Rz. 1.;
[515] *Söhn* in Hübschmann/Hepp/Spitaler, AO, Einf. Rz. 5.
[516] RGBl. 1919, 1993.
[517] *Söhn* in Hübschmann/Hepp/Spitaler, AO, Einf. Rz. 14; *Tipke* in Tipke/Kruse; AO, Einf. Rz. 1.
[518] Siehe oben I.

III. Grenzen durch § 41 Abs. 1 Satz 1 AO

§ 41 Abs. 1 Satz 1 AO ordnet an, dass die Unwirksamkeit eines Rechtsgeschäfts für die Besteuerung unbeachtlich ist, soweit und solange die Beteiligten das wirtschaftliche Ergebnis beibehalten. Im Umkehrschluss lässt sich daraus ableiten, dass die Unwirksamkeit eines Rechtsgeschäfts für die Besteuerung grundsätzlich beachtlich ist und zu einer Änderung des Steueranspruchs führt[519]. Des Weiteren lässt sich aus § 41 Abs. 1 Satz 1 AO schließen, dass Rückabwicklungen aber auch nur dann steuerlich beachtlich sein sollen, wenn sie auch tatsächlich vollzogen werden, d. h. das ursprüngliche wirtschaftliche Ergebnis nicht beibehalten wird[520].

Andererseits ginge es zu weit, § 41 AO als abschließende Regelung über Änderungen des entstandenen Steueranspruchs zu betrachten. Zum einen erfasst § 41 AO eben nur die unwirksamen Rechtsgeschäfte. Zum anderen kann die Frage nach dem Erlöschen oder dem Wegfall des Steueranspruchs – wie auch § 41 Abs. 1 Satz 2 AO zeigt – immer nur im Zusammenhang mit dem jeweils in Frage stehenden Steuergesetz beantwortet werden.

IV. Ergebnis und Folgerung für den weiteren Gang der Untersuchung

Im Ergebnis bleibt danach festzuhalten, dass sich nachträgliche Änderungen des entstandenen Schenkungsteueranspruchs bei Rückabwicklungen von Schenkungen aus § 29 ErbStG, aus dem Rechtsfolgenansatz und aus *arg. e.* § 41 Abs. 1 Satz 1 AO ergeben können.

---

[519] Siehe oben § 7 II. 2. a) aa).
[520] Siehe oben § 7 III. 2.

Vierter Teil: Gesetzliche Rückabwicklungen

§ 9 Unwirksamkeit des Schenkungsvertrages

I. Zivilrecht

1. Unwirksamkeit

Das deutsche bürgerliche Recht kennt die vollständige Unwirksamkeit (Nichtigkeit), die relative und die schwebende Unwirksamkeit eines Rechtsgeschäfts. Da die Schenkung als Vertrag[521] zu den Rechtsgeschäften gehört, kann auch sie dementsprechend unwirksam sein.

a) Nichtigkeit

Nichtigkeit bedeutet, dass das Rechtsgeschäft die nach seinem Inhalt bezweckten Rechtswirkungen von Anfang an nicht hervorbringen kann. Sie wirkt für und gegen alle, bedarf keiner Geltendmachung und ist im gerichtlichen Verfahren von Amts wegen zu berücksichtigen[522]. Die Gründe für die Nichtigkeit können sich aus der Person der Beteiligten, dem Zustandekommen der Erklärungen, dem Inhalt des Geschäftes oder mangelnder Form ergeben[523]. Beispielhaft seien hier die §§ 105 (Geschäftunfähigkeit), 117 (Scheingeschäft), 125 (Formmangel), 134 (Verstoß gegen ein gesetzliches Verbot), 138 (Sittenwidrigkeit)[524], 142 (Anfechtung) und 311b Abs. 2 BGB (Übertragung künftigen Vermögens) hervorgehoben. Das Gesetz verwendet an Stelle des Begriffs Nichtigkeit verschiedentlich auch den der Unwirksamkeit[525]. Begrifflich ist die Nichtigkeit ein Unterfall der Unwirksamkeit. Unter Nichtigkeit wird allgemein die vollständige Unwirksamkeit beziehungsweise der stärkste Grad der Unwirksamkeit verstanden[526].

---

[521] Siehe oben § 3 I. 2.

[522] BGHZ 107, 268, 270; *Heinrichs* in Palandt, BGB, Überbl v § 104 Rz. 27.

[523] *Heinrichs* in Palandt, BGB, Überbl v § 104 Rz. 29.

[524] Zur Sittenwidrigkeit wegen Benachteiligung des Sozialhilfeträgers: *Krauß*, MittBayNot 1992, 77, 80 f.; *Mayer-Maly/Armbrüster* in MünchKomm-BGB-, § 138 Rz. 45; *Palm* in Erman, BGB, § 138 Rz. 84; *Schwarz*, JZ 1997, 545, 545 f.

[525] *Heinrichs* in Palandt, BGB, Überbl v § 104 Rz. 29.

[526] *Heinrichs* in Palandt, BGB, Überbl v § 104 Rz. 26; *Larenz/Wolf*, BGB AT, § 44 Rz. 4 f.; *Medicus*, BGB AT, Rz. 487.

b) Relative Unwirksamkeit

Relative Unwirksamkeit bedeutet, dass das Rechtsgeschäft einer oder mehreren Personen gegenüber unwirksam, allen anderen gegenüber aber wirksam ist[527]. Zu nennen sind hier vor allem die §§ 135, 136 (Veräußerungsverbote) und die §§ 883 Abs. 2, 888 BGB (Vormerkung). Von relativer Unwirksamkeit wird nur bei Verfügungsgeschäften gesprochen, da bei Verpflichtungsgeschäften nur die Beteiligten berechtigt und verpflichtet werden. Wegen dieser Relativität der Schuldverhältnisse[528] entfaltet der obligatorische Schenkungsvertrag nur zwischen den Vertragsparteien Rechtswirkungen. Das dingliche Schenkungsvollzugsgeschäft kann wie jedes andere Vollzugsgeschäft relativ unwirksam sein.

c) Schwebende Unwirksamkeit

Von schwebender Unwirksamkeit spricht man, wenn das Rechtsgeschäft zunächst unwirksam ist, es aber noch wirksam werden kann, wenn das fehlende Wirksamkeitserfordernis nachgeholt wird[529]. Hauptfälle sind hier die Zustimmungen nach §§ 108 Abs. 1, 177, 1365 Abs. 1, 1829 Abs. 1 BGB sowie die Genehmigung durch eine Verwaltungsbehörde.

2. Rückabwicklung

a) Rückabwicklung bei nichtigem Schenkungsvertrag

Ist der Schenkungsvertrag nichtig, kann der Schenker das Geleistete nach § 812 Abs. 1 Satz 1, 1. Alt. BGB (*condictio indebiti*) zurückverlangen[530]. Der Schenker wird im Regelfall auf seine Verpflichtung aus der Schenkung hin geleistet haben.

---

[527] *Heinrichs* in Palandt, BGB, Überbl v § 104 Rz. 30; *Larenz/Wolf*, BGB AT, § 44 Rz. 58; *Medicus*, BGB AT, Rz. 493.

[528] *Heinrichs* in Palandt, BGB, Einl v § 241 Rz. 3.

[529] *Heinrichs* in Palandt, BGB, Überbl v § 104 Rz. 31; *Larenz/Wolf*, BGB AT, § 44 Rz. 49; *Medicus*, BGB AT, Rz. 490.

[530] RGZ 111, 152, 153; *Medicus*, Schuldrecht II, Rz. 641; *Reichel*, AcP 104 (1909), S. 1, 3; *Westermann* in Erman, BGB, § 812 Rz. 46.

aa) Herausgabe des Erlangten

Der Umfang der Herausgabepflicht richtet sich nach § 818 BGB. Es ist alles durch die Leistung Erlangte herauszugeben, d. h. alle Rechte und sonstige vorteilhafte Rechtsstellungen, wie z. B. Besitz, Eigentum, Inhaberschaften von Rechten, Buchpositionen, Auflassungen[531]. War die Schenkung bereits vollzogen und das Vollzugsgeschäft auch wirksam, dann erfolgt die Rückabwicklung durch Vornahme eines weiteren dinglichen Geschäfts, bei Sachen etwa durch (Rück)übereignung[532]. Unter den Begriff des Erlangten fallen auch körperlich nicht erfassbare Gegenstände, wie Nutzungs- oder Gebrauchsvorteile, nämlich dann, wenn diese den primären Vertrags- und Bereicherungsgegenstand darstellen[533]. Das ist bei den typischen Gebrauchüberlassungsverträgen, wie Miete, Leihe und Darlehen der Fall. Allerdings stellen diese Verträge zivilrechtlich keine Schenkungen dar[534].

bb) Herausgabe der gezogenen Nutzungen

Neben dem Erlangten sind nach § 818 Abs. 1 BGB auch die gezogenen Nutzungen herauszugeben. Zunächst ist klarzustellen, dass hier nicht die Nutzungen gemeint sind, die in den Fällen der Rückabwicklung von Nutzungsüberlassungsverträgen den primären Bereicherungsgegenstand im Sinne von § 812 Abs. 1 BGB ausmachen[535], sondern diejenigen Nutzungen, die aus dem Bereicherungsgegenstand gezogen wurden[536]. Der Unterschied besteht darin, dass bei Nutzungsüberlassungsverträgen der objektive Wert der Nutzungen herauszugeben ist[537], während bei Nutzungen im Sinne von § 818 Abs. 1 BGB nur die tatsächlich gezogenen Nutzungen herausgegeben werden müssen, ohne Berücksichtigung derjenigen, die gezogen hätten werden können oder schuldhaft nicht gezogen wurden[538]. Im Bereich der Schenkungen ergeben sich insoweit keine Probleme, da zivilrechtlich Gebrauchs- und Nut-

---

531 *Medicus*, Schuldrecht II, Rz. 672 ff.; *Schlechtriem* in Jauernig, BGB, § 812 Rz. 8, § 818 Rz. 2; *Sprau* in Palandt, BGB, § 812 Rz. 18 ff.; *Westermann* in Erman, BGB, § 818 Rz. 6.
532 *Westermann* in Erman, BGB, § 818 Rz. 7.
533 *Medicus*, Schuldrecht II, Rz. 674; *Schlechtriem* in Jauernig, BGB, § 812 Rz. 8.
534 Siehe oben § 3 I. 4. b).
535 Siehe soeben bei aa).
536 RGZ 72, 152, 153; *Lieb* in MünchKomm-BGB-, § 818 Rz. 7; *Medicus*, Schuldrecht II, Rz. 675; *Schlechtriem* in Jauernig, BGB, § 818 Rz. 9; *Sprau* in Palandt, BGB, § 818 Rz. 9; *Westermann* in Erman, BGB, § 818 Rz. 9.
537 RGZ 151, 123, 127; BGH NJW 1961, 452; 1962, 1148; *Lieb* in MünchKomm-BGB-, § 818 Rz. 12; *Westermann* in Erman, BGB, § 818 Rz. 10.
538 RGZ 72, 152, 153; *Lieb* in MünchKomm-BGB-, § 818 Rz. 7; *Medicus*, Schuldrecht II, Rz. 675; *Schlechtriem* in Jauernig, BGB, § 818 Rz. 9; *Sprau* in Palandt, BGB, § 818 Rz. 9; *Westermann* in Erman, BGB, § 818 Rz. 9.

zungsüberlassungsverträge nicht als Schenkung einzuordnen sind[539]. Es kann bei der Frage der Nutzungsherausgabe bei Schenkungen also nur darum gehen, welche Nutzungen aus dem Schenkungsgegenstand gezogen wurden.

Nach § 100 BGB sind Nutzungen die Gebrauchsvorteile sowie die Früchte (§ 99 BGB) einer Sache oder eines Rechts. Das bedeutet, dass bei Geldschenkungen die erwirtschafteten Zinsen als Früchte herauszugeben sind[540], bei Unternehmensschenkungen im Grundsatz der erwirtschaftete Gewinn[541]. Soweit jedoch die Früchte auf der persönlichen Leistung des Bereicherten beruhen, ist der Bereicherungsanspruch auf den objektiven Gebrauchswert der Sachnutzung beschränkt[542].

Bei Gebrauchsvorteilen besteht das grundsätzliche Problem, dass diese als nichtgegenständliche Nutzungen nicht herausgeben werden können. § 818 Abs. 2 BGB sieht daher in diesen Fällen eine wertmäßige Abgeltung in Geld vor. Entgegen dem ersten Wortlautverständnis findet § 818 Abs. 2 BGB auch auf die Nutzungen des § 818 Abs. 1 BGB Anwendung[543]. Fraglich ist hier, wie der Wert der Gebrauchsüberlassung zu berechnen ist. Bis zur Entscheidung des BGH vom 25.10.1995[544] war es in der Rechtsprechung zu § 818 BGB[545] und ist es im Schrifttum wohl immer noch herrschende Meinung[546], dass die durch Eigenverbrauch erzielten Gebrauchsvorteile nach ihrem objektiven Wert anzusetzen sind, also mit dem Betrag, der durchschnittlicher Weise für eine vertragliche Gebrauchsgestattung zu entrichten gewesen wäre. Dann hat der BGH entschieden, dass der Wert der Gebrauchsvorteile nicht nach dem üblichen oder dem fiktiven Mietzins für gleichartige Sachen zu ermitteln sei, sondern durch Schätzung der zeitanteiligen linearen Wertminderung im Vergleich zwischen tatsächlichem Gebrauch und voraussichtlicher Gesamtnutzungsdauer[547]. Er überträgt damit die zur Wandelung von Kaufverträgen über Kraftfahrzeuge ergangene Rechtsprechung auf das Bereicherungsrecht[548]. Dem BGH ist bei dieser Vorgehensweise nicht zuzustimmen. Was die Absicht der endgültigen Übereignung[549] mit der Wertberechnung der Gebrauchsvor-

---

[539] Siehe oben § 3 I. 4. b).
[540] BGH WM 1991, 1983; *Westermann* in Erman, BGB, § 818 Rz. 11.
[541] *Westermann* in Erman, BGB, § 818 Rz. 10.
[542] BGHZ 7, 208, 218; 63, 265, 268; NJW 1994, 2021, 2022; KG NJW-RR 1996, 431, 433; *Sprau* in Palandt, BGB, § 818 Rz. 9.
[543] *Gursky*, JR 1998, 7, 13; *Schlechtriem* in Jauernig, BGB, § 818 Rz. 12; *Sprau* in Palandt, BGB, § 818 Rz. 12, 16.
[544] NJW 1996, 250.
[545] RGZ 97, 245, 252; 151, 123, 127; BGHZ 20, 345, 3555; 36, 171, 186; BGH NJW 1968, 197; OLG Düsseldorf ZMR 1988, 221.
[546] *Gursky*, JR 1998, 7 ff.; *Schlechtriem* in Jauernig, BGB, § 818 Rz. 9; *Westermann* in Erman, BGB, § 818 Rz. 26.
[547] BGH NJW 1996, 250, 252.
[548] BGH NJW 1996, 250, 252.
[549] BGH NJW 1996, 250, 252.

teile zu tun haben soll, bleibt unklar. Auch der Aspekt, der Bereicherungsgläubiger komme in den unverdienten Genuss von Mieterträgen[550], überzeugt nicht, denn das Gesetz spricht in den §§ 99, 100, 818 Abs. 1 und 2 BGB vom Wert der Gebrauchsvorteile. Gebrauchsvorteile werden aber üblicherweise gegen ein Entgelt gewährt. Und die entgeltliche Gewährung von Gebrauchsvorteilen bezeichnet das Gesetz in den §§ 535 ff. BGB als Miete. Während der Ansatz des Wertverzehrs bei Kraftfahrzeugen und Maschinen möglicherweise zu sachgerechten Ergebnissen führt, ist er bei unbebauten Grundstücken völlig untauglich. Diese unterliegen nämlich – von allgemeinen Wertschwankungen abgesehen – überhaupt keinem Wertverzehr. Mithin können der Wertverzehr und der Wert des Gebrauchsvorteils erheblich von einander abweichen. Es handelt sich letztlich um zwei verschiedene Dinge. Der sekundäre Bereichungsgegenstand ist der Nutzungsvorteil. Dieser ist aber unabhängig von der Wertentwicklung des genutzten Gegenstandes, dem primären Bereicherungsgegenstand[551]. Im Übrigen führt die Auffassung des BGH zu einer Gleichstellung des bösgläubigen mit dem gutgläubigen Bereicherungsschuldner[552].

cc) Herausgabe von Surrogaten

Der Bereicherungsanspruch erstreckt sich nach § 818 Abs. 1 BGB auch auf Surrogate. Klar ist, dass dasjenige herauszugeben ist, was auf Grund eines geschenkten Rechts erlangt wurde. Bei Schenkung einer Forderung ist das derjenige Gegenstand, der aufgrund der Forderung eingezogen wurde. Soweit der Bereicherungsschuldner Ersatzansprüche wegen Zerstörung, Beschädigung oder Entziehung des Schenkungsgegenstandes erlangt hat, sind diese ebenfalls herauszugeben, das heißt abzutreten.

Hat der Beschenkte das Geschenk rechtsgeschäftlich veräußert, ergibt sich das allgemeine bereicherungsrechtliche Problem, ob dem Schenker als Bereicherungsgläubiger der gesamte Veräußerungserlös oder nur der objektive Wert des Schenkungsgegenstandes zusteht. Während es beim Verkauf von Sachgeschenken im Ergebnis um die Höhe eines Geldanspruchs geht, stellt sich beim Tausch eines Sachgeschenks oder der Verwendung eines Geldgeschenks die Frage, ob der mit dem Veräußerungsgeschäft erlangte Gegenstand herauszugeben oder Wertersatz in Geld zu leisten ist. Klarzustellen ist hier, dass sich das Problem im Rahmen des § 818 Abs. 1 BGB nur ergibt, wenn der Schenkungsvertrag nichtig, das Vollzugsgeschäft aber voll wirksam war. War dagegen das Vollzugsgeschäft ebenfalls nichtig,

---

550 BGH NJW 1996, 250, 252.
551 *Westermann* in Erman, BGB, § 818 Rz. 26.
552 *Gursky*, JR 1998, 7, 12 f.

verlagert sich die Problematik auf § 816 Abs. 1 BGB. Im Einzelnen soll dem hier nicht weiter nachgegangen werden, da insoweit keine schenkungsspezifischen Besonderheiten bestehen. Anders als bei § 816 Abs. 1 BGB gewährt die derzeit herrschende Lehre in Rechtsprechung und Schrifttum lediglich einen Anspruch auf den objektiven Wert des Geschenks nach § 818 Abs. 2 BGB und lehnt die Herausgabe von rechtsgeschäftlich erlangten Surrogaten ab[553].

dd) Herausgabe der gezogenen Nutzungen aus Surrogaten

Soweit Nutzungen aus den Surrogaten gezogen wurden, unterfallen auch diese dem Bereicherungsanspruch[554].

ee) Entreicherungseinwand

Bis zum Eintritt der verschärften Haftung nach § 818 Abs. 4 BGB kann der Beschenkte der Herausgabepflicht den Einwand der Entreicherung nach § 818 Abs. 3 BGB entgegenhalten. Der Einwand gilt sowohl für das Erlangte als auch für die Nutzungen und Surrogate[555]. Es gelten insoweit für Schenkungen keine Besonderheiten. Hat der Beschenkte durch das Geschenk eigene Aufwendungen erspart, greift die Einrede nicht[556]. Bedeutung dürfte bei Schenkungen der Aspekt der übermäßigen Aufwendungen zukommen. Ist das Empfangene für außergewöhnliche Dinge verwendet worden, wie für Luxusausgaben oder für die Verbesserung des Lebensstandards, die sich der Empfänger sonst nicht verschafft hätte, so ist die Bereicherung regelmäßig weggefallen[557]. Denn hier wurde eine Vermögensdisposition im Vertrauen auf die Beständigkeit des Erwerbsvorgangs getroffen[558]. Da Schenkungen ohne Gegenleistung des Empfängers erfolgen, ist die Wahrscheinlichkeit von Vermögensdispositionen, die ohne Schenkung nicht vorgenommen worden wären, viel höher als bei entgeltlichen Geschäften. Die wirtschaftliche Bereicherung des Schenkers ist mangels Abflusses einer Gegenleistung wesentlich bedeutender als bei entgeltlichen Geschäften.

---

[553] BGHZ 24, 106, 110 f.; 75, 203, 206; 112, 288, 294 f.; *Larenz/Canaris*, Schuldrecht II/2, § 72 I 1 c; *Lorenz* in Staudinger, BGB, § 818 Rz. 17; *Sprau* in Palandt, BGB, § 818 Rz. 14; *Westermann* in Erman, BGB, § 818 Rz. 14; a. A. *Lieb* in MünchKomm-BGB-, § 818 Rz. 31; *Medicus*, Schuldrecht II, Rz. 676.

[554] *Lorenz* in Staudinger, BGB § 818 Rz. 15; *Sprau* in Palandt, BGB, § 818 Rz. 11.

[555] *Sprau* in Palandt, BGB, § 818 Rz. 27.

[556] BGHZ 36, 171, 186; *Lieb* in MünchKomm-BGB-, § 818 Rz. 95.

[557] BGH MDR 1959, 109, 110; BGHZ 55, 128, 132; OLG Hamm, FamRZ 1996, 1406; VersR 1999, 478, 479; *Sprau* in Palandt, BGB, § 818 Rz. 35; *Westermann* in Erman, BGB, § 818 Rz. 38.

[558] BGHZ 132, 198, 210; *Lorenz* in Staudinger, BGB, § 818 Rz. 30.

Hat der Beschenkte im Vertrauen auf die Rechtsbeständigkeit der Schenkung Aufwendungen auf den herauszugebenden Schenkungsgegenstand getätigt, sind diese bereicherungsmindernd im Rahmen von § 818 Abs. 3 BGB zu berücksichtigen[559]. Der Schenker kann das Geschenk von vornherein nur Zug um Zug gegen Erstattung der Aufwendungen verlangen, ohne dass es einer dahingehenden Einrede bedarf[560]. Bereicherungsmindernd in diesem Sinne wirken sich sämtliche vermögensmindernden Aufwendungen des Beschenkten aus, also nicht nur notwendige und nützliche, d. h. wertsteigernde Verwendungen, sondern auch solche Aufwendungen, die von vornherein keine Wertsteigerung zur Folge hatten[561]. Im Rahmen des § 818 Abs. 3 BGB ist eine allein auf das Vermögen des Bereicherten gerichtete Betrachtung geboten[562]. Da bei der Ermittlung der Bereicherung ein Saldo gebildet wird[563], läuft diese Sichtweise im Ergebnis auf die für gegenseitige Verträge entwickelte Saldotheorie[564] hinaus.

ff) Verschärfte Haftung

Im Hinblick auf den Eintritt der verschärften Haftung nach § 818 Abs. 4 BGB gelten die allgemeinen bereicherungsrechtlichen Grundsätze.

b) Rückabwicklung bei unwirksamem Vollzugsgeschäft

Ist nicht nur das Verpflichtungsgeschäft, sondern auch das dingliche Vollzuggeschäft nichtig, ergeben sich im Rahmen der Rückabwicklung auch dingliche Ansprüche, insbesondere nach § 985 ff. BGB. War das Vollzugsgeschäft unwirksam, der Schenkungsvertrag dagegen gültig, steht einem Rückforderungsrecht nach § 985 BGB der § 986 Abs. 1 Satz 1 BGB entgegen, da der Beschenkte aus dem Schenkungsvertrag ein Recht zum Besitz ableiten kann. Für die Nutzungen bis zum Eintritt der Rechtshängigkeit verweist § 988 BGB auf das Bereicherungsrecht. Insoweit kann auf das Gesagte verwiesen werden. Bei rechtsgeschäftlichen

---

559 BGH NJW 1980, 1789, 1790; BGHZ 140, 275, 282; *Jülicher*, ZEV 1998, 201, 202; *Lieb* in MünchKomm-BGB-, § 818 Rz. 84; *Sprau* in Palandt, BGB, § 818 Rz. 28; *Westermann* in Erman, BGB, § 818 Rz. 39a.
560 BGH NJW 1980, 1789, 1790; BGHZ 140, 275, 282; *Jülicher*, ZEV 1998, 201, 202; *Lieb* in MünchKomm-BGB-, § 818 Rz. 70.
561 BGHZ 140, 275, 282; *Jülicher*, ZEV 1998, 201, 202.
562 BGHZ 140, 275, 282.
563 *Sprau* in Palandt, BGB, § 818 Rz. 29; *Westermann* in Erman, BGB, § 818 Rz. 32.
564 *Sprau* in Palandt, BGB, § 818 Rz. 48; *Westermann* in Erman, BGB, § 818 Rz. 42.

Veräußerungen des Schenkungsgegenstandes kann das Erlangte nach § 816 Abs. 1 Satz 1 BGB herausverlangt werden[565].

c) Rückabwicklung bei relativ unwirksamem Vollzugsgeschäft

War eine Verfügung des Schenkers an einen Dritten gegenüber dem Beschenkten unwirksam, stellt sich nicht die Frage der Rückabwicklung, da der Beschenkte noch nichts erworben hatte. War dagegen die Verfügung des Schenkers an den Beschenkten gegenüber einem Dritten unwirksam, dann muss der Beschenkte, soweit er nicht gutgläubig erworben hat, an den berechtigten Dritten das Geschenk nach § 985 BGB herausgeben. Im Fall der vormerkungswidrigen Verfügung nach § 883 Abs. 2 Satz 1 BGB kann der Dritte vom Schenker die Auflassung und vom Beschenkten nach § 888 BGB die Eintragungs- und Löschungsbewilligung nach §§ 19, 39 GBO verlangen[566].

d) Rückabwicklung von schwebend unwirksamen Schenkungen

Während der Schwebezeit ist das Rechtsgeschäft noch wirkungslos. In dieser Zeit können bereits erbrachte Leistungen nach §§ 812 Abs. 1 Satz, 1. Alt., 818 BGB zurückgefordert werden[567].

II. Erbschaft- und Schenkungsteuerrecht

1. Tatbestand nach §§ 7 Abs. 1 Nr. 1, 9 Abs. 1 Nr. 2 ErbStG i. V. m. § 41 Abs. 1 Satz 1 AO

a) Nichtige Schenkungen

War eine Schenkung von Anfang an nichtig, dann war auch der Steueranspruch (§ 38 AO) von Anfang an nicht entstanden, da § 7 Abs. 1 Nr. 1 ErbStG nicht erfüllt war. Eine Steuerentstehung kann sich in diesem Fall nur nach § 41 Abs. 1 Satz 1 AO ergeben, nämlich dann,

---

[565] Dazu unten § 20.
[566] *Hagen/Lorenz* in Erman, BGB, § 888 Rz. 1; *Baur/Stürner*, Sachenrecht, § 20 Rz. 35 ff.
[567] BGHZ 65, 123, 126; *Heinrichs* in Palandt, Überbl v § 104 Rz. 31; *Westermann* in Erman, BGB, § 812 Rz. 46.

wenn die Parteien die nichtige Schenkung vollziehen, wobei auch das Vollzugsgeschäft unwirksam sein kann, weil auch dafür § 41 Abs. 1 Satz 1 AO gilt[568].

Entgegen *Gebel*[569] kann die rechtsgrundlos vollzogene Schenkung nicht als sonstige freigebige Zuwendung verstanden werden. Dies widerspräche der grundsätzlichen Anknüpfung des Schenkungsteuerrechts an das Rechtsgeschäft Schenkung, auch wenn das Gesetz den Begriff der freigebigen Zuwendung zum Regelfall gemacht hat. Denn § 41 Abs. 1 Satz 1 AO würde bei diesem Verständnis bedeutungslos werden[570]. Nichtige Schenkungen sind vom Tatbestand her trotz ihrer Nichtigkeit gleichwohl Schenkungen. Die Wirksamkeitsvoraussetzungen sind nämlich vom rechtsgeschäftlichen Tatbestand zu trennen[571]. Ist aber der Tatbestand der Schenkung – unabhängig von seiner Wirksamkeit betrachtet – erfüllt, besteht kein Raum für eine sonstige freigebige Zuwendung.

Mitunter wird vertreten, der potenzielle Rückforderungsanspruch stehe der endgültigen Bereicherung des vermeintlich Beschenkten entgegen, wenn keine Anhaltspunkte dafür bestehen, dass die Beteiligten das wirtschaftliche Ergebnis bestehen lassen wollen[572]. Dem kann nur insoweit zugestimmt werden, soweit es um rechtsgrundlose Bereicherungen geht, die ihre Ursache nicht in der Nichtigkeit eines Schenkungsvertrages haben. Fehlt dagegen der Rechtsgrund wegen Nichtigkeit des Schenkungsvertrages, ist § 41 Abs. Satz 1 AO zu berücksichtigen. § 41 Abs. 1 Satz 1 AO soll aber gerade nicht die Rechtslage, sondern die Besteuerung des wirtschaftlichen Ergebnisses sicherstellen[573]. Unwirksamen Rechtsgeschäften folgen immer Rückforderungsansprüche. § 41 AO berücksichtigt auch nicht subjektive Vorstellungen der Parteien, sondern stellt auf die tatsächliche Lage ab[574].

b) Relative Unwirksamkeit

Die Frage der relativen Unwirksamkeit stellt sich nur bei Verfügungsgeschäften und verlagert sich somit auf den Vollzug der Schenkung nach § 9 Abs. 1 Nr. 2 ErbStG. Hier sind zwei Fallgruppen zu unterscheiden.

---

568 RFH RStBl. 1931, 541; *Beker*, Hinfällige Rechtsgeschäfte, S. 55; *Kapp/Ebeling*, ErbStG, § 7 Rz. 90; *Gebel* in Troll/Gebel/Jülicher, ErbStG, § 9 Rz. 90; *Meincke*, ErbStG, § 9 Rz. 42.

569 *Gebel* in Troll/Gebel/Jülicher, ErbStG, § 7 Rz. 15, 51.

570 *Crezelius*, Erbschaft- und Schenkungsteuer, S. 130.

571 *Heinrichs* in Palandt, BGB, Überbl v § 104 Rz. 3, 28.

572 *Crezelius*, Erbschaft- und Schenkungsteuer, S. 131; *Meincke*, ErbStG, § 7 Rz. 59.

573 *Kruse* in Tipke/Kruse, AO, § 41 Rz. 2 f.

574 BFH BStBl. II 1983, 744, 746; 1993, 351; 1993, 825, 827; 1994, 687, 689; 1997, 755, 760; 997, 761, 766.

aa) Unwirksamkeit gegenüber dem Beschenkten

Ist eine Verfügung über das Geschenk an einen Dritten gegenüber dem Beschenkten unwirksam, so ist die Ausführung der Schenkung nach § 9 Abs. 1 Nr. 2 ErbStG erst gegeben, wenn der Beschenkte seine Rechte aus der relativen Unwirksamkeit, also etwa aus § 888 Abs. 1 BGB geltend macht. Hier dürfte sich insbesondere bei mehraktigen Erwerben das allgemeine Problem stellen, zu welchem Zeitpunkt die Schenkung ausgeführt ist. Da es aber auf den Erwerb des Schenkungsgegenstandes ankommt, gelten auch hier die allgemeinen Grundsätze über die Ausführung der Schenkung[575].

bb) Unwirksamkeit gegenüber Dritten

War das Vollzugsgeschäft einem Dritten gegenüber unwirksam, stellt sich die Frage, ob die Schenkung überhaupt ausgeführt war, denn der Erwerb des Beschenkten ist hier insofern nicht endgültig sicher, als dass der geschützte Dritte sein Recht jederzeit geltend machen könnte. Allerdings ist es Wesen der Konstruktion der relativen Unwirksamkeit, dass die Verfügung dem Beschenkten und jeder sonstigen Person gegenüber wirksam ist. Denn ob dem geschützten Dritten das behauptete Recht überhaupt zusteht und er dieses auch durchsetzt, ist ungewiss[576]. Daher ist die Schenkung, jedenfalls solange der Dritte seine Rechte nicht geltend macht, vollzogen. Im Übrigen greift auch hier § 41 Abs. 1 Satz 1 AO ein, da die Norm die Fälle der relativen Unwirksamkeit nicht ausschließt.

c) Schwebende Unwirksamkeit

Hier ist zunächst auf die auf dem zivilrechtlichen Abstraktionsprinzip beruhenden Trennung von Schenkungsvertrag und Vollzugsgeschäft hinzuweisen. Die Unterscheidung nimmt das Erbschaft- und Schenkungsteuerrecht in § 7 Abs. 1 Satz 1 Nr. 1 ErbStG einerseits und § 9 Abs. 1 Nr. 2 ErbStG andererseits auf. § 9 Abs. 1 Nr. 2 ErbStG wurde in das Gesetz aufgenommen, um den bloßen Abschluss des Schenkungsvertrages (Schenkungsversprechen) nicht der Steuer zu unterwerfen[577]. Ist eines der beiden Rechtsgeschäfte schwebend unwirksam, erfüllt sich mit Eintritt des noch fehlenden zivilrechtlichen Tatbestandsmerkmals, welches regelmäßig die Erteilung einer Genehmigung ist, auch der steuerliche Tatbestand, also entweder § 7 Abs. 1 Satz 1 Nr. 1 oder § 9 Abs. 1 Nr. 2 ErbStG. Fraglich kann hier der Zeit-

[575] Siehe oben § 4 II.
[576] *Larenz/Wolf*, BGB AT, § 44 Rz. 61.
[577] *Meincke*, ErbStG, § 7 Rz. 46 f.

punkt der Steuerentstehung sein, also ob sich das Steuerrecht an die Rückwirkungsfiktion des § 184 BGB Abs. 1 hält[578]. Bleibt eine notwendige Genehmigung endgültig aus, bleibt das Rechtsgeschäft unwirksam und ist wie ein von Anfang Nichtiges zu behandeln.

2. Konsequenzen der Rückabwicklung für die Besteuerung der unwirksamen Schenkung

a) Nichtige Schenkung

aa) Vor dem Vollzugsgeschäft

Vor der Ausführung der Schenkung sind weder der Tatbestand des § 7 Abs. 1 Satz 1 Nr. 1 ErbStG noch der des § 9 Abs. 1 Nr. 2 ErbStG erfüllt. Auch aus § 41 Abs. 1 Satz 1 AO kann sich in diesem Fall keine Entstehung des Steueranspruchs ergeben. Soweit gleichwohl eine Steuer festgesetzt wurde, war die Festsetzung daher rechtswidrig und der Steuerbescheid ist im Rahmen der Einspruchsentscheidung nach § 367 AO oder durch die Finanzgerichte aufzuheben. Soweit die Finanzbehörde nachträglich von der Nichtigkeit eines Rechtsgeschäfts erfährt, handelt es sich auch um eine neue Tatsache im Sinne von § 173 Abs. 1 Nr. 2 AO[579]. Da die Schenkungsteuer aber nicht nur an das Vorliegen des Rechtsgeschäfts anschließt, sondern nach § 9 Abs. 1 Nr. 2 ErbStG auch an dessen Vollzug, läge eine rechtswidrige Steuererhebung auch vor, wenn der Finanzbehörde die Nichtigkeit bekannt gewesen wäre. § 29 ErbStG greift vor Vollzug ebenfalls nicht ein, da zu diesem Zeitpunkt noch gar keine Steuer entstanden war, die erlöschen könnte[580].

bb) Nach Vollzug

Wird bei einem nichtigen Rechtsgeschäft der Vollzug und damit das Rechtsgeschäft insgesamt rückabgewickelt, dann soll nach einhelliger Meinung ein rückwirkendes Ereignis nach § 175 Abs. 1 Satz 1 Nr. 2 AO vorliegen[581]. Da es sich bei § 175 Abs. 1 Satz 1 Nr. 2 AO nur

---

[578] Siehe oben § 4 III. 3.

[579] *J. Lauer*, InfStW 1981, 169, 170.

[580] *Knobel* in Viskorf/Glier/Hübner/Knobel/Schuck, ErbStG, § 29 Rz. 7; *Meincke*, ErbStG, § 29 Rz. 4.

[581] *Kapp/Ebeling*, ErbStG, § 7 Rz. 90; *J. Lauer*, InfStW 1981, 169, 170; *G. Lauer*, Korrekturvorschrift, S. 59; *Loose* in Tipke/Kruse, AO, § 175 Rz. 38; *von Wallis* in Hübschmann/Hepp/Spitaler, AO, § 175 Rz. 29 f.

um eine verfahrensrechtliche Vorschrift handelt[582], ist nach der materiellen Begründung zu fragen.

aaa) § 41 Abs. 1 Satz 1 AO

Wegen der Nichtigkeit des Schenkungsvertrages war der Tatbestand des § 7 Abs. 1 Satz 1 Nr. 1 ErbStG nie erfüllt. Mit Vollzug haben die Parteien allerdings ein wirtschaftliches Ergebnis geschaffen, wie es bei Wirksamkeit des Schenkungsvertrages vorläge. § 41 Abs. 1 Satz 1 AO erklärt in diesem Fall die Unwirksamkeit des Rechtsgeschäfts für unerheblich, weshalb der Steueranspruch im Sinne des § 38 AO entsteht[583]. Das bedeutet aber zugleich, dass nach Rückgabe des Geschenks die Nichtigkeit der Schenkung und die Nichterfüllung des § 7 Abs. 1 Nr. 1 ErbStG wieder relevant werden. Wenn § 41 Abs. 1 Satz 1 AO nämlich anordnet, dass die Unwirksamkeit eines Rechtsgeschäfts bei Beibehaltung des wirtschaftlichen Ergebnisses unbeachtlich ist, ergibt sich daraus im Umkehrschluss, dass bei Nichteintritt des wirtschaftlichen Ergebnisses die Unwirksamkeit beachtlich ist[584]. Dafür spricht neben der grundsätzlichen Maßgeblichkeit des Zivilrechts für das Erbschaft- und Schenkungssteuerrecht[585] auch, dass aus § 41 Abs. 1 Satz 1 AO sogar die noch weitergehende Schlussfolgerung gezogen wird, dass trotz Wirksamkeit eines Rechtsgeschäfts die steuerlichen Folgen nur dann eintreten sollen, wenn auch das wirtschaftliche Ergebnis des Rechtsgeschäfts vollzogen wird[586]. Aus der Norm des § 41 Abs. 1 Satz 1 AO ergibt sich zugleich, dass eine Steuererstattung aus dem allgemeinen Erstattungsanspruch nach § 37 Abs. 2 AO aber auch nur dann erfolgen kann, wenn das Geschenk wieder zurückgegeben wird[587].

§ 41 Abs. 1 AO spricht von „soweit und solange". Die Wendung „solange" darf hier nicht als Anordnung einer ex nunc Wirkung missverstanden werden[588]. Sie dient vielmehr dazu, den Zeitpunkt der Rückabwicklung als maßgeblichen Zeitpunkt für die Beachtlichkeit der zivilrechtlichen Unwirksamkeit überhaupt festzulegen[589]. Sinn macht im Übrigen aber nur eine ex tunc Wirkung. Würde man eine Rückwirkung verneinen, käme § 41 Abs. 1 Satz 1 AO allenfalls noch bei Dauerschuldverhältnissen in Betracht. Bei gewöhnlichen Rechtsge-

---

582 Siehe oben § 7 I.
583 Siehe oben 1. a).
584 Ebenso *Beker*, Hinfällige Rechtsgeschäfte, S. 23; *Fischer* in Hübschmann/Hepp/Spitaler, AO, § 41 Rz. 71; *Kapp/Ebeling*, ErbStG, § 7 Rz. 90; *Kottke*, DStR 1982, 545, 546; *J. Lauer*, InfStW 1981, 169, 170.
585 Siehe oben § 2 I. 4.
586 *Lang* in Tipke/Lang, Steuerrecht, § 5 Rz. 89.
587 Siehe bereits oben § 7 III. 2.
588 *Fischer* in Hübschmann/Hepp/Spitaler, AO, § 41 Rz. 71.
589 *Fischer* in Hübschmann/Hepp/Spitaler, AO, § 41 Rz. 71.

schäften, wie etwa Kauf oder Schenkung, würde § 41 Abs. 1 Satz 1 AO leer laufen. Somit ist im Zeitpunkt der Rückgabe der Steueranspruch nachträglich weggefallen[590]. Bis zur Rückgängigmachung bleibt es dagegen bei der rechtmäßigen Besteuerung.
Eine rückwirkende Rückabwicklung aus § 41 Abs. 1 Satz 1 AO ergibt sich auch für die Fälle, in denen nicht das Geschenk selbst, sondern ein Surrogat an den Schenker zurückgegeben wurde. Das Zivilrecht schafft durch die Gleichstellung des Surrogats mit dem Geschenk[591] eine wirtschaftliche Identität zwischen dem Geschenk und dem Erlangten. Da § 41 Abs. 1 Satz 1 AO das wirtschaftliche Ergebnis als maßgebendes Kriterium aufstellt, ist auch die Herausgabe von Surrogaten als rückwirkende Rückabwicklung anzuerkennen.

bbb) § 29 Abs. 1 Nr. 1 ErbStG

§ 29 Abs. 1 Nr. 1 ErbStG bestimmt, dass die Steuer bei Herausgabe wegen eines Rückforderungsrechtes erlischt. Nach nahezu einhelliger Meinung in der Literatur ist der Rückforderungsanspruch nach § 812 Abs. 1 Satz 1 Alt. 1 BGB ein Rückforderungsrecht im Sinne des § 29 Abs. 1 Nr. 1 ErbStG[592]. Auch der Anspruch auf ein Surrogat ist darunter zu fassen[593].

ccc) Rückwirkung nach den Rechtsfolgen der Rückabwicklung

Eine materielle Rückwirkung ergibt sich auch nach dem hier vertretenen Ansatz, der auf den durch die Rechtsfolgen geschaffenen Zustand abstellt. Die Rückabwicklung erfolgt hier nach §§ 812 ff. BGB. Dabei erhält der Schenker den Schenkungsgegenstand zurück, d. h. er steht hinsichtlich der Vermögenssubstanz so, als hätte er den Gegenstand nie weggegeben. Soweit Wertminderungen angefallen sind, kann der Beschenkte diese im Rahmen des Entreicherungseinwandes geltend machen[594]. Ebenso sind getätigte Aufwendungen des Beschenkten zu dessen Gunsten im Rahmen des § 818 Abs. 3 BGB anzurechnen, und zwar unabhängig davon, ob sie zu einer noch vorhandenen Wertsteigerung geführt haben[595]. Ist der Gegenstand selbst in seinem Wert gestiegen, kommt das – vom Aufwendungsersatz abgesehen – dem Schenker zugute. Die gezogenen Nutzungen muss der Beschenkte herausgeben. Das

---

[590] Vgl. auch *Balmes*, DStZ 1993, 620, *Kruse* in Tipke/Kruse, AO, § 41 Rz. 5.
[591] Siehe oben I. 2. a) cc).
[592] *Kapp/Ebeling*, ErbStG, § 29 Rz. 7; *Jülicher* in Troll/Gebel/Jülicher, ErbStG, § 29 Rz. 8; *Meincke*, ErbStG, § 29 Rz. 6; *Moench*, ErbStG, § 29 Rz. 5; *Pahlke* in Christoffel/Geckle/Pahlke, ErbStG, § 29 Rz. 6; zweifelnd *Gebel* in Troll/Gebel/Jülicher, ErbStG, § 7 Rz. 51.
[593] Siehe oben § 5 II. 2. d).
[594] Siehe oben I. 2. a) ee).
[595] Siehe oben I. 2. a) ee).

bedeutet im Ergebnis, dass die §§ 812 ff. BGB einen Zustand herstellen, bei dem die Wertentwicklung des Gegenstandes und auch die getätigten Aufwendungen und Nutzungen voll zu Lasten und auf Rechnung des Schenkers gehen. Dieser wird so gestellt, wie er stünde, wenn die unwirksame Schenkung nie stattgefunden hätte. Das ist letztlich auch eines der Ziele der §§ 812 ff. BGB, nämlich einen Vermögensübergang, der mit dem materiellen Recht nicht übereinstimmt, rückgängig zu machen[596].

Das Bereicherungsrecht will aber auch die Interessen des Bereicherungsschuldners, hier des Schenkers, schützen[597]. Es tut dies vor allem durch § 818 Abs. 3 BGB. Kommt es infolge eines durchgreifenden Entreicherungseinwandes nicht zu einer tatsächlichen Rückabwicklung und damit nicht zu einer Herstellung des Zustandes, der bestünde, wenn die Schenkung nicht stattgefunden hätte, dann kommt es nach dem hier vertretenen Rechtsfolgenansatz nicht zu einer Steuererstattung. Dieses Ergebnis ist richtig. Es wird durch die Systematik des Erbschaft- und Schenkungsteuerrechts bestätigt, denn es ist in diesem Fall zu einem dauerhaften und endgültigen Vermögenssubstanzübergang auf den Beschenkten gekommen.

ddd) Konkurrenzfragen

Nach den bisherigen Ausführungen ergibt sich sowohl aus § 41 Abs. 1 Satz 1 AO, als auch aus § 29 Abs. 1 Nr. 1 ErbStG sowie aus dem hier vertretenen Rechtsfolgenansatz eine materielle Rückwirkung. Es stellt sich daher eine Konkurrenzfrage zwischen diesen Ansätzen. Zwischen § 41 Abs. 1 Satz 1 AO und § 29 Abs. 1 Nr. 1 ErbStG könnte das Verhältnis darin bestehen, dass § 29 Abs. 1 Nr. 1 ErbStG lex speciales zu § 41 Abs. 1 Satz 1 AO sein könnte. Dafür könnte sprechen, dass die Normen der AO nach § 1 Abs. 1 Satz 1 AO grundsätzlich für alle Steuern gelten, während § 29 Abs. 1 Nr. 1 ErbStG nur für das Erbschaft- und Schenkungsteuerrecht Bedeutung hat. Das Verhältnis der Spezialität setzt aber zudem voraus, dass die speziellere Norm einen eigenen Regelungsgehalt entfaltet[598]. Für den Fall der nichtigen Schenkung kommen aber beide Normen zum gleichen Ergebnis, sodass dem § 29 Abs. 1 Nr. 1 ErbStG hier nur deklaratorische Bedeutung zuerkannt werden kann.

Hinsichtlich des Verhältnises zwischen § 41 Abs. 1 Satz 1 AO und dem hier für das Erbschaft- und Schenkungsteuerrecht entwickelten Rechtsfolgenansatz ist der Anwendung des § 41 Abs. 1 Satz 1 AO der Vorrang zu gewähren, denn die Notwendigkeit der Definition eines rückwirkenden Ereignisses unter Berücksichtigung des betroffenen materiellen Steuergeset-

---

596 *Lieb* in MünchKomm-BGB-, § 812 Rz. 1; *Sprau* in Palandt, BGB, Einf v § 812 Rz. 2; *Westermann* in Erman, BGB, Vor § 812 Rz. 2.

597 *Sprau* in Palandt, BGB, Einf v § 812 Rz. 2.

598 *Zippelius*, Methodenlehre, S. 49.

zes ergibt sich ja gerade daraus, dass es außer § 41 Abs. 1 Satz 1 AO keine weitere allgemeine Norm zur materiellen Rückwirkung gibt. Auf den Rechtsfolgenansatz braucht nicht zurückgegriffen zu werden, da § 41 Abs. 1 Satz 1 AO den Fall der Unwirksamkeit regelt.

b) Relativ unwirksame Verfügung

aa) Nichtiger Schenkungsvertrag

Trifft ein nichtiger Schenkungsvertrag mit einer relativ unwirksamen Verfügung zusammen, gilt das Gesagte entsprechend. Soweit die (nichtige) Schenkung noch nicht vollzogen war, war eine Steuer nie entstanden. Musste der Schenker das Geschenk herausgeben, weil der Schenkungsvertrag nichtig war, ergeben sich keine Unterschiede.

bb) Wirksamer Schenkungsvertrag

Problematisch ist der Fall, in dem der Beschenkte das Geschenk an einen Dritten herausgeben musste, da diesem gegenüber das Vollzugsgeschäft unwirksam war. Fraglich ist hier, ob nachträglich mit rückwirkender Kraft das Vollzugsgeschäft wegfällt und damit der Steuertatbestand nie erfüllt war oder ob die einmal eingetretene Ausführung der Schenkung unabänderlich ist und eine Rückabwicklung nur im Rahmen von § 29 ErbStG in Betracht kommt. Soweit ersichtlich, haben sich Literatur und Rechtsprechung mit dieser Frage bislang nicht beschäftigt. Bis zur Herausgabe an den Dritten war der Steueranspruch wegen § 41 Abs. 1 Satz 1 AO erfüllt. Mit der Herausgabe hat sich die relative Unwirksamkeit des Verfügungsgeschäfts realisiert. Das bedeutet, dass mit der Herausgabe die Unwirksamkeit wegen § 41 Abs. 1 Satz 1 AO („solange") relevant wird. Wie beim nichtigen Schenkungsvertrag[599] ergibt sich daraus ein rückwirkender Wegfall eines Teils des Steuertatbestandes, nämlich des § 9 Abs. 1 Nr. 2 ErbStG.

c) Schwebend unwirksame Schenkung

Da ein schwebend unwirksames Rechtsgeschäft zivilrechtlich keine Rechtswirkungen entfaltet, gilt das gemäß § 41 Abs. 1 Satz 1 AO auch steuerrechtlich, wenn und soweit die Parteien die (unwirksame) Schenkung nicht doch vollziehen. Bleibt das noch fehlende Wirksamkeits-

---

599 Siehe oben 2. a) bb).

erfordernis aus, ist die schwebend unwirksame Schenkung endgültig unwirksam. Die Rückabwicklung richtet sich nach den gleichen Grundsätzen wie bei der Nichtigkeit.

3. Behandlung von Nutzungen

a) Schenkungsteuerliche Behandlung

Soweit man den Rückforderungsanspruch nach § 812 Abs. 1 Satz 1 Alt. 1 BGB als Rückforderungsrecht im Sinne des § 29 Abs. 1 Nr. 1 ErbStG ansieht[600], stellt sich notwendigerweise die Frage nach § 29 Abs. 2 ErbStG. Wendete man den § 29 Abs. 2 ErbStG seinem reinen Wortlaut nach an, käme es zu einer Besteuerung des Nutzungsvorteils, obwohl die Nutzungen nach § 818 Abs. 1 und 2 BGB herausgegeben werden mussten[601]. Es würde zu einer Besteuerung eines Nutzungsvorteils kommen, den der Beschenkte nie hatte. Daher hält die ganz überwiegende Auffassung im Schrifttum den § 29 Abs. 2 ErbStG für nicht anwendbar, wenn die Nutzungen nach § 818 Abs. 1 und 2 BGB herausgegeben werden mussten[602]. Nach *Schulz*[603] sollen die tatsächlich herausgegebenen Nutzungen vom Kapitalwert des Nießbrauchs abgezogen werden. Dieser Ansicht kann nicht gefolgt werden. Liegen nämlich die tatsächlich gezogenen Nutzungen unter dem nach dem BewG ermittelten Kapitalwert, kommt es zu einer Besteuerung, obwohl der Beschenkte nie bereichert war. Daher ist bei vollständiger Nutzungsherausgabe die Anwendung des § 29 Abs. 2 ErbStG abzulehnen.

b) Ertragsteuerliche Behandlung

aa) Problem bei Nutzungsherausgabe

In dem Zeitraum zwischen Ausgangsgeschäft und Rückabwicklung kann es zu einer Besteuerung der gezogenen Nutzungen auf der Seite des Beschenkten kommen. Bei Schenkung von Gesellschaftsanteilen, Wertpapieren und vermieteten Grundstücken werden die Gewinne, Dividenden und Mieteinnahmen der Einkommensteuer unterworfen. Gibt der Beschenkte im Rahmen der Rückabwicklung die gezogenen Nutzungen an den Schenker nach § 818 Abs. 1 und 2 BGB heraus und bliebe es bei der Besteuerung, träte ein offenkundiger

---

[600] Siehe oben 2. a) bb) bbb).
[601] *Meincke*, ErbStG, § 29 Rz. 18.
[602] *Kapp/Ebeling*, ErbStG, § 29 Rz. 61; *Jülicher* in Troll/Gebel/Jülicher, ErbStG, § 29 Rz. 55 f.; *Meincke*, ErbStG, § 29 Rz. 18; *Moench*, ErbStG, § 29 Rz. 23; *Pahlke* in Christoffel/Geckle/Pahlke, ErbStG, § 29 Rz. 21.
[603] Erbschaftsteuer, S. 517.

Widerspruch zum Leitungsfähigkeitsprinzip auf, da der Beschenkte etwas zu versteuern hätte, was er im wirtschaftlichen Endergebnis nie erhalten hat. Der Schenker andererseits würde steuerfreie Einnahmen erzielen. Die Rechtsprechung hatte sich mit diesem Problem bislang nicht auseinander zu setzen. In der Literatur wird es nur selten behandelt[604].

bb) Zivilrechtliche Lösung

Denkbar ist es, die steuerrechtliche Situation zu lassen, wie sie ist, und dem Beschenkten die Möglichkeit zu eröffnen, die gezahlten Steuern im Rahmen des Entreicherungseinwandes nach § 818 Abs. 3 BGB geltend zu machen[605]. Dagegen spricht zum einen, dass in den Fällen der Bösgläubigkeit nach §§ 818 Abs. 4, 819 BGB der Entreicherungseinwand nicht greift und zum anderen, dass der Schenker und der Beschenkte einer unterschiedlichen Einkommensteuerprogression unterliegen[606]. Die Einkommensteuerprogression ist Ausdruck des Grundsatzes der Individualbesteuerung[607], der hier zum Tragen kommt. Dieser Grundsatz besagt auch, dass jede Person die von ihr erwirtschafteten Einkünfte zu versteuern hat[608], womit die Frage angesprochen ist, wem die erzielten Einkünfte nach § 2 Abs. 1 EStG zuzurechnen sind. Das Zivilrecht hat sich in den Fällen der Nichtigkeit mit der Folge der Anwendung der §§ 812 ff. BGB klar dafür entschieden, dass die gezogenen Nutzungen herauszugeben sind und sie damit dem Schenker zugeordnet. Das Steuerrecht hält nach § 41 Abs. 1 Satz 1 AO die Unwirksamkeit von Rechtsgeschäften für beachtlich. Schon aus diesem gesetzestechnischem Grund sollte das Steuerrecht die zivilrechtlichen Vorgaben übernehmen. Hinzu kommt, dass die Nichtigkeit des Schenkungsvertrages regelmäßig auf Gründen beruht, die einen Schutzzweck verfolgen. So sollen zum Beispiel die §§ 104, 105 BGB Geschäftsunfähige vor rechtsgeschäftlichen Handlungen schützen, die nicht ihrer freien Willensbestimmung entsprechen[609]. Die Anordnung der Schriftform dient unter anderem der Warnung und Beratung[610]. Wenn das Zivilrecht vor dem Hintergrund der Schutzzwecke der die Nichtigkeit bestimmenden Normen nach §§ 812 ff. BGB eine entsprechende Zuweisung der Nutzungen vornimmt, dann würde es ein Unterlaufen der zivilrechtlichen Ordnung bedeuteten, wenn das Steuerrecht dies anders sähe. Das gilt nicht nur unter dem Aspekt der Einheit der Rechtsordnung, sondern vielmehr vor dem grundsätzlichen Gedanken, dass das Steuerecht

---

[604] *Jülicher*, DStR 1998, 1977, 1981 f.; *Schön*, ZHR 155 (1991), S. 247 ff.
[605] *Jülicher*, DStR 1998, 1977, 1982; *Schön*, ZHR 155 (1991), S. 247, 266 ff.
[606] *Jülicher*, DStR 1998, 1977, 1982.
[607] *Lang* in Tipke/Lang, Steuerrecht, § 9 Rz. 22.
[608] *Lang* in Tipke/Lang, Steuerrecht, § 9 Rz. 22.
[609] *Heinrichs* in Palandt, BGB, § 105 Rz. 5.
[610] *Heinrichs* in Palandt, BGB, § 125 Rz. 1 ff.

keine wirtschaftlichen Vorgänge per se besteuert, sondern dass die wirtschaftlichen Vorgänge so sind wie sie sind, weil das Zivilrecht sie so geregelt hat. Nach alledem ist eine Lösung des Problems nur im Steuerrecht zu suchen. Der Beschenkte hat dem Schenker die Nutzungen ohne Abzug gezahlter Ertragsteuern herauszugeben.

cc) Steuerrechtliche Lösung

Mit der soeben vorgenommenen Betrachtungsweise ist das steuerrechtliche Ergebnis im Prinzip schon vorgegeben. Der Schenker hat die Nutzungen zu versteuern, der Beschenkte darf keine Steuerlast tragen, freilich im Hinblick auf § 41 AO nur, wenn die Nutzungen tatsächlich herausgegeben wurden. Probleme entstehen allerdings durch die zeitlichen Verschiebungen. Während der Beschenkte die Nutzungen im Laufe des unter Umständen mehrere Jahre andauernden Zeitraums zwischen Schenkung und Rückabwicklung gezogen und versteuert hat, erfolgt die Herausgabe der Nutzungen in einem Zeitpunkt. Fraglich ist daher, ob man die zivilrechtliche Betrachtung, dass die Rückabwicklung einer nichtigen Schenkung die Beteiligten so stellen soll, wie sie stünden, wenn die Schenkung nie stattgefunden hätte, so auf das Steuerrecht überträgt, sodass sämtliche Veranlagungen der Zeitspanne zwischen Schenkung und Rückabwicklung korrigiert und dem Schenker im jeweiligen Jahr die Nutzungen zugerechnet würden. Die alternative Lösung wäre, erst im Jahr der Nutzungsherausgabe beim Schenker Einnahmen zu erfassen. Für die erste Lösung sprechen die Konformität mit dem Zivilrecht und die verhinderten Progressionsnachteile. Für die zweite Lösung sprechen der § 11 EStG und vor allem praktische und verfahrensrechtliche Vorteile, da die alten unter Umständen bestandskräftigen Veranlagungen nicht erneut aufgerollt werden müssen. Im Allgemeinen werden bei laufend veranlagten Steuern auch rückwirkende Korrekturen abgelehnt[611]. Für die zweite Lösung lassen sich zudem die Grundsätze über die Zurechnung von Einkünften anführen. Einkünfte sind grundsätzlich demjenigen zuzurechnen, der den Tatbestand der Einkünfteerzielung selbst verwirklicht[612]. Maßgeblich ist insoweit die Dispositionsmöglichkeit über die zur Steuerbarkeit führende Marktleistung[613]. In der Zeit zwischen Schenkung und Rückabwicklung haben die Parteien wirtschaftlich und im Sinne von § 41 Abs. 1 Satz 1 AO auch rechtlich die Schenkung vollzogen gehabt. In dieser Zeit hat demnach der Beschenkte den entsprechenden Tatbestand des EStG erfüllt. *Trzaskalik* bestreitet demgegenüber bei rechtsgrundlosen Zuflüssen wegen des Zusammenhangs mit dem Erstattungsanspruch bereits das Vorliegen von Einnahmen und befürwortet Korrekturen nach §

611 Siehe oben § 7 III. 1.
612 BFH BStBl. II 1976, 592; 1977; 115; 1981, 299; *Seeger* in Schmidt, EStG; § 2 Rz. 55.
613 *Ruppe*, DStJG 1 (1979), S. 7, 25.

173 AO und § 175 Abs. 1 Satz 1 Nr. 2 AO[614]. Dem ist nicht zumindest im vorliegenden Zusammenhang nicht zuzustimmen, da die hier in Frage stehenden Nutzungen aus dem Gegenstand selbst (§ 903 BGB) oder aus einem Rechtsverhältnis mit einem Dritten, also nicht rechtsgrundlos gezogen wurden, auch wenn im Rahmen der Rückabwicklung wegen rechtsgrundlosen Erwerbs des Primärgegenstandes diese herauszugeben sind.
Im Übrigen verfolgen § 11 Abs. 1 Satz 1 und Abs. 2 Satz 1 EStG und §§ 11 Abs. 1 Satz 4 und Abs. 2 Satz 3 i.V.m. §§ 4 Abs. 1, 5 EStG gerade den Zweck, die zeitliche Zurechnung von Einnahmen und Ausgaben zu regeln[615]. Die Abweichung von der zivilrechtlichen Zuordnung scheint insofern gerechtfertigt, als dass es sich bei § 41 AO und § 11 EStG um steuerrechtliche Spezialvorschriften handelt. Die Lösung kann daher nur lauten, dass im Jahr der Nutzungsherausgabe dem Beschenkten Betriebsausgaben, Werbungskosten oder negative Einnahmen[616] und dem Schenker (Betriebs)einnahmen in Höhe der gesamten gezogenen Nutzungen entstehen. Progressionsnachteile müssen vor dem Hintergrund des Zu- und Abflussprinzips hingenommen werden[617]. Für eine unterschiedliche Behandlung von Gewinn- und Überschusseinkunftsarten[618] besteht kein hinreichender Grund[619].

4. Rückabwicklung keine Rückschenkung

Da die gesamte Rückabwicklung Erfüllungen der sich aus den §§ 812 ff. BGB ergebenden Verpflichtungen darstellen, handelt es sich nicht um Schenkungen und erst recht nicht um sonstige freigebige Zuwendungen im Sinne von § 7 Abs. 1 Nr. 1 ErbStG.

III. Ergebnis

Die Erfüllung des Steuertatbestandes kann im Fall des unwirksamen Schenkungsvertrages nur über § 41 Abs. 1 Satz 1 AO erfolgen. Aus arg. e. § 41 Abs. 1 Satz 1 AO ergibt sich zugleich, dass die Rückabwicklung materiell zurückwirkt. Zum gleichen Ergebnis kommt man auch über § 29 Abs. 1 Nr. 1 ErbStG, dem hier aber nur deklaratorische Bedeutung zuzumessen ist, da er im Vergleich zu § 41 Abs. 1 Satz 1 AO keinen eigenen Regelungsgehalt entfaltet. Ebenso gelangt der hier vertretene Rechtsfolgenansatz zu einer materiellen Rück-

---

[614] *Trzaskalik*, StuW 1985, 222, 225.
[615] *Heinicke* in Schmidt, EStG, § 11 Rz. 1; *Trzaskalik*, StuW 1985, 222.
[616] Vgl. *Schnorr*, GmbHR 2003, 865.
[617] *Jülicher*, DStR 1998, 1977, 1982.
[618] *Schön*, ZHR 155 (1991), S. 247, 260 ff.
[619] Ebenso *Jülicher*, DStR 1998, 1977, 1982.

wirkung. Ein Rückgriff darauf ist aber nicht notwendig, da § 41 Abs. 1 Satz 1 AO als ausdrücklicher gesetzlicher Regelung der Vorzug einzuräumen ist.

Im Jahr der Nutzungsherausgabe sind beim Schenker ertragsteuerrechtlich Einnahmen und beim Beschenkten Ausgaben anzusetzen.

§ 10 Anfechtung des Schenkungsvertrages

I. Zivilrecht

1. Vorbemerkung

Die Anfechtung von Willenserklärungen, die zu einem Schenkungsvertrag führen, weist im Vergleich zur Anfechtung von anderen Willenserklärungen keine Besonderheiten auf. Im Rahmen der hier zu behandelnden Thematik ist darauf hinzuweisen, dass die bloße Anfechtbarkeit des Schenkungsvertrags dessen Wirksamkeit unberührt lässt[620]. Da das Anfechtungsrecht ein Gestaltungsrecht ist[621], steht es im freien Belieben des Anfechtungsberechtigten, davon Gebrauch zu machen oder nicht. Erst mit der Anfechtungserklärung entfaltet diese Rechtswirkungen. Wird die Anfechtung unterlassen, bleibt das Rechtsgeschäft gültig[622].

2. Anfechtung wegen einseitigen Irrtums über Steuerfolgen

In steuerlicher Hinsicht ist vor allem der Irrtum über steuerliche Rechtsfolgen zu diskutieren. Es kommen hier ein Irrtum über die Steuerbarkeit einer Schenkung sowie ein Irrtum über die Höhe der Schenkungsteuer in Betracht. Neben der Anwendung der Grundsätze über den Wegfall der Geschäftsgrundlage[623] ist fraglich, ob ein zur Anfechtung berechtigender Inhaltsirrtum nach § 119 Abs. 1 BGB vorliegt. Während früher eine Anfechtung für zulässig erachtet wurde[624], geht man heute einhellig davon aus, dass sich es sich bei dem Irrtum über Steuerfolgen um einen Irrtum über Rechtsfolgen handelt, der in den Bereich des unbeachtlichen Motivirrtums fällt[625]. Dieser Auffassung ist zuzustimmen. Klar dürfte sein, dass es sich beim Irrtum über Steuerfolgen um einen Irrtum über Rechtsfolgen handelt. Ein Rechtsfolgenirrtum kann sich sowohl als ein Inhaltsirrtum aber auch als ein unbeachtlicher Motivirrtum darstellen[626]. Ein Inhaltsirrtum liegt dann vor, wenn der Erklärende etwas anderes mein-

---

620 *Heinrichs* in Palandt, BGB, Überbl v § 104 Rz. 33.
621 *Heinrichs* in Palandt, BGB, Überbl v § 104 Rz. 33, § 143 Rz. 2; *Palm* in Erman, BGB, § 143 Rz. 3.
622 *Heinrichs* in Palandt, BGB, Überbl v § 104 Rz. 33.
623 Siehe unten § 19
624 BB 1958, 512 allerdings für zweiseitigen Irrtum; *Megow*, DStZ/A 1952, 21.
625 BFH DB 1961, 226; BStBl. III 1967, 208, 209; DB 1990, 22, 23; BFH/NV 1986, 21, 22; *Beker*, Hinfällige Rechtsgeschäfte, S. 71; *Kamps*, ZErb 2002, 174, 180; *Ebeling*, DB 2002, 553, 554; G. *Lauer*, Korrekturvorschrift, S. 65; *Peusquens*, NJW 1974, 1644, 1645; *Rust*, Das rückwirkende Ereignis im Steuerrecht, S. 119; *Tipke*, NJW 1968, 865; bereits auch RFH StuW 1925, Nr. 636.
626 *Hefermehl* in Soergel, BGB, § 119 Rz. 24; *Palm* in Erman, BGB, § 119 Rz. 36.

te, als er gesagt hat[627]. Ein Inhaltsirrtum liegt in dem hier zu diskutierenden Zusammenhang aber schon bereits deshalb nicht vor, weil die steuerlichen Folgen einer Schenkung vom zivilrechtlichen Tatbestand der Schenkung nach §§ 516 BGB überhaupt nicht umfasst werden[628]. Die aus dem erfüllten Schenkungstatbestand abzuleitenden Rechtsfolgen gehen primär von der Entstehung eines Anspruchs auf Übertragung des Schenkungsgegenstandes aus und sekundär von bestimmten Haftungserleichterungen oder Rückforderungsrechten. Da der Schenkende darüber aber nicht irrt, scheidet ein Inhaltsirrtum aus. Bereits der *RFH* hat bezeichnend formuliert, dass es sich um einen „Irrtum über die nicht erklärten rechtlichen Folgen einer Willenserklärung" handelt[629]. Daraus ergibt sich quasi von selbst die Zuordnung zum Motivirrtum, was dessen Definition bestätigt. Motive sind Erwartungen, Vorüberlegungen und Gründe, die den Erklärenden zur Abgabe seiner Willenserklärung veranlassen[630]. Wenn sich über steuerrechtliche Rechtsfolgen Gedanken gemacht wird, dann handelt es sich dabei um einen Aspekt im Rahmen der Abwägung, ob eine Schenkung vorgenommen werden soll oder nicht, nicht dagegen um einen Aspekt der Schenkung selbst. Diese ist nur Ergebnis der Abwägungsentscheidung. Wenn sich der Erklärende gar keine Vorstellungen über die steuerrechtliche Situation macht, ist für einen Irrtum ohnehin kein Raum. Bei einer fehlerhaften Beurteilung der Steuerfolgen handelt es sich um eine fehlerhafte Beurteilung einer Rechtslage, die als Unterfall des Motivirrtums[631] irrelevant ist, wie auch der Irrtum über die Verpflichtung zur Zahlung der Umsatzsteuer[632] oder über die Zollfreiheit der Ware[633].

Die Ausklammerung des einseitigen Motivs aus den enumertiv aufgezählten Anfechtungsgründen des § 119 BGB dient dem Verkehrsschutz[634], das heißt also vor allem dem Vertrauensschutz des Anfechtungsgegners. Da der Beschenkte, der regelmäßig Anfechtungsgegner sein wird, als Begünstigter eines unentgeltlichen Geschäfts weniger schutzwürdig sei als der Partner eines entgeltlichen Rechtsgeschäfts, befürwortet *Flume*, bei Schenkungen auch wegen Motivirrtums die Anfechtung zuzulassen[635]. Das Motiv gehöre zur causa der Schenkung[636]. Daneben habe die unentgeltliche causa geringere Verbindlichkeit als die entgeltliche[637]. Rechtspolitisch verdient die Ansicht *Flumes* Zustimmung. Sie lässt sich allerdings

---

[627] *Hefermehl* in Soergel, BGB, § 119 Rz. 17.
[628] BFH BStBl. III 1967, 208, 209; vgl. auch *Beker*, Hinfällige Rechtsgeschäfte, S. 70 f.; *Palm* in Erman, BGB, § 119 Rz. 37.
[629] RFH StuW 1925, Nr. 636.
[630] *Palm* in Erman, BGB, § 119 Rz. 50.
[631] *Hefermehl* in Erman, BGB, § 119 Rz. 63.
[632] *Hallbauer*, JW 1918, 590, 591.
[633] *Hefermehl* in Erman, BGB, § 119 Rz. 63.
[634] *Hefermehl* in Soergel, BGB, § 119 Rz. 58.
[635] *Flume*, Allgemeiner Teil, Bd. 2, § 21, 8.
[636] *Flume*, Allgemeiner Teil, Bd. 2, § 12 II 4 c), § 21, 8.
[637] *Flume*, Allgemeiner Teil, Bd. 2, § 12 II 4 c).

mit dem derzeit geltenden Recht nicht vereinbaren. Die allgemeinen Anfechtungsgründe sind auf die Tatbestände der §§ 119, 123 BGB begrenzt. Aus § 2078 BGB lässt sich schließen, dass Motivirrtümer nur im Rahmen der Testamentsanfechtung relevant werden. Auch wenn die Rechtsbeständigkeit unentgeltlicher Geschäfte an vielen Stellen im Gesetz aufgelockert wird[638], kann das nicht dazu führen, einen Anfechtungsgrund zu schaffen, den das Gesetz für Schenkungen nicht vorsieht. Da nach § 20 Abs. 1 Satz 1 ErbStG im Grundsatz der Beschenkte Schuldner der Schenkungsteuer ist, kann auch auf Seiten des Zuwendungsempfängers ein Anfechtungsinteresse wegen Irrtums über die Steuerfolgen bestehen, wenn die Steuer beispielsweise zur Veräußerung des Schenkungsgegenstandes nötigt. Einer Anfechtung durch den Beschenkten steht dann aber ein schutzwürdiges Interesse des Schenkers entgegen. Dieser darf nämlich, wie auch § 516 Abs. 2 BGB zeigt, darauf vertrauen, dass eine einmal angenommene Schenkung auch Bestand hat.

3. Rechtsfolgen

Nach erklärter Anfechtung ist der Schenkungsvertrag nach § 142 Abs. 1 BGB als von Anfang an nichtig anzusehen. Auf die Rückabwicklung von nichtigen Schenkungen wurde bereits eingegangen[639].

II. Steuerrecht

1. Steuertatbestand vor der Anfechtung

Die Anfechtbarkeit der Schenkung berührt die Entstehung des Steuertatbestands nach § 7 Abs. 1 Nr. 1 i. V. m. § 9 Abs. 1 Nr. 2 ErbStG grundsätzlich nicht, soweit die übrigen Voraussetzungen vorliegen[640]. Da für eine Abweichung von der zivilrechtlichen Lage keine Anhaltspunkte und Notwendigkeiten bestehen, gebietet die Maßgeblichkeit des Zivilrechts diesen Befund. Entscheidend ist der gestaltungsrechtliche Charakter des Anfechtungsrechts[641]. Im Übrigen ergibt sich dies aus § 29 Abs. 1 Nr. 1 ErbStG. Wenn das aus der Anfechtung resultierende Rückforderungsrecht nach §§ 812 ff. BGB als Rückforderungsrecht im Sinne des § 29 Abs. 1 Nr.1 ErbStG zu sehen ist, dann folgt daraus, dass die Steuer entstanden gewesen sein muss, da anderenfalls § 29 ErbStG überhaupt nicht zur Anwendung käme. Wenn

---

638 Vgl. §§ 519, 528, 530, 605, 671, 816 Abs. 1 S. 2, 822 BGB.
639 Siehe oben § 9
640 *Fischer* in Hübschmann/Hepp/Spitaler, AO, § 41 Rz. 67; *Meincke*, ErbStG, § 7 Rz. 59.
641 Siehe oben I. 1.

darüber hinaus schon Widerrufs- und Rücktrittsvorbehalte die Entstehung des Steuertatbestandes nicht berühren[642], dann muss das auch für ein Anfechtungsrecht gelten.

2. Rückabwicklung nach der Anfechtung

a) § 41 Abs. 1 Satz 1 AO

Wird ein Rechtsgeschäft nach §§ 119 ff. BGB angefochten, wird die zivilrechtliche Rückwirkung nach § 142 Abs. 1 BGB auch steuerrechtlich allgemein anerkannt und ein rückwirkendes Ereignis im Sinne von § 175 Abs. 1 Satz 1 Nr. 2 AO angenommen[643]. Materiell ergibt sich die Rückwirkung aus § 41 Abs. 1 Satz 1 Alt. 2 AO[644]. Der Steueranspruch erlischt ex tunc[645] bzw. fällt nach hier verwendeter Terminologie[646] nachträglich weg. Das Steuerrecht folgt hier dem Zivilrecht[647]. In materieller Hinsicht besteht kein Unterschied zwischen einem von Anfang an unwirksamen Schenkungsvertrag und einem Schenkungsvertrag, der durch die Anfechtung i. V. m. der Fiktion des § 142 Abs. 1 BGB wie ein von Anfang an unwirksamer Schenkungsvertrag behandelt wird. Ein Unterschied besteht aber auf verfahrensrechtlicher Ebene. Während das nachträgliche Bekanntwerden der von Anfang an bestehenden Nichtigkeit in § 173 AO behandelt wird, wird die die Rückwirkung auslösenden Anfechtung von § 175 Abs. 1 Satz 1 Nr. 2 AO erfasst[648].

Wegen der von § 41 Abs. 1 Satz 1 AO geforderten Beseitigung des wirtschaftlichen Ergebnisses bedarf es neben der Anfechtungserklärung auch der tatsächlichen Rückabwicklung der angefochtenen Schenkung[649].

---

642 Siehe unten § 16 II. 1. und § 17 II. 1.

643 RFH RStBl. 1933, 1226, 1228; BFH BStBl. III 1963, 44, 45; BStBl. II 1971, 597, 598; 1982, 425, 426; 1996, 399, 401; *Kruse*, Steuerrecht I, § 15 III 6; *G. Lauer*, Korrekturvorschrift, S. 66; *Loose* in Tipke/Kruse, AO, § 175 Rz. 35; *Rüsken* in Klein, AO, § 175 Rz. 62; *Rust*, Das rückwirkende Ereignis im Steuerrecht, S. 118 f.; *von Wallis* in Hübschmann/Hepp/Spitaler, AO, § 175 Rz. 31.

644 *Beker*, Hinfällige Rechtsgeschäfte, S. 23; *Brockmeyer* in Klein, AO, § 41 Rz. 2; *Fischer* in Hübschmann/Hepp/Spitaler, AO, § 41 Rz. 66 f.; *Kottke*, DStR 1982, 545, 546; *G. Lauer*, Korrekturvorschrift, S. 66; *J. Lauer*, InfStW 1981, 169, 170, 172; *Rust*, Das rückwirkende Ereignis im Steuerrecht, S. 118.

645 *Kruse*, Steuerrecht I, § 6 III 4 b β).

646 Siehe oben § 7 IV.

647 *Kruse*, Steuerrecht I, § 6 III 4 b α).

648 *J. Lauer*, InfStW 1981, 169, 170.

649 Siehe oben § 5 II. 3.

b) § 29 Abs. 1 Nr. 1 ErbStG

Die nahezu[650] einhellige Auffassung im Schrifttum[651] sieht in dem nach der Anfechtung entstehenden bereicherungsrechtlichen Rückforderungsanspruch ein Rückforderungsrecht im Sinne von § 29 Abs. 1 Nr. 1 ErbStG.

c) Rechtsfolgenansatz

Da die bei der Rückabwicklung zur Anwendung gelangenden Rechtsfolgen – die §§ 812 ff. BGB – die gleichen wie beim nichtigen Schenkungsvertrag sind, ergibt sich auch hier nach dem Rechtsfolgenansatz eine materielle Rückwirkung[652].

d) Konkurrenzen

Die Konkurrenzsituation der unter a) bis c) erörterten Rückwirkungsansätze entspricht derjenigen bei der Nichtigkeit der Schenkung[653].

3. Nutzungen

Hinsichtlich der Nutzungen kann auf die Ausführungen bei der unwirksamen Schenkung verwiesen werden[654].

4. Keine steuerpflichtige Rückschenkung durch Rückabwicklung

Wie beim unwirksamen Schenkungsvertrag[655] kommt auch hier eine Steuerpflicht der Rückabwicklung nicht in Betracht.

---

[650] *Rust*, Das rückwirkende Ereignis im Steuerrecht, S. 71 Fn. 326.

[651] *Kapp/Ebeling*, ErbStG, § 29 Rz. 7; *Jülicher* in Troll/Gebel/Jülicher, ErbStG, § 29 Rz. 8; *Kamps*, ZErb 2002, 174, 180; *Knobel* in Viskorf/Glier/Hübner/Knobel/Schuck, ErbStG, § 29 Rz. 10; *Moench*, ErbStG, § 29 Rz. 5; *Pahlke* in Christoffel/Geckle/Pahlke, ErbStG, § 29 Rz. 6; *Schulz*, Erbschaftsteuer, S. 515.

[652] Siehe oben § 9 II. 2. a) bb) ccc).

[653] Siehe oben § 9 II. 2. a) bb) ddd).

[654] Siehe oben § 9 II. 3.

[655] Siehe oben § 9 II. 3.

III. Ergebnis

Der Irrtum über die Steuerfolgen ist ein nicht zur Anfechtung berechtigender Motivirrtum. Die Anfechtbarkeit als solche verhindert die Entstehung der Schenkungsteuer nicht. Der rückwirkende Wegfall des Steueranspruchs bei der angefochtenen und tatsächlich rückabgewickelten Schenkung ergibt sich aus § 41 Abs. 1 Satz 1 Alt. 2 AO, 175 Abs. 1 Satz 1 Nr. 2 AO. Ein Rückgriff auf § 29 ErbStG oder den hier postulierten Rechtsfolgenansatz ist daher nicht nötig.

§ 11 Nichtvollziehung einer Auflage, § 527 BGB

I. Zivilrecht

1. Begriff der Schenkung unter Auflage

Unter Auflage im Sinne des § 525 BGB ist eine getroffene Nebenabrede zum Schenkungsvertrag zu verstehen, mit der eine Rechtsverpflichtung des Beschenkten zu einer Leistung (Tun oder Unterlassen) aus dem Wert und auf der Grundlage des geschenkten Gegenstandes begründet wird[656]. Der Wert der Zuwendung muss zwar nicht größer als der Wert der Auflage sein[657]. Zumindest nach dem vereinbarten Parteiwillen muss aber eine Bereicherung beim Beschenkten verbleiben, die auch in einem zeitlichen Vorteil liegen kann[658]. Von der Zweckschenkung unterscheidet sich die Schenkung unter Auflage dahingehend, dass bei der Zweckschenkung keine rechtliche Verpflichtung des Beschenkten im Sinne einer einklagbaren Forderung besteht[659]. Die Auflage berührt die Schenkung als solche nicht. Es bleibt auch bei der Schenkung des gesamten Gegenstandes[660].

2. Rückforderungsrecht nach § 527 Abs. 1 BGB

Neben der zwangsweisen Durchsetzung des Auflagenvollzugsanspruchs nach § 525 BGB und der Geltendmachung von Schadenersatzansprüchen nach §§ 280 Abs. 1, 280 Abs. 2 i. V. m. §§ 286, 280 Abs. 3 i. V. m. § 281 BGB gibt § 527 Abs. 1 BGB dem Schenker das Recht, das Geschenk insoweit zurückzuverlangen, als es für den Vollzug der Auflage hätte verwendet werden müssen. § 527 gewährt insoweit einen besonderen Kondiktionsanspruch, der aktiv und passiv vererblich ist[661]. Zweck der Vorschrift ist es, dem Schenker ein weiteres Druckmittel zur Durchsetzung der Auflage zu geben.

---

[656] BGH NJW 1982, 818, 819; *Cremer* in Staudinger, BGB, § 525 Rz. 4; *Kollhosser* in MünchKomm-BGB-, § 525 Rz. 1; *Mühl/Teichmann* in Soergel, BGB, § 525 Rz. 1; *Weidenkaff* in Palandt, BGB, § 525 Rz. 1.

[657] Mot. II, S. 299.

[658] RGZ 62, 386, 390; *Cremer* in Staudinger, BGB, § 525 Rz. 1; *Kollhosser* in MünchKomm-BGB-, § 525 Rz. 2; *Mühl/Teichmann* in Soergel, BGB, § 525 Rz. 2.

[659] *Cremer* in Staudinger, BGB, § 525 Rz. 12; *Kollhosser* in MünchKomm-BGB-, § 525 Rz. 4; *Mühl/Teichmann* in Soergel, BGB, § 525 Rz. 6; *Weidenkaff* in Palandt, BGB, § 525 Rz. 11.

[660] RGZ 60, 238, 242; vgl. BGHZ 30, 120; *Cremer* in Staudinger, BGB, § 525 Rz. 5, 14; *Kollhosser* in MünchKomm-BGB-, § 525 Rz. 3; *Mühl/Teichmann* in Soergel, BGB, § 525 Rz. 8; *Weidenkaff* in Palandt, BGB, § 525 Rz. 8.

[661] *Haymann*, Schenkung unter einer Auflage, S. 139.

a) Tatbestand

Voraussetzung ist, dass die Auflage noch nicht vollzogen wurde. Die Gründe für den unterbliebenen Vollzug sind irrelevant. Selbst nach rechtskräftiger Verurteilung des Beschenkten zum Vollzug der Auflage nach § 525 BGB kann der Rückforderungsanspruch nach § 527 Abs. 1 BGB geltend gemacht werden[662]. Es gelten jedoch die für den Rücktritt bei gegenseitigen Verträgen geltenden Vorschriften, das heißt namentlich die §§ 323 bis 326 BGB. Erwähnenswert sind in diesem Zusammenhang vor allem die nötige Fristsetzung nach § 323 Abs. 1 BGB und die Möglichkeit nach § 325 BGB neben dem Rückforderungsrecht noch weiteren Schadensersatz geltend zu machen. Nach § 527 Abs. 2 BGB ist der Rückforderungsanspruch ausgeschlossen, wenn ein Dritter unmittelbar berechtigt ist, die Vollziehung der Auflage zu verlangen.

b) Rechtsfolgen

Der § 527 Abs. 1 BGB verweist auf die Rechtsfolgen der §§ 812 ff. BGB. Dazu wurde bereits Stellung genommen[663]. Vom Umfang her kann nur derjenige Teil herausverlangt werden, der zum Vollzug der Auflage hätte verwendet werden müssen. Ist eine Teilherausgabe nicht möglich, geht der Anspruch auf Wertersatz[664]. Soweit eine immaterielle Auflagenverpflichtung bestand, ist nichts herauszugeben[665]. Will der Schenker sich gegen den Nichtvollzug einer immateriellen Auflage absichern, bleibt nur die Möglichkeit, die Schenkung unter eine auflösenden Bedingung zu stellen oder im Schenkungsvertrag ein entsprechendes Rückforderungsrecht zu vereinbaren[666].

3. Rückabwicklung zwischen Schenker und Auflagenbegünstigtem

Für den Erwerb des Auflagenbegünstigten vom Schenker bedarf es einer causa. Dieses Valutaverhältnis dürfte in der Regel ebenfalls eine Schenkung sein, was aber nicht zwingend ist. Das Valutaverhältnis kann auch als ein entgeltliches Rechtsverhältnis ausgestaltet sein. Die

---

662 *Mühl/Teichmann* in Soergel, BGB, § 527 Rz. 3.
663 Siehe oben § 9 I. 2.
664 *Cremer* in Staudinger, BGB, § 527 Rz. 7; *Kollhosser* in MünchKomm-BGB-, § 527 Rz. 4; Mühl/Teichmann in Soergel, BGB, § 527 Rz. 4.
665 *Cremer* in Staudinger, BGB, § 527 Rz. 8; *Kollhosser* in MünchKomm-BGB-, § 527 Rz. 4; *Mühl/Teichmann* in Soergel, BGB, § 527 Rz. 4; *Weidenkaff* in Palandt, BGB, § 527 Rz. 5.
666 *Cremer* in Staudinger, BGB, § 527 Rz. 8; *Mühl/Teichmann* in Soergel, BGB, § 527 Rz. 4.

Rückabwicklung zwischen dem Schenker und dem Auflagenbegünstigten bestimmt sich nach der jeweiligen Rechtsqualität dieses Verhältnisses.

II. Steuerrecht

1. Steuertatbestand

a) Besteuerung bei Vollzug der Auflage

Der Beschenkte wird nach § 7 Abs. 1 Nr. 1 ErbStG besteuert, wobei seine Verpflichtung zur Erfüllung der Auflage bereicherungsmindernd zu berücksichtigen ist[667]. Seit der grundlegenden Entscheidung des BFH vom 12.04.1989[668] wird allgemein zwischen Leistungsauflagen einerseits und Nutzungs- und Duldungsauflagen andererseits unterschieden. Leistungsauflagen sind wie Gegenleistungen bei gemischten Schenkungen zu berücksichtigen, d. h. im Wege einer Verhältnisrechnung wird der den Verkehrswerten entsprechende Anteil der Auflage aus dem Steuerwert des Geschenks herausgerechnet. Demgegenüber wird bei Nutzungs- und Duldungsauflagen dessen Wert vom Steuerwert des Geschenks abgezogen, soweit § 25 ErbStG dies nicht ausschließt[669]. Während also bei Leistungsauflagen eine Berücksichtigung im Rahmen der Bereicherung des § 7 Abs. 1 Nr. 1 ErbStG vorgenommen wird, läuft der Abzug der Duldungs- und Nutzungsauflagenverpflichtung vom Steuerwert im Ergebnis auf eine Anwendung des § 10 Abs. 5 Nr. 2 i. V. m. § 1 Abs. 2 ErbStG hinaus.
Kommt die Auflage dem Beschenktem selbst zugute, erfolgt gemäß § 10 Abs. 9 ErbStG kein Abzug. Begünstigt die Auflage einen unbestimmten Personenkreis, dann liegt eine Zweckzuwendung vor, die nach § 1 Abs. 3 i. V. m. § 8 ErbStG besteuert wird. Wird dagegen ein Dritter von der Auflage begünstigt, muss dieser den Erwerb entweder nach § 7 Abs. 1 Nr.1 ErbStG oder nach § 7 Abs. 1 Nr. 2 ErbStG versteuern. Der BFH will die Trennlinie davon abhängig machen, ob der Begünstigte ein eigenes Forderungsrecht erworben hat, womit die Schenkung dann auch schon vollzogen sei oder ob lediglich der Schenker vom Beschenkten

---

[667] *Fromm*, DStR 2000, 453, 454; *Gebel* in Troll/Gebel/Jülicher, ErbStG, § 7 Rz. 294; *Martin*, BB 1981, 1324, 1325; *Moench*, ErbStG, § 7 Rz. 200; *Schuck* in Viskorf/Glier/Hübner/Knobel/Schuck, ErbStG, § 7 Rz. 45, 48.
[668] BStBl. II 1989, 524.
[669] BFH BStBl. II 1989, 524; *Crezelius*, Steuerrecht II, § 20 Rz. 17; *Gebel*, Betriebsvermögensnachfolge, Rz. 618; *ders.*, in Troll/Gebel/Jülicher, ErbStG, § 7 Rz. 206 ff.; *Meincke*, ErbStG, § 7 Rz. 34; *Moench*, ErbStG, § 7 Rz. 72 ff.; *Schuck* in Viskorf/Glier/Hübner/Knobel/Schuck, ErbStG, § 7 Rz. 25 ff.; *Seer* in Tipke/Lang, Steuerrecht, § 13 Rz. 123; *Spiegelberger*, Vermögensnachfolge, Rz. 62; vgl. auch ErbStR 17 (1) S. 5-7 und ErbStR 17 (3).

den Vollzug der Auflage verlangen kann[670]. Dem kann nicht zugestimmt werden. Weder die Frage des Schenkungsgegenstandes, noch der Vollzug können Aufschluss darüber geben, welcher Schenkungsteuertatbestand erfüllt ist. Wie sich aus § 527 Abs. 2 BGB ergibt, schließen sich ein Forderungsrecht des Begünstigten und eine Schenkung unter Auflage nicht aus. Auch bei der Schenkung unter Auflage ist zwischen Deckungs- und Valutaverhältnis zu unterscheiden. So kann das Deckungsverhältnis eine Schenkung unter Auflage sein, das Valutaverhältnis gleichwohl entgeltlich. Das Valutaverhältnis kann Schenkung sein, während sich das Deckungsverhältnis als entgeltliches Geschäft darstellt. § 7 Abs. 1 Nr. 2 ErbStG greift aber nur, wenn das Valutaverhältnis als Schenkung ausgestaltet ist[671]. Da wegen der Relativität der Schuldverhältnisse[672] zivilrechtlich ohnehin und auch steuerrechtlich[673] das Verhältnis des Auflagenbegünstigten zum Schenker maßgebend ist, verdient die Auffassung von *Gebel* Zustimmung, wonach die Erwerbe nach § 7 Abs. 1 Nr. 2 aufgrund einer vollzogenen Auflage auch von § 7 Abs. 1 Nr. 1 i.V.m. § 9 Abs. 1 Nr. 2 ErbStG erfasst werden und § 7 Abs. 1 Nr. 2 ErbStG insoweit an sich entbehrlich ist[674]. Die Steuerpflicht entsteht nach dem eindeutigen Wortlaut von § 7 Abs. 1 Nr. 2 ErbStG erst bei Vollzug der Auflage, ebenso wie nach § 7 Abs. 1 Nr. 1 i.V.m. § 9 Abs. 1 Nr. 2 ErbStG. Der Vollzug einer Auflage ist aber genauso wie die Ausführung einer Schenkung im Allgemeinen zu beurteilen[675] und vom Schenkungsgegenstand abhängig. Eine Forderungsschenkung ist nur in Ausnahmefällen anzunehmen, nämlich dann, wenn die Parteien eine solche ausdrücklich vereinbart haben. Das Kriterium der „freien Verfügbarkeit“[676] ist insoweit ungenau, da wegen § 137 BGB über jede Forderung frei verfügt werden kann. Die Annahme einer Forderungsschenkung bei Begründung einer Forderung würde das Schuldrechtssystem des BGB überstrapazieren. Denn es käme anderenfalls zu absurden Ergebnissen. Bei einem Schenkungsversprechen würde zumindest auch die Forderung auf den Schenkungsgegenstand geschenkt und da diese dann auch schon entstanden wäre, wäre ein formnichtiger Schenkungsvertrag sofort geheilt. Der Kauf wäre kein Kauf mehr, sondern ein Tausch der Kaufsache gegen Kaufpreisforderung.

---

670 BFH BStBl. II 1993, 523, 524; vgl. auch *Schuck* in Viskorf/Glier/Hübner/Knobel/Schuck, ErbStG, § 7 Rz. 122 f.; *Meincke*, ErbStG, § 7 Rz. 95; *Moench*, ErbStG, § 7 Rz. 201.

671 *Gebel* in Troll/Gebel/Jülicher, ErbStG, § 7 Rz. 294 ff., 303.

672 *Heinrichs* in Palandt, BGB, Einl v § 241 Rz. 3.

673 BFH BStBl. II 1993, 523, 524; *Kapp/Ebeling*, ErbStG, § 7 Rz. 96; *Felix*, BB 1995, 2449; *Meincke*, ErbStG, § 7 Rz. 94; *Moench*, ErbStG, § 7 Rz. 202.

674 *Gebel* in Troll/Gebel/Jülicher, ErbStG, § 7 Rz. 298.

675 Siehe oben § 4 III.

676 BFH BStBl. II 1993, 523, 524.

b) Besteuerung vor Vollzug der Auflage

Für den Auflagenbegünstigten entsteht die Steuer erst mit Vollzug der Auflage. Fraglich ist daher, ob kongruent dazu auch beim Beschenkten die Auflageverpflichtung erst mit dem Vollzug bereicherungsmindernd berücksichtigt werden kann. Das Gesetz selbst regelt diese Frage nicht. Soweit ersichtlich, wird dieses Problem in Literatur und Rechtsprechung kaum erörtert. *Schuck*[677] hält einen Abzug beim Auflagenbeschwerten für möglich, obwohl beim Auflagenbegünstigten die Steuer noch nicht entstanden ist. Gegen den Abzug der Auflageverpflichtung vor Vollzug spricht die steuersystematisch grundsätzlich zu begrüßende kongruente Besteuerung von Beschenktem und Auflagenbeschwertem. Allerdings existiert allgemeines subjektübergreifendes Kongruenzgebot. Für einen Abzug bereits der Auflagenverpflichtung spricht, dass es im Normalfall zur sofortigen Erfüllung der Auflage kommt. Es handelt sich bei der Auflagenverpflichtung nämlich nicht nur um eine eventuell entstehende Verbindlichkeit, sondern um eine mit dem Abschluss des Schenkungsvertrags entstehende und regelmäßig auch fällige Verpflichtung. Es würde zudem die Praxis unnötig erschweren, erst eine Vollbesteuerung vorzunehmen und kurze Zeit später – nach Erfüllung der Auflage – diese Besteuerung wieder zu korrigieren. Ferner handelt es sich bei der Auflage um eine Verbindlichkeit, die vom Dritten (vgl. § 527 Abs. 2 BGB) oder vom Schenker nach § 525 Abs. 1 BGB eingeklagt werden und auch Schadensersatzansprüche nach sich ziehen kann[678]. Überdies ist der Beschenkte noch mit der Rückforderungsmöglichkeit des Schenkers nach § 527 Abs. 1 ErbStG belastet. Bereits die Verbindlichkeit verkleinert somit die Bereicherung des Beschenkten[679]. Auch die Verfasser des BGB gingen davon aus, dass sich die Schenkung um den Wert der Auflage mindert[680]. Daneben spricht nichts gegen die Anwendung von § 10 Abs. 5 Nr. 2 i.V.m. § 1 Abs. 2 ErbStG[681]. Dort kommt es im Grundsatz aber auch nur auf das Bestehen einer Verbindlichkeit an[682].

Eine weitere Frage stellt sich, wenn der Beschenkte die Auflage nicht vollzieht und der Schenker oder der Auflagenbegünstigte die Erfüllung der Auflage nicht gerichtlich durchsetzen und auch der Rückforderungsanspruch nach § 527 Abs. 1 BGB nicht geltend gemacht

---

677 *Schuck* in Viskorf/Glier/Hübner/Knobel/Schuck, ErbStG, § 7 Rz. 120.

678 Siehe oben I. 2.

679 *Fromm*, DStR 2000, 453, 454; *Gebel* in Troll/Gebel/Jülicher, ErbStG, § 7 Rz. 294; *Martin*, BB 1981, 1324, 1325; *Moench*, ErbStG, § 7 Rz. 200; *Schuck* in Viskorf/Glier/Hübner/Knobel/Schuck, ErbStG, § 7 Rz. 45, 48.

680 Mot. II, S. 299.

681 *Gebel* in Troll/Gebel/Jülicher, ErbStG § 10 Rz. 109; *Jülicher* in Troll/Gebel/Jülicher, ErbStG, § 1 Rz. 76.

682 *Jülicher* in Troll/Gebel/Jülicher, ErbStG, § 10 Rz. 185; *Schuck* in Viskorf/Glier/Hübner/Knobel/Schuck, ErbStG, § 10 Rz. 62.

wird. Da wirtschaftlich dann keine Belastung des Beschenkten besteht, kann auch ein Abzug der Auflagenverbindlichkeit nicht zugelassen werden[683]. In dem Verzicht auf die Geltendmachung der Auflage ist dann eine neue Zuwendung des Schenkers an den Beschenkten zu sehen. Im Ergebnis bleibt es bei einer kongruenten Besteuerung von Beschenktem und Auflagenbegünstigtem. Auch wenn der Auflagenbegünstigte auf sein gegebenenfalls bestehendes eigenes Forderungsrecht verzichtet, liegt nur eine Zuwendung des Schenkers vor, da der Auflagenbegünstigte noch nichts erhalten hatte, es sei denn, das Forderungsrecht war ausnahmsweise selbst Gegenstand der Schenkung. In diesem Fall war die Steuer dann aber auch schon entstanden.
Nach alledem ist die Auflagenverpflichtung bereits vor Vollzug bereicherungsmindernd zu berücksichtigen, da maßgeblich der rechtliche Bestand der Forderung ist und insoweit keine Bereicherung des Beschenkten stattgefunden hatte.

2. Auswirkungen der Rückabwicklung auf die Besteuerung

a) Rückforderung nach § 527 Abs. 1 BGB

Unterbleibt der Auflagenvollzug und macht der Schenker sein Rückforderungsrecht nach § 527 Abs. 1 BGB geltend, stellt sich die Frage nach den steuerlichen Folgen. Die Rückwirkungsproblematik kommt nicht hier nicht zum Tragen, da die Auflagenverpflichtung bereits bei der Besteuerung bereicherungsmindernd berücksichtigt wurde und somit für den Teil der Schenkung, der zurückgefordert wird, überhaupt keine Steuer angefallen ist. Ist es gleichwohl zu einer Besteuerung der gesamten Schenkung gekommen, dann war bereits diese rechtswidrig und ist nach den allgemeinen Regeln der AO und der FGO zu ändern. Auf § 29 ErbStG oder den hier vertretenen Rechtsfolgenansatz kommt es insoweit nicht an.

b) Rückabwicklung zwischen Schenker und Auflagenbegünstigtem

Zu einer Besteuerung des Erwerbs des Auflagenbegünstigten kommt es nur, wenn der Erwerb unentgeltlich war. In aller Regel ist auch das Valutaverhältnis als Schenkung ausgestaltet. Soweit es in diesem Verhältnis zu einer Rückabwicklung kommt, gelten dafür keine Besonderheiten im Vergleich zu den in dieser Arbeit behandelten Rückabwicklungen von Schenkungen.

---

[683] RFH RStBl. 1936, 543; 1939, 496; *Kapp/Ebeling*, ErbStG, § 10 Rz. 71; *Gebel* in Troll/Gebel/Jülicher, ErbStG § 10 Rz. 129; *Peusquens*, BB 1977, 1542, 1544; *Schuck* in Viskorf/Glier/Hübner/Knobel/Schuck, ErbStG, § 10 Rz. 63.

3. Nutzungen

Hinsichtlich der Nutzungen kann auf die Ausführungen bei der unwirksamen Schenkung verwiesen werden[684].

4. Keine Rückschenkung durch Rückabwicklung

Da die Rückabwicklung in Erfüllung des Anspruchs aus § 527 BGB erfolgt, stellt die Leistung des Beschenkten weder eine Schenkung, noch eine sonstige freigebige Zuwendung dar.

III. Ergebnis

Eine Auflage stellt zivilrechtlich die Schenkung als solche, insbesondere deren Gegenstand nicht in Frage. Die Auflagenverpflichtung ist bei der Besteuerung bereicherungsmindernd unabhängig davon zu berücksichtigen, ob sie vollzogen wurde. Im Fall des § 527 Abs. 1 BGB kann es demzufolge nicht zu einer Steuererstattung kommen, da für den zurückgeforderten Teil keine Steuer angefallen ist. Wurde der auf die Auflage entfallende Teil gleichwohl besteuert, war diese Besteuerung rechtswidrig. Die in der Literatur[685] verbreitete Auffassung, § 527 Abs. 1 BGB sei ein Rückforderungsrecht im Sinne des § 29 Abs. 1 Nr. 1 ErbStG, ist daher abzulehnen.

[684] Siehe oben § 9 II. 3.

[685] *Kapp/Ebeling*, ErbStG, § 29 Rz. 8; *Jülicher* in Troll/Gebel/Jülicher, ErbStG, § 29 Rz. 6; *Knobel* in Viskorf/Glier/Hübner/Knobel/Schuck, ErbStG, § 29 Rz. 11; *Meincke*, ErbStG, § 29 Rz. 6; *Moench*, ErbStG, § 29 Rz. 6.

§ 12 Verarmung des Schenkers, § 528 BGB

I. Zivilrecht

1. Tatbestand des § 528 Abs. 1 Satz 1 BGB

Während § 519 BGB dem Schenker im Fall des Notbedarfs eine Einrede[686] gegen die Erfüllung der Verpflichtung aus dem Schenkungsversprechen gibt, statuiert § 528 BGB ein Recht zur Rückforderung des Geschenks für den Fall der Verarmung des Schenkers nach Vollzug der Schenkung. Notbedarf liegt nach § 528 Abs. 1 Satz 1 BGB vor, wenn der Schenker nicht mehr in der Lage ist, seinen eigenen angemessenen Unterhalt zu bestreiten oder seinen Unterhaltspflichten nachzukommen. Die Begriffe des angemessenen Unterhalts und der Unterhaltspflichten sind familienrechtlich zu verstehen[687], d. h. für den Unterhalt des Schenkers ist § 1610 Abs. 1 BGB, für seine Unterhaltsverpflichtungen sind die §§ 1360 ff., 1569 ff., 1601 ff. und 1615a ff. BGB einschlägig[688]. Weil der Beschenkte nach Vollzug der Schenker im Hinblick auf den Bestand der Schenkung schutzwürdiger ist als vor dem Vollzug, muss im Unterschied zu § 519 BGB der Notbedarf bereits eingetreten sein[689], wofür der Schenker die Darlegungs- und Beweislast trägt[690]. Ob der Unterhalt nicht bestreitbar ist, bestimmt sich nach dem vorhandenen Aktivvermögen[691]. Nach dem Zweck der Vorschrift gehören gesetzliche Unterhaltsansprüche des Schenkers nicht dazu[692]. Die Verwertung der Vermögenssubstanz ist zumutbar[693], soweit dies wirtschaftlich sinnvoll ist[694]. Der Rückforderungsanspruch nach § 528 BGB hat heute vor allem im Kontext des Sozialrechts Bedeutung. Sind die Voraussetzungen des § 528 erfüllt, hat der Schenker regelmäßig zugleich auch einen Anspruch auf Sozialhilfe. Nach § 2 Abs. 1 BSHG ist diese jedoch nachrangig. Da der Anspruch aus § 528 BGB oft aber erst nach der Sozialhilfeleistung oder nach dem Tod des Schenkers be-

---

686 *Putzo* in Palandt, BGB, § 519 Rz. 1.

687 BGH FamRZ 2001, 21, 22; 2003, 224, 227.

688 *Cremer* in Staudinger, BGB, § 528 Rz. 3; *Germer*, BWNotZ 1987, 61, 62; *Kollhosser* in MünchKomm-BGB-, § 528 Rz. 4; *Putzo* in Palandt, BGB, § 528 Rz. 5.

689 *Cremer* in Staudinger, BGB, § 528 Rz. 4; *Kollhosser* in MünchKomm-BGB-, § 528 Rz. 4; *Seiler* in Erman, BGB, § 528 Rz. 1.

690 BGH ZEV 2003, 29, 30.

691 *Cremer* in Staudinger, BGB, § 528 Rz. 4; *Kollhosser* in MünchKomm-BGB-, § 528 Rz. 4; *Mühl/Teichmann* in Soergel, BGB, § 528 Rz. 3; *Seiler* in Erman, BGB, § 528 Rz. 2.

692 BGH NJW 1991, 1824; *Kollhosser* in MünchKomm-BGB-, § 528 Rz. 4; *Mühl/Teichmann* in Soergel, BGB, § 528 Rz. 3; *Putzo* in Palandt, BGB, § 528 Rz. 5; *Seiler* in Erman, BGB, § 528 Rz. 2.

693 RG SeuffArch. 61 (1906), Nr. 102; *Cremer* in Staudinger, BGB, § 528 Rz. 4; *Germer*, BWNotZ 1987, 61, 62; *Kollhosser* in MünchKomm-BGB-, § 528 Rz. 4; *Mühl/Teichmann* in Soergel, BGB, § 528 Rz. 3; *Seiler* in Erman, BGB, § 528 Rz. 2.

694 RG HRR 1930 Nr. 1798; *Germer*, BWNotZ 1987, 61, 62.

kannt wird, nimmt der Sozialhilfeträger Regress durch Überleitung des Anspruchs aus § 528 BGB nach § 90 BSHG[695]. Vor diesem Hintergrund wird auch die Vererblichkeit des Anspruchs aus § 528 BGB bejaht, jedenfalls wenn und soweit Sozialhilfe geleistet wurde, die Geltendmachung, Abtretung oder Überleitung des Anspruchs erfolgt ist oder Nachlassverbindlichkeiten entstanden sind[696]. Der Beschenkte kann die Herausgabe des Geschenks nach § 529 BGB mit der Einrede[697] verweigern, dass der Schenker den Notbedarf selbst verschuldet hat, dass seit der Schenkung zehn Jahre vergangen sind oder dass sein eigener Unterhalt gefährdet ist. Nach § 534 BGB unterliegen Pflicht- und Anstandsschenkungen nicht der Rückforderung.

2. Rechtsfolge des § 528 Abs. 1 Satz 1 BGB

Der Anspruch nach § 528 Abs. 1 Satz 1 BGB besteht vom Umfang her nur „soweit" Unterhaltsbedarf besteht. Im Wege einer Rechtsfolgenverweisung[698] wird auf die §§ 812 ff. BGB verwiesen. Nach § 812 Abs. 1 Satz 1 BGB bedeutet das im Grundsatz Herausgabe des Geschenks im Wege der Naturalrestitution, insbesondere, wenn der Unterhalsbedarf den Wert des Geschenks übersteigt[699]. Liegt die Bedarfslücke unter dem Wert des Geschenks und ist eine Teilherausgabe wegen Unteilbarkeit des Geschenks nicht möglich, hat der Beschenkte Teilwertersatz nach § 818 Abs. 2 BGB zu leisten[700]. Liegt Notbedarf beim noch lebenden Schenker vor, ist regelmäßig wiederkehrender Bedarf gegeben. Der Beschenkte hat dann wiederkehrende Leistungen zu erbringen, bis der Wert des Geschenks erschöpft ist[701]. De facto läuft das immer auf eine laufende Ablösungszahlung des Werts der Schenkung hin-

---

[695] *Cremer* in Staudinger, BGB, § 528 Rz. 12; *Germer*, BWNotZ 1987, 61; *Kollhosser* in MünchKomm-BGB-, § 528 Rz. 3, 7, 17 ff.; *Krauß*, MittBayNot 1992, 77, 81 ff.; *ders.*, ZEV 2001, 417; *Mühl/Teichmann* in Soergel, BGB, § 528 Rz. 2; *Rachuy*, MittRhNotK 1993, 81, 85; *Schwarz*, JZ 1997, 545, 548 f.

[696] BGHZ 94, 141; 96, 380, 382; 123, 264; 125, 283; 127, 354; *Haarmann*, FamRZ 1996, 522, 527; *Kollhosser* in MünchKomm-BGB-, § 528 Rz. 10; *ders.*, ZEV 1995, 391, 396; *ders.*, ZEV 2001, 289, 291 f.; *Zeranski*, Der Rückforderungsanspruch des verarmten Schenkers, S. 107 ff.

[697] BGH NJW 2001, 1207, 1208; *Putzo* in Palandt, BGB, § 529 Rz. 1.

[698] *Cremer* in Staudinger, BGB, § 528 Rz. 6; *Hadding*, Festschrift Mühl, S. 225, 234; *Kollhosser* in MünchKomm-BGB-, § 528 Rz. 5; *Mühl/Teichmann* in Soergel, BGB, § 528 Rz. 4; *Putzo* in Palandt, BGB, § 528 Rz. 6; *Seiler* in Erman, BGB, § 528 Rz. 3; *Schwarz*, JZ 1997, 545, 547. Streitig ist die Geltung von § 822 BGB, vgl. BGHZ 106, 356; *Hadding*, Festschrift Mühl, S. 225, 234; *Knütel*, NJW 1989, 2504; *Koch*, JR 1993, 313.

[699] BGH ZEV 2003, 29, 30; *Kollhosser* in MünchKomm-BGB-, § 528 Rz. 5; *Krauß*, ZEV 2001, 417, 421; *Putzo* in Palandt, BGB, § 528 Rz. 6.

[700] BGHZ 94, 141, 143; 125, 283, 284; BGH ZEV 2003, 29, 30; *Cremer* in Staudinger, BGB, § 528 Rz. 5; *Kollhosser* in MünchKomm-BGB-, § 528 Rz. 5; *Krauß*, ZEV 2001, 417, 421; *Schwarz*, JZ 1997, 545, 547.

[701] BGH NJW 1996, 987, 988; BGHZ 137, 76, 83; 146, 228, 231; *Kollhosser* in MünchKomm-BGB-, § 528 Rz. 5; *Mühl/Teichmann* in Soergel, BGB, § 528 Rz. 4; *Schwarz*, JZ 1997, 545, 547; *Seiler* in Erman, BGB, § 528 Rz. 3; *Putzo* in Palandt, BGB, § 528 Rz. 6;

aus[702]. Durch Herausgabe des Geschenks kann sich der Beschenkte analog § 528 Abs. 1 Satz 2 BGB von den laufenden Teilwertersatzverpflichtungen befreien[703].

3. Abwendungsbefugnis nach § 528 Abs. 1 Satz 2 BGB

Um dem Beschenkten die Möglichkeit zu geben, das Geschenk behalten zu können, kann er die Herausgabe nach § 528 Abs. 1 Satz 2 BGB durch Zahlung des Unterhalts abwenden. Nach einer im Schrifttum vertretenen Auffassung macht der Beschenkte von dieser Ersetzungsbefugnis durch Erklärung Gebrauch[704]. Das Schuldverhältnis soll sich dann in einen Geld- bzw. Rentenanspruch umwandeln und eine einseitige Rückkehr zu § 528 Abs. 1 Satz 1 BGB soll nicht mehr möglich sein[705]. Infolge dessen erlösche die Rentenpflicht auch nicht, wenn die Zahlungen den Wert des Geschenks erreicht haben[706].

Dem kann nicht zugestimmt werden. Der Wortlaut des § 528 Abs. 1 Satz 2 BGB spricht eindeutig von Zahlung[707]. Bei wiederkehrendem Bedarf besteht ohnehin nach § 528 Abs. 1 Satz 1 i. V. m. § 818 Abs. 2 BGB eine laufende Geldzahlungspflicht. Freilich ist eine Novation des Schuldverhältnisses durch Parteivereinbarung jederzeit möglich. Es kann jedoch im Zweifel nicht davon ausgegangen werden, dass der Beschenkte eine neue, von § 528 Abs. 1 Satz 1 BGB unabhängige, womöglich wertmäßig höhere Verbindlichkeit eingehen will. Dementsprechend erlischt auch der Unterhaltsanspruch, wenn die Zahlungen den Wert des Geschenks erreicht haben[708]. Der Beschenkte kann im Rahmen des § 528 Abs. 1 Satz 2 BGB nicht schlechter stehen, als wenn er das Geschenk nach § 528 Abs. 1 Satz 1 BGB herausgegeben hätte.

---

[702] *J. Mayer*, DNotZ 1996, 604, 607.

[703] *Kollhosser* in MünchKomm-BGB-, § 528 Rz. 5; *Mühl/Teichmann* in Soergel, BGB, § 528 Rz. 4; offen lassend BGHZ 125, 283, 285; a. A. *Krauß*, ZEV 2001, 417, 424.

[704] *Kollhosser* in MünchKomm-BGB-, § 528 Rz. 12; *Krauß*, ZEV 2001, 417, 421.

[705] *Kollhosser* in MünchKomm-BGB-, § 528 Rz. 12; *Krauß*, ZEV 2001, 417, 421; vgl. auch *Cremer* in Staudinger, BGB, § 528 Rz. 7 ff.

[706] *Cremer* in Staudinger, BGB, § 528 Rz. 9; *Kollhosser* in MünchKomm-BGB-, § 528 Rz. 12; a. A. *Kamps*, ZErb 2002, 212, 214; *Mühl/Teichmann* in Soergel, BGB, § 528 Rz. 12; *Seiler* in Erman, BGB, § 528 Rz. 4.

[707] OLG Düsseldorf, FamRZ 1984, 887, 889.

[708] *Kamps*, ZErb 2002, 212, 214; *Mühl/Teichmann* in Soergel, BGB, § 528 Rz. 12; *Seiler* in Erman, BGB, § 528 Rz. 4.

II. Steuerrecht

1. Steuertatbestand

Die Erfüllung des Steuertatbestandes nach § 7 Abs. 1 Nr. 1 ErbStG i. V. m. § 9 Abs. 1 Nr. 2 ErbStG im Zeitpunkt der Schenkung unterliegt keinen Bedenken. Schenkungen ist eine geringere Bestandskraft generell immanent[709]. Beim Rückforderungsanspruch nach § 528 handelt es sich auch nur um einen potentiellen Anspruch, d. h. dieser entsteht nur unter bestimmten Vorraussetzungen. Wenn schon freie Widerrufvorbehalte die Entstehung der Steuer nicht beeinflussen[710], kann für § 528 BGB nichts anderes gelten. Soweit man § 29 ErbStG anwendet, ergibt sich im Umkehrschluss auch daraus, dass ein Rückforderungsrecht der Erfüllung des Steuertatbestandes nicht entgegensteht.

2. Einfluss der Rückabwicklung auf die Besteuerung

a) Vor Ausführung der Schenkung

Vor dem Vollzug der Schenkung war eine Steuer wegen § 9 Abs. 1 Nr. 2 ErbStG noch nicht entstanden, so dass sich die Frage nach den Konsequenzen der Steuerbarkeit der Schenkung im Rahmen einer Rückabwicklung nicht stellt. Ein Rückforderungsrecht nach § 528 BGB kommt vor Vollzug ohnehin nicht in Betracht.

b) Rückabwicklung nach § 528 Abs. 1 Satz 1 BGB nach Ausführung der Schenkung

aa) § 41 Abs. 1 Satz 1 AO

Da es sich bei der Verweisung des § 528 Abs. 1 Satz BGB auf die §§ 812 ff. BGB um eine Rechtsfolgenverweisung handelt[711], bleibt der Rechtsgrund „Schenkungsvertrag" auch nach Geltendmachung und Durchsetzung des Rückforderungsrechts bestehen. Das bedeutet, dass auch der Tatbestand des § 7 Abs. 1 Nr. 1 ErbStG erfüllt bleibt und sich über § 41 Abs. 1 Satz 1 AO keine Rückwirkung herstellen lässt, da dieser die Unwirksamkeit des Rechtsgeschäfts voraussetzt. Da das ursprüngliche Vollzugsgeschäft wirksam war und die Rückabwicklung

[709] Vgl. §§ 519, 528, 530, 605, 671, 816 Abs. 1 S. 2, 822, 2287, 2288, 2325 BGB, §§ 39 Abs. 1 Nr. 4,134 InsO; § 4 AnfG.
[710] Siehe unten § 19 II. 1.
[711] Siehe oben I. 2.

durch ein weiteres Verfügungsgeschäft durchgeführt wird, bleibt auch der Tatbestand des § 9 Abs. 1 Nr. 2 ErbStG unberührt.

bb) § 29 Abs. 1 Nr. 1 ErbStG

Nach einhelliger Meinung handelt es sich bei dem Rückforderungsrecht nach § 528 Abs. 1 Satz 1 BGB um ein Rückforderungsrecht im Sinne des § 29 Abs. 1 Nr. 1 ErbStG[712]. Dem ist zuzustimmen. Das ergibt sich nämlich nicht nur aus dem Wortlaut und dem systematischen Zusammenhang zu § 29 Abs. 1 Nr. 2 ErbStG, sondern auch aus der Historie. Bereits im RErbStG 1906[713] war in § 56 die Erstattung der Steuer unter Bezugnahme auf das gerade in Kraft getretene BGB geregelt[714]. Der Fall des § 528 BGB kann daher als der klassische Fall des § 29 Abs. 1 Nr. 1 ErbStG angesehen werden, den auch der historische Gesetzgeber vor Augen gehabt haben dürfte.

Wird eine nach § 529 BGB bestehende Einrede vom Beschenkten nicht erhoben, soll die Steuer nicht nach § 29 Abs. 1 Nr. 1 ErbStG erlöschen, da die Rückgabe insoweit freiwillig erfolge[715]. Gegen diese Auffassung spricht nicht nur der Wortlaut von § 29 Abs. 1 Nr. 1 ErbStG. Dem ist auch entgegenzuhalten, dass sich das Steuerrecht hier unnötig vom Zivilrecht löst. Der Begriff des Rückforderungsrechts ist ausschließlich zivilrechtlich zu verstehen. Einreden sind aber nicht rechtsbegründende Tatbestandsmerkmale. Ein Recht besteht grundsätzlich unabhängig von einer Einrede[716]. Das Zivilrecht hat diese liberale Lösung an verschiedenen Stellen des Gesetzes gewählt, um es dem Schuldner im Rahmen einer privatautonomen Entscheidung selbst zu überlassen, ob er eine Einrede erheben will oder nicht. Akzeptiert das Steuerrecht die Entscheidung des Bürgers nicht, sondern gibt sie ihm das Ergebnis vor, kommt es zu einem unzulässigen Eingriff in Art. 2 Abs. 1 GG.

cc) Rechtsfolgenansatz

Nach dem hier vertretenen Ansatz, der nicht darauf abstellt, ob einem in der Vergangenheit liegenden Sachverhalt fiktiv eine andere rechtliche Beurteilung zugeordnet wird oder nicht, sondern auf die Rechtsfolgen[717], ergibt sich ebenfalls eine rückwirkende Rückabwicklung

---

712 *Kapp/Ebeling*, ErbStG, § 29 Rz. 9 ff.; *Jülicher* in Troll/Gebel/Jülicher, ErbStG, § 29 Rz. 6; *Kamps*, ZErb 2002, 212, 212 ff.; *Meincke*, ErbStG, § 29 Rz. 6; *Moench*, ErbStG, § 29 Rz. 5.

713 RGBl. 1906, 620.

714 Siehe oben § 8 II. 2. b).

715 *Kamps*, ZErb 2002, 212, 213.

716 *Reichold* in Thomas/Putzo, ZPO, Vorbem § 253 Rz. 49.

717 Siehe oben § 8.

mit der Folge der Steuererstattung nach § 175 Abs. 1 Satz 1 Nr. 2 AO. Bei der Herausgabe nach § 528 BGB kommen die Rechtsfolgen der §§ 812 ff. BGB zur Anwendung. Dass diese quasi den Prototyp einer rückwirkenden Rückabwicklung darstellen, wurde bereits gezeigt[718].

dd) Konkurrenzen

Der hier entwickelte Rechtsfolgenansatz basiert vor allem auch darauf, dass § 29 ErbStG aufgrund seiner Historie nicht abschließend über die Frage der Rückwirkung bei Rückabwicklungen von Schenkungen befinden kann[719]. Da die Vorgängervorschrift des heutigen § 29 Abs. 1 Nr. 1 ErbStG, der § 56 RErbStG 1906[720], gerade aber den Fall des § 528 BGB erfassen wollte und § 528 BGB im Grundsatz der Fassung von 1. Januar 1900 entspricht[721], ist ein Rückgriff auf den Rechtsfolgenansatz hier nicht nötig.

ee) Ergebnis

Die materielle Rückwirkung im Fall des § 528 Abs. 1 Satz 1 BGB ergibt sich aus § 29 Abs. 1 Nr. 1 ErbStG.

c) Teilrückgabe, Teilwertersatz, Wiederkehrende Leistungen

Wie ausgeführt, kann es zu einer Teilrückgabe, einem Teilwertersatz oder zu wiederkehrenden Leistungen kommen, wenn der Unterhaltsbedarf geringer als der Wert des Geschenks ist. Soweit das Geschenk, wie insbesondere bei Geldschenkungen, teilbar ist und ein teilweise Herausgabe erfolgt, kommt es zu einer dem herausgegebenen Teil entsprechenden Erstattung der Steuer. Bei einer Schenkung ist eine Aufspaltung in Teilschenkungen, die unabhängig von einander vollzogen werden, möglich[722]. Dementsprechend muss auch eine teilweise Erstattung möglich sein. Im Übrigen spricht auch § 29 Abs. 1 Nr. 1 ErbStG von „soweit".
Bei einer Teilwertersatzleistung nach § 818 Abs. 2 BGB ist die Anwendung des § 29 Abs. 1 Nr. 1 ErbStG fraglich. Der Wortlaut geht von der Herausgabe des Geschenks aus, welches bei Teilwertersatzleistungen beim Beschenkten gerade verbleibt. Gleichwohl ist eine ent-

[718] Siehe oben § 9 II. 2. a).
[719] Siehe oben § 8 II.
[720] RGBl. 1906, 620.
[721] RGBl. 1896, 195.
[722] *Meincke*, ErbStG, § 9 Rz. 44.

sprechende Steuererstattung geboten[723]. Das ergibt sich aus dem Zivilrecht. § 818 Abs. 2 BGB ordnet als Surrogat den Wertersatz an, wenn eine Herausgabe unmöglich ist. Es wird dabei dem Umstand gerecht, dass eine tatsächliche Teilung etwa eines Grundstücks in der Regel weder praktisch, noch wirtschaftlich sinnvoll ist. Diesen Umständen muss auch das Steuerrecht gerecht werden. Es ist auch kein Grund für Ungleichbehandlung im Vergleich zu den teilbaren Geschenken ersichtlich. Unter dem Aspekt des für das Schenkungssteuerrecht maßgeblichen Bereicherungsprinzips[724] macht es auch keinen Unterschied, ob ein Geschenk teilweise herausgegeben oder nur entsprechender Teilwertersatz geleistet wird. Danach ist die Erbschaftsteuer entsprechend dem Wertverhältnis der Ersatzleistung zum Geschenk zu erstatten[725]. Maßgeblich sind insoweit die Verkehrswerte. Die Berechnung ist wie bei gemischten Schenkungen vorzunehmen. Progressionsnachteile sind so auszugleichen, wie wenn von Anfang an nur der nicht wertersetzte Teil des Geschenks zugewendet worden wäre.

Bei wiederkehrenden Leistungen des Beschenkten stellt sich die Frage, ob damit eine wiederkehrende Erstattung der Steuer einhergeht, oder ob die gesamte Steuer einmalig zu erstatten ist. Auch hier erscheint es hilfreich, sich zunächst die Besteuerung von geschenkten wiederkehrenden Leistungen vor Augen zu führen. Soweit dem Beschenkten kein Stammrecht eingeräumt wurde, ist die Besteuerung in diesen Fällen nach jeder wiederkehrenden Leistung durchzuführen[726]. Überträgt man das auf die Rückabwicklungsfälle, hängt die Lösung der Frage von der Einräumung eines Stammrechts ab. Bei dem Anspruch aus § 528 Abs. 1 Satz 1 BGB ist es aber so, dass bei wiederkehrendem Bedarf gerade kein Stammrecht mit abtrennbaren Ansprüchen besteht, sondern ein einheitlicher Anspruch auf teilweise Herausgabe[727]. Das bedeutet, dass es zu einer laufenden Erstattung der Steuer kommt. Für dieses Ergebnis spricht auch, dass ein Erlöschen des Steueranspruchs nach § 29 Abs. 1 Nr. 1 ErbStG erst mit der tatsächlichen Herausgabe des Geschenks bzw. der tatsächlichen Zahlung des Wertersatzes eintritt und nicht schon vorher. Die Lösung der laufenden Steuererstattung hat den zwar den praktischen Nachteil eines hohen Arbeitsaufwandes für die Finanzverwaltung. Allerdings vermag dieser Aspekt nicht, die vom geltenden Recht vorgegebene Lösung zu ändern.

---

[723] *Kamps*, ZErb 2002, 212, 214; *Jülicher*, ZErb 2001, 81, 82; *Troll*, DB 1990, 498.

[724] Siehe oben § 2 I. 1.

[725] *Kamps*, ZErb 2002, 212, 214.

[726] RFH RStBl. 1921, 157; 1922, 312, 1941, 766; BFH BStBl. II 1968, 239; *Kapp/Ebeling*, ErbStG, § 9 Rz. 61; *Meincke*, ErbStG, § 9 Rz. 40; *Schuck* in Viskorf/Glier/Hübner/Knobel/Schuck, ErbStG, § 7 Rz. 116; *Weinmann* in Moench, ErbStG, § 9 Rz. 24.

[727] BGHZ 125, 283; *Kollhosser* in MünchKomm-BGB-, § 528 Rz. 5.

d) Rückgabe des Geschenks trotz geringeren Notbedarfs

Nach hier vertretener Auffassung kann sich der Schenker in dem Fall, dass der Notbedarf den Wert des Geschenks unterschreitet, von seiner Leistungspflicht befreien, indem er das Geschenk insgesamt herausgibt[728]. Es stellt sich dann die Frage nach den steuerlichen Konsequenzen.

Nach *Kamps*[729] soll ein Erlöschen der Schenkungsteuer nur in Höhe des tatsächlichen Bedarfs eintreten, da nur insoweit ein Rückforderungsrecht im Sinne des § 29 Abs. 1 Nr. 1 ErbStG bestand. Zivilrechtlich beruhe die Ersetzungsbefugnis auf Billigkeitsgesichtspunkten, die steuerrechtlich nicht privilegiert werden dürfe[730]. Diesem Ergebnis ist nicht zuzustimmen. Der Wortlaut des § 29 Abs. 1 Nr. 1 ErbStG ist insoweit offen. Das Wort „soweit" muss sich nicht zwingend auf Rückforderungsrecht beziehen, sondern kann auch auf den Umfang des herausgegebenen Geschenks bezogen sein. Hinzu kommen folgende Überlegungen. Ist das Geschenk teilbar, wird der Beschenkte regelmäßig nur den geschuldeten Teil herausgeben. Ist das Geschenk unteilbar, wird der Schenker den Schenkungsgegenstand entgegennehmen, da er wertmäßig dadurch günstiger gestellt wird. Da der Anspruch des Schenkers bei der hier diskutierten Konstellation aber nur auf Wertersatz nach § 818 Abs. 2 BGB geht, ist in der Entgegennahme des Geschenks ein konkludent abgeschlossener Vertrag auf Leistung an Erfüllungs statt nach § 364 Abs. 1 BGB zu sehen. Zwar mag die einseitige Ersetzungsbefugnis des Schenkers auf Billigkeitsaspekten beruhen. Soweit diese jedoch nicht gerichtlich oder durch Hinterlegung durchgesetzt werden, liegt eine Erfüllung nach § 364 Abs. 1 BGB vor. Diese Form der Erfüllung hat aber nichts mit Billigkeit zu tun, sondern ist eine den Parteien vom Zivilrecht eingeräumte Möglichkeit der Gestaltung ihrer Verhältnisse. Geht man von der Maßgeblichkeit des Zivilrechts aus, dann muss es zu einer vollständigen Erstattung der früher gezahlten Schenkungsteuer kommen. Dafür spricht auch, dass dem Beschenkten endgültig überhaupt keine Bereicherung mehr verbleibt, womit seine steuerliche Leistungsfähigkeit gesteigert worden wäre. Da die Schenkungsteuer keine Verkehrsteuer[731] ist, wäre es falsch, an den bloßen Übertragungsakt der Schenkung anzuknüpfen.

---

[728] Siehe oben I. 3.
[729] ZErb 2002, 212, 214.
[730] *Kamps*, ZErb 2002, 212, 214.
[731] Siehe oben § 2 III. 3.

e) § 528 Abs. 1 Satz 2 BGB und Novation

Soweit die Herausgabe durch Zahlung nach § 528 Abs. 1 Satz 2 BGB abgewendet wird, erlischt nach § 29 Abs. 1 Nr. 2 ErbStG die Schenkungsteuer. Maßgebend ist das Wertverhältnis zwischen Zahlung und dem Verkehrswert des Geschenks[732].
Da nach hier vertretener Auffassung durch die Inanspruchnahme der Abwendungsbefugnis nach § 528 Abs. 1 Satz 2 BGB keine Novation erfolgt und daher beim Schenker kein Unterhaltsstammrecht entsteht, erfolgt die Erstattung bei laufenden Zahlungen ebenfalls laufend und nicht unter Berücksichtigung eines Kapitalwertes[733]. Folgt man dagegen der Auffassung, dass durch die Ausübung der Abwendungsbefugnis nach § 528 Abs. 1 Satz 2 BGB oder durch Parteivereinbarung eine Novation des Schuldverhältnisses erfolgt, bei dem mit Erreichen des Wertes des Geschenks der Anspruch nicht erlischt, dann erscheint es sachgerecht, das neu begründete Stammrecht mit dem Kapitalwert ins Verhältnis zum Wert des Geschenks zu setzen, und die Steuer nach diesem Verhältnis zu erstatten[734]. Der Kapitalwert ist dann gegebenenfalls nach § 14 Abs. 2 BewG zu berichtigen[735].

3. Nutzungen

Hinsichtlich der Nutzungen kann auf die Ausführungen bei der unwirksamen Schenkung verwiesen werden[736].

4. Rückabwicklung als Rückschenkung

a) Vor Ausführung der Schenkung

In der Erhebung der Einrede nach § 519 BGB durch den Schenker ist keine Rückschenkung an den Schenker zu sehen, da der Beschenkte überhaupt nicht handelt. Macht der Beschenkte seinen Anspruch aus dem Schenkungsversprechen nicht geltend oder verzichtet er darauf, ist wegen § 517 BGB keine Rückschenkung gegeben.

---

[732] *Jülicher* in Troll/Gebel/Jülicher, ErbStG, § 29 Rz. 38; *Kamps*, ZErb 2002, 212, 214; *Meincke*, ErbStG, § 29 Rz. 9; *Moench*, ErbStG, § 29 Rz. 11.
[733] So jedoch *Jülicher* in Troll/Gebel/Jülicher, ErbStG, § 29 Rz. 38.
[734] *Jülicher* in Troll/Gebel/Jülicher, ErbStG, § 29 Rz. 38.
[735] Vgl. *Troll*, DB 1990, 498, 499.
[736] Siehe oben § 9 II. 3.

b) Nach Ausführung der Schenkung

Die Herausgabe des Geschenks ist weder eine Schenkung nach § 516 BGB, noch eine sonstige freigebige Zuwendung im Sinne von § 7 Abs. 1 Nr. 1 ErbStG, da die Herausgabe in Erfüllung einer Verbindlichkeit, also nicht unentgeltlich erfolgt[737]. Soweit man wegen einer nicht erhobenen Einrede nach § 529 BGB eine steuerpflichtige Rückschenkung annimmt, kommt hier die Befreiungsvorschrift des § 13 Abs. 1 Nr. 12 ErbStG zum Zuge.

c) Teilrückgabe, Teilwertersatz, Wiederkehrende Leistungen

Eine Steuerpflicht unter dem Aspekt der Rückschenkung kommt nicht in Betracht, da der Bedarf unterhalb des Wertes des Geschenks liegt und in Erfüllung der Verbindlichkeit aus § 528 Abs. 1 Satz 1 BGB geleistet wird.

d) Rückgabe des Geschenks trotz geringeren Notbedarfs

Wenn man die Ansicht von *Kamps*[738] zur Frage des Einflusses der Rückabwicklung in diesem Fall auf die Schenkungsbesteuerung konsequent fortführte, läge in dem den Unterhaltsbedarf überschießenden Teil eine Rückschenkung, da insoweit keine Verbindlichkeit mehr erfüllt würde. Dem ist zu widersprechen. Der Beschenkte will hier gerade durch die Herausgabe des gesamten Geschenks seine Verbindlichkeit erfüllen. Er gibt das gesamte Geschenk nicht deshalb zurück, weil er den Schenker über den Unterhaltsanspruch hinaus bereichern will, sondern weil er seine Verbindlichkeit entweder nicht anders erfüllen kann oder sie endgültig erfüllen will, um sich zukünftig keinen weiteren Forderungen mehr ausgesetzt sehen zu müssen. Da die Rückübertragung des Geschenks somit immer in Erfüllung einer Verbindlichkeit, also entgeltlich erfolgt, ist für eine steuerpflichtige Rückschenkung kein Raum. Auch eine gemischte Rückschenkung scheitert an den subjektiven Merkmalen.

e) § 528 Abs. 1 Satz 2 BGB und Novation

Soweit eine einmalige Abfindungszahlung, die Summe laufender Zahlungen oder bei Novation der Kapitalwert der Unterhaltsverpflichtung den Wert des Geschenks übersteigt, stellt sich die Frage nach einer steuerbaren Rückschenkung. Eine Steuerpflicht kommt mangels

---

737 *Meincke*, ErbStG, § 7 Rz. 61; *Schuck* in Viskorf/Glier/Hübner/Knobel/Schuck, ErbStG, § 7 Rz. 114.

738 ZErb 2002, 212, 214; Siehe oben II. 2. d).

Unentgeltlichkeit aber regelmäßig nicht in Betracht. Im Übrigen greift die Befreiungsvorschrift des § 13 Abs. 1 Nr. 12 ErbStG ein.

III. Ergebnis

Der potenzielle Rückforderungsanspruch aus § 528 BGB berührt die Entstehung des Steuertatbestandes nicht. Da der § 528 nur auf die Rechtsfolgen der §§ 812 ff. BGB verweist, kann im Fall der Rückabwicklung nach § 528 BGB keine materielle Rückwirkung über § 41 Abs. 1 Satz 1 AO hergestellt werden. Diese ergibt sich vielmehr aus § 29 Abs. 1 Nr. 1 und 2 ErbStG, die den § 528 BGB als klassischen Grundfall vor Augen haben. Auch der Rechtsfolgenansatz muss dahinter zurücktreten. Mangels Unentgeltlichkeit kommt eine steuerbare Rückschenkung nicht in Betracht.

§ 13 Rückabwicklung bei Widerruf der Schenkung wegen groben Undanks nach §§ 530 ff. BGB

I. Zivilrecht

1. Tatbestand

Unabhängig vom Vollzug[739] kann eine Schenkung nach § 530 Abs. 1 BGB wegen groben Undanks des Beschenkten widerrufen werden. Das nicht notwendig rechtswidrige Fehlverhalten des Beschenkten muss objektiv ein gewisses Maß an Schwere haben und subjektiv eine tadelnswerte Gesinnung, die einen Mangel an Dankbarkeit erkennen lässt, aufweisen[740]. Maßgeblich ist eine Gesamtwürdigung aller Umstände des Einzelfalls, die dem Richter obliegt[741]. Das Widerrufsrecht ist ein höchstpersönliches Gestaltungsrecht und daher nicht abtretbar, nicht pfändbar und nur in den Grenzen des § 530 Abs. 2 BGB vererbbar[742]. In den Fällen der §§ 532 und 534 BGB ist der Widerruf ausgeschlossen. Der Widerruf erfolgt nach § 531 Abs. 1 BGB durch formlose, empfangsbedürftige Willenserklärung (§ 130 BGB). Gegenstand des Widerrufs ist der schuldrechtliche Schenkungsvertrag. Das Vollzugsgeschäft bleibt unberührt[743].

2. Rechtsfolge

Bei § 531 Abs. 2 BGB handelt es sich um eine deklaratorische Rechtsgrundverweisung auf die §§ 812 ff. BGB[744]. Mit dem Widerruf entfällt der Rechtsgrund für die Zuwendung. Vor Schenkungsvollzug führt dies zum Erlöschen der Verpflichtung aus dem Schenkungsversprechen. Nach Vollzug kann das Geleistete nach § 812 Abs. 1 Satz 2 Alt. 1 BGB (*condictio*

---

[739] BGHZ 45, 258, 260; *Cremer* in Staudinger, BGB, § 530 Rz. 3; *Seiler* in Erman, BGB, § 530 Rz. 2.

[740] BGHZ 87, 145, 149; 91, 273, 278; BGH FamRZ 1985, 351; NJW 1992, 183, 184; NJW-RR 1993, 1410, 1411; 2002, 1595; *Cremer* in Staudinger, BGB, § 530 Rz. 5, 8; *Kollhosser* in MünchKomm-BGB-, § 530 Rz. 2; *Mühl/Teichmann* in Soergel, BGB, § 530 Rz. 6 ff.; *Putzo* in *Palandt*, BGB, § 530 Rz. 5; *Seiler* in Erman, BGB, § 530 Rz. 2.

[741] BGH NJW 1999, 1623.

[742] *Kollhosser* in MünchKomm-BGB-, § 530 Rz. 8; *Putzo* in Palandt, BGB, § 530 Rz. 1; *Seiler* in Erman, BGB, § 530 Rz. 5.

[743] BGHZ 112, 40, 46 f.; *Kollhosser* in MünchKomm-BGB-, § 531 Rz. 2a; *Putzo* in Palandt, BGB, § 530 Rz. 3; *Mühl/Teichmann* in Soergel, BGB, § 531 Rz. 2.

[744] Mot. II, S. 305; Prot. II, S. 41; BGH NJW-RR 1988, 584, 585; *Cremer* in Staudinger, BGB, § 531 Rz. 2; *Kollhosser* in MünchKomm-BGB-, § 531 Rz. 3; *Mühl/Teichmann* in Soergel, BGB, § 531 Rz. 2; *Putzo* in Palandt, BGB, § 531 Rz. 1; *Seiler* in Erman, BGB, § 531 Rz. 2; *Sina*, GmbHR 2002, 58.

ob causam finitam) zurückverlangt werden. Nach zutreffender überwiegender Auffassung tritt die verschärfte Haftung nach §§ 819 Abs. 1, 818 Abs. 4, 292, 989 BGB mit dem Zugang der Widerrufserklärung ein[745]. Der Rückübertragungsanspruch ist vormerkungsfähig[746].

3. Rückabwicklung ex nunc oder ex tunc

Fraglich ist, ob der Widerruf ex nunc oder ex tunc wirkt. Während zum Teil[747]von einer ex nunc Wirkung ausgegangen wird, spricht sich *Kamps*[748] für eine ex tunc Wirkung aus. Vorzugswürdig ist die Ansicht der ex tunc Wirkung. Die Rechtsfolgen des Widerrufs richten sich nach §§ 812 ff. BGB. Da sich die Frage der Rückwirkung aber nach den Rechtsfolgen und nicht danach richtet, ob eine die Rückwirkung fiktiv anordnende Norm existiert[749], und die §§ 812 ff. BGB rückwirkenden Charakter haben[750], handelt es sich auch bei der Rückabwicklung nach § 530 Abs. 2 BGB um eine solche mit Rückwirkung.

II. Steuerrecht

1. Steuertatbestand

Das potenzielle, noch nicht ausgeübte Widerrufsrecht lässt den nach § 7 Abs. 1 Nr. 1 i. V. m. § 9 Abs. 1 Nr. 2 ErbStG erfüllten Steuertatbestand unberührt und führt auch nicht zu bereicherungsmindernden Posten[751].

---

[745] Mot. II, S. 305; Prot. II, S. 41; *Hadding*, Festschrift Mühl, S. 225, 236; *Mühl/Teichmann* in Soergel, BGB, § 531 Rz. 3; *Seiler* in Erman, BGB, § 531 Rz. 3; a. A. *Cremer* in Staudinger, BGB, § 531 Rz. 3. *Kollhosser* in MünchKomm-BGB-, § 531 Rz. 4 stellt analog § 142 Abs. 2 BGB auf das Kennenmüssen der Verfehlung ab.

[746] BGH ZEV 2002, 364; *Wacke*, JZ 2003, 179.

[747] *Beker*, Hinfällige Rechtsgeschäfte, S. 74; *Seiler* in Erman, BGB, § 531 Rz. 2.

[748] ZErb 2002, 212, 216.

[749] Siehe oben § 7 II. 3.

[750] Siehe oben § 9 II. 2. a) bb) ccc).

[751] *Meincke*, ErbStG, § 7 Rz. 59, 62.

2. Einfluss der Ausübung des Widerrufsrechts und der Durchführung der Rückabwicklung auf die Besteuerung

a) § 41 Abs. 1 Satz 1 AO

Aus § 41 Abs.1 Satz 1 AO kann sich keine Rückwirkung ergeben, da die Norm nur den Fall der Unwirksamkeit eines Rechtsgeschäfts regelt. Im Fall der §§ 530 ff. BGB wird die Schenkung aber nicht unwirksam, sondern mit dem Widerruf fällt der Rechtsgrund für die Zuwendung weg[752].

b) § 29 Abs. 1 Nr. 1 ErbStG

Nach einhelliger Meinung ist der Widerruf wegen groben Undanks ein Fall des § 29 Abs. 1 Nr. 1 ErbStG[753]. Freilich ergibt sich das Rückforderungsrecht im Sinne von § 29 Abs. 1 Nr. 1 ErbStG nicht unmittelbar aus den §§ 530 ff. BGB, sondern aus § 812 Abs. 1 Satz 2 Alt. 1 BGB.

c) Rechtsfolgenansatz

Da sich die Rückabwicklung nach den §§ 812 ff. BGB richtet, liegt auch nach dem Rechtsfolgenansatz eine materiell rückwirkende Rückabwicklung vor[754].

d) Konkurrenzen

Aus der Entstehungsgeschichte kann man schließen, dass § 29 Abs. 1 Nr. 1 ErbStG vor allem die schenkungsspezifischen Rückforderungsrechte erfassen will[755]. Da die heutigen §§ 530 ff. BGB der Fassung des BGB vom 1. Januar 1900 entsprechen[756], kann § 29 Abs. 1 Nr. 1 ErbStG für den Widerruf wegen groben Undanks nicht als überholt angesehen werden.

---

[752] Siehe oben I. 2.

[753] *Kapp/Ebeling*, ErbStG, § 29 Rz. 10 ff.; *Jülicher* in Troll/Gebel/Jülicher, ErbStG, § 29 Rz. 6; *Kamps*, ZErb 2002, 212, 215; *Meincke*, ErbStG, § 29 Rz. 5; *Moench*, ErbStG, § 29 Rz. 5; *Schuck* in Viskorf/Glier/Hübner/Knobel/Schuck, ErbStG, § 29 Rz. 13.

[754] Siehe oben § 9 II. 2. a) bb) ccc).

[755] Siehe oben § 8 II. 2. b).

[756] Vgl. RGBl. 1896, 195.

e) Tatsächliche Herausgabe

Es wurde bereits darauf hingewiesen, dass Voraussetzung für eine Rückwirkung auch die tatsächliche Rückabwicklung der Schenkung ist. Das ergibt sich nicht nur aus dem Grundgedanken des § 41 Abs. 1 Satz 1 AO[757], sondern auch aus § 29 Abs. 1 Nr. 1 ErbStG[758]. Für die vorliegende Fallgruppe bedeutet das, dass nicht bereits der Widerruf, sondern erst die damit verbundene tatsächliche Rückabwicklung das rückwirkende Ereignis darstellt.

3. Nutzungen

Hinsichtlich der Nutzungen kann auf die Ausführungen bei der unwirksamen Schenkung verwiesen werden[759].

4. Keine steuerpflichtige Rückschenkung durch Rückabwicklung

In der Durchführung der Rückabwicklung nach den §§ 812 ff. BGB ist keine steuerbare Rückschenkung zu sehen, da der Beschenkte in Erfüllung einer Verbindlichkeit leistet.

III. Ergebnis

Die Widerrufsmöglichkeit wegen groben Undanks berührt die Steuerentstehung nicht. Wird die Schenkung nach dem Widerruf rückabgewickelt, ergibt sich aus § 29 Abs. 1 Nr. 1 ErbStG, dass es sich dabei um ein rückwirkendes Ereignis im Sinne von § 175 Abs. 1 Satz 1 Nr. 2 AO handelt. Die Rückabwicklung stellt keinen steuerpflichtigen Vorgang dar.

---

[757] Siehe oben § 7 III. 2.
[758] Siehe oben § 5 II. 2. e).
[759] Siehe oben § 9 II. 3.

§ 14 Anfechtung nach der InsO und dem AnfG

I. Zivilrechtliche Grundlagen der Anfechtung nach § 134 InsO

1. Sinn und Zweck der Anfechtung nach §§ 129 ff. InsO

Der Sinn und Zweck der Anfechtung nach §§ 129 ff. InsO besteht darin, Rechtshandlungen, die die Gläubiger benachteiligen, rückgängig zu machen. Durch die Zurückführung zur Insolvenzmasse soll der Grundsatz der gleichmäßigen Gläubigerbefriedigung sichergestellt werden. Ziel der Insolvenzanfechtung ist es demnach, die Masse so zu stellen, als hätte es die anfechtbare Rechtshandlung nicht gegeben[760]. Während der Hintergrund der §§ 130 - 132 InsO in der zeitliche Nähe zum Insolvenzantrag und bei § 133 InsO in der vorsätzlichen Benachteiligung liegt, rechtfertigt sich der § 134 InsO vor allem aus der Unentgeltlichkeit der Leistung heraus. Der anzufechtenden Rechtshandlung stand keine Gegenleistung gegenüber, weshalb die Insolvenzmasse in besonderem Maße geschmälert wurde. § 134 InsO ist Ausdruck des allgemeinen Rechtsgrundsatzes[761], der der Bestandskraft von Schenkungen eine schwächerer Stellung zuweist[762].

2. Tatbestand des § 134 InsO

a) Inhaberschaft, Ausübungsrecht und Gläubigerbenachteiligung

Das Anfechtungsrecht, dessen Inhaber das Sondervermögen Insolvenzmasse ist[763], wird durch den Insolvenzverwalter ausgeübt[764].

Wie bei jeder Anfechtung nach den §§ 129 ff. InsO ist auch bei § 134 InsO eine Gläubigerbenachteiligung nach § 129 InsO nötig. Diese liegt vor, wenn objektiv durch die anzufechtende Rechtshandlung die Aussicht auf Befriedigung der Insolvenzgläubiger aus der Insol-

[760] *Dauernheim* in Wimmer, InsO, § 129 Rz. 1; *Hirte* in Uhlenbruck, InsO, § 129 Rz. 1; *Huber* in Gottwald, Insolvenzrechts-Handbuch, § 46 Rz. 3; *H.-P. Kirchhof* in MünchKomm-InsO-, vor §§ 129 bis 147 Rz. 2; *Pape/Uhlenbruck*, Insolvenzrecht, Rz. 668.

[761] Vgl. §§ 528, 529, 816 Abs. 1 Satz 2, 2287, 2325 BGB.

[762] *Huber* in Gottwald, Insolvenzrechts-Handbuch, § 49 Rz. 2; *H.-P. Kirchhof* in MünchKomm-InsO-, § 134 Rz. 1.

[763] *Dauernheim* in Wimmer, InsO, § 143 Rz. 38; *H.-P. Kirchhof* in MünchKomm-InsO-, § 129 Rz. 191.

[764] *Dauernheim* in Wimmer, InsO, § 143 Rz. 38; *H.-P. Kirchhof* in MünchKomm-InsO-, § 129 Rz. 192; *Pape/Uhlenbruck*, Insolvenzrecht, Rz. 670.

venzmasse verkürzt, vereitelt oder erschwert wird[765]. Im Hinblick auf die Unentgeltlichkeit ist die Gläubigerbenachteiligung bei Schenkungen in der Regel gegeben.

b) Unentgeltliche Leistung

Unentgeltlichkeit liegt vor, wenn keine Gegenleistung durch den Zuwendungsempfänger oder einen Dritten erfolgen soll[766]. Der Begriff der Leistung wird extensiv verstanden und erfasst im umfassenden Sinne alle Rechtshandlungen, die der Gläubigerbenachteiligung dienen[767]. Danach berechtigen nicht nur Schenkungen, sondern z. B. auch unverzinsliche Darlehen, Gebrauchsüberlassungen oder Pfandrechtsbestellungen zur Anfechtung nach § 134 InsO[768]. Das Schenkungsversprechen ist ebenso anfechtbar[769]. Erfüllungshandlungen werden zwar grundsätzlich als selbstständig anfechtbare Rechtshandlungen verstanden[770], können aber gleichwohl nicht losgelöst von der causa betrachtet werden. Die Erfüllung eines Schenkungsversprechens bleibt eine unentgeltliche Leistung, auch wenn damit eine Verbindlichkeit erfüllt wird[771].
Wegen des sehr weiten Verständnisses des Begriffs der unentgeltlichen Leistung lässt sich im vorliegenden Zusammenhang sagen, dass eine solche jedenfalls dann vorliegt, wenn und soweit der Tatbestand der freigebigen Zuwendung nach § 7 Abs. 1 Nr. 1 ErbStG erfüllt ist[772].

c) Vier-Jahres-Frist

§ 134 Abs. 1 InsO erfasst nur Schenkungen, die innerhalb von vier Jahren vor Eröffnung des Insolvenzverfahrens vorgenommen wurden. Für die Fristberechnung ist § 140 InsO maßgeblich. Danach kommt es bei Kausalgeschäften auf den Zeitpunkt des Abschlusses[773] und bei

---

[765] *Dauernheim* in Wimmer, InsO, § 129 Rz. 36; *Huber* in Gottwald, Insolvenzrechts-Handbuch, § 46 Rz. 38; *H.-P. Kirchhof* in MünchKomm-InsO-, § 129 Rz. 76 ff., § 134 Rz. 34; *Pape/Uhlenbruck*, Insolvenzrecht, Rz. 679.
[766] *Dauernheim* in Wimmer, InsO, § 134 Rz. 9; *H.-P. Kirchhof* in MünchKomm-InsO-, § 134 Rz. 17.
[767] *Dauernheim* in Wimmer, InsO, § 134 Rz. 6; *Huber* in Gottwald, Insolvenzrechts-Handbuch, § 49 Rz. 9 ff.; *H.-P. Kirchhof* in MünchKomm-InsO-, § 134 Rz. 5; *Pape/Uhlenbruck*, Insolvenzrecht, Rz. 707.
[768] *H.-P. Kirchhof* in MünchKomm-InsO-, § 134 Rz. 8 f.
[769] *Huber* in Gottwald, Insolvenzrechts-Handbuch, § 49 Rz. 10; beachte auch § 39 Abs. 1 Nr. 4 InsO.
[770] *Dauernheim* in Wimmer, InsO, § 129 Rz. 34; *Huber* in Gottwald, Insolvenzrechts-Handbuch, § 46 Rz. 33; *H.-P. Kirchhof* in MünchKomm-InsO-, § 129 Rz. 61.
[771] *Dauernheim* in Wimmer, InsO, § 134 Rz. 15; *Huber* in Gottwald, Insolvenzrechts-Handbuch, § 49 Rz. 16; *H.-P. Kirchhof* in MünchKomm-InsO-, § 134 Rz. 7.
[772] Umgekehrt gilt das dagegen nicht, da z. B. Gebrauchsüberlassungen nach hier vertretener Ansicht keine freigebigen Zuwendungen sind, siehe oben § 2 II. 2. e).
[773] *H.-P. Kirchhof* in MünchKomm-InsO-, § 134 Rz. 20.

Verfügungsgeschäften auf deren Vollendung an[774]. Soweit Registereintragungen notwendig sind, stellt § 140 Abs. 2 Satz 1 InsO auf den Eintragungsantrag des Zuwendungsempfängers ab. Bei Grundstücksschenkungen kann insoweit die Situation auftreten, dass die Schenkung steuerrechtlich vollzogen ist, bevor die Vier-Jahres-Frist zu laufen beginnt, da es nach derzeitiger Rechtsprechung des BFH auf den Eintragungsantrag des Beschenkten nicht ankommt[775]. Andererseits erklärt § 140 Abs. 3 InsO Bedingungen und Befristungen für unbeachtlich. Das kann bei aufschiebenden Bedingungen und Befristungen dazu führen, dass die Vier-Jahres-Frist läuft, obwohl die Schenkung noch nicht im Sinne von § 9 Abs. 1 Nr. 2 ErbStG ausgeführt gewesen war[776].

3. Sonstige Tatbestände der §§ 129 ff. InsO

§ 134 InsO steht in freier Gesetzeskonkurrenz zu den anderen Tatbeständen der §§ 129 ff. InsO und stellt keine abschließende Spezialregelung dar. Insbesondere Schenkungen außerhalb der Vier-Jahres-Frist können auch unter den Voraussetzungen des § 133 InsO angefochten werden[777].

4. Rechtsfolgen

a) Allgemeines und Rechtsnatur des Anfechtungsrechts

Nach § 143 Abs. 1 Satz 1 InsO muss dasjenige, was durch eine nach §§ 129 ff. InsO anfechtbare Handlung aus dem Vermögen des Schuldners veräußert, weggegeben oder aufgegeben worden ist, an die Insolvenzmasse zurückgewährt werden. Das bedeutet grundsätzlich, dass der betroffene Vermögensgegenstand in natura in vollem Umfang in die Insolvenzmasse zurückzugeben ist. Die Insolvenzmasse ist in die Lage zu versetzen, in der sie sich befinden würde, wenn das anfechtbare Verhalten unterblieben wäre. Es ist der Zustand herzustellen, der bestünde, wenn der Gegenstand schon bei Verfahrenseröffnung zur Masse gehört hätte[778].

---

774 *H.-P. Kirchhof* in MünchKomm-InsO-, § 134 Rz. 44; vgl. auch *Huber* in Gottwald, Insolvenzrechts-Handbuch, § 49 Rz. 16.
775 Siehe oben § 4 III. 2.
776 Siehe oben § 15 II. 1.
777 *Jülicher*, ZEV 1998, 370, 371; *H.-P. Kirchhof* in MünchKomm-InsO-, § 134 Rz. 3.
778 BGHZ 15, 333, 337; *Dauernheim* in Wimmer, InsO, § 143 Rz. 3; *Huber* in Gottwald, Insolvenzrechts-Handbuch, § 52 Rz. 5; *H.-P. Kirchhof* in MünchKomm-InsO-, § 143 Rz. 24;

Das Anfechtungsrecht nach der InsO ist kein Gestaltungsrecht, das einer besonderen Erklärung bedarf, sondern besteht nach der heute herrschenden „schuldrechtlichen" Theorie[779] in dem Rückgewähranspruch selbst bzw. fällt mit ihm zusammen. Es wird durch die Geltendmachung des Rückgewähranspruchs nach § 143 Abs. 1 Satz 1 InsO ausgeübt[780]. Anders als bei § 142 BGB bleibt die anfechtbare Handlung als solche in ihrem rechtlichen Bestand unberührt[781].

b) Rückabwicklung beim bösgläubigen Erwerber im Einzelnen

Die Rückabwicklung der Leistung richtet sich im Fall des § 143 Abs. 2 Satz 2 InsO nach den allgemeinen Regeln des § 143 Abs. 1 InsO. Danach hat der Empfänger den Schenkungsgegenstand herauszugeben. Soweit eine Herausgabe unmöglich geworden ist, hat er nach § 143 Abs. 1 Satz 2 InsO i. V. m. §§ 818 Abs. 4, 292 Abs. 1, 989 BGB Wertersatz zu leisten, es sei denn, die Unmöglichkeit war nicht verschuldet[782]. Trotz des Verweises von § 818 Abs. 4 BGB auch auf § 285 BGB ist es einhellige Meinung[783], dass der Wertersatz auch verlangt werden kann, wenn rechtgeschäftlich erworbene Surrogate einen geringeren Wert aufweisen. Dagegen soll § 285 BGB bei gesetzlich erworbenen Surrogaten eingreifen sowie dann, wenn rechtsgeschäftlich ein Mehrerlös erzielt wurde[784].
Nach § 143 Abs. 1 Satz 2 InsO i.V.m. §§ 818 Abs. 4, 292 Abs. 2, 987 BGB sind nicht nur die gezogenen, sondern auch die schuldhaft nicht gezogenen Nutzungen an die Insolvenz-

---

779 BGHZ 100, 36, 42; 101, 286, 288; 106, 127, 129; 128, 184, 194; *Dauernheim* in Wimmer, InsO, § 129 Rz. 9; *Hess*, InsO, § 143 Rz. 61; *Huber* in Gottwald, Insolvenzrechts-Handbuch, § 46 Rz. 8, § 49 Rz. 1 f.; *Holzer*, WiB 1997, 729, 731. Nach der „dinglichen" Theorie (*Marotzke*, KTS 1987, 1 ff.) soll die Anfechtung rechtsgestaltende Wirkung mit der Folge der dinglichen Unwirksamkeit der Rechtshandlung haben. Dieser Ansatz ist nach der Streichung des Hinweises auf die relative Unwirksamkeit in § 129 InsO im Vergleich zu § 29 KO wohl nicht mehr vertretbar. Die „haftungsrechtliche" Theorie (*K. Schmidt*, JZ 1990, 619; *Paulus* in Kübler/Prütting, InsO, § 129 Rz. 48 ff.; *Häsemeyer*, Insolvenzrecht, Rz. 21.15.) besagt, dass die Anfechtung zur haftungsrechtlichen Unwirksamkeit führt, die Wirksamkeit der Rechtshandlung im Übrigen jedoch unberührt lässt. Dagegen und für die „schuldrechtliche" Theorie spricht die Statuierung eines schuldrechtlichen Anspruchs in § 143 Abs. 1 Satz 1 InsO.

780 *Huber* in Gottwald, Insolvenzrechts-Handbuch, § 46 Rz. 8; *Pape/Uhlenbruck*, Insolvenzrecht, Rz. 687.

781 *Huber* in Gottwald, Insolvenzrechts-Handbuch, § 46 Rz. 8; *H.-P. Kirchhof* in MünchKomm-InsO-, vor §§ 129 bis 147 Rz. 40.

782 *Dauernheim* in Wimmer, InsO, § 143 Rz. 20; *Huber* in Gottwald, Insolvenzrechts-Handbuch, § 52 Rz. 6; *H.-P. Kirchhof* in MünchKomm-InsO-, § 143 Rz. 73 ff.

783 Vgl. *Huber* in Gottwald, Insolvenzrechts-Handbuch, § 52 Rz. 9 m. w. N.; *H.-P. Kirchhof* in MünchKomm-InsO-, § 143 Rz. 71 m. w. N.

784 *Huber* in Gottwald, Insolvenzrechts-Handbuch, § 52 Rz. 9; *H.-P. Kirchhof* in MünchKomm-InsO-, § 143 Rz. 72.

masse herauszugeben[785]. Für notwendige Verwendungen kann der Leistungsempfänger nach § 143 Abs. 1 Satz 2 InsO i. V. m. §§ 818 Abs. 4, 292 Abs. 2, 994 Abs. 2 BGB Ersatz verlangen[786]. Andere Verwendungen werden nur berücksichtigt, wenn und soweit sie eine noch vorhandene Werterhöhung im Vermögensgegenstand verursacht haben[787].

c) Privilegierungen des gutgläubigen Erwerbers

§ 143 Abs. 2 Satz 1 InsO privilegiert den gutgläubigen unentgeltlichen Erwerber insoweit, als dass die Herausgabepflicht auf die noch vorhandene tatsächliche Bereicherung begrenzt ist. Für die Unmöglichkeit der Herausgabe bedeutet das, dass auch bei Verschulden kein Wertersatz zu leisten ist[788]. Nutzungen müssen nur herausgegeben werden, soweit sie tatsächlich gezogen wurden und noch vorhanden sind[789]. Das Gleiche gilt für Surrogate, wobei erzielte Mehrerlöse beim Anfechtungsgegner verbleiben[790]. Verwendungen können in vollem Umfang geltend gemacht werden[791].

II. Zivilrechtliche Grundlagen der Anfechtung nach dem Anfechtungsgesetz

1. Sinn und Zweck und dogmatische Grundlagen der Anfechtung nach dem Anfechtungsgesetz

Die Anfechtung nach dem Anfechtungsgesetz gibt dem Gläubiger die Möglichkeit der Zwangsvollstreckung in einen Gegenstand, der sich nicht mehr beim Schuldner, sondern bei einem Dritten befindet. Wäre die anfechtbare Rechtshandlung unterblieben, hätte der Gläubiger direkt beim Schuldner auf den Gegenstand zugreifen können. Die Anfechtung dient der Wiederherstellung dieser Zugriffslage[792]. Anders als bei der Anfechtung nach der InsO geht

[785] *Dauernheim* in Wimmer, InsO, § 143 Rz. 24; *Huber* in Gottwald, Insolvenzrechts-Handbuch, § 52 Rz. 9; *H.-P. Kirchhof* in MünchKomm-InsO-, § 143 Rz. 60; Sprau in Palandt, BGB, § 818 Rz. 52.
[786] *Dauernheim* in Wimmer, InsO, § 143 Rz. 25; *Huber* in Gottwald, Insolvenzrechts-Handbuch, § 52 Rz. 9; *H.-P. Kirchhof* in MünchKomm-InsO-, § 143 Rz. 64.
[787] *Huber* in Gottwald, Insolvenzrechts-Handbuch, § 52 Rz. 10; *H.-P. Kirchhof* in MünchKomm-InsO-, § 143 Rz. 68.
[788] *Dauernheim* in Wimmer, InsO, § 143 Rz. 30; *Huber* in Gottwald, Insolvenzrechts-Handbuch, § 52 Rz. 14; *H.-P. Kirchhof* in MünchKomm-InsO-, § 143 Rz. 102.
[789] *Huber* in Gottwald, Insolvenzrechts-Handbuch, § 52 Rz. 14; *H.-P. Kirchhof* in MünchKomm-InsO-, § 143 Rz. 102.
[790] *H.-P. Kirchhof* in MünchKomm-InsO-, § 143 Rz. 103.
[791] *Dauernheim* in Wimmer, InsO, § 143 Rz. 31; *H.-P. Kirchhof* in MünchKomm-InsO-, § 143 Rz. 105; Sprau in Palandt, BGB, § 818 Rz. 41.
[792] *Hess/Weis*, AnfG, § 11 Rz. 1; *Huber*, AnfG, § 11 Rz. 8.

es zwar nicht um die Rückführung des Vermögensgegenstandes zur Insolvenzmasse[793]. Gleichwohl wird der weggegebene Gegenstand wieder dem Schuldnervermögen zugeordnet, da entscheidend ist, dass die Gläubigerbenachteiligung rückgängig gemacht wird[794]. Hinsichtlich der Rechtsnatur besteht der gleiche dogmatische Streit wie bei der Anfechtung nach der InsO[795]. Auch hier hat sich die „schuldrechtliche" Theorie durchgesetzt[796].

2. Tatbestand des § 4 AnfG und Rechtsfolgen

Die Tatbestände des AnfG decken sich mit denen der InsO. Insbesondere der § 4 AnfG ist mit § 134 InsO identisch. Inhaber und Ausübender des Anfechtungsrechts ist hier jedoch der Gläubiger. Hinsichtlich der Rechtsfolgen unterscheidet der § 11 Abs. 2 AnfG ebenso wie der § 143 Abs. 2 InsO zwischen dem gutgläubigen und dem bösgläubigen unentgeltlichen Erwerber. Die Rechtsfolgen decken sich im Prinzip mit denen nach der InsO mit dem Unterschied, dass nicht Rückgewähr zur Insolvenzmasse, sondern Duldung der Zwangsvollstreckung in den Gegenstand verlangt werden[797]. Ist der Gegenstand nicht mehr vorhanden, muss der Anfechtungsgegner bei Verschulden nach § 11 Abs. 1 Satz 2 AnfG i.V.m. §§ 818 Abs. 4, 292 Abs. 1, 989 BGB Wertersatz leisten[798]. Nutzungen sind, soweit sie nach § 143 InsO herausgegeben hätten werden müssen, auch zur Zwangsvollstreckung zur Verfügung zu stellen[799]. Verwendungen sind gegebenenfalls durch Vorwegbefriedigung vom Versteigerungserlös zu ersetzen[800].

III. Steuerrecht

1. Tatbestand der §§ 7 Abs. 1 Nr. 1, 9 Abs. 1 Nr. 2 ErbStG

Die bloße Anfechtbarkeit stellt die Erfüllung des Tatbestandes des § 7 Abs. 1 Nr. 1 ErbStG nicht in Frage. Auch die Ausführung der Schenkung unterliegt keinen Bedenken, weil sich die insolvenzrechtliche Anfechtung nach heute herrschender Meinung als ein rein schuldrechtlicher Anspruch darstellt und die dingliche Rechtslage nicht berührt[801].

---

[793] *Hess/Weis*, AnfG, § 11 Rz. 1.
[794] BGHZ 128, 184, 194; *Huber*, AnfG, Einf Rz. 29.
[795] Siehe oben 4. a).
[796] BGHZ 98, 6, 9; 100, 36, 42; *Hess/Weis*, AnfG § 11 Rz. 8; *Huber*, AnfG, Einf Rz. 11.
[797] *Hess/Weis*, AnfG, § 11 Rz. 1; *Huber*, AnfG, § 11 Rz. 17.
[798] *Huber*, AnfG, § 11 Rz. 37.
[799] *Huber*, AnfG, § 11 Rz. 28, 45.
[800] Vgl. im Detail *Huber*, AnfG, § 11 Rz. 30, 45.
[801] Siehe oben I. 4. a) und II. 1.

2. Einfluss der Anfechtung auf die Besteuerung der Schenkung

a) § 41 Abs. 1 Satz 1 AO

Die Anfechtungen nach der InsO und nach dem AnfG sind ihrer Rechtsnatur nach eigenständige schuldrechtliche Ansprüche und berühren den rechtlichen Bestand der anfechtbaren Handlung nicht[802]. Sie wird nicht unwirksam. Daher ergibt sich aus § 41 Abs. 1 Satz 1 AO kein nachträglicher Wegfall des Steueranspruchs.

b) § 29 Abs. 1 Nr. 1 ErbStG

Im Schrifttum werden die Rechte aus § 143 InsO und § 11 AnfG als Rückforderungsrechte im Sinne von § 29 Abs. 1 Nr. 1 ErbStG gesehen[803]. Für § 143 InsO ist dem zuzustimmen. Die Herausgabe an einen Dritten, hier an den Insolvenzverwalter, stellt kein Problem dar[804], zumal Inhaber des Rückforderungsrechts nicht der Verwalter, sondern die Insolvenzmasse ist[805], und diese wiederum im weitesten Sinne Rechtsnachfolger des Schenkers. Anders liegt die Situation bei § 11 AnfG. Der Anspruch geht hier nicht auf Herausgabe des Geschenks, sondern auf Duldung der Zwangsvollstreckung[806]. Das könnte gegen die Annahme eines Rückforderungsrechts sprechen. Indessen ist derjenige, gegen den eine Zwangsvollstreckung betrieben wird, im Rahmen dieser auch zur Herausgabe verpflichtet, soweit keine Zwangsverwaltung vorliegt. In der Sache macht es auch keinen Unterschied, ob ein Insolvenzverwalter im Rahmen eines Insolvenzverfahrens das Geschenk zu Gunsten aller Gläubiger verwertet oder ob außerhalb des Insolvenzverfahrens nur ein Gläubiger den Gegenstand zu seinen Gunsten verwertet. Daher ist auch das Recht aus § 11 AnfG als Rückforderungsrecht im Sinne von § 29 Abs. 1 Nr. 1 ErbStG anzuerkennen.

c) Rechtsfolgenansatz

Ein steuerlich rückwirkendes Ereignis lässt sich auch nach dem hier vertretenen Kriterium begründen, wonach es entscheidend darauf ankommt, ob die maßgeblichen Rechtsfolgen der

---

802 Siehe oben I. 4. a) und II 1.

803 *Jülicher* in Troll/Gebel/Jülicher, ErbStG, § 29 Rz. 7; *Meincke*, ErbStG, § 29 Rz. 6; *Pahlke* in Christoffel/Geckle/Pahlke, ErbStG, § 29 Rz. 8.

804 BFH/NV 2001, 39; *Jülicher* in Troll/Gebel/Jülicher, ErbStG, § 29 Rz. 5; *Meincke*, ErbStG, § 29 Rz. 6; *Moench*, ErbStG, § 29 Rz. 3.

805 Siehe oben I. 2. a).

806 Siehe oben II. 2.

Rückabwicklung einen Zustand schaffen, der bestünde, wenn die Schenkung unterblieben wäre.

aa) InsO

Wäre die Schenkung unterblieben, dann würde sich der weggegebene Gegenstand noch in der Insolvenzmasse befinden und den Gläubiger zur Befriedigung dienen. Die Wiederherstellung gerade dieser Situation ist auch der Sinn und Zweck der Vorschriften der §§ 129 ff. InsO[807]. Durch die Regelung des § 143 Abs 1 Satz 1 InsO und insbesondere durch den Verweis auf die bereicherungsrechtlichen Vorschriften wird dieses Ziel verwirklicht. § 143 Abs. 1 Satz 1 InsO entspricht von den Rechtsfolgen her § 812 Abs. 1 Satz 1 BGB. § 143 Abs. 1 Satz 2 InsO verweist auf das Bereicherungsrecht. Dass die §§ 812 ff. BGB der Herstellung des Zustandes dienen, der ohne Schenkung bestünde, wurde bereits gezeigt[808]. Insoweit kann auf die dortigen Ausführungen verwiesen werden. Das gilt insbesondere auch für den gutgläubigen Zuwendungsempfänger im Hinblick auf den Entreicherungseinwand nach § 143 Abs. 2 Satz 1 InsO. Da es insoweit zu einer Rückabwicklung nicht kommt, ist die entsprechende Aufrechterhaltung der Besteuerung gerechtfertigt. Der Vermögenssubstanzübergang hatte stattgefunden, auch wenn das Vermögen zum Zeitpunkt der Rückabwicklung nicht mehr vorhanden ist. Da im vorliegenden Zusammenhang das Grundgeschäft nicht nichtig ist, war auch ein Rechtsgrund für den Erwerb vorhanden. Wenn schon bei der nichtigen Schenkung im Entreicherungsfall die Besteuerung aufrechterhalten bleibt, muss das bei Vorhandensein einer causa erst recht gelten. Da der Gegenstand bei Nichtvornahme der Schenkung auch zur Insolvenzmasse gehört hätte, spielt es keine Rolle, dass der Gegenstand nicht an den Schenker, sondern an den Verwalter zu Händen der Masse herausgegeben wird.

bb) AnfG

Wenn die Schenkung nicht stattgefunden hätte, wäre der Schenkungsgegenstand noch beim Schuldner und der Gläubiger könnte bei diesem vollstrecken. Genau diese Situation hat auch das AnfG vor Augen. Es will die Zugriffslage zugunsten des Gläubigers wiederherstellen[809]. Daher ergibt sich auch bei der Rückabwicklung nach dem AnfG nach dem hier aufgestellten Maßstab eine rückwirkende Rückabwicklung, soweit sich der Gläubiger befriedigt. Verbleibt

---

[807] Siehe oben I. 1.
[808] Siehe oben § 6 II. 2. a) bb) ccc).
[809] Siehe oben II. 1.

ein Teil des durch die Zwangsvollstreckung erzielten Erlöses beim Beschenkten, kommt es insoweit nicht zu einer Erstattung der Schenkungsteuer.

d) Konkurrenzfragen

Die zwischen § 29 Abs. 1 Nr. 1 ErbStG und dem Rechtsfolgenansatz auftretende Konkurrenzfrage ist zugunsten des § 29 Abs. 1 Nr. 1 ErbStG zu entscheiden[810].

3. Nutzungen

Soweit Nutzungen beim Beschenkten verbleiben, stellt sich die Frage der Besteuerung nach § 29 Abs. 2 ErbStG[811]. In den Fällen der Nutzungsherausgabe sind einkommensteuerliche Korrekturen vorzunehmen[812].

4. Rückschenkung

Ein steuerpflichtiger Rückschenkungsvorgang scheidet aus, da die Herausgabe des Schenkungsgegenstands, möglicher Surrogate und Nutzungen in Erfüllung des Rechts aus § 143 InsO oder § 11 AnfG erfolgt.

IV. Ergebnis

Die Anfechtung nach § 134 InsO dient dazu, den Schenkungsgegenstand zur Insolvenzmasse zurückzuführen und damit die Verwertung des Geschenks zugunsten der Gläubiger zu ermöglichen. Sinn und Zweck der Anfechtung nach § 4 AnfG ist es, einem Gläubiger den Zugriff auf vom Schuldner verschenktes Vermögen zum Zweck der Befriedigung durch Zwangsvollstreckung zu geben. Die Anfechtbarkeit als solche beeinflusst die Entstehung des Steuertatbestandes nicht. Die nach der Anfechtung der Schenkung durchgeführte Rückabwicklung hat nach § 29 Abs. 1 Nr. 1 ErbStG das Erlöschen des Steueranspruchs zur Folge.

---

810 Siehe unten § 16 II. 2. e) und § 20 II. 2. d).
811 Dazu § 15 II. 3. a) und § 18 II. 3.
812 Im Einzelnen siehe oben § 9 II. 3.

Fünfter Teil: Rückabwicklungen aufgrund schenkungsvertraglicher Vereinbarungen

§ 15 Bedingte und befristete Schenkungen

I. Zivilrechtliche Grundlagen

1. Zulässigkeit bedingter Schenkungen

Aufgrund der Privatautonomie kann grundsätzlich jedes Rechtsgeschäft unter eine Bedingung oder Befristung gestellt werden[813]. Bedingungsfeindlich sind lediglich solche Rechtsgeschäfte, bei denen ein Klarstellungsinteresse der Allgemeinheit oder des Erklärungsempfängers besteht[814]. Da bei Schenkungen ein solches Klarstellungsinteresse nicht besteht, unterliegt die Vereinbarung von bedingten oder befristeten Schenkungen keinen Bedenken. Die Zulässigkeit von Bedingungen zeigt auch § 2301 BGB.

Bedingung ist die durch den Parteiwillen in ein Rechtsgeschäft eingefügte Bestimmung, die die Rechtswirkungen des Rechtsgeschäfts von einem zukünftigen, ungewissen Ereignis abhängig macht[815]. Auch das Ereignis selbst wird in § 158 BGB als Bedingung bezeichnet[816]. Befristung ist die durch den Parteiwillen eingefügte Bestimmung, wonach ein zukünftiges gewisses Ereignis für den Beginn oder das Ende der Rechtswirkungen maßgebend ist[817]. Nach § 163 BGB sind die für Bedingungen geltenden Vorschriften bei Befristungen entsprechend anzuwenden.

Bei einer Schenkung, die unter einer aufschiebenden Bedingung oder Befristung vorgenommen wurde, treten die damit verbundenen Rechtswirkungen ipso iure erst mit dem Eintritt der Bedingung ein[818]. Bei einer auflösend bedingten oder befristeten Schenkung enden die Rechtswirkungen automatisch mit dem Eintritt der Bedingung[819]. Wie sich aus den §§ 158,

---

[813] *Wolf* in Soergel, BGB, Vor § 158 Rz. 32.

[814] *Westermann* in MünchKomm-BGB-, § 158 Rz. 27 ff.; *Larenz/Wolf*, BGB AT, § 50 Rz. 21 ff.

[815] Z. B. *Hefermehl* in Erman, BGB, Vor § 158 Rz. 1; *Heinrichs* in Palandt, BGB, Einf v § 158 Rz. 1; *Westermann* in MünchKomm-BGB-, § 158 Rz. 8; *Larenz/Wolf*, BGB AT, § 50 Rz. 1.

[816] *Heinrichs* in Palandt, BGB, Einf v § 158 Rz. 1; *Westermann* in MünchKomm-BGB-, § 158 Rz. 8.

[817] *Heinrichs* in Palandt, BGB, Einf v § 158 Rz. 2; *Westermann* in MünchKomm-BGB-, § 158 Rz. 10, § 163 Rz. 1.

[818] *Bork* in Staudinger, BGB, § 158 Rz. 18; *Hefermehl* in Erman, BGB, § 158 Rz. 1, 6; *Heinrichs* in Palandt, BGB, § 158 Rz. 2; *Larenz/Wolf*, BGB AT, § 50 Rz. 31; *Wolf* in Soergel, BGB, § 158 Rz. 28; Westermann in MünchKomm-BGB-, § 158 Rz. 38.

[819] *Bork* in Staudinger, BGB, § 158 Rz. 21; *Hefermehl* in Erman, BGB, § 158 Rz. 1, 6; *Heinrichs* in Palandt, BGB, § 158 Rz. 2; *Larenz/Wolf*, BGB AT, § 50 Rz. 31 ff.; *Wolf* in Soergel, BGB, § 158 Rz. 29; *Westermann* in MünchKomm-BGB-, § 158 Rz. 38.

159 BGB ergibt, wirken Bedingungen bei ihrem Eintritt nach dem Gesetz ex nunc[820]. § 159 BGB stellt klar, dass die Parteien auch eine ex tunc Wirkung vereinbaren können[821].
Da der Eintritt der Bedingung ungewiss ist, besteht in der Zeit zwischen Vertragsabschluß und dem Eintritt beziehungsweise dem endgültigen Ausfall der Bedingung ein Schwebezustand. Soweit es um obligatorische Rechtsgeschäfte geht, wird der Berechtigte durch die §§ 160, 162 BGB geschützt. Es besteht insoweit ein Schuldverhältnis eigener Art[822], bei dem eine Anwartschaft[823] des nach Bedingungseintritt Begünstigten entsteht. Hiervon zu unterscheiden ist das bei bedingten Verfügungen in aller Regel entstehende Anwartschaftsrecht[824].

2. Vollzug bedingter Schenkungen und bedingter Vollzug

Nach herrschender Meinung führen bedingte und befristete Leistungen den Vollzug nach § 518 Abs. 2 BGB herbei, weil der Beschenkte eine Rechtsstellung erlangt, die der Schenker nicht mehr zerstören oder beeinträchtigen kann und sich das Rechtsgeschäft von selbst vollendet[825]. Maßgeblich sei nicht der Leistungserfolg, sondern die Tatsache, dass der Schenker alles zur Leistung Erforderliche getan habe[826]. Es wurde bereits dargelegt[827], dass die besseren Gründe dafür sprechen, auf den Leistungserfolg abzustellen. Das zeigt auch die Situation bei bedingten Vollzugsgeschäften. Allerdings muss genau differenziert werden, ob die Schenkung oder das Vollzugsgeschäft oder beide bedingt waren. Wurde bei einer Schenkung eine Bedingung oder Befristung vereinbart, dann stellen auch bedingte oder befristete Vollzugsgeschäfte die Heilung nach § 518 Abs. 2 BGB her, wenn sich die Vollzugsgeschäfte im Rahmen der schuldrechtlichen Vereinbarung halten[828]. War dagegen ein unbedingter und ein unbefristeter Erwerb schenkweise versprochen worden und wurde nur unter einer Bedingung oder Befristung geleistet, dann ist wie folgt zu entscheiden. Bei einer auflösenden Bedingung

---

820 BGHZ 10, 69, 72.
821 *Larenz/Wolf*, BGB AT, § 50 Rz. 39.
822 *Wolf* in Soergel, BGB, § 158 Rz. 9.
823 *Bork* in Staudinger, BGB, Vorbem zu §§ 158-163 Rz. 53; *Westermann* in MünchKomm-BGB-, § 158 Rz. 39.
824 *Baur/Stürner*, Sachenrecht, § 3 Rz. 44 ff.; *Bork* in Staudinger, BGB, Vorbem zu §§ 158-163 Rz. 53; unklar *Heinrichs* in Palandt, BGB, Einf v § 158 Rz. 9; *Hefermehl* in Erman, BGB, § 158 Rz. 5.
825 RGZ 128, 187, 189; BGH NJW 1970, 941, 942; 1970, 1638, 1639; FamRZ 1985, 693, 696; NJW-RR 1989, 1282,; OLG Hamburg NJW 1961, 76; 1963, 449, 450; *Cremer* in Staudinger, BGB, § 518, Rz. 12, 25; *Putzo* in Palandt, BGB, § 518 Rz. 9; a. A. *Herrmann*, MDR 1980, 883, 885.
826 Vergleiche auch oben § 4 II. 2.
827 Siehe oben § 4 II. 2.
828 *Kollhosser* in MünchKomm-BGB-, § 518 Rz. 18; *Mühl/Teichmann* in Soergel, BGB, § 518 Rz. 14; *Seiler* in Erman, BGB, § 518 Rz. 5.

oder Befristung ist der Formmangel bis zum Eintritt des maßgeblichen Ereignisses geheilt[829]. Bei einer aufschiebenden Bedingung oder Befristung erfolgt der Vollzug nach § 518 Abs. 2 BGB erst mit dem Eintritt des Ereignisses[830]. Danach führt bei einer unbedingten Schenkung auch die Verschaffung eines dinglichen Anwartschaftsrechts noch nicht zum Vollzug der Schenkung. Auch die rein obligatorisch bestehende Anwartschaft auf die Forderung aus dem Schenkungsversprechen führt nicht zum Vollzug. Wenn schon die unbedingte Begründung der Forderung keinen Vollzug darstellt, dann erst recht nicht die bedingte.

Im Hinblick auf das dingliche Vollzugsgeschäft ist keine Rückwirkung nach § 159 BGB vereinbar, da insoweit der numerus clausus des Sachenrechts greift[831]. Das derzeit geltende Sachenrecht lässt dinglich rückwirkende Vereinbarungen nicht zu. Von § 925 Abs. 2 BGB abgesehen, sind daher nur ex nunc wirkende auflösend bedingte Vollzugsgeschäfte vereinbar.

3. Rückabwicklungen

a) Bei auflösend bedingter Schenkung

aa) Bis zum Eintritt und nach endgültigem Ausfall der Bedingung

Bis zum Eintritt oder nach dem endgültige Ausfall der Bedingung hat die Schenkung Bestand. In dieser Zeit kommen keine Rückforderungsansprüche in Betracht.

bb) Nach Eintritt der Bedingung

Nach dem Eintritt der auflösenden Bedingung fallen die Rechtswirkungen der Schenkung weg und der Schenkungsgegenstand kann herausverlangt werden. Umstritten ist, ob sich die Grundlage für den Rückforderungsanspruch aus dem auflösend bedingten Schenkungsvertrag[832] oder aus dem Bereicherungsrecht[833] nach § 812 Abs. 1 Satz 2 Alt. 1 BGB ergibt. Vorzugswürdig ist die bereicherungsrechtliche Lösung. Denn anders als etwa bei Sicherungsver-

---

[829] OLG Hamburg NJW 1961, 76; *Mühl/Teichmann* in Soergel, BGB, § 518 Rz. 14.

[830] *Kollhosser* in MünchKomm-BGB-, § 518 Rz. 19

[831] *Bork* in Staudinger, BGB, § 159 Rz. 6; *Medicus*, BGB AT, Rz. 840; *Westermann* in MünchKomm-BGB-, § 159 Rz. 5.

[832] *Bork* in Staudinger, BGB, § 159 Rz. 9; *Flume*, Allgemeiner Teil, Bd. 2, § 40, 2 d; *Medicus*, BGB AT, Rz. 840; *Wunner*, AcP 168 (1968), S. 425, 447.

[833] RGZ 49, 424; BGH MDR 1959, 685 f.; *Ellenbeck*, MittRhNotK 1997, 41, 44; *Jülicher*, ZEV 1998, 201, 202; *Langenfeld*, BWNotZ 1976, 12, 14; *Weser*, ZEV 1995, 353, 356; *Westermann* in MünchKomm-BGB-, § 159 Rz. 3; *Wolf* in Soergel, BGB, § 158 Rz. 29.

trägen oder Kaufverträgen, in denen ein Eigentumsvorbehalt vereinbart wurde, ist hier bereits der Rechtsgrund auflösend bedingt. Das bedeutet, dass mit Eintritt der Bedingung überhaupt kein Vertrag mehr da ist, aus dem ein Rückforderungsanspruch abgeleitet werden kann. Hinsichtlich der Rückabwicklung des Schenkungsgegenstandes kann daher auf die Ausführung zur unwirksamen Schenkung verwiesen werden[834]. Das Gleiche gilt für getätigte Verwendungen, da sich diese auf das erlangte Geschenk beziehen[835].
Ob auch die Nutzungen gemäß §§ 818 ff. BGB herausverlangt werden können, hängt davon ab, ob die Parteien eine Rückbeziehung nach § 159 BGB vereinbart haben. Wirkt der Eintritt der Bedingung entsprechend der gesetzlichen Lage ex nunc, verbleiben die zwischenzeitlich gezogenen Nutzungen beim Beschenkten[836]. Haben die Beteiligten dagegen entsprechend § 159 BGB eine Rückbeziehung vereinbart, dann sind auch die gezogenen Nutzungen herauszugeben[837].
Die Herausgabe des Schenkungsgegenstandes und der Nutzungen erfolgt durch neue dingliche Vollzugsgeschäfte, da die Rückwirkungsvereinbarung nur obligatorisch wirken kann[838]. War auch das Vollzugsgeschäft auflösend bedingt, fällt das Recht dem Schenker mit Bedingungseintritt automatisch wieder zu. Da aber im dinglichen Bereich keine Rückwirkung möglich ist, sind die §§ 985 ff. BGB erst für die Zeit nach Bedingungseintritt anwendbar[839].

b) Bei aufschiebend bedingter Schenkung

aa) Bis zum Eintritt und nach endgültigem Ausfall der Bedingung

Wird bei einer aufschiebend bedingten oder aufschiebend befristeten Schenkung aus welchen Gründen auch immer unbedingt geleistet, so kann der Schenker grundsätzlich bis zum Eintritt der Bedingung oder der Zeitbestimmung oder nach endgültigem Ausfall der Bedingung den Schenkungsgegenstand zurückverlangen. Auch hier stellt sich im Prinzip die Frage, ob der Rückforderungsanspruch ein bereicherungsrechtlicher oder ein vertraglicher ist. Überzeugender erscheint die bereicherungsrechtliche Lösung, da der Rechtsgrund Schenkungsvertrag eben noch keine Wirkung entfaltet hat. Auch § 271 Abs. 2 BGB steht der Rückforderung nicht entgegen, da zwischen betagten Forderungen einerseits und aufschie-

---

[834] Siehe oben § 6 I. 2. a) aa).
[835] Vergleiche dazu oben § 6 I. 2. a) ee).
[836] *Larenz/Wolf*, BGB AT, § 50 Rz. 37.
[837] *Bork* in Staudinger, BGB, § 159 Rz. 7 ff.; *Larenz/Wolf*, BGB AT, § 50 Rz. 40; *Westermann* in MünchKomm-BGB-, § 159 Rz. 3.
[838] Siehe oben I. 2.
[839] *Jülicher*, ZEV 1998, 201, 202 m. w. N.

bend bedingten oder befristeten Forderungen andererseits zu unterscheiden ist, was vor allem der § 813 Abs. 2 BGB zeigt[840]. Allerdings dürfte der Rückforderung regelmäßig § 814 BGB entgegenstehen.

bb) Nach Eintritt der Bedingung

Nach Eintritt der Bedingung oder der Frist ergibt sich keine Rückforderungsmöglichkeit mehr. Vielmehr ist es so, dass im Fall einer vereinbarten Rückwirkung auf den Vertragsschluss der Schenker noch die gezogenen Nutzungen herausgeben muss.

II. Steuerrecht

1. Steuertatbestand nach §§ 7 Abs. 1 Nr. 1, 9 Abs. 1 Nr. 2 ErbStG

a) Bei aufschiebend bedingter Schenkung

Der Steuertatbestand, der nach § 38 AO den Steueranspruch entstehen lässt, setzt sich im Schenkungsteuerrecht aus § 7 Abs. 1 Nr. 1 und § 9 Abs. 1 Nr. 2 ErbStG zusammen. Dementsprechend ist der Steuertatbestand in den Fällen der aufschiebenden Bedingung oder Befristung erst erfüllt, wenn sowohl die freigebige Zuwendung nach § 7 Abs. 1 Nr. 1 ErbStG als auch die Ausführung nach § 9 Abs. 1 Nr. 2 ErbStG unbedingt vorliegen oder die Bedingung eingetreten ist[841]. Im Einzelnen sind folgende Konstellationen zu unterscheiden. Sind die Schenkungsabrede und das Ausführungsgeschäft jeweils unter einer aufschiebenden Bedingung abgeschlossen worden, entsteht der Steueranspruch erst, wenn beide Bedingungen eingetreten sind. Dabei kann es sich auch um dieselbe Bedingung handeln, wenn die Bedingung der Schenkungsabrede der Bedingung des Ausführungsgeschäfts entspricht. Auch wenn nur die Schenkungsabrede oder nur das Ausführungsgeschäft aufschiebend bedingt ist, entsteht die Steuer erst mit Eintritt der Bedingung. Erst dann ist nämlich der Steuertatbestand nach §§ 7 Abs. 1 Nr. 1, 9 Abs. 1 Nr. 2 ErbStG im Sinne des § 38 AO verwirklicht. Selbst wenn sich die Position des Erwerbers bereits zu einem Anwartschaftsrecht verdichtet hat, ist

---

[840] *Larenz/Wolf*, BGB AT, § 50 Rz. 63 ff.

[841] RFH RStBl. 1930, 555; BFH BStBl. II 1993, 523, 524; BFH/NV 2000, 1095, 1096; *Gebel* in Troll/Gebel/Jülicher, ErbStG, § 7 Rz. 49, 134, 243, 350, § 9 Rz. 86; *Meincke*, ErbStG, § 7 Rz. 52, § 9 Rz. 42; *Schuck* in Viskorf/Glier/Hübner/Knobel/Schuck, ErbStG, § 7 Rz. 162; *Viskorf* in Viskorf/Glier/Hübner/Knobel/Schuck, BewG, §§ 4-8, Rz. 2; *Weinmann* in Moench, ErbStG, § 9 Rz. 25.

erst mit Bedingungseintritt ein schenkungsteuerlicher Erwerb gegeben[842]. Hintergrund dieser Behandlung ist die Überlegung, dass es vor Bedingungseintritt noch zu keiner endgültigen Bereicherung auf der Erwerberseite gekommen ist und es bedingungsimmanent ungewiss ist, ob es jemals zu einer Bereicherung kommen wird[843]. Es besteht insoweit auch Konformität zur zivilrechtlichen Lage, wonach aufschiebend bedingte Rechtsgeschäfte erst mit Eintritt der Bedingung Rechtswirkungen entfalten. Schenkungsteuerrechtlich liegt vor dem Eintritt der Bedingung daher kein Vermögenszuwachs in dem Sinne vor, wie ihn die § 7 Abs. 1 Nr. 1 i. V. m. § 9 Abs. 1 Nr. 2 ErbStG fordern[844]. Die schenkungsteuerliche Unbeachtlichkeit von bedingten Erwerben ergibt sich systematisch auch aus den §§ 3 Abs. 2 Nr. 5, 7 Abs. 1 Nr. 10, 9 Abs. 1 Nr. 1a ErbStG und mittelbar aus § 12 Abs. 1 ErbStG i. V. m. §§ 4 ff. BewG[845].

Problematisch ist die Situation, wenn die Beteiligten eine Rückbeziehung auf einen früheren Zeitpunkt im Sinne von § 159 BGB vereinbart haben. Es stellt sich dann zum einen die Frage, ob das zu dem früheren Zeitpunkt geltende Recht zur Anwendung gelangt und zum anderen, wie die Nutzungsherausgabe zu beurteilen ist. Hinsichtlich des anzuwendenden Rechts ist eine Rückwirkung abzulehnen. Denn anders als bei der Frage der Rückwirkung der Rückabwicklung geht es hier nicht nachträgliche Änderungen des einmal entstandenen Steueranspruchs, sondern um die Frage, wann der Steuertatbestand überhaupt entsteht. Dieser Zeitpunkt kann nicht der Disposition des Steuerpflichtigen unterliegen. Daher ist mit der herrschenden Meinung[846] insoweit eine Rückwirkung abzulehnen, da erst im Zeitpunkt des bis dahin ungewissen Bedingungseintritts alle Steuertatbestandmerkmale vorliegen. Etwas anderes gilt in Bezug auf die Nutzungen. § 159 BGB lässt die Vereinbarung einer Rückbeziehung zu. Kehrt der Schenker nun nachträglich die im Schwebezustand gezogenen Nutzungen aus, entsteht hinsichtlich der Nutzungen ein Zustand, der auch bestünde, wenn die Schenkung unbedingt vorgenommen worden wäre, da der Beschenkte in diesem Fall die Nutzungen selbst gezogen hätte. Die Herausgabe der Nutzungen kann daher nicht als Erwerb nach § 7 Abs. 1 Nr. 1 ErbStG gesehen werden, zumal die Nutzungen nach § 100 BGB aus dem Gegenstand selbst und nicht aus der Freigebigkeit des Schenkenden resultieren.

---

[842] *Gebel* in Troll/Gebel/Jülicher, ErbStG, § 7 Rz. 350; *Meincke*, ErbStG, § 7 Rz. 52.

[843] *Schuck* in Viskorf/Glier/Hübner/Knobel/Schuck, ErbStG, § 7 Rz. 162.

[844] *Gebel* in Troll/Gebel/Jülicher, ErbStG, § 7 Rz. 49.

[845] *Meincke*, ErbStG, § 7 Rz. 52; *Viskorf* in Viskorf/Glier/Hübner/Knobel/Schuck, BewG, §§ 4-8 Rz. 2.

[846] RFHE 36, 64; 36, 236; BFH BStBl. II 1985, 55, 56; BFH/NV 1995, 665, 666; *Brockmeyer* in Klein, AO, § 38 Rz. 11; *Fischer* in Hübschmann/Hepp/Spitaler, AO, § 38 Rz. 56; *Kruse* in Tipke/Kruse, AO, § 38 Rz. 39; *Lang* in Tipke/Lang, Steuerrecht, § 7 Rz. 15; *Loose* in Tipke/Kruse, AO, § 175 Rz. 28, 37; *Rüsken* in Klein, AO, § 175 Rz. 54, 64; *Rust*, Das rückwirkende Ereignis im Steuerrecht, S. 29 ff.; *Woerner/Grube*, Aufhebung und Änderung, S. 129; a. A. *Barandt*, Rückwirkung im Steuerrecht, S. 125 f.; *Kottke*, DStR 1982, 545, 548.

Nach dem Ausfall der Bedingung erfüllt sich der Steuertatbestand nicht mehr, da die Bedingung endgültig nicht eintritt. Der Schenker hat, soweit er bereits geleistet hat, einen Rückforderungsanspruch gegen den Beschenkten[847]. Macht er diesen nicht geltend, kann darin ein Forderungsverzicht gesehen werden, der den Tatbestand der § 7 Abs. 1 Nr. 1 erfüllt, soweit der Verzicht schenkweise erfolgt[848]. Mit Verzicht ist die freigebige Zuwendung auch zugleich im Sinne von § 9 Abs. 1 Nr. 2 ErbStG ausgeführt.

Nach *Gebel*[849] soll eine freigebige Zuwendung auch dann anzunehmen sein, wenn die Rückforderung wegen § 814 BGB ausgeschlossen ist, da der Erwerber rechtsgrundlos bereichert sei. Die Subsumtion der rechtsgrundlosen Bereicherung unter den Begriff der freigebigen Zuwendung ist jedoch abzulehnen, da das Erbschaft- und Schenkungsteuerrecht den unentgeltlichen Erwerb besteuern will, der rechtsgrundlose Erwerb sich zum entgeltlichen und unentgeltlichen Erwerb aber neutral verhält[850]. Hinzu kommt, dass es sich bei § 814 um eine rechtshindernde Einwendung handelt, bei der der Bereicherte die Darlegungs- und Beweislast für die Kenntnis der Nichtschuld trägt[851]. Unterbleibt aber die Rückabwicklung, weil der ursprüngliche Schenker die Rückforderung geltend macht und der Erwerber die Einrede nach § 814 BGB erhebt, dann wird daraus deutlich, dass die für die freigebige Zuwendung nach § 7 Abs. 1 Nr. 1 ErbStG unabdingbare Voraussetzung eines subjektiven Bereicherungselements[852] fehlt. Das Problem der rechtgrundlosen Bereicherung kann sich im vorliegenden Zusammenhang nur stellen, wenn auf eine bedingte Schenkungsabrede unbedingt geleistet wird. Im Hinblick auf die nach § 814 BGB nötige Kenntnis der fehlenden Leistungspflicht erscheint der Anwendungsbereich des Problems eher gering, da nicht einsichtig ist, warum jemand bei einer aufschiebend bedingten Schenkung unbedingt leistet. Vielmehr wird zu prüfen sein, ob nicht in Wahrheit und gegebenenfalls auch im Gegensatz zu dokumentierten Vertragsformulierungen eine unbedingte oder eine auflösend bedingte Schenkung vorgelegen hat.

---

[847] Siehe oben I. 3. b) aa).
[848] *Gebel* in Troll/Gebel/Jülicher, ErbStG, § 7 Rz. 22.
[849] *Gebel* in Troll/Gebel/Jülicher, ErbStG, § 7 Rz. 53.
[850] *Crezelius*, Erbschaft- und Schenkungsteuer, S. 130 f.
[851] *Sprau* in Palandt, BGB, § 814 Rz. 10 f.
[852] Siehe oben § 3 II. 2. c).

b) Bei auflösend bedingter Schenkung

Schenkungen unter auflösenden Bedingungen sind spiegelbildlich zu den Schenkungen unter aufschiebenden Bedingungen zu behandeln[853]. Das bedeutet, dass auflösend bedingte Erwerbe vor Eintritt der Bedingung wie unbedingte Erwerbe besteuert werden. Das gilt unabhängig davon, ob die Schenkungsabrede oder das Vollzugsgeschäft oder beide unter einer auflösenden Bedingung stehen.

2. Einfluss der Rückabwicklung auf die Besteuerung der Schenkung

a) Bei auflösender Bedingung

aa) Vor Eintritt und nach dem endgültigen Ausfall der auflösenden Bedingung

Vor dem Eintritt und nach dem endgültigen Ausfall der Bedingung ist die Schenkung wie eine unbedingte zu besteuern[854]. Da vor Bedingungseintritt und nach dem endgültigen Ausfall eine im Zusammenhang mit der Bedingung stehende Rückabwicklung nicht in Betracht kommt[855], stellen sich insoweit auch keine steuerrechtlichen Fragen.

bb) Nach Eintritt der auflösenden Bedingung

aaa) Meinungsstand

Die Rechtsfolgen wirken nach § 158 Abs. 2 BGB ex nunc. Das könnte dafür sprechen, auch steuerrechtlich keine Rückwirkung anzunehmen[856]. Soll der Eintritt einer Bedingung die Rechtsverhältnisse rückwirkend gestalten, bedarf es dazu einer entsprechenden vertraglichen Vereinbarung nach § 159 BGB. Die ganz überwiegende Meinung in Literatur und Rechtsprechung zum Allgemeinen Steuerrecht geht aber davon aus, dass rechtsgeschäftlich vereinbarte Rückwirkungen steuerrechtlich nicht anzuerkennen seien[857]. Andererseits wird im

---

[853] *Meincke*, ErbStG, § 7 Rz. 52; mit Hinweis auf § 5 BewG *Gebel* in Troll/Gebel/Jülicher, ErbStG, § 7 Rz. 134, 242; *Schuck* in Viskorf/Glier/Hübner/Knobel/Schuck, ErbStG, § 9 Rz. 85.
[854] Siehe oben II. 1.
[855] Siehe oben I. 3. a) aa).
[856] *G. Lauer*, Korrekturvorschrift, S. 66; *Rust*, Das rückwirkende Ereignis im Steuerrecht, S. 120.
[857] RFHE 36, 64; 36, 236; BFH BStBl. II 1985, 55, 56; BFH/NV 1995, 665, 666; *Brockmeyer* in Klein, AO, § 38 Rz. 11; *Fischer* in Hübschmann/Hepp/Spitaler, AO, § 38 Rz. 56; *Kruse* in Tipke/Kruse, AO, § 38 Rz. 30; *Lang* in Tipke/Lang, Steuerrecht, § 7 Rz. 15; *Loose* in Tipke/Kruse, AO, § 175 Rz. 28, 37; *Rüsken* in Klein, AO, § 175 Rz. 54, 64; *Woerner/Grube*, Aufhebung und

Eintritt einer auflösenden Bedingung von Teilen der Literatur und auch von der Rechtsprechung ein steuerrechtlich rückwirkendes Ereignis gesehen, ohne dass dabei zwischen der zivilrechtlichen ex nunc Wirkung nach § 158 Abs. 2 BGB und der ex tunc Wirkung nach § 159 BGB differenziert wird[858]. Zum Teil wird eine steuerrechtliche Rückwirkung nur in den Fällen des § 159 BGB angenommen und auch nur dann, wenn diese von Anfang vereinbart war[859]. *Rust*[860] lehnt bei fehlender Rückwirkungsvereinbarung die Rückwirkung wegen der zivilrechtlichen ex nunc Wirkung des § 158 Abs. 2 BGB ab und in der Konstellation des § 159 BGB deshalb, weil er die steuerliche Anerkennung von vertraglich vereinbarten Rückwirkungen grundsätzlich ablehnt, da zu Lasten des Dritten Fiskus eine solche Vereinbarung keine Wirkung entfalte[861]. In der schenkungsteuerrechtlichen Literatur wird die Frage der Rückwirkung bei auflösend bedingten Schenkungen nicht ausdrücklich behandelt, jedoch von einer Aufhebung oder Änderung des Schenkungsteuerbescheids ausgegangen[862], vor allem im Hinblick auf § 5 Abs. 2 BewG[863].

bbb) § 41 Abs. 1 Satz 1 AO

Bei den die Rückwirkung bejahenden Stimmen lassen sich materielle Begründungen eher selten finden. Soweit eine solche erfolgt[864], stützt sich diese auf § 41 Abs. 1 Satz 1 AO. Da § 41 Abs. 1 Satz 1 AO sowohl Rechtsgeschäfte, die von Anfang an unwirksam sind, erfasst als auch solche, die erst später unwirksam werden, komme es nicht darauf an, ob die Beteiligten eine Rückbeziehung nach § 159 BGB vereinbart haben.

Dem ist zuzustimmen. Wie § 158 Abs. 2 BGB ausdrücklich regelt, enden mit dem Eintritt der auflösenden Bedingung die Wirkungen des Rechtsgeschäfts. Das bedeutet nichts anderes, als dass das Rechtsgeschäft nunmehr unwirksam ist. Für unwirksame Rechtsgeschäfte

---

Änderung, S. 129; a. A. *Barandt*, Rückwirkung im Steuerrecht, S. 125 f.; *Kottke*, DStR 1982, 545, 548.

858 BFH BStBl. III 1963, 509, 510; BStBl. II 1968, 116, 117; 1996, 399, 401; *Beker*, Hinfällige Rechtsgeschäfte, S. 66 f.; *G. Lauer*, Korrekturvorschrift S. 66; *J. Lauer*, InfStW 1981, 169, 172; *Rüsken* in Klein, AO, § 175 Rz. 62; *von Wallis* in Hübschmann/Hepp/Spitaler, AO, § 175 Rz. 17; *Woerner/Grube*, Aufhebung und Änderung, S. 131; a. A. *Loose* in Tipke/Kruse, AO, § 175 Rz. 37; *Rust*, Das rückwirkende Ereignis im Steuerrecht, S. 120 f.

859 BFH BStBl. II 1971, 670; *Beker*, Hinfällige Rechtsgeschäfte, S. 67; *G. Lauer*, Korrekturvorschrift, S. 68; *J. Lauer*, InfStW 1981, 169, 172.

860 *Rust*, Das rückwirkende Ereignis im Steuerrecht, S. 120.

861 *Rust*, Das rückwirkende Ereignis im Steuerrecht, S. 29 ff.

862 *Gebel* in Troll/Gebel/Jülicher, ErbStG, § 7 Rz. 242.

863 *Michel*, DVR 1969, 33; *Schuck* in Viskorf/Glier/Hübner/Knobel/Schuck, ErbStG, § 9 Rz. 85.

864 *Beker*, Hinfällige Rechtsgeschäfte, S. 67 zu § 5 Abs. 2 StAnpG; *Kruse* in Tipke/Kruse, AO, § 41 Rz. 47; *G. Lauer*, Korrekturvorschrift, S. 67; *J. Lauer*, InfStW 1981, 169, 172.

ergibt sich die steuerliche Rückwirkung aus § 41 Abs. 1 Satz 1 AO, und zwar sowohl für die von Anfang bestehende als auch für die später eintretende Unwirksamkeit[865].

ccc) § 29 Abs. 1 Nr. 1 ErbStG

Rückforderungsrechte nach Eintritt der auflösenden Bedingung werden auch als Recht im Sinne des § 29 Abs. 1 Nr. 1 ErbStG gesehen[866].

ddd) Rechtsfolgenansatz

Geht man davon aus, dass eine Rückwirkung immer dann zu bejahen ist, wenn der Schenker so steht, wie er stünde, wenn die Schenkung nie stattgefunden hätte[867], dann ist im Hinblick auf die Vermögenssubstanz nach der Rückgabe des Schenkungsgegenstandes immer eine Rückwirkung anzunehmen, und zwar unabhängig von § 159 BGB. Denn auch soweit keine Rückbeziehung vereinbart wurde, kommt es zu einer Rückgabe der Vermögenssubstanz. Anders als bei einer laufenden Steuer kann dieser Vermögensabfluss auch nicht in einem anderen Veranlagungszeitraum berücksichtigt werden. Als einmalige Steuer kommt nur die Aufhebung nach § 175 Abs. 1 Satz 1 Nr. 2 AO in Betracht. Materiell ist zu beachten, dass es von der Struktur der Erbschaft- und Schenkungsteuer her um die Zuordnung von Wirtschaftgütern geht[868]. Das ErbStG will den endgültigen Substanzübergang besteuern und knüpft nicht an den Verkehrsvorgang als solchen an[869]. Da es im Fall der auflösenden Bedingung zu keiner endgültigen Bereicherung des Erwerbers kommt, ist auch keine Steuer auf den Substanzübergang gerechtfertigt und muss daher erstattet werden, soweit sie erhoben wurde.

eee) Konkurrenzfragen und Ergebnis

Zur Frage der Konkurrenz der drei Ansätze kann auf die Ausführungen bei der nichtigen Schenkung verwiesen werden[870]. Als Ergebnis bleibt danach festzuhalten, dass sich die materielle Rückwirkung aus § 41 Abs. 1 Satz 1 AO ergibt.

---

[865] Im Einzelnen siehe oben § 9 II. 2. a) aa) aaa).
[866] *Jülicher* in Troll/Gebel/Jülicher, ErbStG, § 29 Rz. 10, 14; *Meincke*, ErbStG, § 29 Rz. 6; *Moench*, ErbStG, § 29 Rz. 6.
[867] Siehe oben § 5 IV.
[868] *Beker*, Hinfällige Rechtsgeschäfte, S. 66.
[869] Siehe oben § 2 III.
[870] Siehe oben § 9 II. 2. a) bb) ddd).

b) Bei aufschiebender Bedingung

aa) Vor Eintritt der Bedingung und nach endgültigem Ausfall der Bedingung

Wurde vor Eintritt der Bedingung geleistet, hat der Schenker im Grundsatz bis zum Eintritt der Bedingung einen Rückforderungsanspruch gegen den Beschenkten[871]. Im Hinblick auf die Schenkung stellt sich insoweit allerdings kein Problem, da die Schenkungsteuer vor Bedingungseintritt noch nicht entstanden war. Das Gleiche gilt beim endgültigen Ausfall der Bedingung.

bb) Eintritt der Bedingung

Mit Eintritt der Bedingung erfüllt sich der Steuertatbestand. Da zivilrechtlich im Hinblick auf die Bedingung dann keine Rückabwicklung mehr in Betracht kommt, erübrigen sich auch steuerrechtliche Überlegungen.

3. Nutzungen

a) Bei auflösender Bedingung

Je nachdem, ob die Beteiligten eine Rückbeziehung nach § 159 BGB vereinbart haben, kommt es zur Herausgabe der gezogenen Nutzungen nach den §§ 818 ff. BGB[872]. Soweit die Nutzungen herausgegeben werden, kann auf die Ausführungen zur unwirksamen Schenkung verwiesen werden[873]. Verbleiben die Nutzungen beim Beschenkten, kommt eine Versteuerung nach § 29 Abs. 2 ErbStG in Betracht. Dagegen lassen sich folgende Argumente vorbringen. § 29 Abs. 2 ErbStG findet keine Anwendung, da sich die materielle Rückwirkung aus § 41 Abs. 1 Satz 1 AO und nicht aus § 29 Abs. 1 Nr. 1 ErbStG ergibt[874]. Die Schenkung unter einer auflösender Bedingung ohne Herausgabe der Nutzungen stellt sich nach Bedingungseintritt als unentgeltliche Nutzungsüberlassung dar. Unentgeltliche Nutzungsüberlassungen erfüllen aber nach hier vertretener Auffassung den Tatbestand der freigebigen Zuwendung nicht[875]. Darüber hinaus können die gezogenen Nutzungen beim Beschenkten der

---

[871] Siehe oben I. 3. b) aa).
[872] Siehe oben I. 3. a) bb).
[873] Siehe oben § 9 II. 3.
[874] Siehe oben II. 2. a) bb) eee).
[875] Siehe oben § 3 II. 2. e).

Einkommensteuer unterlegen sein. Bei einer weiteren Besteuerung nach § 29 Abs. 2 ErbStG käme es zu einer Doppelbesteuerung, die nicht im Interesse eines in sich stimmigen Steuersystems liegen kann, da es sich bei der Erbschaft- und Schenkungsteuer auch um eine Einkommensteuer handelt[876].

Hinsichtlich der Einkommensteuer kann auf die Ausführungen zur unwirksamen Schenkung verwiesen werden, soweit es zu einer Nutzungsherausgabe des Beschenkten an den Schenker kommt[877]. In dem Fall, in dem der Beschenkte die gezogenen Nutzungen behalten darf, ergeben sich keine einkommensteuerlichen Änderungen.

b) Bei aufschiebender Bedingung

Wurde eine Rückbeziehung im Sinne von § 159 BGB vereinbart, muss der Schenker bei Bedingungseintritt die Nutzungen an den Beschenkten herausgeben[878]. Eine erbschaftsteuerliche Nachversteuerung beim Beschenkten ist im Ergebnis abzulehnen[879]. Soweit die Nutzungen mangels Vereinbarung nach § 159 BGB beim Schenker verbleiben[880], ergeben sich keine erbschaftsteuerlichen Konsequenzen.

Gibt der Schenker wegen § 159 BGB die Nutzungen nachträglich an den Beschenkten weiter, sind die zur unwirksamen Schenkung entwickelten einkommensteuerrechtlichen Grundsätze[881] entsprechend anzuwenden. Das bedeutet, dass der Schenker in dem Veranlagungszeitraum der Herausgabe Betriebsausgaben oder Werbungskosten geltend machen kann und der Beschenkte die Nutzungen zu versteuern hat.

---

[876] Siehe oben § 2 III. 1.
[877] Siehe oben § 9 III.
[878] Siehe oben I. 3. b) bb).
[879] Dazu bereits oben II. 1. a).
[880] Siehe oben I. 3. b) bb).
[881] Siehe oben § 9 III.

4. Rückschenkung

a) Bei auflösender Bedingung

aa) Vor Eintritt der Bedingung und nach endgültigem Ausfall der Bedingung

Nach dem endgültigen Ausfall der Bedingung hat die Schenkung Bestand und eine Rückabwicklung kommt nicht in Betracht.

bb) Nach Eintritt der auflösenden Bedingung

Hinsichtlich der Vermögenssubstanz kommt eine steuerpflichtige Rückschenkung nicht in Betracht, da der Beschenkte den Gegenstand in Erfüllung des bereicherungsrechtlichen Anspruchs herausgibt, demnach also nicht unentgeltlich leistet.

b) Bei aufschiebender Bedingung

aa) Vor Eintritt und nach endgültigem Ausfall der Bedingung

Eine Steuer war in diesem Fall noch nicht entstanden[882]. Daher kann auch eine mögliche Rückabwicklung vor Bedingungseintritt keine steuerbare Rückschenkung sein, da der Beschenkte schenkungsteuerrechtlich noch nichts erworben hatte und dementsprechend schenkungsteuerlich nichts zurückgeben kann. Da der originäre Erwerb einer Forderung oder eines Anwartschaftsrechts nicht steuerbar ist, löst auch der Verzicht darauf keine Steuer unter dem Aspekt der Rückschenkung aus. Die Rückabwicklung erfolgt im Hinblick auf das bestehende Rückforderungsrecht des Schenkers, also nicht unentgeltlich.

bb) Nach Eintritt der aufschiebenden Bedingung

Nach dem Eintritt der Bedingung kommt es zu keiner Rückabwicklung.

---

[882] Siehe oben II. 1. a).

III. Ergebnis

Der Steuertatbestand entsteht bei der Schenkung unter aufschiebender Bedingung erst mit dem Eintritt derselben. Danach kommt es zu keiner Rückabwicklung mehr. Die Schenkung unter einer auflösenden Bedingung wird zunächst wie eine unbedingte besteuert. Die Rückabwicklung nach Eintritt der auflösenden Bedingung stellt ein rückwirkendes Ereignis dar. Die materielle Rückwirkung ergibt sich dabei aus § 41 Abs. 1 Satz 1 AO und zwar unabhängig davon, ob die Beteiligten eine Rückbeziehung im Sinne von § 159 BGB vereinbart haben oder nicht.

Soweit Nutzungen vom Schenker an den Beschenkten herausgegeben werden oder der Beschenkte gezogene Nutzungen behalten darf, kommt es nicht zu einer Nachversteuerung nach § 7 Abs. 1 Nr. 1 ErbStG oder § 29 Abs. 2 ErbStG. Im Fall der Nutzungsherausgabe hat der Herausgebende im Jahr der Betriebsausgaben oder Werbungskosten und der Empfänger Einnahmen.

§ 16 Rücktritt

I. Zivilrecht

1. Allgemeine Voraussetzungen

Ein Rücktritt von der Schenkung ist nach § 346 Abs. 1 BGB nur möglich, wenn ein vertraglich vereinbartes oder ein gesetzliches Rücktrittsrecht besteht. Gesetzliche Rücktrittsrechte in diesem Sinne existieren für speziell für Schenkungen nicht. Der Gesetzgeber hat für die Seite des Schenkers andere Rückabwicklungsmöglichkeiten gewählt[883]. Auch dem Beschenkten steht kein gesetzliches Rücktrittsrecht zu, insbesondere auch dann nicht, wenn das Geschenk einen Sach- oder Rechtsmangel aufweist[884]. Da der Beschenkte keine Gegenleistung erbracht hat, hat dieser in der Regel ohnehin kein Interesse an einer Rückabwicklung der Schenkung. Anders ist dies beim Schenker. Dieser will sich vorbehalten, das Geschenk in bestimmten Fällen zurückzuerhalten[885]. Eine rechtstechnische Ausgestaltung eines solchen Vorbehalts ist das vertragliche Rücktrittsrecht im Sinne von § 346 Abs. 1 BGB. Das Rücktrittsrecht kann auf bestimmte Fälle beschränkt werden oder als ein freies, jederzeit ausübbares Recht ausgestaltet sein[886]. Nach § 349 BGB erfolgt der Rücktritt durch Erklärung gegenüber dem Beschenkten. Es handelt sich dabei ein Gestaltungsrecht[887], weshalb die Rückforderungsansprüche anders als z. B. bei auflösenden Bedingungen nicht automatisch entstehen, sondern erst mit dem Zugang der Rücktrittserklärung.

2. Zulässigkeit von vertraglichen Rücktrittsvorbehalten bei Schenkungen

Früher ist angezweifelt worden, ob unentgeltliche Vermögensübertragungen, die unter freien Widerrufsvorbehalten zugunsten des Übergebers stehen, als Schenkungen anzusehen sind, da es an der notwendigen endgültigen materiellen Bereicherung des Erwerbers fehle[888]. Die gleichen Bedenken lassen sich auch bei vertraglich vereinbarten Rücktrittsrechten erheben. Indes ist heute die Zulässigkeit von freien Widerrufsvorbehalten bei Schenkungen allgemein

[883] Vgl. §§ 527 ff. BGB
[884] Vgl. §§ 523 f. BGB
[885] Im Einzelnen siehe oben § 1 I.
[886] *Brox/Walker*, Allgemeines Schuldrecht, § 18 Rz. 9; *Coester-Waltjen*, Jura 2001, 819, 821.
[887] *Brox/Walker*, Allgemeines Schuldrecht, § 18 Rz. 1; *Gaier* in MünchKomm-BGB-, Vor § 346 Rz. 13; *Heinrichs* in Palandt, BGB, Einf v § 346 Rz. 5.
[888] *Knobbe-Keuk*, Festschrift Flume, Bd. II, S. 149, 152 ff.

anerkannt[889]. Daher unterliegt auch die Vereinbarung von Rücktrittsrechten in Schenkungsverträgen keinen Bedenken. Denn bezüglich der Bestandskraft der Schenkung besteht im Prinzip kein Unterschied zwischen einem Widerrufsvorbehalt und einem Rücktrittsrecht. Es handelt sich lediglich um eine andere rechtstechnische Ausgestaltung[890]. Hinzu kommt, dass Schenkungen generell einer geringeren Bestandskraft unterliegen und dass das BGB die Schenkung als Vertrag ausgestaltet hat[891], die Zulässigkeit von Rücktrittsrechtsvereinbarungen aber nicht auf bestimmte Vertragstypen beschränkt ist.

3. Rechtsfolgen

a) Auswirkungen auf die Schenkung

Die dispositiven[892] Rechtsfolgen der §§ 346 ff. BGB betreffen nur das Schuldverhältnis der Schenkung, während die dingliche Rechtslage unverändert bleibt[893]. Nach der heute herrschenden Meinung wandelt sich mit dem Rücktritt das Schuldverhältnis in ein Rückgewährschuldverhältnis um[894]. Soweit ein Anspruch aus dem ursprünglichen Schuldverhältnis, hier also aus dem Schenkungsversprechen, noch nicht erfüllt worden war, erlischt dieser[895].

b) Herausgabe des Geschenks oder Wertersatz

Nach § 346 Abs. 1 BGB hat der Beschenkte dem Schenker das Geschenk zurückzugewähren. Da der Rücktritt nur schuldrechtlich wirkt[896], hat der Beschenkte die entsprechenden Verfügungen vorzunehmen, also etwa (Rück)übereignung oder (Rück)abtretung. Von § 346 Abs. 1 BGB werden auch Geldleistungen erfasst[897]. Bei Verletzung der Rückgewährpflicht

---

[889] Im Einzelnen siehe unten § 17 I. 1.

[890] Vgl. *Ellenbeck*, MittRhNotK 1997, 41, 44; *Felix*, NJW 1994, 2334, 2335; *von Hertzberg*, MittRhNotK 1988, 55, 66; *Langenfeld*, BWNotZ 1976, 12, 14; *Weser*, ZEV 1995, 353, 356.

[891] Siehe oben § 3 I. 2.

[892] *Brox/Walker*, Allgemeines Schuldrecht, § 18 Rz. 36.

[893] RGZ 108, 27; *Gaier* in MünchKomm-BGB-, Vor § 346 Rz. 31; *Heinrichs* in Palandt, BGB, Einf v § 346 Rz. 6.

[894] BGHZ 88, 46, 48; NJW 1990, 2068, 2069; 1994, 1161, 1162; 1998, 3268 f.; *Brox/Walker*, Allgemeines Schuldrecht, § 18 Rz. 2; *Gaier* in MünchKomm-BGB-, Vor § 346 Rz. 31, 40; *Heinrichs* in Palandt, BGB, Einf v § 346 Rz. 6.

[895] BT-Drucks. 14/6040, S. 194; *Arnold*, Jura 2002, 154, 156; *Brox/Walker*, Allgemeines Schuldrecht, § 18 Rz. 16; *Gaier* in MünchKomm-BGB-, Vor § 346 Rz. 41, § 346 Rz. 16; *ders.*, WM 2002, 1, 3 f.; *Heinrichs* in Palandt, BGB, Einf v § 346 Rz. 6; *Medicus*, Schuldrecht I, Rz. 543.

[896] RGZ 108, 27; *Gaier* in MünchKomm-BGB-, Vor § 346 Rz. 31; *Heinrichs* in Palandt, BGB, Einf v § 346 Rz. 6.

[897] *Arnold*, Jura 2002, 154, 156; *Gaier* in MünchKomm-BGB-, § 346 Rz. 18.

kann sich der Beschenkte nach § 346 Abs. 4 i.V.m. §§ 280 bis 283 BGB schadensersatzpflichtig machen.

In den Fällen des § 346 Abs. 2 BGB hat der Beschenkte statt der Herausgabe Wertersatz zu leisten. Dabei kommt eine Wertersatzpflicht nach § 346 Abs. 2 Satz 1 Nr. 1 BGB für Schenkungen nicht in Betracht, da die Unmöglichkeit der Herausgabe nach der Natur des Erlangten nur in den Fällen besteht, in denen keine Vermögenssubstanz, sondern insbesondere Dienstleistungen und Gebrauchsüberlassungen den Inhalt der Primärleistungspflicht ausgemacht haben[898]. Die unentgeltliche Gebrauchsüberlassung oder Leistung von Diensten sind aber mangels Vermögenssubstanzübertragung keine Schenkungen[899].

Soweit nicht ausnahmsweise ein Fall des § 346 Abs. 3 BGB vorliegt, verbleibt es bei dem Grundsatz nach § 346 Abs. 2 Satz 1 Nr. 2 und Nr. 3 BGB, dass der Beschenkten bei Verbrauch, Veräußerung, Belastung, Verarbeitung, Umgestaltung, Verschlechterung oder Untergang des Geschenks entsprechenden Wertersatz zu leisten hat. Es besteht damit eine verschuldensunabhängige Wertersatzpflicht des Beschenkten. Insbesondere hat er auch für den zufälligen Untergang des Geschenks einzustehen[900]. Lediglich Wertminderungen im Rahmen des bestimmungsgemäßen Gebrauchs hat er nach § 346 Abs. 2 Satz 1 Nr. 3 Hs. 2 BGB nicht zu ersetzen. Die Höhe des Wertersatzanspruchs bestimmt sich nach dem Verkehrswert[901] des Geschenks zur Zeit der Rücktrittserklärung.

c) Surrogate

Auch Surrogate im Sinne von § 285 BGB kann der Schenker herausverlangen[902].

d) Herausgabe gezogener Nutzungen und Wertersatz

Die gezogenen Nutzungen hat der Beschenkte nach § 346 Abs. 1 BGB herauszugeben. Soweit die Herausgabe nicht möglich ist, ist nach § 346 Abs. 2 Satz 1 BGB der Wert der Nutzungen zu ersetzen. Relevant ist hier vor allem der § 346 Abs. 2 Satz 1 Nr. 1 BGB, der die

---

898 *Brox/Walker*, Allgemeines Schuldrecht, § 18 Rz. 21; *Gaier* in MünchKomm-BGB-, § 346 Rz. 21; *Heinrichs* in Palandt, BGB, § 346 Rz. 8.

899 Siehe oben § 3 I. 4.

900 *Arnold*, Jura 2002, 154, 156; *Gaier*, WM 2002, 1, 8; *Heinrichs* in Palandt, BGB, § 346 Rz. 7 ff.; *Schwab*, JuS 2002, 630, 631.

901 *Arnold*, Jura 2002, 154, 157; *Gaier*, WM 2002, 1, 5; *Medicus*, Schuldrecht I, Rz. 543b.

902 BT-Drucks. 14/6040, S. 194; *Gaier* in MünchKomm-BGB-, § 346 Rz. 49; *Heinrichs* in Palandt, BGB, § 346 Rz. 20.

Gebrauchsvorteile im Sinne von § 100 Alt. 2 BGB erfasst[903]. Hierbei besteht das gleiche Bewertungsproblem wie im Rahmen des § 818 Abs. 2 BGB[904]. Soweit der Beschenkte Nutzungen nicht gezogen hat, obwohl ihm das im Rahmen einer ordnungsgemäßen Wirtschaft möglich gewesen wäre, ist er zu entsprechendem Wertersatz nach § 347 Abs. 1 Satz 1 BGB verpflichtet.

e) Verwendungen

Wenn es zur Herausgabe des Geschenks oder zu Leistung des Wertersatzes kommt, kann der Beschenkte seinerseits getätigte notwendige Verwendungen nach § 347 Abs. 2 Satz 1 BGB ersetzt verlangen. § 347 Abs. 2 Satz 2 BGB gewährt dem Beschenkten den Ersatz von darüber hinausgehenden, also insbesondere werterhöhende Aufwendungen, soweit der Schenker bereichert wird.

II. Steuerrecht

1. Auswirkung von Rücktrittsvorbehalten auf die Besteuerung der Schenkung

a) § 7 Abs. 1 Nr. 1 ErbStG

Eine Schenkung unter Rücktrittsvorbehalt ist wie eine Schenkung ohne einen solchen Rücktrittsvorbehalt zu behandeln[905]. Der Tatbestand § 7 Abs. 1 Nr. 1 ErbStG ist also erfüllt. Der potenzielle Rückforderungsanspruch des Schenkers stellt keinen die Bereicherung mindernden Posten dar[906]. Die Unbedenklichkeit im Rahmen des § 7 Abs. 1 Nr. 1 ErbStG folgt zum einen aus der Zulässigkeit von freien Widerrufsvorbehalten[907] und zum anderen aus der zivilrechtlichen Zulässigkeit[908]. Es ist hier kein steuerrechtlicher Grund ersichtlich, der ein Abweichung vom Zivilrecht rechtfertigt. Wie § 29 ErbStG zeigt, geht auch das Schenkungssteuerrecht nicht von einer Unumkehrbarkeit von Schenkungen aus. Da selbst ein umfassendes Rücktrittsrecht vereinbart werden kann, ist es erst recht zulässig, das Rücktrittsrecht auf einzelne Gründe zu beschränken.

---

[903] *Brox/Walker*, Allgemeines Schuldrecht, § 18 Rz. 21, *Gaier* in MünchKomm-BGB-, § 346 Rz. 26; *Schwab*, JuS 2002, 630, 631
[904] Siehe oben § 9 I. 2. a) bb); vgl. auch *Gaier*, WM 2002, 1, 6; *Schwab*, JuS 2002, 630, 631.
[905] *Zöller*, BWNotZ 1983, 34.
[906] *Gebel* in Troll/Gebel/Jülicher, ErbStG, § 7 Rz. 54.
[907] Siehe unten § 17 II. 1. a).
[908] Siehe oben I. 2.

b) § 9 Abs. 1 Nr. 2 ErbStG

Der § 7 Abs. 1 Nr. 1 ErbStG und der § 9 Abs. 1 Nr. 2 ErbStG bilden zwar den Steuertatbestand, sind aber unabhängig von einander zu beurteilen. Rücktrittsvereinbarungen im Sinne von § 346 Abs. 1 BGB sind hinsichtlich der dinglichen Vollzugsgeschäfte nicht möglich, da der Rücktritt nur schuldrechtlich wirkt[909]. Für die Ausführung der Schenkung gelten daher die allgemeinen Grundsätze[910]. Der Rücktrittsvorbehalt der Schenkung hindert demnach die Ausführung nach § 9 Abs. 1 Nr. 2 ErbStG nicht[911], da er nur den § 7 Abs. 1 Nr. 1 ErbStG betrifft und auch dort unbeachtlich ist[912]. Auf das möglicherweise beim Schenker verbleibende wirtschaftliche Eigentum des Schenkungsgegenstandes kommt es nicht an[913].

c) Einkommensteuerrechtliche Anerkennung

Einer Schenkung unter freiem Rücktrittsvorbehalt droht die Gefahr, von der Finanzverwaltung einkommensteuerrechtlich nicht anerkannt zu werden. Infolgedessen hätte der Schenker Nutzungen und andere Gewinne zu versteuern, obwohl diese zivilrechtlich vom Beschenkten erzielt wurden und auch nur diesem zustanden. So verneint der BFH[914] die Mitunternehmerstellung eines einem freien Widerrufsvorbehalt ausgesetzten Beschenkten im Fall der Schenkung eines Anteils an einer Personengesellschaft[915]. Das gilt auch für einen freien Rücktrittsvorbehalt. Bei Grundstücken kann ein unbegrenztes Rücktrittsrecht den Übergang des wirtschaftlichen Eigentums verhindern[916]. Geht man davon aus, dass ein freies Rücktrittsrecht einem umfassenden Weisungsrecht des Schenkers gleichkommt[917], dann ist letztlich bei allen Schenkungen unter freiem Rücktrittsvorbehalt der Übergang des wirtschaftlichen Eigentums zu verneinen. Bei einzelnen Rücktrittsgründen hängt die Anerkennung einer Mitunternehmerschaft wie bei Widerrufsrechten davon ab, inwieweit die Rücktrittsgründe vom Willen des Schenkers beeinflussbar sind und wie wahrscheinlich der Eintritt der Gründe ist[918]. Bei enumerativ aufgeführten Rücktrittsgründen einer Grundstücksschenkung richtet

[909] Siehe oben I. 3. a) und b).
[910] Siehe oben § 4 III.
[911] *Gebel* in Troll/Gebel/Jülicher, ErbStG, § 9 Rz. 93.
[912] Siehe oben II. 1. a)
[913] BFH BStBl. II 1983, 179, 179 f.
[914] BFH BStBl. II 1989, 877; BFH/NV 1991, 223; BFH BStBl. II 1994, 645, 648.
[915] Siehe unten § 17 II. 1. c).
[916] BFH/NV 1999, 9, 10.
[917] BFH BStBl. II 1989, 877.
[918] BFH ZEV 1994, 318 m. Anm. *Piltz*.

sich das wirtschaftliche Eigentum nach Art und Ausmaß der Auslösetatbestände[919]. Das Gleiche gilt im Prinzip auch für Anteile an Kapitalgesellschaften im Rahmen von § 17 EStG und für sonstiges Kapitalvermögen im Bereich des § 20 EStG[920].

d) §§ 13a, 19a ErbStG

Infolge der Versagung der Mitunternehmerstellung des Beschenkten bei freiem Widerrufsvorbehalt wendet die h. M. auch die §§ 13a, 19a ErbStG nicht an[921]. Das gilt auch für Schenkungen, die unter freiem Rücktrittsvorbehalt stehen.
Bis zur Änderung durch das Steueränderungsgesetz 2001[922] privilegierte der § 13a Abs. 1 Nr. 2 ErbStG den Erwerb von Betriebsvermögen unter Lebenden nur beim Erwerb im Wege vorweggenommener Erbfolge. Einen solchen Erwerb nahm der BFH[923] nur dann an, wenn es – einem Erbfall gleich – zu einer endgültigen Vermögensverschiebung kam. Vorbehalte der Rückgängigmachung sollten danach einer endgültigen Übertragung entgegenstehen können, da insoweit keine dem Erbfall vergleichbare Endgültigkeit bestehe[924]. Daher stellte sich die Frage, inwieweit Rückforderungsrechte – unabhängig von der Frage der Mitunternehmerschaft – die Anwendung des § 13a Abs. 1 Nr. 2 ErbStG verhinderten[925]. Der Gesetzgeber hat den Begriff der vorweggenommenen Erbfolge nunmehr durch den der Schenkung unter Lebenden ersetzt[926]. Damit besteht jetzt ein eindeutiger systematischer Zusammenhang zu § 1 Abs. 1 Nr. 2 und § 7 Abs. 1 ErbStG. Lässt man aber Rücktrittsvorbehalte im Rahmen des § 7 Abs. 1 Nr. 1 ErbStG außer Acht[927], dann kann es auch bei der Frage der Gewährung der Vergünstigungen des § 13a ErbStG nicht darauf ankommen, ob ein Rücktrittsvorbehalt besteht. Der Fiskus kann nicht im Wege der Rosinentheorie[928] nur dort, wo es für ihn günstig ist, die Rücktrittsvorbehalte akzeptieren, sondern muss dann auch bestehende Vergünstigungen gewähren. Daraus folgt, dass Rücktrittsvorbehalte hinsichtlich des § 13a Abs. 1 Nr. 2 ErbStG auch bei Schenkungen von Anteilen an Kapitalgesellschaften keinen Bedenken unterliegen.

---

[919] *Ehlig*, DStR 1996, 1629, 1635.
[920] Zu allem ausführlich *Jülicher*, DStR 1998, 1977 ff.
[921] Siehe unten § 17 II. 1. d).
[922] BGBl. I 2001, 3794.
[923] FR 2001, 484, 485.
[924] FR 2001, 484, 485.
[925] *Häger/Forst*, EStB 2001, 430, 432; *Kamps*, ZErb 2002, 174, 179; *Kobor*, FR 2001, 486, 487; vgl. auch *Geck*, ZEV 2001, 180, 181 f.
[926] BGBl. I 2001, 3794.
[927] Siehe oben II. 1. a).
[928] *Baumbach/Hopt*, HGB, § 15 Rz. 6.

Durch die Ausübung des Rücktrittsrechts kann der nachträgliche Wegfall der Privilegierung des § 13a ErbStG in den Fällen des § 13a Abs. 5 ErbStG verhindert werden[929].

2. Einfluss der Rückabwicklung auf die Besteuerung der Schenkung

a) Meinungsstand

Im allgemeinen Steuerrecht wird der Rücktritt überwiegend als rückwirkendes Ereignis angesehen[930]. *Rust* akzeptiert nur die Fälle des gesetzlichen Rücktritts, da die vertraglich vereinbarten Rücktrittsrechte in ihrer Wirkung personal auf die Vertragsparteien begrenzt seien und nicht den Fiskus erfassen würden[931]. Andere Autoren nehmen ein rückwirkendes Ereignis nur dann an, wenn das Rücktrittsrecht von Anfang an vereinbart und der Rücktrittsgrund im Zeitpunkt der Steuerentstehung vorhanden war[932]. Nur dann sei das Rechtsgeschäft nicht „gesund“ gewesen.

b) § 41 Abs. 1 Satz 1 AO

Da durch den Rücktritt das ursprüngliche Schuldverhältnis nicht unwirksam wird, sondern sich in ein Rückgewährschuldverhältnis umwandelt[933], ergibt sich eine materielle Rückwirkung nicht aus § 41 Abs. 1 Satz 1 AO.

c) § 29 Abs. 1 Nr. 1 ErbStG

Das dem Rücktritt folgende Recht aus § 346 Abs. 1 BGB wird als Recht im Sinne des § 29 Abs. 1 Nr. 1 ErbStG verstanden[934]. Auch wenn die Rückforderungsansprüche in den §§ 346 ff. BGB gesetzlich geregelt sind, handelt sich es bei einem vertraglich vereinbarten Rücktrittsrecht um ein vertragliches Rückforderungsrecht[935] mit der Folge, dass nach dem

---

[929] *Heidemann/Ostertun*, ZEV 2003, 267, 270 f.

[930] BFH BStBl. II 1994, 648, 650; *Beker*, Hinfällige Rechtsgeschäfte, S. 76; *Loose* in Tipke/Kruse, AO, § 175 Rz. 35; *J. Lauer*, InfStW 1981, 169, 173; *Rüsken* in Klein, AO, § 175 Rz. 62.

[931] *Rust*, Das rückwirkende Ereignis im Steuerrecht, S. 122.

[932] *Beker*, Hinfällige Rechtsgeschäfte, S. 76 f.; *G. Lauer*, Korrekturvorschrift, S. 70; *J. Lauer*, InfStW 1981, 169, 173.

[933] Siehe oben I. 3. a).

[934] *Jülicher* in Troll/Gebel/Jülicher, ErbStG, § 29 Rz. 10; *Knobel* in Viskorf/Glier/Hübner/Knobel/Schuck, ErbStG, § 29 Rz. 16; *Meincke*, ErbStG, § 29 Rz. 6; *Moench*, ErbStG, § 29 Rz. 5; *Pahlke* in Christoffel/Geckle/Pahlke, ErbStG, § 29 Rz. 9.

[935] *Jülicher* in Troll/Gebel/Jülicher, ErbStG, § 29 Rz. 10; *Moench*, ErbStG, § 29 Rz. 5; a. A. anscheinend *Meincke*, ErbStG, § 29 Rz. 6.

derzeitigem Verständnis des § 29 Abs. 1 Nr. 1 ErbStG dieses von Anfang an im ursprünglichen Schenkungsvertrag vereinbart worden sein muss, wenn § 29 Abs. 1 Nr. 1 ErbStG eingreifen soll[936]. Diese Auffassung übersieht jedoch, dass die Rechtsprechung zu § 175 Abs. 1 Satz 1 Nr. 2 AO mittlerweile entschieden hat, dass es für die Frage der Rückwirkung unerheblich ist, ob diese „im Kern" bereits im ursprünglichen Rechtsgeschäft angelegt war[937]. Dem BFH ist zuzustimmen. Weder aus dem Wortlaut noch aus dem Bedeutungszusammenhang des § 175 Abs. 1 Satz 1 Nr. 2 AO kann ein anderes Ergebnis entnommen werden. Auch § 29 Abs. 1 Nr. 1 ErbStG gibt insoweit nichts her. Das Argument, dass die nachträgliche Einräumung eines Rücktrittsrechts vom Beschenkten aus gesehen freiwillig erfolgte und daher nicht dem „musste" in § 29 Abs. 1 Nr. 1 ErbStG entspricht, greift hier nicht. Denn die Einräumung eines Rücktrittsrechts zieht noch nicht den sofortigen Rückforderungsanspruch nach sich. Dazu bedarf es zusätzlich noch der Rücktrittserklärung des Schenkers. Darüber hinaus ist es nach dem Grundsatz der Vertragsfreiheit nach § 311 BGB zulässig, auch nachträglich Modifizierungen zu vereinbaren. Des Weiteren sollten falsche zivilrechtliche Subsumtionen und Missbrauchskonstellationen nicht durch ein restriktives Rückwirkungsverständnis korrigiert werden. Nach dem Grundsatz *iura novit curia* kommt es nämlich auf die von den Beteiligten gewählte Bezeichnung nicht an. Haben die Parteien in einer Vereinbarung dem Wortlaut nach nachträglich ein Rücktrittsrecht vereinbart und wurde dieses sofort ausgeübt, ist vielmehr zu prüfen, ob nicht die Vereinbarung in Wahrheit einen Aufhebungsvertrag oder eine Rückschenkung darstellt.

Danach bleibt als Zwischenergebnis festzuhalten, dass sich für Rückabwicklungen aufgrund eines vertraglichen Rücktritts aus § 29 Abs. 1 Nr. 1 ErbStG eine materielle Rückwirkung ergibt, und zwar unabhängig davon, ob das Rücktrittrecht bereits bei der Schenkung oder erst später vereinbart wurde.

d) Rechtsfolgenansatz

Nach der heutigen allgemeinen Meinung wird ein Schuldverhältnis durch den Rücktritt nicht ex tunc unwirksam, sondern wandelt sich in ein Rückgewährschuldverhältnis um[938]. Das könnte vordergründig zu dem Schluss führen, ein Rücktritt nach den §§ 346 ff. BGB wirke nur ex nunc[939]. Die Frage nach der Rückwirkung kann aber nicht nur rein rechtstechnisch beantwortet werden, sondern maßgeblich für die Frage der Rückwirkung ist nicht die geset-

---

[936] Siehe oben § 5 II 2 b).
[937] BFH BStBl. II 1993, 897, 901; 1994, 648, 650.
[938] Siehe oben I. 3. a)
[939] So BFH BStBl. II 1988, 416, 418.

zestechnische Ausgestaltung, sondern das Ziel, das die in Frage stehenden Regelungskomplexe verfolgen, und das Ergebnis, das damit gewonnen wird[940]. Auch die §§ 346 ff. BGB regeln den rückwirkenden Wegfall der Hauptleistungspflichten[941]. Ziel der Rücktrittsregelungen ist die Wiederherstellung des status quo ante contractum[942]. Betrachtet man das Ergebnis der Rechtsfolgen der §§ 346 ff. BGB, dann wird genau genommen nicht status quo ante hergestellt, sondern sogar der Zustand, der zum Zeitpunkt der Rückabwicklung bestünde, wenn die Schenkung überhaupt nicht stattgefunden hätte. Das zeigen die Rechtsfolgen deutlich: Der Beschenkte ist zur Herausgabe des Geschenks verpflichtet. Ist das nicht möglich, muss er den Wert ersetzen, wobei der Beschenkte das Risiko des zufälligen Untergangs trägt. Das bedeutet, dass der Beschenkte praktisch immer Herausgabe oder Wertersatz leisten muss. Ausgenommen ist lediglich die Verschlechterung durch bestimmungsgemäßen Gebrauch. Genau diese Wertminderung hätte aber auch der Schenker erlitten. Im Hinblick auf die Nutzungen wird der Schenker so gestellt, wie wenn er sie selbst gezogen hätte. Das Gleiche gilt umgekehrt für die Verwendungen. Da demnach das Ergebnis der Rückabwicklung die Wiederherstellung eines Zustandes ist, der gegeben wäre, wenn die Schenkung nicht stattgefunden hätte, handelt es sich bei den §§ 346 ff. BGB um eine rückwirkende Rückabwicklung[943].

Die Schenkungsteuer ist keine Verkehrsteuer, sondern knüpft an den Substanzübergang des Vermögens an und soll die Umgehung der Erbschaftsteuer durch Vermögensübertragungen unter Lebenden verhindern. Wird der Schenkungsgegenstand vom Beschenkten an den Schenker wieder zurückübertragen, beim Rücktritt sogar ohne Ausgleich des Wertverlustes, der durch den bestimmungsgemäßen Gebrauch entstanden ist, dann ist die Besteuerung der ursprünglichen Schenkung nicht systemgerecht. Denn der Substanzübergang hatte nur vorübergehend und nicht endgültig stattgefunden. Warum das im Einzelnen so war, spielt vom Gegenstand der Besteuerung her keine Rolle. Denn mit dem Tod des Schenkers fällt hinsichtlich des Schenkungsgegenstandes ein weiteres Mal Erbschaftsteuer an. Dieser Vermögensübergang ist aber der einzige, der nach der Dogmatik des geltenden Erbschaft- und Schenkungsteuerrechts der besteuerungswürdige ist. Demgegenüber würde der Fiskus bei Berücksichtigung einer steuerbaren Rückschenkung sogar dreifach besteuern. Ebenso wenig überzeugen können unter diesen Gesichtspunkten die Einschränkungen der Rückwirkung auf

---

[940] Siehe oben § 7 II 3.

[941] BGH NJW-RR 1996, 336, 337.

[942] *Gaier*, WM 2002, 1, 4; *Esser*, Rechtsfiktionen, S. 176; *Schwenn*, AcP 152 (1952/1953), S. 138, 152 zur Entstehungsgeschichte; *Wolf*, AcP 153 (1954), 97, 109; *Wunner*, AcP 168 (1968), S. 425, 426.

[943] Ebenso *Coester-Waltjen*, Jura 2001, 819; *Langenfeld*, BWNotZ 1976, 12, 14; *ders./Günther*, Grundstückszuwendungen, Rz. 300; vgl. auch *Leser*, Rücktritt, S. 294.

von Anfang an vereinbarte Rücktrittsrecht oder auf gesetzliche Rücktrittsrechte[944]. Denn der Staat in Form des Gesetzgebers ist es, der die – auch nachträgliche[945] – Vereinbarungen von Rücktrittsrechten in § 346 Abs. 1 BGB zulässt und im Erbschaft- und Schenkungsteuerrecht an das Zivilrecht anknüpft und den Vermögenssubstanzübergang besteuert. Da er selbst das Besteuerungssystem der Erbschaft- und Schenkungsteuer zu verantworten hat, verdient der Fiskus keinen Vertrauensschutz auf den einmal entstandenen Steueranspruch. Er kann sich nicht aus fiskalischen Interessen über sein eigenes System hinwegsetzen, zumal keine Steuerlücke entsteht. Die Besteuerung des Schenkungsgegenstandes im Todesfall des Schenker bleibt ja bestehen.

Demzufolge ist auch nach dem Rechtsfolgenansatz in der Rückabwicklung nach erfolgtem Rücktritt ein rückwirkendes Ereignis zu sehen, und zwar unabhängig davon, ob das Rücktrittsrecht ein gesetzliches oder ein vertragliches war und ob es sich um ein von Anfang bestehendes Rücktrittsrecht gehandelt hat oder nicht.

e) Konkurrenzen und Ergebnis

Nach den vorstehenden Ausführungen konkurrieren der § 29 Abs. 1 Nr. 1 ErbStG und der hier postulierte Rechtsfolgenansatz. Da es sich bei § 29 Abs. 1 Nr. 1 ErbStG um eine positive Rechtsnorm handelt, ist ihr gegenüber dem vor allem auf systematischen Erwägungen beruhenden Rechtsfolgenansatz der Vorzug zu geben[946]. § 29 Abs. 1 Nr. 1 ErbStG kann als Ausdruck des Rechtsfolgenansatzes verstanden werden.

3. Nutzungen

Da es im Rahmen der Anwendung der §§ 346 ff. BGB zu einer vollständigen Nutzungsherausgabe an den Schenker kommt[947], findet der insoweit in Betracht kommende § 29 Abs. 2 ErbStG keine Anwendung[948].

Soweit der Beschenkte in der Zeit bis zur Rückabwicklung wirtschaftlicher Eigentümer oder Mitunternehmer war, fallen diese Positionen an den Schenker zurück. War ohnehin der Schenker wirtschaftlicher Eigentümer oder Mitunternehmer geblieben, ändert sich nichts. Probleme können auftreten, wenn der Schenker zivilrechtlich die gezogenen Nutzungen he-

[944] Dazu bereits oben II. 2. c).
[945] § 311 Abs. 1 BGB
[946] Vergleiche unten § 20 II 2 d).
[947] Siehe oben I. 3. d).
[948] Siehe oben § 5 II. 3. c).

rausgeben muss, diese aber in der Zeit zwischen Schenkung und Rücktritt einkommensteuerrechtlich zu versteuern hatte. Das Problem ist bereits angesprochen worden[949]. Sinnvoll erscheint insoweit, beim Schenker im Jahr der Rückabwicklung Einnahmen und beim Beschenkten Betriebsausgaben oder Werbungskosten anzunehmen[950].

4. Keine Rückschenkung durch Rückabwicklung

Da der Beschenkte die Ansprüche des Schenkers aus §§ 346 ff. BGB erfüllen will, liegt mangels Unentgeltlichkeit keine Rückschenkung vor.

III. Ergebnis

Ein gesetzliches Rücktrittsrecht existiert bei Schenkungen nicht. Vertraglich vereinbarte Rücktrittsrechte stehen der Besteuerung der Schenkung zunächst nicht entgegen. Die nach dem Rücktritt des Schenkers erfolgende Rückabwicklung stellt nach § 29 Abs. 1 Nr. 1 ErbStG ein rückwirkendes Ereignis dar, und zwar unabhängig davon, ob der Rücktrittsvorbehalt im Rahmen der Schenkung oder erst nachträglich vereinbart wurde. Der entstandene Steueranspruch erlischt rückwirkend.

---

[949] Siehe oben § 9 III.
[950] Siehe oben § 9 III. 3.

§ 17 Widerruf

I. Zivilrecht

1. Kein Einfluss auf die Rechtsnatur der Schenkung

Die Zulässigkeit einer unentgeltlichen Vermögensübertragung unter Vorbehalt des freien Widerrufs steht außer Frage. Vor allem *Knobbe-Keuk*[951] hatte allerdings angezweifelt, ob es sich insoweit dann noch um eine Schenkung handelt, da der Zuwendungsempfänger keine materielle Bereichung erfahre, weil er ständig damit rechnen müsse, dass der Zuwendende den latenten Rückforderungsanspruch zur Entstehung bringt und geltend macht[952]. Demgegenüber entspricht es heute der allgemeinen Meinung, dass freie Widerrufsvorbehalte die Rechtsnatur der Schenkung nicht beeinflussen[953]. Begründen lässt sich das mit dem Eingreifen der allgemeinen Vertragsfreiheit nach § 305 BGB und dem Umstand, dass das BGB keine anderweitige Anordnung trifft. Darüber hinaus sind Rückabwicklungen – wie die §§ 527 ff. BGB zeigen – dem Schenkungsrecht ohnehin immanent. Außerdem findet der für eine Schenkung notwendige Substanzübergang statt, da der Zuwendungsempfänger in der Regel dinglich voll erwirbt. Trotz des Widerrufsvorbehalts bleibt das Vertragsziel, nämlich die endgültige Vermögensverschiebung, erhalten. Da demnach freie Widerrufsvorbehalte die Rechtsnatur der Schenkung nicht beeinflussen, sind auch auf bestimmte Gründe beschränkte Widerrufsvorbehalte unbedenklich.

2. Vollzug der Schenkung

Maßgeblich für die Frage, ob die Schenkung vollzogen ist, ist die Kongruenz von Schenkungsabrede und tatsächlicher Leistung[954]. Das bedeutet, dass kein Schenkungsvollzug ge-

---

[951] Festschrift Flume, Bd. II, S. 149, 152 ff.
[952] *Knobbe-Keuk*, Festschrift Flume, Bd. II, S. 149, 158.
[953] BayObLG NJW-RR 1991, 662; *Cremer* in Staudinger, BGB, § 516 Rz. 13, § 530 Rz. 22; *Ellenbeck*, MittRhNotK 1997, 41, 44; *Friedhofen*, DB 1972, 458, 458 f.; *Heinemann*, ZHR 155 (1991), S. 447, 451; *Herrmann*, Vollzug von Schenkungen, S. 207 f.; *Klumpp*, ZEV 1995, 385, 388; *Kollhosser*, AcP 194 (1994), S. 231, 237; *ders.*, in MünchKomm-BGB-, § 517 Rz. 6; *Kussmann/Wochner*, Schenken Erben Steuern, Rz. 9; *Langenfeld*, BWNotZ 1976, 12, 14; *ders.*, Grundstückszuwendungen, Rz. 299; *D. Mayer*, ZGR 1995, 93, 104; *J. Mayer*, Übergabevertrag, Rz. 230; *Petzoldt*, DNotZ 1972, 581, 605; *Pruskowski*, Merkmal der Zuwendung, S. 135 ff., 143; *Rachuy*, MittRhNotK 1993, 81, 87; *K. Schmidt*, BB 1990, 1992, 1996 f.; *Schuck* in Viskorf/Glier/Hübner/Knobel/Schuck, ErbStG, § 7 Rz. 106; *Seutemann*, Widerruf von Schenkungen unter Ehegatten, S. 53; *Sina*, GmbHR 2002, 58, 59; *Weidenkaff* in Palandt, BGB, § 530 Rz. 4.
[954] *Kollhosser* in MünchKomm-BGB-, § 518 Rz. 18; *Seiler* in Erman, BGB, § 518 Rz. 5.

geben ist, wenn das Schenkungsversprechen unwiderruflich abgegeben wurde, aber nur ein widerrufliches Vollzugsgeschäft vorliegt. Hält sich dagegen das widerrufliche Vollzugsgeschäft im Rahmen der Schenkungsabrede, ist von einem Vollzug auszugehen[955]. Erst recht handelt es sich um eine vollzogene Schenkung, wenn der Schenkungsvertrag widerruflich war, das Vollzugsgeschäft dagegen ohne Widerrufsvorbehalt vorgenommen wurde. Letztere Konstellation dürfte der praktische Regelfall sein, da aus sachenrechtlichen Gründen die Vollzugsgeschäfte nicht unter Widerrufsvorbehalt gestellt werden können. Auflassungen sind wegen § 873 Abs. 2 BGB spätestens mit der Eintragung nicht mehr widerrufbar[956]. Wenn man den Widerrufsvorbehalt als Potestativbedingung[957] versteht, ergibt sich die Unzulässigkeit auch aus § 925 Abs. 2 BGB[958]. Auch die Einigung nach § 929 Satz 1 BGB ist nur bis zur Übergabe der Sache widerruflich[959].

3. Rückabwicklung

Die Rückabwicklung einer widerrufenen Schenkung richtet sich nach §§ 812 ff. BGB[960]. Zum Teil wir das ohne Begründung[961], zum Teil unter Hinweis auf § 531 Abs. 2 BGB angenommen[962]. *Jülicher*[963] wendet § 531 Abs. 2 BGB analog an, während *Pruskowski*[964] auf die Wirkung als Potestativbedingung abstellt. In der Sache geht es hier um die dogmatische Einordnung eines Widerrufsrechts. Vom materiellen Gehalt her sind Widerrufsvorbehalte zwar auflösende Wollens- oder Potestativbedingungen[965]. Technisch handelt es sich aber um ein Institut eigener Art, da das Gesetz selbst den Widerruf an verschiedenen Stellen[966] erwähnt[967]. Ein im Schenkungsvertrag vereinbarter Widerrufsvorbehalt ist als Ausschluss der Gebundenheit an das Schenkungsangebot im Sinne von § 145 BGB einzuordnen. Denn wer

---

955 Ebenso *Herrmann*, Vollzug von Schenkungen, S. 217.
956 *Wacke* in MünchKomm-BGB-, § 873 Rz. 41.
957 *Pruskowski*, Merkmal der Zuwendung, S. 140.
958 *Jülicher*, ZEV 1998, 201, 203.
959 RGZ 83, 223, 230; BGH NJW 1978, 696, 697; 1979, 213, 214; *Michalski* in Erman, BGB, § 929 Rz. 5.
960 *Friedhofen*, DB 1972, 458; *Jülicher* in Troll/Gebel/Jülicher, ErbStG, § 29 Rz. 10; *Langenfeld/Günther*, Grundstückszuwendungen, Rz. 299; *J. Mayer*, Übergabevertrag, Rz. 230; *Moench*, ErbStG, § 29 Rz. 6; *Pruskowski*, Merkmal der Zuwendung, S. 139.
961 *Langenfeld/Günther*, Grundstückszuwendungen, Rz. 299; *J. Mayer*, Übergabevertrag, Rz. 230.
962 *Friedhofen*, DB 1972, 458; *Moench*, ErbStG, § 29 Rz. 6.
963 *Jülicher* in Troll/Gebel/Jülicher, ErbStG, § 29 Rz. 10.
964 *Pruskowski*, Merkmal der Zuwendung, S. 139.
965 *Flume*, Allgemeiner Teil, Bd. 2, § 38, 2 d; *Knobbe-*Keuk, Festschrift Flume, Bd. II, S. 149, 155; zum Unterschied zwischen Wollens- und Potestativbedingung vgl. *Larenz/Wolf*, BGB AT, § 50 Rz. 13 ff.
966 Vgl. z. B. §§ 130 Abs. 1 Satz 2, 109 Abs. 1, 178, 355 Abs. 1 Satz 1, 2253 ff. BGB.
967 *Coester-Waltjen*, Jura 2001, 819, 819 f.; *Larenz/Wolf*, BGB AT, § 39 Rz. 3 ff.

sich die Bindung an den Antrag im Sinne von § 145 BGB vorbehält, ist zum Widerruf berechtigt[968]. Nach erklärtem Widerruf fällt der Schenkungsvertrag als Rechtsgrund weg mit der Folge, dass das Geleistete nach § 812 Abs. 1 Satz 2 Alt. 1 BGB (*condictio ob causam finitam*) zurückverlangt werden kann. Die §§ 812 ff. BGB kommen hier originär zur Anwendung. Der Verweis auf § 531 Abs. 2 BGB ist nicht nötig, zumal es sich bei der Anordnung in § 531 Abs. 2 BGB nur um eine deklaratorische Rechtsgrundverweisung handelt[969].

II. Steuerrecht

1. Auswirkungen von Widerrufsvorbehalten auf die Besteuerung der Schenkung

a) § 7 Abs. 1 Nr. 1 ErbStG

Die Erfüllung des Tatbestandes der freigebigen Zuwendung in den Fällen der Schenkung unter Widerrufsvorbehalt unterliegt heute keinen Bedenken mehr[970]. Der potenzielle Rückforderungsanspruch des Schenkers stellt keinen die Bereicherung mindernden Gegenanspruch dar[971]. Die Unbeachtlichkeit eines Widerrufsvorbehalts folgt nicht zuletzt aus der zivilrechtlichen Möglichkeit, eine Schenkung unter Widerrufsvorbehalt zu stellen[972].

b) § 9 Abs. 1 Nr. 2 ErbStG

Bei der Frage, ob und inwieweit Widerrufsvorbehalte die Ausführung der Schenkung nach § 9 Abs. 1 Nr. 2 ErbStG beeinflussen, ist genauso wie bei der Frage nach dem zivilrechtlichen Vollzug zu differenzieren[973]. Entscheidend ist, ob das in der Schenkungsabrede Versprochene umgesetzt wurde. Eine vorbehaltslose Schenkung ist danach nicht ausgeführt, wenn das Vollzugsgeschäft unter Widerrufsvorbehalt steht[974]. Steht auch die Schenkungsabrede unter Widerrufsvorbehalt, verhindert der Widerrufsvorbehalt des Vollzugsgeschäfts die Ausfüh-

---

[968] *Larenz/Wolf*, BGB AT, § 39 Rz. 6; *Heinrichs* in Palandt, BGB, § 145 Rz. 3 f.

[969] Siehe oben § 13 I. 2.

[970] BFH BStBl. II 1989, 1034, 1036; *Friedhofen*, DB 1972, 458; *Kapp/Ebeling*, ErbStG, § 7 Rz. 43; *Gebel* in Troll/Gebel/Jülicher, ErbStG, § 7 Rz. 54; *Meincke*, ErbStG, § 7 Rz. 53; *Obermeier*, Vorweggenommene Erbfolge, Rz. 1633; *Pahlke* in Christoffel/Geckle/Pahlke, ErbStG, § 29 Rz. 9; *Schuck* in Viskorf/Glier/Hübner/Knobel/Schuck, ErbStG, § 7 Rz. 106; *Zöller*, BWNotZ 1983, 34; a. A. noch BFH BStB. II 1985, 159, 160 und *Knobbe-Keuk*, Festschrift Flume, Bd. II, S. 149, 161.

[971] *Gebel* in Troll/Gebel/Jülicher, ErbStG, § 7 Rz. 54; *Schuck* in Viskorf/Glier/Hübner/Knobel/Schuck, ErbStG, § 7 Rz. 106.

[972] Siehe oben I. 2.

[973] Siehe oben I. 2.

[974] *Meincke*, ErbStG, § 9 Rz. 40.

rung der Schenkung nicht[975]. Erst recht ist der Steuertatbestand erfüllt, wenn eine unter Widerrufsvorbehalt stehende Schenkung mit einem vorbehaltslosen Vollzugsgeschäft erfüllt wird[976]. Unerheblich für die Ausführung der Schenkung ist, ob der Zuwendungsempfänger dem Zuwendenden eine Rückübertragungsvollmacht erteilt hat[977]. Auch auf den Übergang des wirtschaftlichen Eigentums kommt es nicht an[978].

c) Einkommensteuer

Einkommensteuerrechtlich ist zu beachten, dass bei der Schenkung eines Anteils an einer Mitunternehmerschaft unter freiem Widerrufsvorbehalt der Zuwendungsempfänger kein Mitunternehmer wird[979]. Der Beschenkte kann keine Mitunternehmerinitiative entfalten, da seine Möglichkeiten durch das Widerrufsrecht praktisch bis zur Weisungsgebundenheit eingeschränkt sind[980]. Empfohlen wird insoweit, das Widerrufsrecht auf bestimmte Fälle zu begrenzen[981]. Die Anerkennung der Mitunternehmerschaft hängt dann allerdings von dem Eintritt der Wahrscheinlichkeit der Widerrufsgründe und davon ab, inwieweit die Rückabwicklung vom Willen des Schenkers beeinflussbar ist[982]. Bei der Anerkennung der Mitunternehmerschaft kommt es damit letztlich auf den Einzelfall an[983]. Ist der Katalog der Widerrufsgründe so umfassend, dass er einem freien Widerrufsvorbehalt gleichkommt, ist eine Mitunternehmerstellung zu verneinen. Daher sollten die Widerrufsgründe maßvoll gestaltet werden[984].

Das zur Frage der Mitunternehmerstellung Ausgeführte gilt entsprechend für die Frage des wirtschaftlichen Eigentums an Anteilen an Kapitalgesellschaften im Rahmen der §§ 17, 20

---

975 *Meincke*, ErbStG, § 9 Rz. 40.

976 BFH BStBl. II 1989, 1034, 1036; *Kapp/Ebeling*, ErbStG, § 9 Rz. 78; *Gebel* in Troll/Gebel/Jülicher, ErbStG, § 7 Rz. 54, § 9 Rz. 93; *Knobel* in Viskorf/Glier/Hübner/Knobel/Schuck, ErbStG, § 29 Rz. 9; *Meyding*, ZEV 1995, 397, 401; *Weinmann* in Moench, ErbStG, § 9 Rz. 34; *Zöller*, BWNotZ 1983, 34, 36.

977 BFH BStBl. II 1989, 1034, 1036; *Gebel* in Troll/Gebel/Jülicher, ErbStG § 9 Rz. 93; *Kapp/Ebeling*, ErbStG, § 29 Rz. 81; *Petzoldt*, DNotZ 1972, 581, 609; *Schuck* in Viskorf/Glier/Hübner/Knobel/Schuck, ErbStG, § 7 Rz. 110.

978 BFH BStBl. II 1983, 116; 1983, 179; *Gebel* in Troll/Gebel/Jülicher, ErbStG, Anh AO Rz. 11.

979 BFH BStBl. II 1989, 877; *L. Schmidt*, EStG, § 15 Rz. 757.

980 BFH BStBl. II 1989, 877, 878.

981 *L. Schmidt*, EStG, § 15 Rz. 757; *Jülicher*, DStR 1998, 1977, 1978, *Köhler*, DStR 1997, 1553, 1554.

982 BFH BStBl. II 1994, 635; *Ehlig*, DStR 1996, 1629, 1635; *Piltz*, ZEV 1994, 320; L. *Schmidt*, EStG, § 15 Rz. 757.

983 Vgl. auch *Spiegelberger*, Vermögensnachfolge, Rz. 164.

984 *Ellenbeck*, MittRhNotK 1997, 41, 51.

EStG[985], bei sonstigem Kapitalvermögen und an Grundstücken im Zusammenhang mit § 21 EStG[986].

d) §§ 13a, 19a ErbStG

Wegen der sogenannten „verlängerten Maßgeblichkeit" der Handelsbilanz im Erbschaft- und Schenkungsteuerrecht hat die Versagung der Mitunternehmerstellung bei freiem Widerrufsvorbehalt auch die Versagung der Vergünstigungen der §§ 13a, 19a ErbStG zur Folge, da Voraussetzung ist, dass es sich auch beim Zuwendungsempfänger noch um Betriebsvermögen handelt[987].

Das Widerrufsrecht für sich genommen vermag dagegen allein nicht, die Anwendung der §§ 13a, 19a ErbStG zu verhindern[988].

2. Einfluss der Rückabwicklung auf die Besteuerung der Schenkung

a) Vor Vollzug

Vor Ausführung der Schenkung war die Schenkungsteuer noch nicht entstanden. Da die Schenkung nun widerrufen ist, kommt es auch nicht mehr zur Ausführung.

b) Nach Vollzug

Zivilrechtlich führt der Widerruf nicht zur Unwirksamkeit der Schenkung, sondern zum Wegfall des Rechtsgrundes der Verfügung über den Schenkungsgegenstand. Da § 41 Abs. 1 Satz 1 AO nur die unwirksamen Rechtsgeschäfte erfasst, ergibt sich aus § 41 Abs. 1 Satz 1 AO keine materielle Rückwirkung.

Ein Rückforderungsrecht als Folge eines vertraglich vereinbarten freien Widerrufs wird als Rückforderungsrecht im Sinne § 29 Abs. 1 Nr. 1 ErbStG anerkannt[989]. Das ergibt sich nicht

---

985 *Jülicher*, DStR 1998, 1977, 1978; *Weber-Grellet* in Schmidt, EStG, § 17 Rz. 52.

986 *Jülicher*, DStR 1998, 1977, 1979.

987 H.M.; ErbStH 51 (1); *Crezelius*, DB 1997, 1584, 1585; *ders*., Unternehmenserbrecht, Rz. 198; *Hübner* in Viskorf/Glier/Hübner/Knobel/Schuck, ErbStG, § 13a Rz. 2b; *Jülicher* in Troll/Gebel/Jülicher, ErbStG, § 13a Rz. 134; *ders*., DStR 1998, 1977, 1980; *Piltz*, ZEV 1997, 61, 62; *Weinmann* in Moench, ErbStG, § 13a Rz. 24; a. A. *Kapp/Ebeling*, ErbStG, § 13a Rz. 83; *Köhler*, DStR 1997, 1553, 1554; *Kirnberger/Werz*, ErbStB 2003, 292, 294.

988 Siehe oben § 16 II. 1. d).

989 *Gebel* in Troll/Gebel/Jülicher, ErbStG, § 7 Rz. 54; *Jülicher* in Troll/Gebel/Jülicher, ErbStG, § 29 Rz. 10 ff.; *Kamps*, ZErb 2002, 174; 179; *Kapp/Ebeling*, ErbStG, § 29 Rz. 31; *Knobel* in

zuletzt bereits aus der generellen Anerkennung[990] der §§ 812 ff. BGB als Recht im Sinne von § 29 Abs. 1 Nr. 1 ErbStG. Wie beim Rücktritt ist auch hier das Erfordernis abzulehnen, dass der Widerrufsvorbehalt von Anfang an vereinbart worden sein musste[991]. Wegen der Anwendung der §§ 812 ff. BGB ergibt sich auch nach dem Rechtsfolgenansatz eine materielle Rückwirkung[992]. Wie bei der Zweckschenkung ist die Anwendung des § 29 Abs. 1 Nr. 1 ErbStG dem Rechtsfolgenansatz vorzuziehen[993].

3. Nutzungen

Hinsichtlich der Nutzungen kann auf die Ausführungen bei der unwirksamen Schenkung[994] und der auflösend bedingten Schenkung[995] verwiesen werden.

4. Rückschenkung

a) Vor Vollzug

Da der Beschenkte noch keinen Vermögenswert erhalten hatte, kann er auch keinen Vermögenswert zurückübertragen, der unter Aspekt der Rückschenkung steuerpflichtig wäre.

b) Nach Vollzug

Da die Rückabwicklung in Erfüllung eines Rückforderungsanspruchs erfolgt, liegt mangels Unentgeltlichkeit kein schenkungsteuerbarer Vorgang vor.

III. Ergebnis

Vertraglich vereinbarte Widerrufsvorbehalte beeinflussen die Rechtsnatur der Schenkung nicht. Sie stehen auch der Besteuerung der Schenkung nicht entgegen. Mit der nach dem Widerruf erfolgenden Rückabwicklung erlischt nach § 29 Abs. 1 Nr. 1 ErbStG der Steueran-

---

Viskorf/Glier/Hübner/Knobel/Schuck, ErbStG, § 29 Rz. 16; *Meincke*, ErbStG, § 29 Rz. 7; Moench, ErbStG, § 29 Rz. 6; *Pahlke* in Christoffel/Geckle/Pahlke, ErbStG, § 29 Rz. 9.

990 Siehe oben § 5 II. 2. b).

991 Siehe oben § 16 II. 2. c).

992 Siehe oben § 9 II. a) bb) ccc).

993 Siehe unten § 20 II. 2. d).

994 Siehe oben § 9 II. 3.

995 Siehe oben § 15 II. 3. a).

spruch rückwirkend, wobei unerheblich ist, ob der Widerrufsvorbehalt von Anfang an oder erst später verabredet worden ist.

§ 18 Selbstständiges Rückforderungsrecht

I. Zivilrecht

1. Hintergrund und Begriff

Die gesetzlichen Rückabwicklungsmöglichkeiten weisen praktische Schwächen auf. So wird etwa die automatische Unwirksamkeit der Schenkung bei Eintritt einer auflösenden Bedingung von den Parteien nicht erwünscht und als unzweckmäßig empfunden[996]. Rückabwicklungen nach Bereicherungsrecht haben das Problem der gegenseitigen Verrechnung von Verwendungen und Nutzungsvorteilen, welches durch die geltendende Saldotheorie noch verschärft wird[997]. Das Gleiche gilt wegen § 346 Abs. 1, 2 Satz 1 und § 347 Abs. 2 BGB auch für das Rücktrittsrecht.

Infolgedessen ist es vor allem in der notariellen Praxis üblich, Rückforderungsmöglichkeiten des Schenkers in der Form eines eigenständigen, im Schenkungsvertrag ausdrücklich statuierten Rückforderungsrechts auszugestalten[998]. Es kann sich dabei um ein freies Rückforderungsrecht handeln oder um eines, welches nur bei Erfüllung eines bestimmten Auslösetatbestandes besteht. Darüber hinaus entsteht das Rückforderungsrecht in der Regel erst, wenn gegenüber dem Beschenkten in der vereinbarten Art und Weise eine Erklärung abgegeben wurde. Die genauen Modalitäten der Rückabwicklung sind im Schenkungsvertrag geregelt[999].

Die Gestaltung eines selbstständigen Rückforderungsrechts hat den Vorteil, dass die Rechtsfolgen nicht vom Gesetz vorgegeben werden, sondern den Einzelfallinteressen der Parteien angepasst werden können. Durch die Abhängigkeit von einer Erklärung des Schenkers wird

---

[996] *Ellenbeck*, MittRhNotK 1997, 41, 44; *Jerschke* in Beck'sches Notar-Handbuch, Rz. 225; *Kollhosser*, AcP 194 (1994), S. 231, 236; *Langenfeld*, BWNotZ 1976, 12, 14; *ders./Günther*, Grundstückszuwendungen, Rz. 298; *Spiegelberger*, MittBayNot 2000, 1, 5; *Weser*, ZEV 1995, 353, 356.

[997] *Ellenbeck*, MittRhNotK 1997, 41, 42, 44; *Langenfeld*, BWNotZ 1976, 12, 14; *ders./Günther*, Grundstückszuwendungen, Rz. 298; Weser, ZEV 1995, 353, 356.

[998] *Ellenbeck*, MittRhNotK 1997, 41, 44; *von Hertzberg*, MittRhNotK 1988, 55, 66; *Jerschke* in Beck'sches Notar-Handbuch, Rz. 225; *Langenfeld*, BWNotZ 1976, 12, 14; *ders./Günther*, Grundstückszuwendungen, Rz. 301; *J. Mayer*, Übergabevertrag, Rz. 232; *Schippers*, MittRhNotK 1998, 69, 70; *Weser*, ZEV 1995, 353, 357; a. A. *Spiegelberger*, MittBayNot 2001, 1, 6, der ein Rücktrittsrecht nach §§ 346 ff. BGB empfiehlt.

[999] *Ellenbeck*, MittRhNotK 1997, 41, 44; *Langenfeld*, BWNotZ 1976, 12, 14; *J. Mayer*, Übergabevertrag, Rz. 232 ff. ; vgl. die Vertragsmuster bei *Langenfeld*, ZEV 1995, 348, 349 und *Schippers*, MittRhNotK 1998, 69, 81 f.

die Automatik der auflösenden Bedingung verhindert und dem Schenker ein Entscheidungsspielraum gegeben[1000].

2. Dogmatische Einordnung

Die Besonderheit des selbstständigen Rückforderungsrechts mit dem Erfordernis der Abgabe einer Erklärung besteht darin, dass das Rückforderungsrecht mit der Geltendmachung desselben erst entsteht. Materiell liegt insoweit eine Kombination aus aufschiebend bedingtem Recht und einem Gestaltungsrecht vor. Dogmatisch bleibt es aber bei einem aufschiebend bedingten Recht, das hier an eine Doppelbedingung, nämlich die Erfüllung des Rückforderungstatbestandes und die Abgabe der Erklärung, geknüpft ist[1001]. Die Rechtsprechung spricht insoweit von „Mehrfachbedingung"[1002].
Bei der Vereinbarung eines selbstständigen Rückforderungsrechts in einem Schenkungsvertrag handelt es sich um eine nach § 311 Abs. 1 BGB zulässige Erweiterung und Modifizierung der §§ 516 ff. BGB. Mit der Ausübung und Entstehung des Rückforderungsrechts bleibt der geschlossene – wenn auch modifizierte – Schenkungsvertrag unberührt, zumal dieser das Rückforderungsrecht begründet.

3. Kein Einfluss auf die Rechtsnatur der Schenkung und deren Vollzug

So wie die Vereinbarung eines freien Widerrufsvorbehalts die Rechtsnatur der Schenkung nicht in Frage stellt[1003], beeinflusst auch ein vereinbartes Rückforderungsrecht diese nicht. Die §§ 527 ff. BGB zeigen, dass Rückforderungsrechte dem Schenkungsrecht nicht fremd sind. Die vereinbarte Erweiterung der §§ 516 ff. BGB ist auch nicht derart wesentlich, dass sich nicht mehr von einer Schenkung sprechen ließe. Das dingliche Vollzugsgeschäft wird durch das rein obligatorisch wirkende Rückforderungsrecht nicht tangiert.

[1000] *Ellenbeck*, MittRhNotK 1997, 41, 44; *Jerschke* in Beck'sches Notar-Handbuch, Rz. 225; *Kollhosser*, AcP 194 (1994), S. 231, 236.
[1001] *Ellenbeck*, MittRhNotK 1997, 41, 44 f.; *Langenfeld/Günther*, Grundstückszuwendungen, Rz. 308; *J. Mayer*, Übergabevertrag, Rz. 232; *Schippers*, MittRhNotK 1998, 69, 70; *Weser*, ZEV 1995, 353, 357.
[1002] BGHZ 134, 182, 184.
[1003] Siehe oben § 17 I. 1.

II. Steuerrecht

1. Auswirkungen des Rückforderungsrechts auf die Besteuerung der Schenkung

a) Steuertatbestand

Wie bei freien Widerrufsvorbehalten unterliegt die Erfüllung des § 7 Abs. 1 Nr. 1 ErbStG keinen Bedenken. Da das selbstständige Rückforderungsrecht die dingliche Ebene nicht berührt, richtet sich die Ausführung der Schenkung im Sinne des § 9 Abs. 1 Nr. 2 ErbStG nach den allgemeinen Grundsätzen.

b) Einkommensteuer

Im Hinblick auf die einkommensteuerliche Anerkennung kann auf die Ausführungen zum Widerruf und zum Rücktritt verwiesen werden[1004].

2. Einfluss der Rückabwicklung auf die Besteuerung der Schenkung

a) § 41 Abs. 1 Satz 1 AO

Der Bestand des Schenkungsvertrags bleibt auch nach Ausübung des Rückforderungsrechtes unberührt. Er ist die Grundlage für das Rückforderungsrecht. Aus § 41 Abs. 1 Satz 1 AO ergibt sich somit keine materielle Rückwirkung.

b) § 29 Abs. 1 Nr. 1 ErbStG

Das selbstständige Rückforderungsrecht wird als Rückforderungsrecht im Sinne von § 29 Abs. 1 Nr. 1 ErbStG angesehen[1005], wenn es von Anfang an im Vertrag vereinbart worden war[1006]. Das ist systemgerecht. Da der Schenkungsvertrag bestehen bleibt und da sich über § 41 Abs. 1 Satz 1 AO eine Rückwirkung nicht erreichen lässt, ordnet § 29 Abs. 1 Nr 1 ErbStG als Spezialnorm den rückwirkenden Wegfall des Steueranspruchs an, da eine Auf-

---

[1004] Siehe oben § 16 II. 1. c) und § 17 II. 1. c).

[1005] *Kapp/Ebeling*, ErbStG, § 29 Rz. 31; *Jülicher* in Troll/Gebel/Jülicher, ErbStG, § 29 Rz. 10; *Meincke*, ErbStG, § 29 Rz. 7.

[1006] *Jülicher* in Troll/Gebel/Jülicher, ErbStG, § 29 Rz. 13; *Knobel* in Viskorf/Glier/Hübner/Knobel/Schuck, ErbStG, § 29 Rz. 17; *Meincke*, ErbStG, § 29 Rz. 7; *Moench*, ErbStG, § 29 Rz. 7.

rechterhaltung der Besteuerung bei einer Herausgabepflicht des Beschenkten unbillig wäre[1007]. Anzuerkennen sind allerdings auch nachträglich vereinbarte Rückforderungsrechte[1008].

c) Rechtsfolgenansatz

Nach dem hier vertretenen Ansatz ergibt sich dann eine materielle Rückwirkung, wenn durch das Rückforderungsrecht ein Zustand geschaffen wird, der demjenigen entspricht, der bestünde, wenn die Schenkung nicht stattgefunden hätte. Da der Beschenkte den Schenkungsgegenstand herausgeben muss, ist dieser Zustand zumindest hinsichtlich der Vermögenssubstanz erreicht. Indes braucht auf den generell geltenden Grundsatz nicht zurückgegriffen werden, weil das selbstständige Rückforderungsrecht bereits von § 29 Abs. 1 Nr. 1 ErbStG erfasst wird. Als den Ansatz konkretisierende Norm hat ihre Anwendung Vorrang.

3. Nutzungen

Ob auch die Nutzungen rückabgewickelt werden, hängt von der konkreten vertraglichen Ausgestaltung ab. Soweit der Beschenkte die Nutzungen nicht herausgeben muss, stellt sich die Frage nach der Besteuerung nach § 29 Abs. 2 ErbStG. Da ein Fall des § 29 Abs. 1 ErbStG vorliegt, kommt § 29 Abs. 2 ErbStG zumindest von seiner Stellung im Gesetz her zur Anwendung. Allerdings ist diese Art der Nutzungsbesteuerung aus systematischen Gründen abzulehnen[1009].
Die einkommensteuerrechtlichen Fragen bei der Nutzungsherausgabe wurden bereits erörtert[1010].

4. Rückabwicklung kein steuerpflichtiger Vorgang

Da die Herausgabe des Geschenks in Erfüllung des Rückforderungsrechts erfolgt, kann darin kein schenkungsteuerpflichtiger Vorgang gesehen werden. Das Gleiche gilt für die Nutzungen, soweit diese herausgegeben werden.

[1007] Siehe oben § 5 II. 1.
[1008] Siehe oben § 16 II. 2. c).
[1009] Im Einzelnen siehe oben § 15 II. 3. a).
[1010] Siehe oben § 9 II. 3.

III. Ergebnis

Ein Rückforderungsrecht im Schenkungsvertrag beeinflusst die Rechtsnatur der Schenkung und ihre Besteuerung nicht. Die Rückabwicklung nach ausgeübtem Rückforderungsrecht stellt ein rückwirkendes Ereignis dar, wobei der Steueranspruch nach § 29 Abs. 1 Nr. 1 ErbStG rückwirkend erlischt.

§ 19 Wegfall der Geschäftsgrundlage

I. Zivilrecht

1. Grundlagen

a) Allgemeines

Die Lehre vom Wegfall der Geschäftsgrundlage kam in der Zeit nach dem Ersten Weltkrieg auf, als die Grundlagen einer Vielzahl von Schuldverhältnissen durch Kriegskatastrophe, Revolution und Inflation erschüttert wurden[1011]. Die von der Rechtsprechung[1012] und der Wissenschaft[1013] entwickelten Grundsätze, die der Sache nach eine Einschränkung des Grundsatzes *pacta sunt servanda* bedeuten[1014], wurden erst mit dem Gesetz zur Modernisierung des Schuldrechts vom 26.11.2001 kodifiziert[1015]. § 313 BGB n. F. spricht nunmehr von Störung der Geschäftsgrundlage. Durch die Aufnahme in den Gesetzestext sollte sich aber in der Sache nichts ändern[1016]. Neu sind lediglich die Ausgestaltung als Einrede und der Anspruch auf Vertragsanpassung[1017].

b) Geschäftsgrundlagen

Geschäftsgrundlagen sind nach ständiger Rechtsprechung die bei Abschluss des Vertrages zutage getretenen, dem anderen Teil erkennbar gewordenen und von ihm nicht beanstandeten Vorstellungen der einen Partei oder die gemeinsamen Vorstellungen beider Parteien von dem Vorhandensein oder dem künftigen Eintritt bestimmter Umstände, sofern der Geschäftswille der Parteien auf diesen Vorstellungen aufbaut[1018]. Einseitige Erwartungen einer Partei gehören ebenso wenig dazu wie mitgeteilte, von der Gegenseite lediglich zur Kenntnis

---

1011 *Oertmann*, Die Geschäftsgrundlage.
1012 RGZ 103, 328, 332; BGHZ 61, 153, 159 f.
1013 *Fikentscher*, Die Geschäftsgrundlage als Frage des Vertragsrisikos; *Larenz*, Geschäftsgrundlage und Vertragserfüllung; *Oertmann*, Die Geschäftsgrundlage.
1014 *Heinrichs* in Palandt, BGB, § 313 Rz. 2; *Teichmann* in Soergel, BGB, § 242 Rz. 199 f.; *Werner* in Erman, BGB, § 242 Rz. 166.
1015 BGBl. I 2001, 3138.
1016 BT-Drucks. 14/6040, S. 175; *Heinrichs* in Palandt, BGB, § 313 Rz. 2; *Roth* in MünchKomm-BGB-, § 313 Rz. 2.
1017 BT-Drucks. 14/6040, S. 175; *Heinrichs* in Palandt, BGB, § 313 Rz. 2; *Roth* in MünchKomm-BGB-, § 313 Rz. 2.
1018 RGZ 103, 328, 332; BGHZ 25, 392; 40, 339; 89, 226, 231; 128, 230, 236; BGH NJW 2001, 1204.

genommene Motive, da beide Parteien mit der Aufnahme in die Geschäftsgrundlage einverstanden gewesen sein müssen[1019]. Ebenfalls nicht zur Geschäftsgrundlage gehört der Vertragsinhalt[1020], der gegebenenfalls vorrangig durch Auslegung zu ermitteln ist[1021]. Dieser ist Inhalt und nicht Grundlage des Rechtsgeschäfts[1022]. Sollen Geschäftsgrundlagen zum Vertragsinhalt gemacht werden, kommen Möglichkeiten wie Bedingungen, Rücktritts- oder Widerrufsvorbehalte in Betracht[1023].

Nach der Rechtsprechung gehören aber auch Umstände, die nicht besonders angesprochen wurden, die die Parteien aber als selbstverständlich ansahen, ohne sich diese bewusst zu machen, zur Geschäftsgrundlage[1024]. Dies entspricht letztlich der im Schrifttum als objektive Geschäftsgrundlage bezeichneten Umstände und allgemeinen Verhältnisse, deren Vorhandensein oder Fortdauer objektiv erforderlich sei, damit der Vertrag im Sinn der Intentionen beider Parteien noch als eine sinnvolle Regelung bestehen kann[1025]. § 313 BGB soll auch die objektive Geschäftsgrundlage erfassen[1026]. Die Notwendigkeit der Einbeziehung der objektiven Geschäftsgrundlage ergibt sich nicht zuletzt aus der schwierigen Abgrenzung zur subjektiven Geschäftsgrundlage[1027].

c) Wegfall und Fehlen der Geschäftsgrundlage

§ 313 BGB n. F. unterscheidet – entsprechend den hergebrachten Grundsätzen[1028] – zwischen dem Wegfall, d. h. der nachträglichen Veränderung von Umständen in Abs. 1 einerseits und dem Fehlen der Geschäftsgrundlage in Abs. 2 andererseits, wenn sich die Parteivorstellungen nachträglich als unrichtig herausstellen[1029]. Ein Wegfall der Geschäftsgrundlage ist danach anzunehmen, wenn eine derart schwerwiegende Veränderung der Umstände eintritt, bei der die Parteien den Vertrag so nicht abgeschlossen hätten und ein Festhalten am Vertrag Treu und Glauben widerspricht und zu untragbaren, mit Recht und Gerechtigkeit schlechthin unvereinbaren Ergebnissen führen würde und mindestens einer Partei ein Fest-

---

[1019] BGH NJW-RR 1989, 753; 1993, 774; *Heinrichs* in Palandt, BGB, § 313 Rz. 5; *Roth* in MünchKomm-BGB-, § 313 Rz. 250 ff.
[1020] BGHZ 90, 74; *Werner* in Erman, BGB, § 242 Rz. 169.
[1021] BGHZ 81, 143; 90, 69, 74; *Werner* in Erman, BGB, § 242 Rz. 169.
[1022] *Werner* in Erman, BGB, § 242 Rz. 169.
[1023] *Roth* in MünchKomm-BGB-, § 313 Rz. 29.
[1024] BGHZ 131, 209, 215; vgl. auch BGHZ 61, 153, 161; 128, 231, 237.
[1025] *Larenz*, Schuldrecht I, § 21 II; *Heinrichs* in Palandt, BGB, § 313 Rz. 7.
[1026] *Heinrichs* in Palandt, BGB, § 313 Rz. 87.
[1027] *Werner* in Erman, BGB, § 242, Rz. 168; vgl. auch *Teichmann* in Soergel, BGB, § 242 Rz. 211.
[1028] BGHZ 25, 393; BGH NJW 1976, 566; 1986, 1349.
[1029] *Heinrichs* in Palandt, BGB, § 313 Rz. 3; *Roth* in MünchKomm-BGB-, § 313 Rz. 4.

halten am Vertrag nicht zumutbar ist[1030]. Eine vertraglich vereinbarte oder normative Risikozuweisung steht dem Wegfall der Geschäftsgrundlage ebenso entgegen, wie das Verschulden einer Partei oder die Vorhersehbarkeit der Veränderungen[1031]. Bei gegenseitigen Verträgen spielt vor allem die Frage der Äquivalenzstörung der Leistungspflichten eine Rolle[1032]. Als lediglich zweiseitiger Vertrag, der nur eine Partei zur Leistung verpflichtet, könnte die Anwendung des § 313 BGB bei Schenkungen insoweit zweifelhaft sein. Indes ist anerkannt, dass die Grundsätze über den Wegfall der Geschäftsgrundlage für alle schuldrechtliche Verträge, also auch für Schenkungen, gelten[1033]. Zwar gehen die §§ 528, 530, 531 BGB als Sondervorschriften vor, sind aber nicht abschließend[1034]. Soweit die Vorstellungen der Parteien diese Normen nicht betreffen, werden sie von § 313 BGB erfasst[1035]. Im Übrigen müssen für den generell weniger bestandskräftigen Schenkungsvertrag die Grundsätze über die Störung der Geschäftsgrundlage erst recht gelten[1036].
Ein Fehlen der Geschäftsgrundlage nach § 313 Abs. 2 BGB liegt dann vor, wenn sich die gemeinsamen Vorstellungen der Parteien über die für die Willensbildung wesentlichen Umstände im Nachhinein als falsch herausstellen[1037]. Hier wird insbesondere der gemeinschaftliche Motivirrtum erfasst[1038]. Von der Regelungstechnik her substituiert § 313 Abs. 2 BGB den Wegfall im Sinne des § 313 Abs. 1 BGB durch das Fehlen der Geschäftsgrundlage. Die übrigen Voraussetzungen des § 313 Abs. 1 BGB finden somit auch beim Fehlen der Geschäftsgrundlage Anwendung[1039].

d) Rechtsfolgen

Auf der Rechtsfolgenseite werden Fehlen und Wegfall der Geschäftsgrundlage gleich behandelt. Primärrechtsfolge ist der Anspruch auf Vertragsanpassung, welche früher *ipso iure* eintrat[1040]. Eine Anpassung kommt in der Regel aber nur bei noch nicht abgewickelten Ver-

---

[1030] *Heinrichs* in Palandt, BGB, § 313 Rz. 15 ff.; *Werner* in Erman, BGB, § 242 Rz. 173; bereits RGZ 147, 42, 56; 160, 257, 267.
[1031] *Heinrichs* in Palandt, BGB, § 313 Rz. 17 f.; *Roth* in MünchKomm-BGB-, § 313 Rz. 28; *Teichmann* in Soergel, BGB, § 242 Rz. 221 ff.
[1032] *Roth* in MünchKomm-BGB-, § 313 Rz. 59; *Werner* in Erman, BGB, § 242 Rz. 176.
[1033] BGH NJW 1953, 1585; 1972, 247, 248; *Dürr*, NJW 1966, 1659, 1660; *Heinrichs* in Palandt, BGB, § 313 Rz. 10; *Wachter*, ZEV 2002, 176, 177; *Werner* in Erman, BGB, § 242 Rz. 171, 194a.
[1034] BGH NJW 1953, 1585.
[1035] BGHZ 112, 261; BGH NJW 1972, 248; *Dürr*, NJW 1966, 1659, 1660.
[1036] *Dürr*, NJW 1966, 1659, 1660; *Kapp*, FR 1988, 352, 353.
[1037] *Heinrichs* in Palandt, BGB, § 313 Rz. 20; *Roth* in MünchKomm-BGB-, § 313 Rz. 4.
[1038] BGH NJW 2002, 292; *Roth* in MünchKomm-BGB-, § 313 Rz. 139.
[1039] *Heinrichs* in Palandt, BGB, § 313 Rz. 20; *Roth* in MünchKomm-BGB-, § 313 Rz. 10.
[1040] BT-Drucks. 14/6040, S. 176; *Heinrichs* in Palandt, BGB, § 313 Rz. 29; *Roth* in MünchKomm-BGB-, § 313 Rz. 6.

trägen oder bei Dauerschuldverhältnissen in Betracht[1041]. Soweit eine Anpassung nicht möglich oder einer Partei nicht zumutbar ist, kommt sekundär der Rücktritt nach § 313 Abs. 3 Satz 1 BGB in Betracht. Dazu ist die Abgabe einer insoweit rechtsgestaltenden Erklärung notwendig[1042]. Die Rückabwicklung erfolgt dann nach den §§ 346 ff. BGB[1043].

2. Der gemeinsame Irrtum über steuerrechtliche Folgen

a) Problem

Rückabwicklungen von Schenkungen wegen Wegfalls der Geschäftsgrundlage treten vor allem im familiären Bereich bei Scheitern der Ehe oder bei Vorliegen eines tiefen Zerwürfnisses zwischen den Beteiligten auf[1044]. Daneben stellt sich die Frage, inwieweit ein Geschenk wegen gemeinsamer steuerrechtlicher Fehlvorstellungen nach § 313 BGB zurückgefordert werden kann. Es lassen sich hier vier Fallgruppen unterscheiden:

(1) Die Beteiligten machen sich überhaupt keine Gedanken über die steuerrechtlichen Konsequenzen.

(2) Die Beteiligten beschäftigen sich mit der Frage der Steuerpflicht. Sie lassen sich gegebenenfalls beraten, kommen aber zu dem Ergebnis, dass ein schenkungsteuerpflichtiger Vorgang nicht vorliegt.

(3) Die Beteiligten irren über die Höhe der zu erwartenden Schenkungsteuer.

(4) Steuerliche Erwartungen der Beteiligten, etwa einkommensteuerrechtliche oder im Hinblick auf den Freibetrag des § 13a ErbStG, werden nicht anerkannt.

Klar ist, dass der lediglich einseitige Irrtum über Steuerfolgen nicht in den Anwendungsbereich des § 313 BGB fällt[1045]. Das Gleiche gilt für die Fälle, in denen die steuerlichen Überlegungen der Beteiligten Eingang in den Vertragsinhalt gefunden haben[1046], sei es im Wege

---

[1041] BGH NJW 1996, 992; *Roth* in MünchKomm-BGB-, § 313 Rz. 52.
[1042] BGHZ 133, 316, 328; BGH DNotZ 1996, 639; *Heinrichs* in Palandt, BGB, § 313 Rz. 30.
[1043] *Heinrichs* in Palandt, BGB, § 313 Rz. 30; siehe oben § 16 I.
[1044] BGH DNotZ 1996, 636; JZ 2002, 774; FamRZ 2003, 223; OLG Celle FamRZ 2003, 233; vgl. auch *Spiegelberger*, MittBayNot 2000, 1, 3 f.
[1045] Dazu siehe oben § 10 I. 2.
[1046] *Kapp*, FR 1988, 352, 353; *Schuhmann*, UVR 1993, 17, 18.

einer Steuerklausel[1047] oder als vereinbarter Zweck bei einer Zweckschenkung[1048]. Bei der hier in Frage stehenden Problematik geht es nicht darum, dass sich im Sinne von § 313 Abs. 1 BGB bestimmte maßgebende äußere Umstände nachträglich verändert haben. Es ist vielmehr so, dass sich bestimmte Vorstellungen im Nachhinein als falsch herausstellen. Fraglich ist also immer nur die Anwendung von § 313 Abs. 2 BGB.

b) Rechtsprechung

Die Rechtsprechung hatte es vor allem mit Irrtümern im Bereich der Umsatzsteuer[1049], der Schenkungsteuer[1050] und mangelnder einkommensteuerrechtlicher Anerkennung[1051] zu tun. Zusammenfassend lässt sich sagen, dass die Rechtsprechung es grundsätzlich für möglich hält, dass die Erwartung bestimmter steuerlicher Folgen Gegenstand der Geschäftsgrundlage geworden ist mit der Folge eines Rückforderungsrechts, wenn sich diese Erwartungen später nicht erfüllen[1052]. Für das Schenkungsteuerrecht hat das *FG Rheinland-Pfalz*[1053] mit rechtskräftigem Urteil vom 23. März 2001 die Vorausetzungen konkretisiert. Danach müssen die Beteiligten gemeinsame Vorstellungen über Anfall und Höhe der Steuer gehabt haben[1054]. Diese müssen hinreichend konkret und hinreichend gesichert sein, sei es durch eigene Sachkunde oder durch fachkundige Beratung[1055]. Die steuerlichen Überlegungen müssen für das Zustandekommen der Gesamtvereinbarung maßgeblich gewesen sein und die tatsächliche Steuer muss von der erwarteten erheblich abweichen[1056]. Das Gericht gelangte im zu entscheidenden Fall aufgrund von Zeugenaussagen und der unverzüglichen Rückgängigmachung nach Bekanntwerden der wahren Steuer zu der Überzeugung, dass diese Voraussetzungen vorlagen. Von der Rechtsfolge her komme nur eine Rückabwicklung in Betracht, da eine Anpassung an der mangelnden Dispositionmöglichkeit über den Steueranspruch scheitere[1057].

[1047] Siehe unten § 23.
[1048] Siehe oben § 20 I. 1.
[1049] KG BB 1982, 944; OLG Düsseldorf DB 1990, 39; OLG Nürnberg NJW 1996, 1479.
[1050] BFH DB 1961, 226; BStBl. II 1973, 14; 1978, 217; FG Rheinland-Pfalz FR 2001, 653.
[1051] BGH DB 1976, 234.
[1052] BGH NJW 1953, 517; DB 1976, 234, 235; BFH DB 1961, 226; BStBl. II 1973, 14, 15; 1978, 217; KG BB 1982, 944; OLG Düsseldorf DB 1990, 39; OLG Nürnberg NJW 1996, 1479; FG Rheinland-Pfalz FR 2001, 653, 654.
[1053] FG Rheinland-Pfalz FR 2001, 653.
[1054] FG Rheinland-Pfalz FR 2001, 653, 654; a. A. bei Irrtum über die Höhe FG Münster, EFG 1978, 602, 603.
[1055] FG Rheinland-Pfalz FR 2001, 653, 654.
[1056] FG Rheinland-Pfalz FR 2001, 653, 654.
[1057] FG Rheinland-Pfalz FR 2001, 653, 654.

c) Schrifttum

Sowohl das zivilrechtliche[1058] als auch das steuerrechtliche Schrifttum[1059] sind in Übereinstimmung mit der Rechtsprechung der Auffassung, dass steuerliche Erwägungen, insbesondere der gemeinschaftliche Irrtum über Steuerfolgen, die Geschäftsgrundlage einer Schenkung bilden können. Dabei soll es keinen Unterschied machen, ob sich die Beteiligten über die Steuerbarkeit oder auch über die Höhe der Steuer irren[1060]. Es komme desgleichen nicht darauf an, ob es sich um einkommensteuerliche oder schenkungsteuerliche Erwartungen handelt[1061].

Im Anschluss an das Urteil des FG Rheinland-Pfalz[1062] wurden für den Bereich der Schenkungen einzelne Voraussetzungen für die Anerkennung eines Rückforderungsrechts nach § 313 BGB herausgearbeitet[1063], die sich in folgende Punkte zusammenfassen lassen:

aa) Gedanken über Steuerpflicht

Die Steuerpflichtigen müssen sich überhaupt Gedanken über steuerrechtliche Konsequenzen gemacht haben[1064].

bb) Gemeinsame Vorstellungen

Bei den steuerlichen Erwartungen darf es sich nicht um Motive nur einer Partei gehandelt haben. Geschäftsgrundlage ist nur das, wovon beide Parteien ausgingen[1065].

1058 *Heinrichs* in Palandt, BGB, § 313 Rz. 20; *Peusquens*, NJW 1974, 1644, 1646; *Roth* in Münch-Komm-BGB-, § 313 Rz. 253; *Teichmann* in Soergel, BGB, § 242 Rz. 237; *Werner* in Erman, BGB, § 242 Rz. 191.

1059 *Fuhrmann*, ErbStB 2003, 17, 19; *Jülicher* in Troll/Gebel/Jülicher, ErbStG, § 29 Rz. 24; *Kamps*, FR 2001, 717, 720; *Kapp*, BB 1979, 1207, 1208; *ders.*, FR 1988, 352, 354; *Moench*, ErbStG, § 29 Rz. 9; *Schuhmann*, UVR 1993, 17, 18; *Spiegelberger*, DNotZ 1987, 782, 783; *Wachter*, ZEV 2002, 176, 178.

1060 *Kapp/Ebeling*, ErbStG, § 29 Rz. 42; *Fuhrmann*, ErbStB 2003, 17, 18; *Kamps*, FR 2001, 717, 721.

1061 *Kapp*, BB 1979, 1207, 1209 f.; *ders.*, FR 1988, 352, 354; *Schuhmann*, UVR 1993, 17, 18.

1062 FG Rheinland-Pfalz FR 2001, 653.

1063 *Kamps*, FR 2001, 717; *Moench*, ErbStG, § 29 Rz. 9; *Wachter*, ZEV 2002, 176, 178.

1064 *Kamps*, FR 2001, 717, 720; *Wachter*, ZEV 2002, 176, 178.

1065 *Fuhrmann*, ErbStB 2003, 17, 18; *Wachter*, ZEV 2002, 176, 178.

cc) Hinreichend konkrete Vorstellungen

Die Vorstellungen der Parteien müssen im Hinblick auf Steuerbarkeit und Steuerhöhe hinreichend konkret sein[1066]. Nach *Kamps*[1067] soll insoweit die Überlegung ausreichen, dass die Vermögensübertragung unter Lebenden steuerlich günstiger sei als der Erwerb von Todes wegen.

dd) Hinreichende Sicherung

Die Erwartungen der Beteiligten sollen nur relevant sein, wenn diese hinreichend gesichert sind, was insbesondere nach einer fachkundigen Beratung der Fall sei[1068].

ee) Maßgeblichkeit für Schenkungen

Die steuerlichen Gesichtspunkte müssen für die Schenkung maßgebende Bedeutung haben und zwar in dem Sinne, dass bei richtiger Kenntnis die Vermögensübertragung nicht stattgefunden hätte[1069]. Da die Vermögensübertragung zu Lebzeiten des Schenkers häufig auf steuerlichen Überlegungen beruht, stellen die steuerlichen Auswirkungen „in aller Regel" die Geschäftsgrundlage für die Schenkung dar[1070].

ff) Erhebliche Abweichung

Die Abweichung der tatsächlichen Steuer von der erwarteten muss erheblich sein. Wann das der Fall ist, lässt sich nur im Einzelfall sagen. Nach *Kamps*[1071] sollen 40% zusätzliche Steuern zum Wegfall der Geschäftsgrundlage führen.

gg) Rechtsfolge

Bei Schenkungen komme in den Fällen des § 313 BGB eine Anpassung regelmäßig nicht in Betracht, sondern nur der vollständige Rücktritt[1072]. Zum einen scheitere eine Anpassung an

---

1066 *Kamps*, FR 2001, 717, 721; *Wachter*, ZEV 2002, 176, 178.
1067 FR 2001, 717, 721.
1068 *Kamps*, FR 2001, 717, 721; *Wachter*, ZEV 2002, 176, 178.
1069 *Jülicher* in Troll/Gebel/Jülicher, ErbStG, § 29 Rz. 24; *Kamps*, FR 2001, 717, 720; *Kapp*, FR 1988, 352, 354; *Schuhmann*, UVR 1993, 17, 18; *Wachter*, ZEV 2002, 176, 178.
1070 *Spiegelberger*, DNotZ 1987, 782, 783.
1071 FR 2001, 717, 721.

der mangelnden Gegenseitigkeit des Schenkungsvertrags[1073], zum anderen würde im Hinblick auf § 29 ErbStG nur die vollständige Rückabwicklung den Vorstellungen der Beteiligten auf Steuerfreiheit gerecht[1074]. Möglich sei eine Anpassung in den Fällen der nur teilweise einkommensteuerrechtlicher Anerkennung[1075], wie beispielsweise der Gewinnverteilung von nur 15% bei Familiengesellschaften[1076]. Ebenso komme eine Anpassung im Hinblick auf den Steuerschuldner in Betracht[1077].

d) Diskussion und Stellungnahme

aa) Gedanken über Steuerpflicht

Richtig ist, dass die Beteiligten bestimmte Vorstellungen in steuerlicher Hinsicht entwickelt haben müssen. Wer sich keine Gedanken über die steuerrechtlichen Folgen einer Schenkung macht, der hat auch nichts, was zur Geschäftsgrundlage gemacht worden sein kann. Das gilt auch dann, wenn beide Parteien eine fehlende Steuerbarkeit als selbstverständlich ansahen. In diesen Fällen haben die Parteien nämlich steuerrechtliche Vorstellungen entwickelt, auch wenn sie diese nicht geäußert haben.

Auch unter dem Aspekt der objektiven Geschäftsgrundlage kann die völlige Ausklammerung steuerrechtlicher Folgen nicht zu § 313 Abs. 2 BGB führen. Denn würde die bloße Steuerbarkeit ausreichen, um ein Fehlen der Geschäftsgrundlage zu begründen, würde bei fast jeder Schenkung die Geschäftsgrundlage fehlen. Das Erbschaft- und Schenkungsteuerrecht knüpft aber an die Bereicherung des Erwerbers an und will nicht das Vertragsverhältnis zwischen Schenker und Beschenktem regeln. Mithin hat die Schenkungsteuer primär die Funktion, Umgehungen der Erbschaftsteuer zu verhindern. Das heißt, im Erbfall würde der Vermögenssubstanzübergang ohnehin besteuert. Die Steuerbarkeit einer Schenkung ist demnach nicht geeignet, die Schenkung als sinnvolle Regelung im Sinne der Grundsätze zur objektiven Geschäftsgrundlage[1078] in Frage zu stellen.

1072 *Ebeling*, DB 2002, 553, 554; *Fuhrmann*, ErbStB 2003, 17, 19; *Kamps*, FR 2001, 717, 722; *Kapp*, BB 1979, 1207, 1209; *ders.*, FR 1988, 352, 354; *Wachter*, ZEV 2002, 176, 179.

1073 *Kapp*, FR 1988, 352, 354.

1074 *Kamps*, FR 2001, 717, 722.

1075 *Felix/Streck*, DB 1975, 2213, 2214 ff.; *Kapp*, FR 1988, 352, 354; *Schuhmann*, UVR 1993, 17, 19.

1076 BFH BStBl. II 1973, 5.

1077 *Kamps*, FR 2001, 717, 722.

1078 Siehe oben 1. b).

bb) Gemeinsame Vorstellungen

Dass es sich um gemeinsame Motive der Beteiligten gehandelt haben muss, ergibt sich bereits aus den allgemeinen Grundsätzen zu § 313 BGB.

cc) Hinreichend konkrete und gesicherte Vorstellungen

Mit Aufstellung der Voraussetzung, die Vorstellungen müssen hinreichend konkret und gesichert sein, ist in der Sache wenig gewonnen, da man keine Kriterien hat, wann die Vorstellungen hinreichend sind. Geht man davon aus, dass sich die Steuerpflichtigen überhaupt Gedanken über die Steuerbarkeit machen, dann sind dem steuerjuristischen Laien grundsätzlich auch Fehlvorstellungen zuzugestehen, die zur Anwendung des § 313 BGB führen können. Allerdings dürfte insoweit hinreichender Schutz durch die bestehenden Freibeträge nach § 16 Abs. 1 ErbStG bestehen. Werden darüber hinausgehende Vermögenswerte übertragen, dann drängt sich auch dem Laien auf, dass hier steuerrechtlich relevante Vorgänge stattfinden, die einer fachkundigen Beratung bedürfen. Größere Werte werden in der Regel ohnehin nur mit entsprechender Beratung übertragen. Bei Grundstücken und GmbH-Anteilen ergibt sich die Hinzuziehung eines Notars schon aus sachenrechtlichen Gründen (§ 311 b BGB, § 15 Abs. 3 GmbHG). Zumindest der Beratungsbedarf sollte auch in der Laiensphäre erkannt werden. Wer sich diesem Problemkreis mehr oder weniger bewusst verschließt, ist nicht schutzwürdig, da § 313 Abs. 2 BGB nicht anwendbar ist, wenn sich die Entwicklungen bzw. die Fehlvorstellungen vorhersehen lassen[1079]. Trotz des gegenwärtigen Chaos im Steuerrecht[1080] lässt sich die Erbschaft- und Schenkungsteuer relativ genau vorhersehen. Zumindest die Problemkreise und Risikobereiche müssen einem Berater bekannt sein. Anderenfalls tritt ein Haftungsfall ein[1081]. Die Vorhersehbarkeit der möglichen Steuerbelastung ist sogar verfassungsrechtlich abgesichert. Da es sich bei der Steuererhebung um Eingriffsverwaltung handelt, muss nach dem Bestimmtheitsgrundsatz der Steuertatbestand nach Inhalt, Gegenstand, Zweck und Ausmaß erkennbar sein[1082]. Bei Nichtvorhersehbarkeit wegen rückwirkender Gesetze greift das Rückwirkungsverbot[1083] ein. Hinzu kommt, dass der Steueranspruch kraft Gesetzes entsteht und nicht im Ermessen der Finanzverwaltung liegt. Das bedeutet, dass in den Fällen, in denen die Steuer selbst von einem Berater nicht vorhersagbar ist, das

---

[1079] Siehe oben 1. c).
[1080] Vgl. *Lang* in Tipke/Lang, Steuerrecht, Vorwort, VII.
[1081] Vgl. *Heinrichs* in Palandt, BGB, § 280 Rz. 88.
[1082] BVerfGE 13, 153, 160; *Birk*, Steuerrecht, Rz. 145.
[1083] *Birk*, Steuerrecht, Rz. 146 ff.

Steuergesetz wegen Verstoßes gegen den Bestimmtheitsgrundsatz oder das Rückwirkungsverbot verfassungswidrig ist.

Die dargelegten Ausführungen machen deutlich, dass im Normalfall der Schenkung Irrtümer über die Steuerfolgen kaum auftreten können. Wer sich wie im Fall des *FG Rheinland-Pfalz*[1084] in einer „Unterhaltung mit dem Bürovorsteher" und nicht mit dem zuständigen Notar über die Höhe der Schenkungsteuer informiert, kann sich nicht auf § 313 Abs. 2 BGB berufen, da sich durch eine unzureichende Beratung an der Vorhersehbarkeit der Steuer nichts ändert. Eine Nichtvorhersehbarkeit ist ausnahmsweise dann anzuerkennen, wenn es die Beteiligten mit völlig unerwarteten Ereignissen zu tun haben, etwa einer Falschberatung, einer zulässigen rückwirkenden Gesetzesänderung oder überraschenden Rechtsprechungswechseln. Nur insoweit sind hinreichend konkrete und gesicherte Fehlvorstellungen anzuerkennen.

dd) Maßgeblichkeit für Schenkungen

§ 313 Abs. 2 BGB spricht von wesentlichen Vorstellungen, die zur Vertragsgrundlage geworden sein müssen. Die Rechtsprechung und das Schrifttum verdienen hier im Grundsatz Zustimmung, dass die steuerlichen Überlegungen für die Schenkung maßgeblich gewesen sein müssen. Zweifelhaft erscheint es jedoch, es im Sinne einer *conditio sine qua non* ausreichen zu lassen, dass die Schenkung bei richtiger Kenntnis der Steuerfolgen nicht vorgenommen worden wäre. Vielfach wird nämlich nicht eine mögliche Steuerersparnis, sondern die Bereicherung des Vertragspartners alleiniger Hauptzweck der Schenkung sein[1085]. Fraglich ist daher vielmehr, ob die steuerlichen Überlegungen so intensiv waren, dass sie zur Geschäftsgrundlage erhoben wurden[1086]. Ob das wirklich „in der Regel"[1087] der Fall war, lässt sich nur im Rahmen einer Gesamtschau aller Motive bestimmen. Denn niemand schenkt ausschließlich um Steuern zu sparen. In den Übertragungen im Wege vorweggenommener Erbfolge wird geschenkt, weil der Beschenkte das Vermögen ohnehin geerbt hätte. Es geht in der Sache um die Bestimmung des Vermögensnachfolgers. Lediglich der Zeitpunkt wurde aus steuerlichen Gründen vorgezogen. Als weitere Motive einer Schenkung sind Altruismus, Eigennützigkeit, Bedarf beim Beschenkten oder die Stärkung der Position im Unternehmen zu nennen.

[1084] FR 2001, 653.
[1085] *Dürr*, NJW 1966, 1659, 1660.
[1086] *Dürr*, NJW 1966, 1659, 1660.
[1087] *Spiegelberger*, DNotZ 1987, 782, 783; zustimmend *Kapp*, FR 1988, 352, 354.

ee) Erhebliche Abweichung

Bei der Bestimmung der erheblichen Abweichung muss man sich die Gleichbehandlung von Fehlen und Wegfall der Geschäftsgrundlage vor Augen halten. Aus historischer Sicht lassen sich steuerrechtliche Fehlvorstellungen mit Ereignissen wie Krieg, Inflation und Revolution nicht vergleichen, d. h., sie können nicht als relevante Fehlvorstellungen gewertet werden. Da auch die Höhe der Steuer in aller Regel vorhersehbar ist, erübrigen sich auch Diskussionen um die Frage, ab wieviel Prozenten eine erhebliche Abweichung vorliegt. Ist nämlich die Steuer nicht vorhersehbar oder wird die Anerkennung rückwirkend versagt, liegen nämlich in Wahrheit verfassungswidrige Gesetze oder eine verfassungswidrige Anwendung der Gesetze vor[1088]. Danach ist eine erhebliche Abweichung nur bei überraschender und nicht vorhersehbarer Rechtsentwicklung oder bei Falschberatung anzuerkennen[1089].

ff) Rechtsfolge

Hinsichtlich der Rechtsfolgen ist m. E. in fast allen Fällen die dem Rücktritt vorrangige Anpassung des Vertrages möglich. Denn eine Auflösung der Schenkung hat nicht nur zur Voraussetzung, dass die Parteien den Vertrag nicht abgeschlossen hätten. Entscheidend ist, ob und inwieweit ein Festhalten am Vertrag zumutbar und mit Recht und Gerechtigkeit vereinbar ist. In den Fällen der Falschberatung besteht immer ein Haftungsanspruch gegen den Berater. Soweit sich dieser realisieren lässt, besteht überhaupt kein Grund, den Bestand des Vertrags anzugreifen. Darüber hinaus ist eine Anpassung dahingehend möglich, dass im Innenverhältnis der Beschenkte die Schenkungsteuer zu tragen hat. Dass ihm das zumutbar ist, zeigt bereits die Existenz des § 20 Abs. 1 ErbStG, wonach im Regelfall der Erwerber die Steuer zu tragen hat. Hinzu kommt, dass dem Beschenkten auch nach Zahlung der Steuer noch eine Bereicherung, also ein Vorteil verbleibt. Im Verhältnis zum Schenker hat der Beschenkte aber kein schutzwürdiges Vertrauen dahingehend, dass der Fiskus auf den Erwerb nicht zugreift. Der Beschenkte kann sich insoweit dem Schenker gegenüber nicht auf § 313 Abs. 2 BGB berufen. Auch der Schenker erleidet keine Nachteile, da er nicht mehr weggeben musste, als er ohnehin verloren hätte. Das vom *FG Rheinland-Pfalz* vorgetragene Argument der fehlenden Dispositionsmöglichkeit über den Steueranspruch spricht eher gegen als für eine Auflösung des Vertrags. Die Beteiligten versuchen nämlich über das zivilrechtliche Instrument des § 313 BGB den bereits entstandenen Steueranspruch nachträglich zu beein-

[1088] Siehe oben cc).
[1089] Vgl. soeben cc).

flussen. Ob der Anspruch auf Vertragsauflösung, d. h. auf die Rechtsfolgen nach erklärtem Rücktritt einer Partei vor einem Zivilgericht tatsächlich durch greifen würde, erscheint mehr als zweifelhaft, da bei den Beteiligten – anders als im Regelfall des § 313 BGB – kein wirtschaftlicher Interessengegensatz besteht[1090].

e) Ergebnis

Eine Rückabwicklung wegen steuerlicher Fehlvorstellungen nach den Grundsätzen über den Wegfall der Geschäftsgrundlage kommt nur in Betracht, wenn sich die Beteiligten überhaupt gemeinsame Gedanken über die steuerlichen Folgen gemacht haben. Aus der Existenz der Freibeträge des Erbschaft- und Schenkungsteuerrechts, des sich aufdrängenden Beratungsbedürfnisses und des verfassungsrechtlichen Bestimmtheitsgebots und Rückwirkungsverbots ergibt sich, dass § 313 BGB nur in seltenen Ausnahmenfällen zur Anwendung gelangt, da die Steuer in der Regel vorhersehbar ist. Die steuerliche Erwägungen müssen für die Schenkung maßgeblich gewesen sein. Das lässt sich nur im Rahmen einer Gesamtschau auf die Motive der Schenkung feststellen. Als Rechtsfolge kommt in der Regel eine Vertragsanpassung in Betracht, welche dem Rücktritt vorrangig ist.

3. Folgen für den Bestand der Schenkung

Durch den Anspruch auf Vertragsanpassung sowie ein gegebenenfalls bestehendes Rücktrittsrecht wird der Schenkungsvertrag als solcher nicht berührt, da die Rechtsfolgen nicht *ipso iure* eintreten, sondern erst mit Geltendmachung des Anpassungsanspruchs oder mit Erklärung des Rücktritts. Wird der Schenkungsvertrag im Sinne von § 313 BGB angepasst, wird dadurch dem Rechtsgrunde nach nichts geändert. Änderungen erfolgen nur in Höhe und Umfang der Schenkung. Mit Erklärung des Rücktritts wandelt sich der Schenkungsvertrag in ein Rückgewährschuldverhältnis um[1091].

1090 *Beker*, Hinfällige Rechtsgeschäfte, S. 89.
1091 Siehe oben § 16 I. 3. a).

II. Steuerrecht

1. Steuertatbestand nach §§ 7 Abs. 1 Nr. 1, 9 Abs. 1 Nr. 2 ErbStG

Durch das Vorliegen des Anspruchs auf Anpassung oder des Rechts zum Rücktritt wird die Erfüllung des Tatbestandes nach § 7 Abs. 1 Nr. 1 ErbStG nicht berührt. Wie bei auflösend bedingten oder unter freiem Widerrufsvorbehalt stehenden Erwerben[1092] ist ein potenzielles oder bestehendes Rücktrittsrecht nicht als bereicherungsmindernder Posten zu berücksichtigen[1093]. Auch die Schenkungsausführung nach § 9 Abs. 1 Nr. 2 ErbStG bleibt unbeeinflusst.

2. Steuerrechtliche Situation bei vollständiger Rückabwicklung nach Rücktritt

Nach § 313 BGB erfolgt die vollständige Rückabwicklung wegen Störung der Geschäftsgrundlage im Wege des Rücktritts, d. h. nach der Rücktrittserklärung nach den §§ 346 ff. BGB. Insoweit kann auf die dort gemachten Ausführungen verwiesen werden[1094]. Das bedeutete insbesondere, dass sich die materielle Rückwirkung aus § 29 Abs. 1 Nr. 1 ErbStG ergibt, was im Ergebnis mit der schenkungsteuerlichen Rechtsprechung und Literatur übereinstimmt, wonach Rückforderungsrechte infolge von § 313 BGB als Rechte im Sinne des § 29 Abs. 1 Nr. 1 ErbStG angesehen werden[1095]. Auch in der Literatur zu § 175 Abs. 1 Satz 1 Nr. 2 AO wird speziell zum Rücktritt wegen Wegfalls der Geschäftsgrundlage überwiegend davon ausgegangen, dass es sich um ein rückwirkendes Ereignis im Sinne von § 175 Abs. 1 Satz 1 Nr. 2 AO handelt[1096].

Die Rückübertragung des Geschenks auf den Schenker ist keine erneute freigebige Zuwendung nach § 7 Abs. 1 Nr. 1 ErbStG, da sie in Erfüllung des Anspruchs aus § 313 Abs. 3 Satz 1 i.V.m. 346 ff. BGB erfolgt und somit nicht unentgeltlich ist[1097].

[1092] *Gebel* in Troll/Gebel/Jülicher, ErbStG, § 7 Rz. 54; *Meincke*, ErbStG, § 7 Rz. 53 f.

[1093] *Meincke*, ErbStG, § 7 Rz. 59 f.; siehe oben § 16 II. 1.

[1094] Siehe oben § 16 II.

[1095] BFH BStBl. II 1978, 217, 219; FG München EFG 1987, 571, 572; FG Rheinland-Pfalz FR 2001, 653, 654; *Ebeling*, DB 2002, 553; *Kapp/Ebeling*, ErbStG, § 29 Rz. 36; *Fuhrmann*, ErbStB 2003, 17; *Jülicher* in Troll/Gebel/Jülicher, ErbStG, § 29 Rz. 21 ff.; *ders.*, ZErb 2002, 81, 82; *Kamps*, FR 2001, 717, 718; *Kapp*, FR 1988, 352; *Knobel* in Viskorf/Glier/Hübner/Knobel/Schuck, ErbStG, § 29 Rz. 21 ff.; *Meincke*, ErbStG, § 29 Rz. 8; *Moench*, ErbStG, § 29 Rz. 8; *Pahlke* in Christoffel/Geckle/Pahlke, ErbStG, § 29 Rz. 11; *Schuhmann*, UVR 1993, 17; *Schulz*, Erbschaftsteuer, S. 515; *Sedlaczek*, ErbBstg 2002, 10, 13; *Wachter*, ZEV 2002, 176.

[1096] *Barandt*, BB 1983, 1293, 1300; *Loose* in Tipke/Kruse, AO, § 175 Rz. 35; *G. Lauer*, Korrekturvorschrift, S. 72; *Rust*, Das rückwirkende Ereignis im Steuerrecht, S. 123; a. A. *Brockmeyer* in Klein, AO, § 41 Rz. 22.

[1097] FG München EFG 1987, 571; *Gebel* in Troll/Gebel/Jülicher, ErbStG, § 7 Rz. 54; *Knobel* in Viskorf/Glier/Hübner/Knobel/Schuck, ErbStG, § 29 Rz. 21; *Meincke*, ErbStG, § 7 Rz. 61.

3. Anpassung im Wege der Teilrückabwicklung

Erfolgt die Anpassung dahingehend, dass nur ein Teil der Schenkung rückabgewickelt wird, gilt das für den vollständigen Rücktritt Gesagte entsprechend für den rückabgewickelten Teil.

4. Anpassung im Wege der Änderung des Steuerschuldners

War ursprünglich vereinbart, dass der Schenker die Steuer zu tragen hatte, kann gegebenenfalls der Schenkungsvertrag dahingehend angepasst werden, dass nunmehr der Beschenkte die Steuer zu tragen hat.

a) Vor Vollzug

Soweit die Schenkung noch nicht vollzogen war, war die Steuer ohnehin noch nicht entstanden. Bei Vollzug des angepassten Vertrags erfolgt die Besteuerung dann so, wie wenn der angepasste Vertrag von Anfang so bestanden hätte, also insbesondere ohne Hinzurechnung nach § 10 Abs. 2 ErbStG.

b) Nach Vollzug

aa) Schenkung

Durch die Anpassung hat sich der Gegenstand der Bereicherung auf den eigentlichen Schenkungsgegenstand reduziert und umfasst nicht mehr auch die Steuer auf den Schenkungsgegenstand. Da somit keine Zusammenrechnung nach § 10 Abs. 2 ErbStG mehr erfolgt, hat sich der Steuerbetrag im Vergleich zu dem aus dem ursprünglichen Vertrag entsprechend reduziert. Hat der Schenker die Schenkungsteuer bereits bezahlt, hat er nach der Änderung des Bescheids nach § 175 Abs. 1 Satz 1 Nr. 2 AO die Differenz erstattet zu bekommen. Als materielle Rechtsgrundlage ist hierfür wie bei der vollständigen Rückabwicklung im Wege des Rücktritts der § 29 Abs. 1 Satz Nr. 1 ErbStG anzuwenden. Denn in der Sache macht es keinen Unterschied, ob es zu einer vollständigen Rückabwicklung im Wege des Rücktritts oder zu einer Teilreduzierung des Schenkungsgegenstandes im Wege der Anpassung kommt. Fraglich ist, ob darüber hinaus der Schenker die gesamte Steuer zurückverlangen kann und das Finanzamt sich an den Beschenkten halten muss. Zwar können die Finanzbehörden nach

§ 20 Abs. 1 Satz 1 ErbStG grundsätzlich beide Beteiligte als Steuerschuldner in Anspruch nehmen. Das dahingehende Auswahlermessen der Finanzbehörde ist aber im Regelfall dergestalt auszuüben, dass zunächst der Erwerber zur Zahlung heranzuziehen ist[1098]. Allerdings war der ursprüngliche Steuerbescheid ermessenfehlerfrei, da anfänglich der Schenker die Steuer tragen sollte. Da das Finanzamt die Steuer nun schon bereits erhoben hat, erscheint es nicht sachgerecht, dem Schenker die Steuer zu erstatten und erneut vom Beschenkten zu erheben, zumal der Schenker aufgrund der Vertragsanpassung beim Beschenkten Regress nehmen kann.

bb) Rückschenkung

Die Anpassung als solche bewirkt keine Rückschenkung, da auf sie ein Anspruch bestand und somit keine Unentgeltlichkeit gegeben ist. Aus demselben Grund kann auch die Regresszahlung des Beschenkten an den Schenker in Höhe der Steuer nicht als freigebige Zuwendung gewertet werden.

III. Nachweisproblem

Die Frage, ob ein Recht im Sinne von § 29 Abs. 1 Nr. 1 ErbStG vorliegt, ist vor allem auch im Zusammenhang mit § 313 BGB und insbesondere dem Irrtum über Steuerfolgen ein Nachweisproblem. Die Feststellungslast, ob ein Rückforderungsrecht vorliegt, liegt beim Steuerpflichtigen[1099]. Indiz für eine Störung der Geschäftsgrundlage soll die prompte Rückabwicklung nach Bekanntwerden der wahren Steuer sein[1100]. Bei Vorliegen eines gerichtlichen Urteil, in dem einer der Parteien die andere nach § 313 BGB in Anspruch genommen worden ist, dürfte der Beweis regelmäßig erbracht sein[1101]. Im Übrigen kommen die üblichen Beweismittel, wie Schriftwechsel, Aktennotizen und Zeugenaussagen in Betracht[1102]. Zur Frage, ob steuerliche Überlegungen zur Geschäftsgrundlage geworden sind, sollen indiziell vereinbarte Regelungen über die Steuerträgerschaft sprechen[1103]. Die Praxis ist mittlerweile

---

[1098] *Meincke*, ErbStG, § 20 Rz. 5 f.; *Viskorf* in Viskorf/Glier/Hübner/Knobel/Schuck, ErbStG, § 20 Rz. 7.

[1099] Siehe oben § 5 II. 2. c).

[1100] FG Rheinland-Pfalz FR 2001, 653, 655.

[1101] *Jülicher* in Troll/Gebel/Jülicher, ErbStG, § 29 Rz. 23; *Moench*, ErbStG, § 29 Rz. 9; *Wachter*, ZEV 2002, 176, 178.

[1102] *Wachter*, ZEV 2002, 176, 178.

[1103] FG Rheinland-Pfalz FR 2001, 653; *Fuhrmann*, ErbStB 2003, 17, 18; *Kamps*, FR 2001, 717, 720.

dazu übergegangen, die zu erwartende Schenkungsteuer als Geschäftsgrundlage im Vertrag festzuhalten.

IV. Ergebnis

Eine Rückabwicklung nach den Grundsätzen über den Wegfall der Geschäftsgrundlage wegen steuerlichen Fehlvorstellungen der Parteien kommt nur in Ausnahmefällen in Betracht, da die Steuer regelmäßig vorhersehbar war. Auf der Rechtsfolgenseite ist die Vertragsanpassung dem Rücktritt vorrangig. Sowohl beim Rücktritt als auch bei anpassungsbedingten Rückabwicklungen ergibt sich die materielle Rückwirkung aus § 29 Abs. 1 Nr. 1 ErbStG.

§ 20 Zweckschenkung

I. Zivilrecht

1. Begriff der Zweckschenkung und steuerliche Erwartungen als Schenkungszweck

Die Existenz der Zweckschenkung als Art der Schenkung ist im Zivilrecht anerkannt[1104]. Eine Zweckschenkung liegt dann vor, wenn nach Inhalt des Rechtsgeschäfts oder dessen Geschäftsgrundlage ein über die Zuwendung hinausgehender Zweck, insbesondere ein Verhalten des Beschenkten, verfolgt wird, darauf aber kein einklagbarer Anspruch besteht[1105]. Die Abgrenzung zur Schenkung unter Auflage ist insoweit klar. Nach der Zuwendung kann der Schenker vom Empfänger gemäß § 525 Abs. 1 BGB den Vollzug der Auflage verlangen und gegebenenfalls gerichtlich durchsetzen, bei der Zweckschenkung dagegen nicht.
Bei der Zweckschenkung geht es typischerweise und vom praktischen Schwerpunkt her darum, dass der Zweck darin besteht, den Zuwendungsempfänger zu einem bestimmten Verhalten zu bewegen, etwa das Geschenk in einer vorgegebenen Weise zu verwenden oder es in der Familie zu behalten[1106]. Fraglich ist, ob der vereinbarte Zweck auch außerhalb der Handlungssphären des Beschenkten liegen kann, namentlich in der Nutzung steuerlicher Vorteile. Das zweite Problem liegt im Verhältnis der Zweckschenkung zu den Grundsätzen des Wegfalls der Geschäftsgrundlage. Einigkeit besteht darin, dass, wenn und soweit eine Zweckschenkung gegeben und der mit der Zuwendung verfolgte Zweck nicht eingetreten oder verfehlt worden ist, ein Rückforderungsrecht des Schenkers nach § 812 Abs. 1 Satz 2 Alt. 2 BGB besteht[1107]. Die Lösung der beiden Probleme ist daher im Bereich der *condictio ob rem* zu suchen. Nach der älteren Rechtsprechung ist für § 812 Abs. 1 Satz 2 Alt. 2 BGB erforderlich, dass über den mit jeder Leistung notwendig verfolgtem Zweck hinaus ein besonderer zukünftiger Erfolg rechtlicher oder tatsächlicher Natur nach dem Inhalt des Rechtsgeschäfts

---

[1104] *Cremer* in Staudinger, BGB, § 525 Rz. 12; *Kollhosser* in MünchKomm-BGB-, § 525 Rz. 4; *Mühl/Teichmann* in Soergel, BGB, § 525 Rz. 6; *Putzo* in Palandt, BGB, § 527 Rz. 11; *Seiler* in Erman, BGB, § 516 Rz. 17.

[1105] *Cremer* in Staudinger, BGB, § 525 Rz. 12; *Kollhosser* in MünchKomm-BGB-, § 525 Rz. 4; *Mühl/Teichmann* in Soergel, BGB, § 525 Rz. 6; *Putzo* in Palandt, BGB, § 527 Rz. 11; *Seiler* in Erman, BGB, § 516 Rz. 17; *Westermann*, Festschrift Kellermann, S. 505, 514.

[1106] BGH NJW 1984, 233; OLG Köln NJW 1994, 1540, 1542; OLG Düsseldorf NJW-RR 1996, 517; *Kollhosser* in MünchKomm-BGB-, § 525 Rz. 4; *Lieb* in MünchKomm-BGB-, § 812 Rz. 207; *Lorenz* in Staudinger, BGB, § 812 Rz. 108; *Westermann* in Erman, BGB, § 812 Rz. 52; *ders.*, Festschrift Kellermann, S. 505, 514.

[1107] RGZ 105, 305, 308; BGH NJW 1984, 233; NJW-RR 1991, 1154; FamRZ 1994, 503, 503 f.; *Cremer* in Staudinger, BGB, § 525 Rz. 12; *Liebs*, JZ 1978, 697; *Putzo* in Palandt, BGB, § 527 Rz. 11; *Seiler* in Erman, BGB, § 516 Rz. 17; *Westermann*, Festschrift Kellermann, S. 505, 514 ff.

von den Beteiligten vorrausgesetzt wird, aber dieser nicht eingetreten ist[1108]. Auch Teile des Schrifttums halten einen Zweck unabhängig von den Handlungen des Empfängers für vereinbar[1109]. Danach wäre es möglich, bestimmte steuerliche Wirkungen, wie z. B. die einkommensteuerrechtliche Anerkennung oder die Gewährung des Freibetrags nach § 13a ErbStG als Zweck der Schenkung zu vereinbaren mit der Folge des Rückforderungsrechts, wenn sich diese steuerlichen Ziele nicht realisieren. Demgegenüber lehnen Teile des Schrifttums[1110] und wohl auch die neuere Rechtsprechung[1111] ein über die Erfüllung hinausreichenden Erfolg als Zweck im Sinne des § 812 Abs. 1 Satz 2 Alt. 2 BGB ab und beschränken die *condictio ob rem* auf die Fälle, in denen der Leistung eine unvollkommene Verbindlichkeit gegenübersteht. Begründet wird diese Auffassung vor allem mit historischen Aspekten[1112] und dem Argument, das es anderenfalls zu unkontrollierten Einbrüchen in die Rechtsgeschäftslehre komme[1113]. Insbesondere für Schenkungen wird vorgebracht, dass bei Zweckschenkungen immer ein Fall des § 313 BGB vorliege und die Rechtsfolgen insoweit sachgerechter seien[1114].

Zwar ist der historischen Entwicklung Bedeutung zuzugeben. Daraus ergibt sich aber nicht zwingend, dass nicht auch ein Zweck vereinbart werden kann, der außerhalb der Handlungssphären der Beteiligten liegt. Gerade steuerliche Rechtsfolgen können von den Beteiligten nicht beeinflusst werden. Für den familiären Bereich sind Zuwendungen der Eltern an das Kind und dessen Ehegatten im Hinblick auf den Fortbestand der Ehe zu nennen[1115]. Hier hängt der Fortbestand der Ehe auch vom jeweils anderen Ehegatten ab. Nicht überzeugen kann auch das Argument, die Grundsätze über die Störung der Geschäftsgrundlage seien einschlägig. Denn soweit es um die Geschäftsgrundlagen geht, verbleibt man immer auf der Motivebene, auch wenn es um gemeinsame Vorstellungen geht. Die maßgeblichen Umstände dürfen im Rahmen des § 313 BGB gerade nicht Inhalt des Rechtsgeschäfts geworden sein. Bei der *condictio ob rem* muss die Zweckvereinbarung aber Inhalt des Rechtsgeschäfts geworden sein. Dass dieser Zweck, soweit er auf ein bestimmtes Verhalten des Empfängers

---

[1108] RGZ 66, 132, 134; 106, 93, 98; 132, 238, 242; BGH MDR 1952, 43; *Sprau* in Palandt, BGB, § 812 Rz. 86.

[1109] *Liebs*, JZ 1978, 678, 700; *Westermann* in Erman, BGB, § 812 Rz. 52; *ders.*, Festschrift Kellermann, S. 505, 516.

[1110] *Medicus*, Schuldrecht II, Rz 651; *Larenz/Canaris*, Schuldrecht II/2, § 68 I 3 d; *Lieb* in Münch-Komm-BGB-, § 812 Rz. 203 f.; *Lorenz* in Staudinger, BGB, § 812 Rz. 106; *Söllner*, AcP 163 (1963), S. 21, 44.

[1111] BGH NJW 1992, 2690.

[1112] Vgl. *Kollhosser*, AcP 194 (1994), S. 231, 251 m. w. N.; *Söllner*, AcP 163 (1963), S. 21, 31 ff.

[1113] *Medicus*, Schuldrecht II, Rz. 651.

[1114] *Kollhosser*, AcP 194 (1994), S. 231, 253; *ders.*, in MünchKomm-BGB-, § 525 Rz. 4; *Lieb* in MünchKomm-BGB-, § 812 Rz. 204, 213; vgl. auch *Lorenz* in Staudinger, BGB, § 812 Rz. 109.

[1115] BGH NJW-RR 1991, 1154.

abzielt, nicht gerichtlich durchsetzbar ist, steht dem nicht entgegen, da auch unser gegenwärtiges Recht unvollkommene Verbindlichkeiten kennt[1116]. Es ist somit widersprüchlich zu behaupten, die Zweckvereinbarung wäre Inhalt und zugleich Grundlage des Rechtsgeschäfts[1117]. Die Grundsätze über die Störung der Geschäftsgrundlage und der Zweck im Sinne von § 812 Abs. 1 Satz 2 Alt. 2 BGB können daher auch nicht zusammentreffen[1118]. *Kollhosser*[1119] ist zuzugeben, dass es insoweit erhebliche Abgrenzungsprobleme gibt. Diese beruhen aber nicht auf der Frage, ob es sich bei dem maßgeblichen Zweck um einen Zweck handelt, der den Empfänger zu einem Verhalten veranlassen soll, oder ob der Zweck ein anderer ist. Das Problem resultiert vielmehr aus den in tatsächlicher Hinsicht bestehenden Schwierigkeiten festzustellen, ob etwas Vertragsinhalt geworden oder nur Geschäftsgrundlage geblieben ist. Sachverhaltsermittlungsprobleme sind aber nicht geeignet, die rechtliche Beurteilung zu ändern. Die Unterscheidung zwischen Zweck im Sinne von § 812 Abs. 1 Satz 2 Alt. 2 BGB und Geschäftsgrundlage erscheinen auch systemgerecht. Bei § 313 BGB können die maßgeblichen Umstände relativ leicht zur Geschäftsgrundlage werden. Soll § 313 dann letztlich eingreifen, bedarf es dann jedoch wesentlicher Veränderungen und auf der Rechtsfolgenebene ist durch die Möglichkeit der Vertragsanpassung Flexibilität gegeben. Haben die maßgeblichen Umstände dagegen die Motivhürde übersprungen und sind sie Inhalt des Rechtsgeschäfts geworden, dann ist die Zweckverfehlung eher gegeben, als bei § 313 BGB die wesentlichen Veränderungen vorliegen. Der Umstand, dass der Zweck Inhalt des Rechtsgeschäfts war, rechtfertigt es, bei Verfehlung des Zwecks, den im Vergleich zu § 313 BGB strikt wirkenden sofortigen Rückforderungsanspruch zu geben.

Als Ergebnis bleibt danach festzuhalten, dass steuerliche Erwartungen als Zweck einer Schenkung vereinbart werden können. Ist die Zweckvereinbarung Inhalt des Rechtsgeschäfts geworden und realisieren sich die Erwartungen nicht, hat der Schenker ein Rückforderungsrecht nach § 812 Abs. 1 Satz 2 Alt. 2 BGB. Sind die steuerlichen Aspekte nur gemeinsame Motive geblieben, ist der Fall nach den Grundsätzen über die Störung der Geschäftsgrundlage zu behandeln.

[1116] *Heinrichs* in Palandt, BGB, Einf v § 241 Rz. 15.

[1117] So aber BGH NJW 1984, 233; *Lorenz* in Staudinger, BGB, § 525 Rz. 12.

[1118] So aber BGH FamRZ 1994, 503, 504.

[1119] *Kollhosser*, AcP 194 (1994), S. 231, 252.

2. Bestand des Schenkungsvertrags

Als vertragliche Nebenabrede tritt die Zweckvereinbarung neben den Schenkungsvertrag[1120]. Das potenzielle Rückforderungsrecht nach § 812 Abs. 1 Satz 2 Alt. 2 BGB beeinflusst den Bestand der Schenkung nicht. Aber auch die Geltendmachung und Durchführung der *condictio ob rem* lässt die Schenkung als obligatorischen Rechtsgrund unberührt. Denn die *condictio ob rem* ist in § 812 Abs. 1 BGB als eigenständige Leistungskondiktion ausgestaltet. Würde der Rechtsgrund Schenkung nicht mehr bestehen, käme immer zugleich eine Rückabwicklung nach der *condictio indebiti* nach § 812 Abs. 1 Satz 1 Alt. 1 BGB in Betracht. Die *condictio ob rem* nach § 812 Abs. 1 Satz 2 Alt. 2 BGB würde dann leer laufen.

3. Rückabwicklung

Hinsichtlich der Rechtsfolgen kann auf die Ausführungen zur nichtigen Schenkung verwiesen werden[1121].

II. Steuerrecht

1. Steuertatbestand

Das potenzielle Rückforderungsrecht nach § 812 Abs. 1 Satz 2 Alt. 2 BGB beeinflusst die Entstehung des Steuertatbestandes nicht, da zunächst ungewiss ist, ob es zu einer Zweckverfehlung kommt oder nicht.

2. Einfluss der Rückabwicklung auf die Besteuerung

a) § 41 Abs. 1 Satz 1 AO

Über § 41 Abs. 1 Satz 1 AO lässt sich keine materielle Rückwirkung herstellen, da die Schenkung nicht unwirksam wird, sondern lediglich der bezweckte Erfolg nicht eintritt[1122].

[1120] *Sprau* in Palandt, BGB, § 812 Rz. 91 f.
[1121] Siehe oben § 9 I. 2. a).
[1122] Siehe oben I. 2.

b) § 29 Abs. 1 Nr. 1 AO

Rückforderungsrechte nach §§ 812 ff. BGB sind als Rechte im Sinne von § 29 Abs. 1 Nr. 1 ErbStG anerkannt[1123].

c) Rechtsfolgenansatz

Stellt man auf die Rechtsfolgen der §§ 812 ff. BGB ab, ergibt sich auch insoweit eine materielle Rückwirkung[1124].

d) Konkurrenzen und Ergebnis

Aus der Entstehungsgeschichte des § 29 Abs. 1 Nr. 1 ErbStG ergibt sich, dass der historische Gesetzgeber vor allem die schenkungsspezifischen Rückforderungsrechte, insbesondere §§ 528 ff. BGB vor Augen gehabt haben dürfte[1125]. Daraus folgt allerdings nicht, dass die Rechte aus den §§ 812 ff. BGB nicht auch unter § 29 Abs. 1 Nr. 1 ErbStG fallen. Vom Wortlaut her unterliegt die Erfassung der §§ 812 ff. BGB keinen Zweifeln. Auch das System der Erbschaft- und Schenkungsteuer, das einen dauerhaften Vermögensübergang in der Generationenfolge erfassen will, spricht dafür, da der Vermögensübergang bei der Rückabwicklung nach §§ 812 ff. BGB rückgängig gemacht wird, und eine Besteuerung daher nicht gerechtfertigt ist. Im Ergebnis ergibt sich die materielle Rückwirkung somit aus § 29 Abs. 1 Nr. 1 ErbStG.

3. Nutzungen, Rückschenkung, ertragsteuerliche Behandlung der Nutzungen

Insoweit kann auf die Ausführungen zur unwirksamen Schenkung verwiesen werden[1126].

III. Ergebnis

Als Zweck der allgemein anerkannten Zweckschenkung können auch steuerliche Erwartungen vereinbart werden. Der potenzielle Rückforderungsanspruch nach § 812 Abs. 1 Satz 2 Alt. 2 BGB steht der Steuerentstehung nicht entgegen. Die Rückabwicklung nach der

[1123] Siehe oben § 5 II.2. b).
[1124] Siehe oben § 9 II. 2. a) bb).
[1125] Siehe oben § 8 II. 2. b).
[1126] Siehe oben § 9 II. 3., § 9 II. 4., § 9 III.

Zweckverfehlung stellt ein rückwirkendes Ereignis dar. Die materielle Rückwirkung ergibt sich aus § 29 Abs. 1 Nr. 1 ErbStG.

Sechster Teil: Rückabwicklungen aufgrund nachträglicher Vereinbarungen

§ 21 Aufhebungsvertrag

I. Zivilrecht

1. Grundlagen

Durch eine neue vertragliche Vereinbarung, den Aufhebungsvertrag, kann ein bestehendes Schuldverhältnis wieder aufgehoben werden[1127]. Das folgt aus dem in § 311 Abs. 1 BGB normierten Grundsatz der Vertragsfreiheit, auch wenn die Aufhebung dort nicht ausdrücklich erwähnt wird[1128]. Für die Schenkung gelten insoweit keine Besonderheiten, da auch sie als Vertrag ein Schuldverhältnis darstellt. Durch vertragliche Vereinbarung kann also eine Schenkung wieder aufgehoben werden und zwar unabhängig davon, ob sie bereits vollzogen wurde oder nicht.

Fraglich ist, ob die Aufhebung ex tunc oder ex nunc wirkt. In der Literatur wird zum Teil davon ausgegangen, dass ein Aufhebungsvertrag ex nunc wirke[1129]. Dem ist nur vor dem Hintergrund zuzustimmen, dass es sich bei normativ angeordneten Rückwirkungen regelmäßig um den status quo ante wiederherstellende Fiktionen handelt, da Regelungsgebote realiter nur in der Gegenwart und in der Zukunft, also immer nur ex nunc wirken können[1130]. Dementsprechend besteht heute Einigkeit darüber, dass die Parteien auch eine rückwirkende Aufhebung vereinbaren können[1131]. Ob eine Rückwirkung vorliegt oder nicht, ist durch Auslegung des Aufhebungsvertrags zu ermitteln[1132]. Vor allem bei Dauerschuldverhältnissen ist regelmäßig von einer ex nunc wirkenden Regelung auszugehen[1133]. Eine Schenkung ist aber kein Dauerschuldverhältnis, sondern ein auf den einmaligen Vermögenssubstanzübergang

---

[1127] *Battes* in Erman, BGB, § 305 Rz. 19; *Emmerich* in MünchKomm-BGB-, § 311 Rz. 33; *Flume*, Allgemeiner Teil, Bd. 2, § 33, 5; *Gernhuber*, Erfüllung, § 17, 1 a; *Heinrichs* in Palandt, BGB, § 311 Rz. 7; *Larenz*, Schuldrecht I, § 19 II b; *ders./Wolf*, BGB AT, § 33 Rz. 40; *Löwisch* in Staudinger, BGB, § 305 Rz. 72; *Medicus*, Schuldrecht I, Rz. 531; *Wolf* in Soergel, BGB, § 305 Rz. 48.

[1128] Mot. II, S. 79; *Flume*, Allgemeiner Teil, Bd. 2, § 33, 5; *Gernhuber*, Erfüllung, § 17, 2 c; *Löwisch* in Staudinger, BGB, § 305 Rz. 48; *Wolf* in Soergel, BGB, § 305 Rz. 48.

[1129] *Emmerich* in MünchKomm-BGB-, § 311 Rz. 34; *Flume*, Allgemeiner Teil, Bd. 2, § 33, 5; *Gernhuber*, Erfüllung, § 17, 4.

[1130] Siehe oben § 7 II. 3.

[1131] BGH NJW 1978, 2198; *Emmerich* in MünchKomm-BGB-, § 311 Rz. 34; *Gernhuber*, Erfüllung, § 17, 4; *Larenz/Wolf*, BGB AT, 8. Aufl., § 34 Rz. 40; *Wolf* in Soergel, BGB, § 305 Rz. 55.

[1132] BGH NJW 1978, 2198; *Emmerich* in MünchKomm-BGB-, § 311 Rz. 34; *Heinrichs* in Palandt, BGB, § 311 Rz. 7; *Medicus*, Schuldrecht I, Rz. 531; *Wolf* in Soergel, BGB, § 305 Rz. 55.

[1133] BGH NJW 1978, 2198; *Larenz*, Schuldrecht I, § 19 II b; *Löwisch* in Staudinger, BGB, § 305 Rz. 72; *Wolf* in Soergel, BGB, § 305 Rz. 55.

gerichtetes Rechtsgeschäft. Im Übrigen liegt eine Rückwirkung dann vor, wenn die Parteien Rechtsfolgen vereinbaren, die im Ergebnis auf die Wiederherstellung des Zustandes zielen, der vorläge, wenn die Schenkung nie stattgefunden hätte[1134]. Da eine Aufhebung einer Schenkung nur Sinn macht, wenn der Schenkungsgegenstand zurückgegeben wird, besteht im Hinblick auf die Vermögenssubstanz immer eine ex tunc wirkende Aufhebung. Eine rückwirkende Vertragsaufhebung liegt auch vor, wenn zusätzlich noch die gezogenen Nutzungen abgegolten und dem Beschenkten getätigte Verwendungen ersetzt werden. Verzichten die Parteien auf den Ausgleich von Nutzungen und Verwendungen, kann insoweit nicht von einer ex tunc wirkenden Vertragsaufhebung gesprochen werden.

Welche Rechtsfolgen bei der Rückabwicklung zur Anwendung kommen, ist streitig. Zum Teil wird vertreten, dass sich ein Rückforderungsanspruch nach § 812 Abs. 1 Satz 2 Alt. 1 BGB ergibt, da durch den Aufhebungsvertrag der ursprüngliche Rechtsgrund nachträglich weggefallen sei[1135]. Nach *Flume*[1136] besteht ein Rückgewähranspruch unmittelbar aus dem Aufhebungsvertrag, wobei offen bleibt, inwieweit Nutzungen und Verwendungen abzugelten sind. In diese Richtung scheint auch die Rechtsprechung zu tendieren. Nach dem BGH seien die Rechtsfolgen gesetzlich nicht geregelt und daher nach dem Willen der Parteien zu bestimmen[1137]. Der Aufhebungsvertrag könne dahin ausgelegt werden, dass die Parteien von der Geltung der Rücktrittsregelungen nach §§ 346 ff. BGB ausgegangen seien[1138]. Teile der Literatur gehen von der Geltung der §§ 346 ff. BGB aus, weil diese sachgerechter seien[1139].

Klar ist, dass sich die Rechtsfolgen aus dem Vertrag heraus ergeben, wenn und soweit die Parteien Rückgewährrechte und damit zusammenhängende Modalitäten im Aufhebungsvertrag festgelegt haben. Soweit sie das dagegen nicht getan haben, können sich die Rückforderungsmodalitäten auch nicht aus dem Vertrag ergeben. Zweifelhaft erscheint auch die Ansicht, die Vertragsauslegung könne die Anwendung der §§ 346 ff. BGB ergeben. Das ist zwar grundsätzlich möglich. Für eine Auslegung bedarf es jedoch entsprechender Anhaltspunkte dahin, dass sich die Parteien über die Rechtsfolgen Gedanken gemacht haben. Wenn aber die Parteien sich so detailliert und vor allem in rechtlicher Hinsicht Gedanken gemacht haben, dann werden sie im Regelfall auch eindeutig festgelegt haben, welche Rechtsfolgen zur Anwendung kommen sollen, so dass für eine Auslegung kein Raum ist. Erst recht ist das

---

1134 Siehe oben §§ 7, 8.

1135 *Larenz/Wolf*, BGB AT, 8. Aufl., § 33 Rz. 41; *Kollhosser*, ZEV 2002, 518, 519.

1136 Allgemeiner Teil, Bd. 2, § 33, 5.

1137 BGH NJW 1978, 2198.

1138 BGH NJW-RR 1996, 336, 337; *Larenz*, Schuldrecht I, § 19 II b; *ders./Wolf*, BGB AT, 8. Aufl.. § 33 Rz. 41.

1139 *Emmerich* in MünchKomm-BGB-, § 311 Rz. 34; *Gernhuber*, Erfüllung, § 17, 4; *Heinrichs* in Palandt, BGB, § 311 Rz. 7.

möglicherweise sachgerechtere Ergebnis nicht geeignet, die Anwendung der Rücktrittsregeln zu begründen. Da der Rechtsgrund für die Leistung des Schenkungsgegenstandes durch den Aufhebungsvertrag aufgehoben wurde, verdient die Auffassung den Vorzug, die einen bereicherungsrechtlichen Anspruch nach § 812 Abs. 1 Satz 2 Alt. 1 BGB gewährt. Denn der Aufhebungsvertrag zielt ja gerade darauf, den ursprünglichen Rechtsgrund Schenkung aufzuheben.

2. Vollzug

War die Schenkung dinglich vollzogen, ist sie durch ein weiteres Vollzugsgeschäft, in der Regel durch Rückübereignung, rückgängig zu machen. Die ex tunc wirkende Aufhebung eines Verfügungsgeschäfts ist nur dann möglich, wenn der zur Wirksamkeit erforderliche Vollzugsakt (Übergabe, Eintragung) noch nicht stattgefunden hat[1140]. So ist eine Auflassung vor der Eintragung in das Grundbuch aufhebbar[1141]. Wird das Vollzugsgeschäft vor seiner Wirksamkeit wieder aufgehoben, so ist die Schenkung nicht vollzogen und auch nicht vollzogen gewesen.

3. Abgrenzung zur Rückschenkung

Der Aufhebungsvertrag ist eine durch die Vertragsfreiheit hervorgerufene, aber allgemein anerkannte Vertragsform. Bei einer Rückschenkung handelt es sich demgegenüber um eine Schenkung mit vertauschten Rollen. Der Aufhebungsvertrag ist keine Rückschenkung, da er auf die Aufhebung des Schenkungsvertrags zielt und nicht darauf, den Schenker zu bereichern[1142].

1140 *Larenz/Wolf*, BGB AT, 8. Aufl., § 33 Rz. 42.

1141 *Bassenge* in Palandt, BGB, § 873 Rz. 20; *Flume*, Allgemeiner Teil, Bd. 2, § 33, 5; *Larenz/Wolf*, BGB AT, 8. Aufl., § 33 Rz. 43.

1142 *Flume*, Allgemeiner Teil, Bd. 2, § 33, 5; *Kornexl*, ZEV 2003, 196, 198; Näher auch unten § 22 I. 2. a).

II. Steuerrecht

1. Steuertatbestand

Da der Aufhebungsvertrag zeitlich der Schenkung nachfolgt, bleibt er bei der Besteuerung der Schenkung zunächst unberücksichtigt. Das bedeutet, dass der Steuertatbestand nach § 7 Abs. 1 Nr. 1 i. V. m. § 9 Abs. 1 Nr. 2 ErbStG mit Ausführung der Schenkung erfüllt ist.

2. Einfluss der Aufhebung der Schenkung auf die Besteuerung

a) Vor Vollzug der Schenkung

War die Schenkung nach § 9 Abs. 1 Nr. 2 ErbStG noch nicht ausgeführt, war auch der Steueranspruch nach § 38 AO noch nicht entstanden. Wegen der Aufhebung des Schenkungsvertrags kommt es auch nicht mehr zum Vollzug der Schenkung. Im Hinblick auf die Schenkung ergeben sich somit keine steuerlichen Auswirkungen.

b) Aufhebung nach zivilrechtlichem Vollzug der Schenkung

War die Schenkung zivilrechtlich vollzogen, ist sie auch gleichzeitig im Sinne von § 9 Abs. 1 Nr. 2 ErbStG ausgeführt gewesen[1143]. Der Vollzug als dingliches Rechtsgeschäft kann nicht rückwirkend rückgängig gemacht werden[1144]. Wird der Vollzug durch ein weiteres dingliches Vollzugsgeschäft vom Ergebnis her rückgängig gemacht, beeinflusst das als solches die Steuerentstehung nicht, d. h. insbesondere die alleinige Rückauflassung eines Grundstücks lässt die Ausführung der Schenkung nach § 9 Abs. 1 Nr. 2 ErbStG unberührt[1145]. Die Frage nach der Aufrechterhaltung der ursprünglichen Besteuerung stellt sich aber dann, wenn zusätzlich die Schenkung durch Vertrag aufgehoben wurde.

[1143] Siehe oben § 4 III. 1.
[1144] Siehe oben § 15 I. 2.
[1145] RFH RStBl. 1928, 270.

aa) Meinungsstand

Die nahezu[1146] einhellige Auffassung in Rechtsprechung[1147] und Schrifttum[1148] erkennt steuerlich eine rückwirkende Vereinbarung vertraglicher Schuldverhältnisse nicht an. Begründet wird dies vor allem mit dem Grundsatz der Unabänderlichkeit des Steueranspruchs, wonach nachträgliche Ereignisse, insbesondere Rückgängigmachungen, den einmal entstandenen Steuertatbestand unberührt lassen. Daneben wird vorgebracht, die Parteien des Aufhebungsvertrags können keine Vereinbarung zu Lasten eines Dritten, hier des Fiskus, treffen, da die Rechtswirkungen der Vereinbarung personell auf die beiden Vertragsschließenden begrenzt seien[1149]. Eine steuerliche Rückwirkung von vertraglichen Rückabwicklungen sei nur anzuerkennen, wenn die Rückabwicklung ihre „Wurzel“ bereits im Ausgangsgeschäft habe[1150].

bb) § 41 Abs. 1 Satz 1 AO

Aus § 41 Abs. 1 Satz 1 AO ergibt sich beim Aufhebungsvertrag keine materielle Rückwirkung. Zwar fällt durch den Aufhebungsvertrag der Rechtsgrund weg, die Schenkung wird dadurch aber nicht unwirksam. Unwirksam ist ein Rechtsgeschäft nämlich nur dann, wenn die intendierten Rechtsfolgen nicht eintreten, weil ihnen die Rechtsordnung die Anerkennung versagt[1151]. Das bedeutet, dass bestimmte vom Gesetz aufgestellte Wirksamkeitsvoraussetzungen, wie etwa die Geschäftsfähigkeit der Erklärenden oder der Zugang der Erklärungen nicht eingehalten wurden. Zum einen war der Schenkungsvertrag voll wirksam. Zum anderen geht es bei einer Vertragsaufhebung auch nicht um die Wirksamkeit. Durch den Aufhebungsvertrag soll vielmehr der ursprüngliche Vertrag aufgehoben werden. Es kann aber nicht durch Vertrag ein anderer Vertrag – jedenfalls nicht im rechtsbegrifflichen Sinne – für unwirksam erklärt werden, da die Frage, ob ein Vertrag unwirksam ist, eine Frage der rechtlichen Subsumtion ist, die nicht durch die Bezeichnung der Parteien erfolgen kann.

[1146] *Barandt*, Rückwirkung im Steuerrecht, S. 109 f.; *Kottke*, DStR 1982, 545, 547.
[1147] BFH BStBl. III 1960, 465, 465 f.; 1964, 359, 361; BStBl. II 1985, 55; BFH/NV 1993, 586, 587; 1995, 665, 666; FG des Saarlandes EFG 1992, 601, 602.
[1148] *Brockmeyer* in Klein, AO, § 38 Rz. 11; *Fischer* in Hübschmann/Hepp/Spitaler, AO, § 38 Rz. 56; *Kruse* in Tipke/Kruse, AO, § 38 Rz. 34; *ders./Loose* in Tipke/Kruse, AO, § 175 Rz. 37; *Rüsken* in *Klein*, AO, § 175 Rz. 54, 64; *Rust*, Das rückwirkende Ereignis im Steuerrecht, S. 30, 125.
[1149] *Rust*, Das rückwirkende Ereignis im Steuerrecht, S. 30.
[1150] *G. Lauer*, Korrekturvorschrift, S. 75; *Rüsken* in Klein, AO, § 175 Rz. 62.
[1151] *Larenz/Wolf*, BGB AT, § 44 Rz. 1.

cc) § 29 Abs. 1 Nr. 1 ErbStG

Nach herrschender Meinung[1152] ist die Anwendung des § 29 Abs. 1 Nr. 1 ErbStG bei einem Aufhebungsvertrag ausgeschlossen, da es sich um eine freiwillige Rückabwicklung handelt. Soweit der Beschenkte nicht durch Androhung der Geltendmachung eines bestehenden Rückforderungsrechtes zum Abschluss des Aufhebungsvertrages gezwungen wurde[1153], ist dem zuzustimmen. Zwar handelt es sich bei dem Anspruch des Schenkers nach § 812 Abs. 1 Satz 2 Alt. 1 BGB um ein Recht im Sinne von § 29 Abs. 1 Nr. 1 ErbStG. Diese Verpflichtung ist der Beschenkte allerdings freiwillig eingegangen. Insoweit kann von „müssen" im Sinne des § 29 Abs. 1 Nr. 1 ErbStG keine Rede sein.

dd) Rechtsfolgenansatz

Angesichts der historische Entwicklung des § 29 ErbStG kann aus dem Nichtvorliegen des § 29 Abs. 1 Nr. 1 ErbStG nicht ohne weiteres geschlossen werden, dass nicht gleichwohl in der Rückabwicklung durch Aufhebungsvertrag ein rückwirkendes Ereignis zu sehen ist[1154]. Eine solche Rückwirkung ergibt sich aber nach dem hier vertretenen Rechtsfolgenansatz. Die Rückabwicklung nach Vertragsaufhebung erfolgt nach den §§ 812 ff. BGB[1155]. Dass diese Regelungen deshalb Rückwirkung entfalten, weil sie einen Zustand herstellen, der bestünde, wenn die Schenkung nie stattgefunden hätte, wurde bereits gezeigt[1156].

Wenig überzeugen kann auch das Argument, die Parteien könnten keinen Vertrag zu Lasten des Fiskus abschließen. Denn der Grundsatz der Relativität der Schuldverhältnisse mit der Folge der Unzulässigkeit von Verträgen zu Lasten Dritter[1157] gilt nur im Privatrecht. Der Fiskus tritt aber nicht als Privatrechtssubjekt auf, sondern wird bei der Steuererhebung hoheitlich tätig. Es wird durch die Aufhebung der Schenkung dem Fiskus auch kein Nachteil zugefügt, sondern lediglich ein Vorteil, den er sich durch einen rechtfertigungsbedürftigen Grundrechtseingriff verschafft hat, wieder neutralisiert. Wenn der Staat in § 311 BGB die rückwirkende Aufhebung von Schuldverhältnissen zulässt, besteht auch kein Vertrauens-

[1152] BFH/NV 2001, 39; *Kapp/Ebeling*, ErbStG, § 29 Rz. 1; *Jülicher* in Troll/Gebel/Jülicher, ErbStG, § 29 Rz. 3 f.; *Meincke*, ErbStG, § 29 Rz. 6 f.; *Moench*, ErbStG, § 29 Rz. 2; *Pahlke* in Christoffel/Geckle/Pahlke, ErbStG, § 29 Rz. 1; *Wachter*, ZEV 2001, 78.

[1153] Dazu sogleich d).

[1154] Siehe oben § 8 II.

[1155] Siehe oben I. 1.

[1156] Siehe oben § 9 II. 2. a) bb) ccc).

[1157] *Heinrichs* in Palandt, BGB, Einl v § 241 Rz. 3.

schutz des Fiskus auf einen Steueranspruch, der durch einen Tatbestand entsteht, der an Rechtsgeschäfte anknüpft[1158].

Die hier dargelegte Auffassung wird zusätzlich von systematischen Erwägungen des Erbschaft- und Schenkungsteuerrechts getragen. Es widerspräche dem geltenden Bereicherungsprinzip[1159], würde beim Beschenkten ein Erwerb besteuert, den er endgültig überhaupt nicht erhalten hat. Dem Erwerber wird damit eine Leistungsfähigkeit unterstellt, die er wegen der Rückabwicklung der Schenkung durch den Aufhebungsvertrag nie gehabt hat. Geht man davon aus, dass die Schenkungsteuer primär die Funktion hat, Umgehungen der Erbschaftsteuer zu verhindern, dann kann es zudem zu einer systemwidrigen dreifachen Besteuerung desselben Vermögens kommen. Neben der Besteuerung der Schenkung und der Aufhebung als Rückschenkung ist nämlich der dann folgende Erbfall noch einmal steuerpflichtig. Dieser steuerpflichtige Erwerb von Todes wegen ist aber der eigentliche Grund für die Steuerpflicht der Schenkung. Da der Erbfall aber noch bevorsteht, ist die Besteuerung der Schenkung nicht gerechtfertigt. Denn die Erbschaft- und Schenkungsteuer ist gerade keine Verkehrsteuer, die an den Akt der Schenkung als solchen anknüpft, sondern eine Einkommensteuer, die den endgültigen Hinzuerwerb von Vermögenssubstanz erfassen will[1160].

c) Aufhebung nach steuerrechtlichem Vollzug der Schenkung

Zivilrechtlich ist für den Vollzug einer Grundstücksschenkung die Eintragung ins Grundbuch maßgeblich[1161]. Da die Eintragung nach § 873 BGB konstitutiv für den Eigentumsübergang ist, kann vor der Eintragung nicht nur die Schenkung, sondern auch die Auflassung rückwirkend aufgehoben werden[1162]. Bei der Schenkung von Grundstücken entsteht die Steuer nach § 9 Abs. 1 Nr. 2 ErbStG nach derzeitigem Verständnis des BFH bereits vor der Eintragung ins Grundbuch, wenn die Auflassung erklärt wurde und die Eintragung bewilligt worden ist[1163]. Das kann zu der Situation führen, dass eine Schenkung zu einem Zeitpunkt aufgehoben wird, in dem die Schenkungsteuer bereist entstanden war, es aber noch nicht zur Eintragung ins Grundbuch gekommen war. Der BFH[1164] hatte diesen Fall vor dem Hintergrund der Frage zu beurteilen gehabt, ob die Aufhebung der Schenkung und der Auflassung eine steuerpflichtige Rückschenkung darstellt. Diese Frage wurde mit der Begründung ver-

[1158] Vergleiche bereits oben § 7 II. 2. b).
[1159] Siehe oben § 2 I. 1.
[1160] Siehe oben § 2 III.
[1161] Siehe oben § 4 II. 2.
[1162] Siehe oben I. 2.
[1163] Siehe oben § 4 III. 2.
[1164] BStBl. II 2002, 781.

neint, dass die ursprüngliche Schenkung noch nicht ausgeführt gewesen sei[1165]. Die Ausführung der Schenkung setze nämlich voraus, dass es letztlich auch zur Eintragung ins Grundbuch komme[1166]. Das Abstellen auf die Auflassung und die Eintragungsbewilligung sei nur zeitlich und im Hinblick auf die §§ 11, 14 oder 37 ErbStG sinnvoll[1167]. Die Entscheidung ist insoweit zu begrüßen, als dass der Zeitpunkt der Eintragung nicht nur von den Parteien, sondern auch vom Grundbuchamt abhängt. Gleichwohl muss sich der BFH hier einen logischen Bruch vorwerfen lassen. Man kann nicht einerseits die Steuerentstehung unabhängig von der Grundbucheintragung bejahen, andererseits dann doch die Eintragung fordern. Die Entscheidung zeigt vielmehr, zu welchen Problemen die Loslösung vom Zivilrecht im Bereich der Schenkungsteuer führen kann. Legt man die Auffassung des BFH dem hier zu behandelnden Problem zu Grunde, ist die Lösung eindeutig. Kommt es vor der Grundbucheintragung zur Aufhebung der Schenkung und der Auflassung, fällt keine Schenkungsteuer an, weil die Steuer noch nicht nach § 9 Abs. 1 Nr. 2 ErbStG entstanden war[1168]. Nach *Kollhosser* soll insoweit § 5 Abs. 2 BewG analog eingreifen[1169]. Die Steuerentstehung stehe unter der auflösenden Bedingung, dass der Eigentumswechsel nachfolge[1170]. Nach hier vertretener Auffassung sind diese umständlichen Überlegungen nicht notwendig. Besser ist es, die Entstehung der Steuer bejahen und nach den dargelegten Grundsätzen die rückwirkende Aufhebung steuerrechtlich anerkennen.

Erwähnenswert ist in diesem Zusammenhang auch der vom BFH richtig entschiedene Fall des Urteils vom 8. Februar 2000[1171]. Die Parteien hatten hier am 30. März 1995 einen Schenkungsvertrag geschlossen, die Auflassung erklärt und der Schenker die Eintragung bewilligt. Die Schenkung stand aber unter der aufschiebenden Befristung auf den 1. Juli 1995. Noch im April 1995 wurde der gesamte Vertrag rückwirkend aufgehoben. Hier war zwar der Tatbestand des § 9 Abs. 1 Nr. 2 ErbStG erfüllt. Der Steueranspruch war aber deshalb noch nicht entstanden, weil § 7 Abs. 1 Nr. 1 ErbStG noch nicht gegeben war, da die Schenkung unter der aufschiebenden Befristung stand und vor dem 1. Juli 1995 keine Rechtswirkungen entfaltet hatte.

[1165] BStBl. II 2002, 781, 782.
[1166] BStBl. II 2002, 781, 782.
[1167] BStBl. II 2002, 781, 782.
[1168] Ebenso *Kollhosser*, ZEV 2002, 518, 519.
[1169] ZEV 2002, 518, 519.
[1170] ZEV 2002, 518, 519.
[1171] BFH/NV 2000, 1095.

d) Aufhebung im Hinblick auf ein bestehendes Rückforderungsrecht

Erfolgt eine einvernehmliche Aufhebung der Schenkung, obwohl der Schenker auch ein Rückforderungsrecht hatte, soll sich nach herrschender Meinung[1172] eine Steuererstattung ergeben, da insoweit § 29 ErbStG anwendbar sei. Das hat auch das *Finanzgericht Rheinland-Pfalz*[1173] in einer rechtskräftigen Entscheidung so gesehen, bei der es um eine einvernehmliche Schenkungsaufhebung wegen Wegfalls der Geschäftsgrundlage ging. Die Bestimmung des § 29 Abs. 1 Nr. 1 ErbStG sei eine materiell-rechtliche Regelung, die einen Gesetzesvorbehalt enthalte[1174]. Danach habe eine durch Schenkung entstandene Steuer nur Bestand, wenn es nicht in der Folgezeit zu einer Rückgabe auf Grund eines Rückforderungsrechts komme[1175]. Bestehe von vornherein ein solches Rückforderungsrecht oder entstehe es nach der Ausführung der Zuwendung, entfalle die Steuer rückwirkend, sofern das Rückforderungsrecht geltend gemacht und der Zuwendungsgegenstand daraufhin vom Bedachten an ihn zurückgegeben werde[1176]. In einem solchen Fall besteht vor allem ein Nachweisproblem gegenüber der Finanzverwaltung bezüglich der Frage, ob ein Rückforderungsrecht vorgelegen hat oder nicht.

Treffen Rückforderungsrecht und Aufhebungsvertrag aufeinander, handelt es sich im Grunde nicht um einen Aufhebungsvertrag, sondern um einen Anerkenntnis oder um ein Vergleich. Ist das Vorliegen eines Rückforderungsrecht zwischen den Parteien streitig und der Aufhebungsvertrag Ergebnis des Konfliktes, liegt ein Vergleich vor.[1177] Wird demgegenüber ein Vertrag im Hinblick auf ein unstreitig bestehendes Rückforderungsrecht geschlossen, handelt es sich nicht um einen Aufhebungsvertrag, bei dem beide Parteien einvernehmlich die Aufhebung wollen, sondern um eine Vereinbarung, die der Beschenkte schließt, da er aus seiner Sicht das Geschenk ohnehin hätte herausgeben müssen. Das ist aber nichts anderes, als die Anerkenntnis des Rückforderungsrechts. Die durch die Parteien gewählte Bezeichnung als Aufhebungsvertrag ist unerheblich[1178].

1172 *Kapp/Ebeling*, ErbStG, § 29 Rz. 1; *Jülicher* in Troll/Gebel/Jülicher, ErbStG, § 29 Rz. 3; *Kamps*, ZErb 2002, 174, 176; *Knobel* in Viskorf/Glier/Hübner/Knobel/Schuck, ErbStG, § 29 Rz. 2; *Meincke*, ErbStG, § 29 Rz. 6; *Moench*, ErbStG, § 29 Rz. 1; *Pahlke* in Christoffel/Geckle/Pahlke, ErbStG, § 29 Rz. 1; *Schulz*, Erbschaftsteuer, S. 515.
1173 FR 2001, 653.
1174 FG Rheinland-Pfalz FR 2001, 653, 654.
1175 FG Rheinland-Pfalz FR 2001, 653, 654.
1176 FG Rheinland-Pfalz FR 2001, 653, 654.
1177 Siehe unten § 27 I. 3. b).
1178 *Heinrichs* in Palandt, BGB, § 133 Rz. 8, 19.

3. Nutzungen

Da die Rückabwicklung nach Bereicherungsrecht erfolgt, kann auf die Ausführungen bei Unwirksamkeit des Schenkungsvertrags verwiesen werden[1179]. Soweit der Beschenkte die Nutzungen nicht herausgeben muss, entspricht die Situation derjenigen bei auflösend bedingten Schenkungen ohne Rückbeziehungsvereinbarung nach § 159 BGB[1180].

4. Rückschenkung

a) Keine steuerpflichtige Rückschenkung bei Aufhebung vor Vollzug

Wie bereits erwähnt[1181] hat der BFH bei Aufhebung einer Grundstücksschenkung entschieden, dass eine steuerpflichtige Rückschenkung nicht vorliegt, wenn und weil die Schenkungsteuer bei der Schenkung noch nicht entstanden war[1182]. Dem ist zuzustimmen[1183]. Begründen lässt sich das mit folgender Überlegung. Ein Geschenk kann man erst dann wieder zurückschenken, wenn man es überhaupt einmal bekommen hatte. War die Schenkungssteuer noch nicht entstanden, war die Schenkung noch nicht ausgeführt gewesen, weil der Beschenkte noch keine Verfügungsgewalt über das Geschenk gehabt hatte. Dementsprechend kann der Beschenkte auch noch keine Rückschenkung ausführen, weil er noch gar nichts hatte, was er zurückschenken konnte. Diese Überlegung greift bereits § 517 BGB auf[1184]. Ein Vermögen, welches noch nicht verschoben wurde, kann nicht in die entgegengesetzte Richtung wieder zurückverschoben werden. Insofern ist es entgegen *Hartmann*[1185] keineswegs unerheblich, ob der Beschenkte etwas durch Schenkung erworben hat. Es geht hierbei freilich nicht um die Frage der causa, sondern um die Frage, ob jemand etwas erworben hat. Danach erübrigen sich auch Überlegungen, ob in einem Aufhebungsvertrag steuerpflichtige Verzichte oder Erlasse im Hinblick auf die Forderung aus dem Schenkungsvertrag zu sehen sind. Zum einen ist es im Zivilrecht nicht so, dass der Aufhebungsvertrag durch Verzichte oder Erlasse vollzogen würde. Vielmehr fallen die Ansprüche aus dem ursprünglichen Vertrag ipso iure weg, da ihnen die Rechtsgrundlage fehlt. Zum anderen würde es geradezu eine Pervertierung des Zivilrechts darstellen, in jedem Schenkungsversprechen zugleich die

---

1179 Siehe oben § 9 II. 3.
1180 Siehe oben § 15 II. 3. a).
1181 Siehe oben II. 2. c).
1182 Siehe oben 2.; BFH BStBl. II 2002, 781.
1183 Ebenso *Moench*, ErbStG, § 29 Rz. 2.; *Kollhosser*, ZEV 2002, 518, 520.
1184 *Kollhosser*, ZEV 2002, 518, 520.
1185 UVR 2003, 98, 102.

Schenkung einer Forderung zu sehen. Es ist auch steuerrechtlich allgemein anerkannt, dass das bloße Schenkungsversprechen mangels Vollzugs noch keine Steuer auslöst[1186]. Die Begründung einer Forderung durch Versprechen im Sinne von § 518 Abs. 1 BGB ist eben keine Forderungsschenkung[1187]. Anders ist es dann, wenn eine Forderung geschenkt werden soll. Dann ist mit der Einräumung oder Abtretung die Schenkung aber auch sofort vollzogen. Da der originäre, d. h. der nicht derivative Erwerb der Forderung aus einem Schenkungsversprechen weder zivilrechtlich noch steuerrechtlich eine Schenkung darstellen, weil die von der Schenkungsabrede beabsichtigte Vermögensmehrung noch nicht eingetreten ist, kann deren Nichtgeltendmachung durch den Aufhebungsvertrag nicht als entgegengesetzte Vermögensverschiebung bewertet werden.

Darüber hinaus liegt bereits zivilrechtlich bei einer Aufhebung keine Rückschenkung, sondern eine Aufhebung vor[1188]. § 7 Abs. 1 Nr. 1 ErbStG ist daher nicht erfüllt. Sogleich[1189] wird gezeigt werden, dass auch die Aufhebung nach Vollzug der Schenkung keine steuerpflichtige Rückschenkung darstellt. Daraus folgt, dass auch die Aufhebung vor Vollzug keine steuerpflichtige Rückschenkung sein kann.

b) Keine Rückschenkung bei Aufhebung nach Vollzug

Aus der Rechtsprechung des BFH, dass bei Aufhebung der Schenkung vor Entstehung der Steuer keine Rückschenkung vorliege[1190], könnte man schließen, dass im Fall der Aufhebung nach Vollzug eine steuerpflichtige Rückschenkung anzunehmen sei. Soweit die Aufhebung nicht im Hinblick auf ein bestehendes Rückforderungsrecht vorgenommen wird, beurteilt auch die Literatur diesen Fall als freiwillige Rückgabe des Geschenkes und schließt aus dem Nichteingreifen des § 29 Abs. 1 Nr. 1 ErbStG auf die Steuerpflicht der Rückabwicklung[1191]. Dem ist zu widersprechen. Die Steuerpflicht der Rückabwicklung kann sich nicht aus dem Nichteingreifen einer Erstattungsnorm ergeben. Vielmehr ist zu fragen, ob der Tatbestand des § 7 Abs. 1 Nr. 1 ErbStG erfüllt ist. Bereits zivilrechtlich ist die Aufhebung keine Schenkung, sondern ein nach 311 Abs. 1 BGB zulässiger Aufhebungsvertrag. Eine Steuerpflicht

---

1186 BFH BStBl. II 1968, 239; 1972, 43; *Gebel* in Troll/Gebel/Jülicher, ErbStG § 9 Rz. 78; *Meincke*, ErbStG, § 9 Rz. 41; *Schuck* in Viskorf/Glier/Hübner/Knobel/Schuck, ErbStG, § 9 Rz. 48; *Weinmann* in Moench, ErbStG, § 9 Rz. 26; vgl. auch *Moench*, ErbStG, § 29 Rz. 2.

1187 *Meincke*, ErbStG, § 9 Rz. 41.

1188 Siehe oben I. 3. und unten § 22 I. 1. b).

1189 Siehe unten b).

1190 BFH BStBl. II 2002, 781, 781 f.

1191 *Kapp/Ebeling*, ErbStG, § 29 Rz. 1; *Jülicher* in Troll/Gebel/Jülicher, ErbStG, § 29 Rz. 3 f.; *Moench*, ErbStG, § 29 Rz. 1; *Pahlke* in Christoffel/Geckle/Pahlke, ErbStG, § 29 Rz. 1; *Sedlaczek*, ErbBstg 2002, 10, 11; *Wachter*, ZEV 2001, 78.

kann danach nur dann vorliegen, wenn es sich um eine sonstige freigebige Zuwendung handelt. Der Unterschied der sonstigen freigebigen Zuwendung zur Schenkung nach § 516 ff. BGB liegt auf der subjektiven Seite[1192]. Dieser Unterschied vermag aber nicht, die objektiv nicht vorliegende Schenkung zu einer solchen zu machen.

Darüber hinaus greifen auch hier die bereits zur Steuerpflicht der Schenkung ausgeführten erbschaftsteuerlichen systematischen Bedenken. Es träte nicht nur ein Verstoß gegen die Maßgeblichkeit des Zivilrechts auf, sondern würde die Schenkungsteuer zu einer Verkehrsteuer machen, die sie gerade nicht ist. Außerdem droht die Gefahr einer Dreifachbesteuerung. Das Erbschaft- und Schenkungsteuerrecht verfolgt den Gedanken, das Vermögen einmalig in der Generationenfolge zu besteuern. Das zeigt nicht zuletzt die 30-jährige Besteuerung von Stiftungsvermögen. In der Sache geht es um die Besteuerung der stillen Reserven des Privatvermögens. Es ist daher systematisch nicht gerechtfertigt, einen rückgängig gemachten Vermögensübergang zu besteuern.

III. Ergebnis

Die Aufhebung der Schenkung vor ihrem Vollzug ist hinsichtlich der Besteuerung der Schenkung unproblematisch, da die Steuer noch nicht entstanden war. Die Aufhebung nach Vollzug stellt ein rückwirkendes Ereignis dar, wobei sich die materielle Rückwirkung aus dem hier vertretenen Rechtsfolgenansatz ergibt. Unter dem Aspekt der Rückschenkung löst die Aufhebung, unabhängig davon, ob die Aufhebung vor oder nach dem Schenkungsvollzug erfolgte, keine Steuer aus.

[1192] Siehe oben § 3 II. 2. d).

§ 22 Rückschenkung

I. Zivilrecht

1. Begriff der Rückschenkung

Die Rückschenkung ist kein eigenständiger Vertragstypus des BGB. Es handelt sich vielmehr um eine normale Schenkung im Sinne der §§ 516 ff. BGB, bei der die Besonderheit darin besteht, dass der Schenker der Rückschenkung den Schenkungsgegenstand durch ein früheres Rechtsgeschäft von dem Beschenkten der Rückschenkung erworben hatte. Die causa des früheren Vermögenserwerbs muss nicht unbedingt ihrerseits eine Schenkung gewesen sein. Ihm kann auch ein entgeltliches Rechtsgeschäft zugrunde liegen. Im Folgenden soll aber von einer ursprünglichen Schenkung ausgegangen werden.

2. Abgrenzungen

a) Rückschenkung und Aufhebungsvertrag

Hier ist zunächst festzuhalten, dass das Zivilrecht einerseits die Schenkung in den §§ 516 ff. BGB regelt, andererseits die Möglichkeit der Vertragsaufhebung als Ausfluss der in § 311 Abs. 1 BGB manifestierten Vertragsfreiheit allgemein anerkannt ist[1193]. Es verbietet sich daher von vornherein, in jeder Vertragsaufhebung eine Rückschenkung zu sehen, da anderenfalls die Möglichkeit des Aufhebungsvertrags leer laufen würde.

In rechtsdogmatischer Sicht halten sich die Abgrenzungsprobleme in Grenzen, da es sich um zwei verschiedene Vertragstypen handelt[1194]. Beim Aufhebungsvertrag wird Bezug auf die causa des ursprünglichen Vermögenserwerbs genommen und diese aufgehoben. Der status quo ante soll wieder hergestellt werden, wobei es genau genommen um die Herstellung des Zustandes geht, der vorläge, wenn die Schenkung von Anfang nie stattgefunden hätte. Die Rückabwicklung erfolgt, soweit nichts anderes vereinbart wurde, nach Bereicherungsrecht unter Ausgleich der gezogenen Nutzungen und gegebenenfalls Ersatz der getätigten Aufwendungen[1195]. Demgegenüber fehlt bei einer Rückschenkung der innere Zusammenhang[1196] zu dem früheren Vermögenserwerb. Der status quo ante soll gerade nicht wieder hergestellt

[1193] Siehe oben § 21 I. 1.
[1194] *Flume*, Allgemeiner Teil, Bd. 2, § 33, 5; *Kornexl*, ZEV 2003, 196, 198.
[1195] Siehe oben § 21 I. 1.
[1196] *Kornexl*, ZEV 2003, 196, 198.

werden. Nutzungen und Aufwendungen werden nicht gegenseitig abgegolten. Vielmehr wird der Rückbeschenkte auf der Grundlage einer neuen causa in dem Umfang bereichert, wie ihn der Schenkungsgegenstand der Rückschenkung hergibt.

Ob ein Aufhebungsvertrag oder eine Rückschenkung vorliegt, ist nach dem Willen der Parteien zu entscheiden. In tatsächlicher Hinsicht können insoweit Abgrenzungsprobleme bei der Feststellung des Parteiwillens auftreten. Fraglich ist insbesondere der Fall, in dem die Parteien die ursprüngliche Schenkung aufheben wollen, aus praktischen Gründen aber auf den Ausgleich von Nutzungen und Verwendungen verzichten. Der Schenkungsgegenstand wird sowohl bei der Rückschenkung als auch bei der Aufhebung zurückgegeben. Materiell entspräche diese Konstellation eher der Rückschenkung, da bei dieser die Nutzungen und Verwendungen gerade nicht ausgeglichen werden. Allerdings wird bei steuerrechtlich redlichen Parteien auf den Nutzungs- und Verwendungsausgleich nur verzichtet werden, wenn der Ausgleich sich in etwa die Waage halten wird. Es wird dann im Prinzip doch ein Nutzungs- und Verwendungsausgleich vorgenommen, der lediglich nur nicht praktisch durchgeführt wird, weil er auf ein Nullsummenspiel hinausliefe und aus praktischen Gründen zu umständlich wäre. In der Sache bleibt es dann aber bei einem Aufhebungsvertrag, der lediglich vom klassischen Aufhebungsvertrag abweicht, bei dem auch die Nutzungen und Verwendungen ausgeglichen werden.

b) Rückschenkung und Vergleich

Ein Vergleich ist nach § 779 BGB gegeben, wenn die Parteien einen Vertrag schließen, durch den der Streit oder die Ungewissheit über ein Rechtsverhältnis im Wege des gegenseitigen Nachgebens beseitigt wird[1197]. Demgegenüber verfolgt eine Schenkung nach § 516 Abs. 1 BGB das Ziel der Bereicherung. Einer unentgeltlichen Vermögensrückgabe liegt danach ein Vergleich zugrunde, wenn sie Ergebnis einer Streitbeilegung oder einer Klärung einer Ungewissheit ist. Dient sie dagegen dem Zweck, den Rückbeschenkten zu bereichern, ist eine Schenkung gegeben. Rückschenkung und Vergleich schließen sich demnach aus. Eine Verfügung aufgrund eines Vergleiches kann nicht gleichzeitig eine Verfügung aufgrund einer Schenkung sein.

[1197] Siehe unten § 27 I.

3. Rückschenkung vor und nach Vollzug der ursprünglichen Schenkung

Als obligatorischer Vertrag, der unabhängig von der ursprünglichen Schenkung geschlossen wird, kann eine Rückschenkung unabhängig vom Vollzugsstadium der Schenkung erfolgen. In der Regel wird jedoch bei einer noch nicht vollzogenen Schenkung kein Rückschenkungs-, sondern ein Aufhebungsvertrag anzunehmen sein. Vor Schenkungsvollzug wird die Rückschenkung so vollzogen, dass der Rückschenker auf die Forderung aus dem Schenkungsversprechen verzichtet. Zum Vollzug der Schenkung kommt es dann nicht mehr. Der Verzicht wird im Wege des Erlassvertrages nach § 397 BGB verwirklicht. Dieser ist dingliches Vollzugsgeschäft der Rückschenkung. Das bedeutet, dass ein Forderungsverzicht nur dann eine Rückschenkung ist, wenn das Grundgeschäft eine Rückschenkung ist[1198]. Da es auf den Entstehungsgrund der Forderung, auf die verzichtet wird, nicht ankommt, gelten für den Verzicht auf eine Forderung aus einem Schenkungsversprechen insoweit keine Besonderheiten. Nach dem Vollzug der Schenkung erfolgt der Vollzug der Rückabwicklung nicht durch Erlass, sondern durch ein „normales“ weiteres Vollzugsgeschäft in umgekehrter Richtung

II. Steuerrecht

1. Vorbemerkung zur Terminologie

In der Literatur wird mitunter jeder schenkungsteuerpflichtige Rückabwicklungsvorgang als Rückschenkung bezeichnet. Hier soll nur die echte, d. h. zivilrechtliche Rückschenkung behandelt werden.

2. Auswirkungen der Rückschenkung auf die Besteuerung der Schenkung

a) Bei Rückschenkung vor Vollzug der Schenkung

Erfolgt die Rückschenkung vor dem Vollzug der ursprünglichen Schenkung, bleibt das für die Schenkung ohne steuerliche Auswirkung. Da die Schenkung nicht vollzogen war, war eine Steuer noch nicht entstanden. Da es wegen der Rückschenkung auch nicht mehr zum Vollzug kommen wird, wird auch keine Schenkungsteuer mehr entstehen.

[1198] Vgl. *Heinrichs* in Palandt, BGB, § 397 Rz. 3; *Kollhosser* in MünchKomm-BGB-, § 517 Rz. 3.

b) Bei Rückschenkung nach zivilrechtlichem Vollzug

Erfolgt die Rückschenkung nach zivilrechtlichem Vollzug, war die Schenkungsteuer zunächst entstanden. Es stellt sich die Frage, ob die Rückschenkung ein rückwirkendes Ereignis darstellt mit der Folge der Erstattung der angefallenen Schenkungsteuer. Da die Rückschenkung zivilrechtlich die ursprüngliche Schenkung unberührt lässt, kann über § 41 Abs. 1 Satz 1 AO keine materielle Rückwirkung begründet werden. Auch § 29 Abs. 1 Nr. 1 ErbStG hilft nicht weiter. Zwar könnte man die Forderung aus einem Rückschenkungsversprechen noch unter den Begriff des Rückforderungsrechts subsumieren. Wie beim Aufhebungsvertrag wurde diese Verbindlichkeit jedoch freiwillig begründet, sodass von „musste" im Sinne von § 29 Abs. 1 Nr. 1 ErbStG nicht gesprochen werden kann. Indes ergibt sich die materielle Rückwirkung aus dem hier vertretenen Rechtfolgenansatz, zumindest hinsichtlich der für die Besteuerung maßgebenden Vermögenssubstanz. Denn der Rückschenker hat die Verpflichtung, den ursprünglich erhaltenen Gegenstand an den Schenker zurückzuverfügen. Dass diese Verpflichtung aus einem Rückschenkungsvertrag resultiert, spielt keine Rolle, denn entscheidend ist, dass sich die Vermögenssubstanz nun wieder beim Schenker befindet und daher die Rechtfertigung für die Schenkungsteuer, nämlich der dauerhafte Vermögensübergang in der Generationenfolge, weggefallen ist. Dieses Ergebnis steht auch nicht im Widerspruch zu der hier im Fall des Rückfalls von Todes wegen vertretenen Auffassung, bei dem die Besteuerung der Schenkung aufrechterhalten bleibt[1199]. Der Unterschied liegt nämlich darin, dass es hier nicht zu dem Ausnahmefall kommt, dass die jüngere Generation vor der älteren verstirbt und somit eine Besteuerungsebene wegfällt. Wenn in der Folgezeit der ursprüngliche Schenker verstirbt, kommt es zu einer erneuten Besteuerung. Es würde aber eine systemwidrige Doppelbesteuerung darstellen, wenn zusätzlich die Besteuerung der Schenkung erfolgen würde. Denn die Schenkungsbesteuerung erfolgt nur aus Umgehungsverhinderungszwecken[1200]. Da hier die Besteuerung im Erbfall aber gegeben ist, bedarf es keiner Schenkungsbesteuerung.

c) Bei Rückschenkung nach steuerrechtlichem Vollzug

Erfolgt die Rückschenkung eines Grundstücks noch vor der Eintragung und wird die Auflassung aufgehoben, so dass es zur Eintragung nicht mehr kommt, kann die Steuer nach den Grundsätzen der Rechtsprechung schon entstanden gewesen sein, wenn und weil die Eintra-

---

[1199] Siehe unten § 24 III.
[1200] Siehe oben § 2 II. 2.

gungsbewilligung erklärt wurde[1201]. Nach einer neueren Entscheidung des BFH soll die Steuer dann aber doch noch nicht entstanden gewesen sein, da Voraussetzung sei, dass die Eintragung nachfolge[1202]. Wie beim Aufhebungsvertrag sollte man konsequenterweise aber auch hier von einer vollzogenen Schenkung ausgehen und die Steuererstattung mit den hier[1203] erörterten Argumenten begründen[1204].

3. Nutzungen

Bei der Rückschenkung kommt es nicht zur Nutzungsherausgabe. Insoweit entspricht die Situation derjenigen bei auflösend bedingten Schenkungen ohne Rückbeziehungsvereinbarung nach § 159 BGB[1205]. Es ergeben sich auch keine einkommensteuerrechtlichen Änderungen.

4. Steuerpflicht der Rückschenkung

a) Bei Rückschenkung vor Schenkungsvollzug

Wird eine Rückschenkung noch vor dem Schenkungsvollzug vereinbart, erfolgt typischerweise ein Verzicht auf die Forderung aus dem Schenkungsvertrag. Es ist allgemein anerkannt und vom ErbStG her auch eindeutig, dass der schenkweise Forderungsverzicht grundsätzlich eine steuerpflichtige freigebige Zuwendung nach § 7 Abs. 1 Nr. 1 ErbStG darstellt[1206]. Denn mit dem Abschluss des Rückschenkungsvertrages ist der Tatbestand des § 7 Abs. 1 Nr. 1 ErbStG erfüllt, mit dem Abschluss des Erlassvertrages die Schenkung nach § 9 Abs. 1 Nr. 2 ErbStG ausgeführt. Das gilt freilich nicht für den Verzicht auf den Anspruch aus einem Schenkungsversprechen. Das bloße Schenkungsversprechen löst noch keine Steuer aus[1207]. Da der Anspruch selbst noch nicht als steuerbare Vermögensmehrung gewertet wird, kann auch sein Wegfall keine Steuer auslösen[1208]. Das erscheint auf den ersten Blick denkwidrig, da der gleiche Sachverhalt „Forderungsverzicht" unterschiedlich behandelt wird. Die unterschiedliche Betrachtung folgt aber aus der Regelung des

1201 Siehe oben § 4 III. 2.
1202 BFH BStBl. II 2002, 781.
1203 Siehe oben II. 2. b).
1204 Siehe oben § 21 II. 2. c).
1205 Siehe oben § 15 II. 3. a).
1206 *Gebel* in Troll/Gebel/Jülicher, ErbStG, § 7 Rz. 22, 31, 34.
1207 *Meincke*, ErbStG, § 7 Rz. 46 f.
1208 *Gebel* in Troll/Gebel/Jülicher, ErbStG, § 7 Rz. 48.

§ 9 Abs. 1 Nr. 2 ErbStG. Während der derivative unentgeltliche Forderungserwerb grundsätzlich als erbschaftsteuerliche Bereicherung gesehen wird[1209], legt § 9 Abs. 1 Nr. 2 ErbStG fest, dass die durch das Schenkungsversprechen begründete Forderung noch keine Bereicherung darstellt. Diese Regelung ist zwar nicht ohne weiteres einsichtig[1210], kann aber nicht ignoriert werden. Insofern ist es entgegen *Hartmann*[1211] keineswegs unerheblich, ob der Beschenkte die Forderung durch Schenkung erworben hat oder nicht. Erfasst werden aber nur die durch Schenkung begründeten Forderungen, soweit nicht die Forderung selbst Gegenstand der Schenkung sein sollte. War die Forderung selbst Gegenstand der Schenkung, dinglich vollzogen durch Einräumung oder Abtretung, dann ist der Verzicht auf die zugewendete Forderung selbstverständlich eine freigebige Zuwendung, wenn dem Verzicht die causa Rückschenkung zu Grunde liegt. Mit Abtretung oder Einräumung der Forderung war in den Fällen der Forderungsschenkung die Schenkung dann allerdings auch ausgeführt im Sinne von § 9 Abs. 1 Nr. 2 ErbStG.

b) Bei Rückschenkung nach Schenkungsvollzug

Da die Rückschenkung eine Schenkung im Sinne der §§ 516 ff. BGB ist, ist der Tatbestand des § 7 Abs. 1 Nr. 1 ErbStG erfüllt. Für die Ausführung im Sinne des § 9 Abs. 1 Nr. 2 ErbStG gelten keine Besonderheiten. Ein anderes Ergebnis ergibt sich auch nicht aus § 13 Abs. 1 Nr. 10 ErbStG. Die Vorgängervorschrift zu § 13 Abs. 1 Nr. 10 ErbStG, der § 18 Abs. 1 Nr. 13 ErbStG 1959[1212], unterschied nicht zwischen dem Rückfall durch Schenkung und dem durch Erbfall. Dementsprechend ergab sich aus § 18 Abs. 1 Nr. 3 ErbStG 1959 die Steuerfreiheit der Rückschenkung[1213]. Mit Verabschiedung des ErbStG 1974[1214] hat der Gesetzgeber § 13 Abs. 1 Nr. 10 ErbStG auf die Rückfälle von Todes wegen beschränkt und die Rückfälle durch Schenkung von der Steuerbefreiung ausgenommen[1215]. *Troll*[1216] hatte früher vertreten, dass § 13 Abs. 1 Nr. 10 i. V. m. § 1 Abs. 2 ErbStG auch bei Schenkungen anzuwenden sei, da der objektive Gesetzestext die Schenkung nicht eindeutig ausschließe und daher die rein subjektiven Absichten des Gesetzgebers zurücktreten müssen. Der Wortlaut

---

[1209] *Meincke*, ErbStG, § 7 Rz. 46 f.
[1210] *Meincke*, ErbStG, § 7 Rz. 46 ff.; *Moench*, ErbStG, § 7 Rz. 125.
[1211] UVR 2003, 98, 102.
[1212] BGBl. I 1959, 187.
[1213] *Megow*, ErbStG, § 18 XIII.
[1214] BGBl. I 1974, 933.
[1215] BT-Drucks. VI/ 3418, S. 68; BFH BStBl. II 1986, 622; 1997, 625, 626; *Crezelius*, Erbschaft- und Schenkungsteuer, S. 115; *Kien-Hümbert* in Moench, ErbStG, § 13 Rz. 62; *Viskorf* in Viskorf/Glier/Hübner/Knobel/Schuck, ErbStG, § 13 Rz. 64.
[1216] Vgl. *Kapp*, FR 1977, 544, 545.

spricht indes ausdrücklich von „von Todes wegen“. *Jülicher*[1217] ist zuzustimmen, dass der Normzweck des § 13 Abs. 1 Nr. 10 ErbStG, die Verhinderung der Dreifachbesteuerung, auch für den Rückfall durch Schenkung zutrifft. Nach hier vertretener Auffassung, nach der eine Aufrechterhaltung der Besteuerung der Schenkung im Fall der Rückschenkung abzulehnen ist, ergäbe sich immer noch eine Doppelbesteuerung, nämlich durch die zusätzliche Besteuerung beim Erbfall. Das Erbschaft- und Schenkungsteuerrecht will aber nur den endgültigen Vermögensübergang von einer Generation zur nächsten erfassen und nicht jeglichen wechselseitigen Vermögenstransfer zwischen den Generationen. Die Herausnahme der Rückschenkung aus dem Befreiungstatbestand des § 13 Abs. 1 Nr. 10 ErbStG muss daher als systemwidrig angesehen werden. Überzeugen kann auch nicht die Begründung des Gesetzgebers, dass unzulässige Korrekturen der Erbfolge bei der Erbauseinandersetzung verhindert werden sollten. Das ist nämlich keine Frage von § 13 Abs. 1 Nr. 10, sondern betrifft die Problematik der Kettenschenkung. Angesichts des eindeutigen Wortlauts und der Entstehungsgeschichte des § 13 Abs. 1 Nr. 10 ErbStG muss die gegenwärtige Systemwidrigkeit im Ergebnis hingenommen werden.

III. Ergebnis

Die Rückschenkung stellt nach dem Rechtsfolgenansatz ein materiell rückwirkendes Ereignis bezüglich der Schenkung dar mit der Folge des Erlöschens des Steueranspruchs. Sie ist ihrerseits steuerpflichtig, da § 13 Abs. 1 Nr. 10 ErbStG in systemwidriger Weise die Rückschenkung nicht von der Steuer befreit.

[1217] *Jülicher* in Troll/Gebel/Jülicher, ErbStG, § 13 Rz. 120.

§ 23 Steuerklauseln

I. Begriff, Arten, Zweck

Unter einer sogenannten Steuerklausel wird eine in ein Rechtsgeschäft aufgenommene Bestimmung verstanden, nach der das Rechtsgeschäft aufgehoben oder als nicht abgeschlossen angesehen werden soll, wenn es eine für die Beteiligten ungünstigere als von ihnen vorgestellte steuerrechtliche Beurteilung der zuständigen Stelle – Finanzamt oder Finanzgericht – erfährt[1218].

Unterschieden werden üblicherweise positive und negative Steuerklauseln. Während bei negativen Steuerklauseln das gesamte Rechtsgeschäft vernichtet wird[1219], wirken positive nur vertragsändernd bezüglich des steuerlich nicht anerkannten Teils[1220]. Die in Gesellschaftsverträgen verwendete Steuerklausel wird Satzungsklausel genannt. Daneben kann man auch zwischen ausdrücklichen und stillschweigenden Steuerklauseln differenzieren[1221].

Steuerklauseln dienen als Instrument gegen die Rechtsunsicherheit im Steuerrecht. Komplizierte Gesetze, eine nahezu unüberschaubare Vielzahl von Erlassen, Richtlinien, Verordnungen und eine nicht immer einheitliche Rechtsprechung machen das Steuerrecht mitunter unkalkulierbar[1222]. Hinzu kommen die permanenten Änderungen von Steuergesetzen. Die Möglichkeiten der multimedialen Verbreitung von Gesetzesänderungsvorhaben bereits im Entwurfsstadium tragen ihren Teil zum Steuerchaos[1223] bei. Die Steuerpflichtigen wollen sich daher mit Steuerklauseln gegen eine andere steuerrechtliche Beurteilung durch das Finanzamt oder das Finanzgericht absichern, als von ihnen beabsichtigt war[1224].

[1218] *Balmes*, DStZ 1993, 620, 621 f.; *Beker*, Hinfällige Rechtsgeschäfte, S. 98; *Paulick*, Festschrift Barth, S. 347, 349; *Kruse* in Tipke/Kruse, AO, § 41 Rz. 49; *Theisen*, GmbHR 1980, 132, 134; *von Wallis* in Hübschmann/Hepp/Spitaler, AO, § 175 Rz. 18.

[1219] *Balmes*, DStZ 1993, 620, 621; *Paulick*, Festschrift Barth, S. 347, 350 f.; *Kruse* in Tipke/Kruse, AO, § 41 Rz. 49; *von Wallis* in Hübschmann/Hepp/Spitaler, AO, § 175 Rz. 19.

[1220] *Balmes*, DStZ 1993, 620, 621; *Kruse* in Tipke/Kruse, AO, § 41 Rz. 50; *von Wallis* in Hübschmann/Hepp/Spitaler, AO, § 175 Rz. 20.

[1221] *Kruse* in Tipke/Kruse, AO, § 41 Rz. 50; *von Wallis* in Hübschmann/Hepp/Spitaler, AO, § 175 Rz. 21 f.

[1222] *Balmes*, DStZ 1993, 620, 621; *Rüsken* in Klein, AO, § 175 Rz. 91; *Kruse* in Tipke/Kruse, AO, § 41 Rz. 57.

[1223] Vgl. *Lang* in Tipke/Lang, Steuerrecht, S. VII.

[1224] *Rust*, Das rückwirkende Ereignis im Steuerrecht, S. 136.

II. Zivilrecht

1. Zivilrechtliche Qualifikation

a) Meinungsstand

Im Schrifttum ist streitig, ob es sich bei einer Steuerklausel um eine echte auflösende Bedingung handelt[1225], oder ob Steuerklauseln sogenannte unechte Gegenwartsbedingungen[1226] (*conditio in praesens colluta)* sind. Zum Teil wird auch beides für möglich gehalten[1227].
Der BFH hatte Steuerklauseln zunächst als echte auflösende Bedingung verstanden[1228], später die Frage dann aber ausdrücklich offen gelassen[1229].

b) Stellungnahme

Zunächst ist zu bemerken, dass es sich bei Steuerklauseln nicht immer um Bedingungen handeln muss. Im Bereich der Schenkungen kann die steuerliche Nichtanerkennung ein Rücktritts- oder Widerrufsrecht begründen, wenn der Katalog der zum Rücktritt oder Widerruf berechtigenden Gründe entsprechend gefasst ist. Gegebenenfalls können auch die Grundsätze über den Wegfall der Geschäftsgrundlage eingreifen.
Hinsichtlich der Frage der Art der Bedingung ist die Auffassung vorzugswürdig, die Steuerklauseln als echte auflösende Bedingungen ansieht. Der Gegenseite ist zuzugeben, dass der Steueranspruch mit Erfüllung des Tatbestandes entsteht, und die Festsetzung durch die Finanzverwaltung rein deklaratorisch wirkt und daher an sich objektiv keine Ungewissheit besteht[1230]. Allerdings liegt dem ein nicht richtiges Verständnis des Begriffs des objektiven Ereignisses zugrunde. Vorderhand ist zu berücksichtigen, dass im idealen Rechtsstaat der Steuertatbestand so bestimmt sein muss, dass vorhersehbar ist, ob der Steuertatbestand erfüllt ist oder nicht. Dieser Idealzustand ist realiter nicht erreichbar, weshalb es der Rechts-

---

[1225] *Classen*, BB 1984, 327, 329; *Flume*, DB 1970, 77, 79; *Furkel*, BB 1973, 1541, 1547; *Lagemann*, Die Steuerklausel, S. 98; *Paulick*, Festschrift Barth, S. 347, 360; *von Wallis* in Hübschmann/Hepp/Spitaler, AO, § 175 Rz. 18.

[1226] *Beckmann*, BB 1967, 532, 534; *Beker*, Hinfällige Rechtsgeschäfte, S. 104; *Gaffron*, DB 1971, 297, 298 f.; *Lang* in Tipke/Lang, Steuerrecht, § 7 Rz. 16; *G. Lauer*, Korrekturvorschrift, S. 81; *Theisen*, GmbHR 1980, 132, 138; *Kruse* in Tipke/Kruse, AO, § 41 Rz. 53; *Tipke*, NJW 1968, 865, 867; *Rust*, Das rückwirkende Ereignis im Steuerrecht, S. 136.

[1227] *Balmes*, DStZ 1993, 620, 622; *Meyer-Arndt*, JbFfSt 1979/1980, S. 297, 305, 307.

[1228] BFH BStBl. III 1962, 112, 113.

[1229] BFH BStBl. II 1976, 88, 92; 1993, 296, 297.

[1230] *Beker*, Hinfällige Rechtsgeschäfte, S. 102; *Hellmuth*, Zulässigkeit und Wirkungen von Steuerklauseln, S. 203 f.

wissenschaft quasi systemimmanent ist, bei der Rechtsanwendung im Wege der Auslegung zu unterschiedlichen Ergebnissen zu kommen. Ungewiss im vorliegenden Zusammenhang ist daher das Ergebnis der Auslegung, was zu einer Ungewissheit der objektiven Rechtslage führt. Auch wenn Steuerklauseln gegebenenfalls so formuliert sind, dass sie auf die Anerkennung durch die Finanzverwaltung oder die Finanzgerichte abstellen, geht es nicht um die Gnade dieser Stellen, sondern um die Anwendung des objektiven Rechts, an das diese Stellen nach Art. 20 Abs. 3 GG gebunden sind. Entscheidend ist, dass vor einer rechtskräftigen Entscheidung der Finanzgerichte niemand sagen kann, ob der Steuertatbestand im konkreten Fall erfüllt ist oder nicht. Dass die AO von ihrer Dogmatik her auf den Zeitpunkt der Tatbestandverwirklichung abstellt, ist letztlich eine Fiktion, die der Gesetzgeber für das Besteuerungsverfahren gewählt hat. Aus der Unkenntnis der Parteien und dieser abgabenrechtlichen Fiktion kann aber nicht auf objektive Gewissheit im Sinne der §§ 158 ff. BGB geschlossen werden. Bei der Frage der objektiven Ungewissheit ist nämlich nicht ein allwissender Betrachter als Vergleichmaßstab heranzuziehen[1231]. Würde man das tun, gäbe es überhaupt keine objektive Ungewissheit. Vergleichsmaßstab ist vielmehr das menschliche Erkenntnisvermögen[1232]. Zur Zeit des Vertragsschlusses kann aber niemand sagen, ob der Steuertatbestand im konkreten Fall erfüllt ist oder nicht. Das steht erst mit der bestandskräftigen Entscheidung der Finanzverwaltung oder mit einer rechtskräftigen Gerichtsentscheidung fest. Bis dahin besteht der für die objektive Ungewissheit typische Schwebezustand[1233], der sich eben nicht ohne weiteres sofort beheben lässt.

2. Rechtsfolgen

Die Rückabwicklung einer Schenkung richtet sich danach, ob die Steuerklausel als auflösende Bedingung ausgestaltet war oder zum Rücktritt oder zum Widerruf berechtigt. Je nachdem sind die Rechtsfolgen zu bestimmen. Die Rückabwicklungen einer Schenkung im Fall der auflösenden Bedingung[1234], des Rücktritts[1235] und des Widerrufs[1236] sind bereits erörtert worden.

[1231] *Larenz/Wolf*, BGB AT, 8. Aufl., § 50 Rz. 28 f.
[1232] *Larenz/Wolf*, BGB AT, 8. Aufl., § 50 Rz. 28 f.
[1233] *Larenz/Wolf*, BGB AT, 8. Aufl., § 50 Rz. 28 f.
[1234] Siehe oben § 15 I. 3. a).
[1235] Siehe oben § 16 I. 3.
[1236] Siehe oben § 17 I. 3.

III. Steuerrecht

1. Auswirkungen der Rückabwicklung

Auch die steuerlichen Auswirkungen der Rückabwicklung hängen von der zivilrechtlichen Qualifikation der Klauseln ab. Zu den steuerlichen Folgen bei Rückabwicklung der Schenkung wegen Eintritts einer auflösenden Bedingung, wegen Widerrufs oder Rücktritts wurde bereits Stellung genommen[1237].

2. Steuerrechtliche Zulässigkeit von Steuerklauseln

a) Problem

Steuerklauseln könnten in Widerspruch zu steuerrechtlichen Grundsätzen stehen mit der Folge, dass sie steuerrechtlich unbeachtlich und gegebenenfalls wegen § 134 BGB auch zivilrechtlich unwirksam sind. Diskutiert werden in diesem Zusammenhang der Grundsatz der Unabänderlichkeit des einmal entstandenen Steueranspruchs, die Schwebezustandsfeindlichkeit des Steuerrechts und die Frage des Missbrauchs von Gestaltungsmöglichkeiten des bürgerlichen Rechts[1238]. Daneben ist auch die Maßgeblichkeit des Zivilrechts zu diskutieren.

b) Meinungsstand

Die ganz überwiegende Meinung im Schrifttum hält Steuerklauseln unter Verweis auf die §§ 41 Abs. 1 Satz 1, 175 Abs. 1 Satz 1 Nr. 2 AO für zulässig[1239]. Auf die Streitfrage, ob es sich um eine echte auflösende oder um eine unechte Gegenwartsbedingung handelt, komme es nicht an, da Rechtsfolge einer vereinbarten Gegenwartsbedingung die Unwirksamkeit des Rechtsgeschäfts sein soll[1240]. Im neueren Schrifttum geht – soweit ersichtlich – nur

---

[1237] Siehe oben §§ 15, 16, 17.

[1238] Vgl. *Balmes*, DStZ 1993, 620, 623; *Meyer-Arndt*, JbFfSt 1979/1980, S. 297, 308; *Rust*, Das rückwirkende Ereignis im Steuerrecht, S. 139.

[1239] *Balmes*, DStZ 1993, 620, 623; *Kottke*, InfStW 1982, 224, 225; *Lang* in Tipke/Lang, Steuerrecht, § 7 Rz. 16; *G. Lauer*, Korrekturvorschrift, S. 78; *Meyer-Arndt*, JbFfSt 1979/1980, S. 297, 313; *Seer* in Tipke/Lang, Steuerrecht, § 21 Rz. 444; *Kruse* in Tipke/Kruse, AO, § 41 Rz. 57; *Zenthöfer*, DStZ 1987, 185, 186.

[1240] *Hefermehl* in Erman, BGB, vor §§ 158 Rz. 6 und *Westermann* in MünchKomm-BGB-, § 158 Rz. 52 nehmen bei einer Gegenwartsbedingung die analoge Anwendung der §§ 158 ff. BGB an, woraus sich auch die Unwirksamkeit des Rechtsgeschäfts ergibt.

Rüsken[1241] von einer Unwirksamkeit der Steuerklauseln aus. Die Rechtsordnung bürde dem Einzelnen das Risiko auf, die Rechtsfolgen seines Verhaltens auch bei unklarer Rechtslage hinzunehmen[1242].

Die Rechtsprechung hatte zunächst Steuerklauseln als zulässige auflösende Bedingung verstanden[1243], die steuerrechtliche Zulässigkeit dann später offen gelassen[1244].

c) Diskussion

Die steuerrechtliche Beachtlichkeit ergibt sich bereits aus der Maßgeblichkeit des Zivilrechts[1245]. Das gilt jedenfalls für Steuertatbestände, die an zivilrechtliche Tatbestände anknüpfen. Die Schenkungsteuer besteuert den Vermögensübergang aufgrund des Rechtsgeschäfts Schenkung, knüpft also unmittelbar an die §§ 516 ff. BGB an. Darüber hinaus ist das Zivilrecht im Erbschaft- und Schenkungsteuerrecht maßgeblich und für wirtschaftliche Überlegungen kein Raum[1246]. Das Zivilrecht erlaubt den Parteien in den §§ 158 ff. BGB privatautonom jedes beliebige Ereignis zur Bedingung eines Rechtsgeschäfts zu machen. Wenn das Steuerrecht an zivilrechtliche Rechtsgeschäfte anknüpft, dann hat es auch alle vom Zivilrecht gedeckten Gestaltungen – vom Missbrauch abgesehen – zu akzeptieren. Das bringen auch die §§ 41, 42 AO zum Ausdruck.

Der sogenannte Grundsatz der Unabänderlichkeit des entstandenen Steueranspruchs steht einer Steuerklausel nicht entgegen. Zum einen ist der Grundsatz selbst in Zweifel zu ziehen, da es keine Rechtsnorm gibt, die ihn festlegt[1247]. Zum anderen handelt es sich eben nur um einen Grundsatz. § 41 Abs. 1 Satz 1 AO ist als systematische Ausnahmebestimmung zu sehen[1248], die durch § 175 Abs. 1 Satz 1 Nr. 2 AO verfahrensrechtlich abgesichert ist. Steuerklauseln sind auch keine privaten Abreden über den Steueranspruch, sondern zulässige Vereinbarungen zwischen Privaten[1249], die deshalb zum Problem des Steuerrechts werden, weil das Steuerrecht an zivilrechtliche Vorgänge anknüpft. Ob der Steuertatbestand erfüllt ist,

[1241] *Rüsken* in Klein, AO, § 175 Rz. 92; früher auch *Grass*, StuW 1967, 449, 462 ff.
[1242] *Rüsken* in Klein, AO, § 175 Rz. 92.
[1243] BFH BStBl. III 1962, 112, 113.
[1244] BFH BStBl. II 1993, 296, 297.
[1245] Vgl. *Meyer-Arndt*, JbFfSt 1979/1980, S. 297, 305 ff.; *Paulick*, Festschrift Barth, S. 347, 370.
[1246] Siehe oben § 2 I. 4.
[1247] *Meyer-Arndt*, JbFfSt 1979/1980, S. 297, 308; *Rust*, Das rückwirkende Ereignis im Steuerrecht, S. 139; siehe oben § 6 II. 2.
[1248] *Balmes*, DStZ 1993, 620, 623; *G. Lauer*, Korrekturvorschrift, S. 78; *Kruse* in Tipke/Kruse, AO, § 41 Rz. 57.
[1249] *G. Lauer*, Korrekturvorschrift, S. 79; *Kruse* in Tipke/Kruse, AO, § 41 Rz. 57.

hängt auch nicht von der Vereinbarung, sondern von dem Sachverhalt ab, der in Frage steht[1250].

Wie die §§ 164 ff. AO zeigen, ist das Steuerrecht auch nicht schwebezustandsfeindlich[1251]. Ein Missbrauch der Gestaltungsmöglichkeiten des bürgerlichen Rechts soll darin liegen, dass der Steuerpflichtige mit Hilfe von Steuerklauseln austesten könne, ob die Finanzverwaltung die gewählte Rechtsgestaltung als steuerpflichtig ansieht. Die Steuerklausel müsse daher dem Finanzamt unverzüglich offenbart werden[1252]. Die Berufung auf die Steuerklausel erst bei Bemerken der Gestaltung durch die Finanzverwaltung sei missbräuchlich, da es gegenüber der Finanzverwaltung treuwidrig sei, die unklare steuerliche Rechtslage nicht von Anfang an der Klärung herbeigeführt zu haben[1253]. Dagegen ist vorzubringen, dass es keine gesetzliche Vorschrift gibt, die eine derartige Pflicht vorschreibt[1254]. Hinzukommt, dass der Fiskus nach hier vertretener Ansicht keinen Vertrauensschutz bei Steuerarten besitzt, bei denen er an das bürgerliche Recht unmittelbar anknüpft. Der Staat bedarf keinen Privatrechtssubjekten vergleichbaren Schutzes, da er selbst die Besteuerungsgrundlagen festlegen kann. Beim Erbschaft- und Schenkungsteuerrecht hat er sich dafür entschieden, den Vermögenssubstanzübergang im Erbfall und bei Schenkungen zu besteuern. Zu diesem kommt es aber bei Eingreifen einer Schenkungsteuerklausel nicht, wenn die Schenkung entsprechend rückabgewickelt wird.

Unhaltbar ist das Argument von *Rüsken*[1255], wonach der Bürger unklare Rechtslagen hinnehmen müsse. Steuerrecht ist Eingriffsrecht. Das Rechtsstaatsprinzip erfordert dafür klar bestimmte und vorhersehbare Gesetze. Dass unklare Rechtslagen durch verschiedene Rechtsauffassungen entstehen können, lässt sich nicht vermeiden. Vor dem Hintergrund des verfassungsrechtlich abgesicherten Rechtsstaatsprinzips[1256] müssen Unklarheiten aber im Zweifel zu Lasten des Staates und nicht zu Lasten des Bürgers gehen. Daher kann es den Bürgern untereinander nicht genommen werden, sich zivilrechtlich gegen Rechtsunsicherheiten abzusichern.

1250 *Beker*, Hinfällige Rechtsgeschäfte, S. 108; *G. Lauer*, Korrekturvorschrift, S. 79; *Paulick*, Festschrift Barth, S. 347, 359; *Wiebe*, Steuerklausel und Satzungsklausel, S. 39.

1251 *Balmes*, DStZ 1993, 620, 623; *Meyer-Arndt*, JbFfSt 1979/1980, S. 297, 310; *Rust*, Das rückwirkende Ereignis im Steuerrecht, S. 140; *Kruse* in Tipke/Kruse, AO, § 41 Rz. 57.

1252 *Flume*, DB 1970, 77, 80; *Knobbe-Keuk*, Bilanz- und Unternehmenssteuerrecht, § 19 I 3 e) bb); im Anschluß daran BFH BStBl. II 1993, 296, 297.

1253 *Flume*, DB 1970, 77, 80; *Knobbe-Keuk*, Bilanz- und Unternehmenssteuerrecht, § 19 I 3 e) bb); BFH BStBl. II 1993, 296, 297.

1254 *Balmes*, DStZ 1993, 620, 624; *Loose* in Tipke/Kruse, AO, § 175 Rz. 42; Rust, Das rückwirkende Ereignis im Steuerrecht, S. 140.

1255 In *Klein*, AO, § 175 Rz. 92.

1256 *Degenhart*, Staatsrecht I, Rz. 201 ff.

IV. Ergebnis

Die Zulässigkeit von Steuernklauseln in Schenkungsverträgen unterliegt keinen Bedenken. Abzulehnen ist die Auffassung, die auch vom BFH vertreten wird, wonach Steuerklauseln unverzüglich dem Finanzamt bekannt zu geben sind. Die Rückabwicklung der Schenkung richtet sich nach der zivilrechtlichen Qualifizierung der Steuerklausel als auflösende Bedingung, Rücktritts- oder Widerrufsrecht.

§ 24 Rückfall von Todes wegen

I. Grundproblematik

Im Folgenden geht es um den Fall, dass der Beschenkte verstirbt und vom Schenker beerbt wird. Wäre dieser Erbfall steuerpflichtig, droht bei Tod des Schenkers oder einer erneuten schenkweisen Verfügung eine Dreifachbesteuerung[1257] ein und desselben Vermögens, obwohl nur ein Übergang von einer Generation zur nächsten stattgefunden hat. Der Gesetzgeber hat daher in § 13 Abs. 1 Nr. 10 ErbStG den Rückfall von Todes wegen in bestimmten Fällen von der Steuer befreit.

II. Meinungsstand zu § 13 Abs. 1 Nr. 10 ErbStG

Als gesicherte Erkenntnis – nicht zuletzt wegen des eindeutigen Wortlauts – können folgende Punkte angesehen werden. Die Steuerbefreiung gilt nur zwischen Eltern, Voreltern und ihren Abkömmlingen. Ein Abkömmling muss unentgeltlich durch Schenkung einen Vermögensgegenstand erworben haben[1258] und die Beteiligten müssen identisch sein, d. h. der Rückerwerb von Todes wegen muss durch den Schenker erfolgen[1259]. Mit Verabschiedung des ErbStG 1974[1260] hat der Gesetzgeber § 13 Abs. 1 Nr. 10 ErbStG auf die Rückfälle von Todes wegen beschränkt und die Rückfälle durch Schenkung von der Steuerbefreiung ausgenommen[1261].

Hauptstreitpunkt im Zusammenhang mit dem steuerbefreiten Rückfall ist die Frage nach der sogenannten Nämlichkeit, der Identität des geschenkten und des zurückgefallenen Vermögens. Problematisch ist insoweit, ob nur der Rückfall des geschenkten Vermögensgegenstandes, oder auch der Rückerwerb von Surrogaten steuerbefreit ist oder ob es ausreicht, dass das Geschenk seinem Werte nach noch im Nachlass enthalten ist. Während § 11 Nr. 4g ErbStG 1906[1262] nur den Rückfall von Sachen regelte, verwendete das Gesetz von 1919 bis 1974 den

[1257] *Crezelius*, Erbschaft- und Schenkungsteuer, S. 115; *Kapp/Ebeling*, ErbStG, § 13 Rz. 76; *Jülicher* in Troll/Gebel/Jülicher, ErbStG, § 13 Rz. 128; *Kien-Hümbert* in Moench, ErbStG, § 13 Rz. 61; *Wolf*, DStR 1988, 563.

[1258] Z. B. *Jülicher* in Troll/Gebel/Jülicher, ErbStG, § 13 Rz. 121.

[1259] *Jülicher* in Troll/Gebel/Jülicher, ErbStG, § 13 Rz. 121; *Viskorf* in Viskorf/Glier/Hübner/Knobel/Schuck, ErbStG, § 13 Rz. 65.

[1260] BGBl. I 1974, 933.

[1261] Siehe oben § 22 II. 4. b).

[1262] RGBl. 1906, 620, 659.

Begriff des Vermögens[1263]. Seitdem ist in § 13 Abs. 1 Nr. 10 ErbStG von Vermögensgegenständen die Rede[1264].

Der BFH[1265] hat mit seinem grundlegenden Urteil vom 22. Juni 1994 entschieden, dass es nicht mehr auf das wertmäßige Vorhandensein des Schenkungsgegenstandes ankomme[1266], sondern grundsätzlich gegenständliche Identität des Vermögens erforderlich sei[1267]. Der Rückfall von Surrogaten sei danach nicht steuerbefreit. Eine Ausnahme soll nur dort gelten, wo zwischen dem zugewandten und dem zurückgefallenen Vermögensgegenstand bei objektiver Betrachtung Art- und Funktionsgleichheit bestehe[1268]. Begründet wird diese Ansicht mit dem Wortlaut „Vermögensgegenstand" und dem Umstand, dass das ErbStG keine Surrogationsnormen kenne[1269]. Die Rechtsprechung erscheint besonders unbefriedigend in den Fällen, in denen es zu einer zwangsweisen Surrogation etwa durch staatliche Enteignung[1270] gekommen ist[1271]. Darüber hinaus ist zu kritisieren, dass die Formel der „Art- und Funktionsgleichheit" viel zu unbestimmt ist, um klar abgrenzen zu können, welche Rückfälle der Steuerbefreiung unterfallen. Für die Praxis wird daher die Verwendung von Rückfallklauseln[1272] bei der Schenkung empfohlen[1273]. Werterhöhungen infolge der allgemeinen wirtschaftlichen Entwicklung sind unbeachtlich[1274]. Demgegenüber sollen Wertsteigerungen, die durch den Einsatz von Arbeit, Kapital oder durch das Stehenlassen von Gewinnen entstanden sind, mangels Art- und Funktionsgleichheit nicht steuerbefreit sein[1275].

1263 Vgl. § 33 Nr. 6 ErbStG 1919, RGBl. 1919, 1543, 1555; § 22 Nr. 11 ErbStG 1922, RGBl. 1922, 695, 702; § 18 Abs. 1 Nr. 12 ErbStG 1925, RGBl. 1925, 320 325; § 18 Abs. Nr. 12 ErbStG 1951, BGBl. I 1951, 764, 770; § 18 Abs. 1 Nr. 13 ErbStG 1959, BGBl. I 1959, 187, 195.

1264 BGBl. I 1974, 933, 938.

1265 BStBl. II 1994, 656.

1266 So noch BFH BStBl. II 1974, 658 zum Begriff Vermögen.

1267 BFH BStBl. II 1994, 656, 657.

1268 BFH BStBl. II 1994, 656, 657.

1269 BFH BStBl. II 1994, 656, 657.

1270 So der Sachverhalt des hier zu besprechenden Urteils BFH BStBl. II 1994, 656, bei dem der BFH die Art- und Funktionsgleichheit verneinte.

1271 *Jülicher* in Troll/Gebel/Jülicher, ErbStG, § 13 Rz. 124; *Viskorf* in Viskorf/Glier/Hübner/Knobel/Schuck, ErbStG, § 13 Rz. 66.

1272 Vor allem Widerrufs- und Rücktrittsvorbehalt und auflösende Bedingung.

1273 *Felix*, NJW 1994, 2334, 2334 f.; *Kapp/Ebeling*, ErbStG, § 13 Rz. 79; *Kien-Hümbert* in Moench, ErbStG, § 13 Rz. 63, 65; *Jülicher* in Troll/Gebel/Jülicher, ErbStG, § 13 Rz. 120.

1274 BFH BStBl. II 1994, 759, 762; ErbStR 45 (2) S. 4; bestätigt durch BVerfG, NJW 1998, 743.

1275 BFH BStBl. II 1994, 759, 762; ErbStR 45 (2) S. 5, 6; vgl. *Meincke*, ErbStG, § 13 Rz. 35; *Jülicher* in Troll/Gebel/Jülicher, ErbStG, § 13 Rz. 128 f.; *Kien-Hümbert* in Moench, ErbStG, § 13 Rz. 65; *Viskorf* in Viskorf/Glier/Hübner/Knobel/Schuck, ErbStG, § 13 Rz. 69; kritisch *Felix*, BB 1994, 1694.

III. Auswirkung des Rückfalls auf die Besteuerung der Schenkung

Mit der Steuerbefreiung in § 13 Abs. 1 Nr. 10 ErbStG ist noch keine Aussage darüber getroffen, welchen Einfluss der Rückfall auf die Besteuerung der ursprünglichen Schenkung hat. Auch hier ist fraglich, ob in dem Rückfall ein materiell rückwirkendes Ereignis zu sehen ist. Von der zivilrechtlichen gesetzestechnischen Ausgestaltung hat der Erbfall keinen Einfluss auf die frühere Schenkung, weshalb eine Rückwirkung nach § 41 Abs. 1 Nr. 1 AO nicht in Betracht kommt. Auch § 29 Abs. 1 Nr. 1 ErbStG scheidet aus, der Vermögenserwerb kraft gesetzlicher Rechtsnachfolge nach §§ 1922 Abs. 1, 1942 Abs. 1 BGB erfolgt. Für eine materielle Rückwirkung spricht nach dem Rechtsfolgenansatz, dass die geschenkte Vermögenssubstanz an den Schenker zurückgefallen ist und insoweit im Hinblick auf den Schenkungsgegenstand der status hergestellt worden ist, der ohne Schenkung bestehen würde. Gegen eine materielle Rückwirkung ist indes folgende grundsätzliche Überlegung anzuführen. m Normalfall erfolgt die Vererbung des Vermögens in der Folge Eltern, Kind, Enkel. Das bedeutet, dass zwei Vermögensübergänge besteuert werden. Ist das Kind seinerseits kinderlos, erben entweder der Ehegatte oder bei Ehelosigkeit und vorverstorbenen Eltern, die Geschwister des Kindes oder ein durch Testament bestimmter Dritter. Auch in diesem Fall finden zwei steuerpflichtige Erwerbe statt. Tritt dagegen der Fall des § 3 Abs. 1 Nr. 10 ErbStG ein, das heißt die Eltern beerben ihr Kind, weil es keine Enkel gibt[1276], kommt es zu einem zweiten steuerpflichtigen Vorgang erst, wenn die erbenden Eltern ihrerseits versterben oder schenkweise verfügen. Geht man davon aus, dass die in den beiden vorhergehenden Fällen dargestellte zweifache Besteuerung der erbschaftsteuerrechtliche Normalfall ist, dann ist es systemgerecht, auch im Fall des § 13 Abs. 1 Nr. 10 ErbStG die Besteuerung der ursprünglichen Schenkung aufrechtzuerhalten[1277]. Zwar ließe sich einwenden, dass ein Vermögensübergang von nur einer Generation auf die nächste doppelt besteuert wird. Das hängt aber damit zusammen, dass eine Verwandtschaftslinie endet. Denn wären die Eltern vorverstorben, hätte § 13 Abs. 1 Nr. 10 ErbStG überhaupt nicht eingegriffen, und der Erwerb durch die Kindesgeschwister wäre ebenfalls ein zweiter steuerpflichtiger Vorgang gewesen. Daher ist aus systematischen Gründen im Rückfall von Todes wegen kein materiell rückwirkendes Ereignis hinsichtlich der Schenkung zu sehen.

[1276] Vgl. §§ 1924 Abs. 1, 1925 Abs. 1, 1929 Abs. 1 BGB

[1277] *Jülicher* in Troll/Gebel/Jülicher, ErbStG, § 13 Rz. 119 meint, dass nur eine einfache Besteuerung systemgerecht sei.

IV. Systematische Einordnung des Rückfalls

Aus den Ausführungen zur Schenkung ergibt sich zugleich, dass die Vorschrift des § 13 Abs. 1 Nr. 10 ErbStG nicht nur Billigkeitscharakter[1278] hat, sondern notwendiger Bestandteil der Systematik ist, um eine systemgerechte Zweifachbesteuerung statt einer drohenden Dreifachbesteuerung sicherzustellen.

Überträgt man die vorstehenden Überlegungen auf die Frage der Behandlung von Wertsteigerungen des Vermögensgegenstandes und die vom beschenkten Kind gezogenen Früchte, dann müssen auch die Wertsteigerungen und die gezogenen Früchte von der Steuerbefreiung des § 13 Abs. 1 Nr. 10 umfasst sein. Denn in den oben genannten „Normalfällen" wird der Übergang der Wertsteigerungen und der Früchte nur einmal besteuert, nämlich beim Übergang auf die Enkel oder Geschwister. Demgegenüber erfolgt nach derzeitiger Rechtsprechung eine Doppelbesteuerung, nämlich beim Rückfall und beim Tod der Eltern oder einer weiteren schenkweisen Verfügung.

Nicht einsichtig ist auch die Beschränkung des § 13 Abs. 1 Nr. 10 ErbStG auf die dort genannten Personen. Zwar entspricht die Norm hinsichtlich der Schenkung der gesetzlichen Erbfolge und erfasst die typische Situation, dass Eltern bereits zu Lebzeiten ihren Abkömmlingen Vermögensgegenstände zu übertragen pflegen. Das Erbschaft- und Schenkungsteuerrecht beschränkt sich jedoch nicht darauf, nur den Erwerb von den Eltern oder Voreltern zu besteuern. Vielmehr wird in den §§ 1 ff. ErbStG der unentgeltliche Erwerb unabhängig von Verwandtschaftsverhältnissen für steuerpflichtig erklärt. Eine Differenzierung nach dem Angehörigenverhältnis erfolgt erst bei Bestimmung der Höhe der Steuer[1279]. Das ErbStG differenziert auch nicht zwischen dem Erwerb aufgrund gesetzlicher Erbfolge und dem Erwerb aufgrund einer Verfügung von Todes wegen. Es sollte daher *de lege ferenda* jeder Rückfall von Todes wegen an den Schenker unabhängig von den Verwandtschaftsverhältnissen steuerbefreit sein[1280].

Aus dem gleichen Grund ist auch die Herausnahme des Rückfalls durch Schenkung aus dem Befreiungstatbestand systemwidrig. Unabhängig von der untauglichen Begründung des Gesetzgebers[1281] macht das geltende Recht vom Grundsatz her in § 1 Nr. 1 und Nr. 2 ErbStG keinen Unterschied zwischen dem Erwerb von Todes wegen und dem Erwerb durch Schenkung unter Lebenden. Das hat seine Ursache in der Umgehungsverhinderungsfunktion der

---

[1278] So *Crezelius*, Erbschaft- und Schenkungsteuer, S. 120.
[1279] §§ 15 ff. ErbStG.
[1280] *Felix*, NJW 1994, 2334 befürwortet die Steuerbefreiung zumindest für den Rückfall von Todes wegen bei gesetzlicher Erbfolge.
[1281] Siehe oben § 22 II. 4. b).

Schenkungsteuer[1282]. Es ist aber kein Grund ersichtlich, beim Rückfall nur die Erwerbe von Todes wegen zu privilegieren.

V. Ergebnis

Der Rückfall von Todes wegen ist hinsichtlich der Besteuerung der Schenkung kein rückwirkendes Ereignis. Die Steuerbefreiung des § 13 Abs. 1 Nr. 10 ErbStG erfasst aus systematischen Gründen auch den Rückfall von Wertsteigerungen und gezogenen Nutzungen. Sie sollte sich *de lege ferenda* nicht auf den Rückfall zwischen verwandten Personen beschränken.

[1282] Siehe oben § 2 II. 2. a).

§ 25 Pflichtteilsergänzungsansprüche nach §§ 2325 ff. BGB

I. Zivilrecht

1. Normzweck der §§ 2325 ff. BGB und Problemstellungen

Der Erblasser könnte durch Schenkungen vor dem Todesfall die Ansprüche der Pflichtteilsberechtigten faktisch aushöhlen[1283]. Daher ordnet § 2325 BGB an, dass Schenkungen des Erblassers innerhalb der letzten zehn Jahre vor dem Tod bei der Berechnung des Pflichtteilsanspruchs mit einzubeziehen sind. Der Gesetzgeber hat dem Pflichtteilsberechtigten in § 2325 Abs. 1 BGB einen eigenen, dogmatisch vom ordentlichen Pflichtteilsanspruch zu trennenden[1284] Geldanspruch gegen den Erben, den sogenannten Pflichtteilsergänzungsanspruch, eingeräumt. Soweit der Erbe zur Ergänzung des Pflichtteils nicht verpflichtet ist, kann der Pflichtteilsberechtigte nach § 2329 BGB direkt den Beschenkten in Anspruch nehmen.
Im Zusammenhang mit der Rückabwicklung von Schenkungen ergeben sich zivilrechtlich zwei Probleme. Fraglich ist, inwieweit der Fristbeginn nach § 2325 Abs. 3 BGB durch Rücktritts- oder Widerrufsvorbehalte verhindert wird, und ob § 2325 BGB auch nach einer Rückabwicklung der Schenkung anwendbar ist.

2. Rücktritts- und Widerrufsvorbehalte und Fristbeginn nach § 2325 Abs. 3 BGB

a) Problem

Es besteht heute Einigkeit darüber, dass die Frist des § 2325 Abs. 3 BGB frühestens zu laufen beginnt, wenn der rechtliche Leistungserfolg eingetreten ist[1285]. Demgegenüber ist streitig, ob der rechtliche Leistungserfolg auch hinreichend für den Fristbeginn ist. Der BGH hatte in einem Fall, der eine Grundstücksübertragung unter lebenslangem Vorbehaltsnießbrauch betraf, den Fristbeginn verneint, da maßgeblich der wirtschaftliche Erfolg der Schenkung sei[1286]. Wirtschaftlich habe im Fall des Nießbrauchsvorbehalts noch keine Übertragung

---

[1283] *Dieckmann* in Soergel, BGB, Vor § 2325 Rz. 1; *Edenhofer* in Palandt, BGB, § 2325 Rz. 1; *Frank* in MünchKomm-BGB-, § 2325 Rz. 1; *Olshausen* in Staudinger, BGB, Vorbem zu §§ 2325 ff Rz. 5; *Schlüter* in Erman, BGB, Vor § 2325 Rz. 2.
[1284] BGHZ 103, 333, 337.
[1285] BGHZ 98, 226; 102, 289, 292; BGH NJW 1994, 1791; *Dieckmann* in Soergel, BGB, § 2325 Rz. 53; *Edenhofer* in Palandt, BGB, § 2325 Rz. 22; *Frank* in MünchKomm-BGB-, § 2325 Rz. 24; *Olshausen* in Staudinger, BGB, § 2325 Rz. 58. Früher wurde vertreten, dass die Frist bereits mit Vornahme der Leistungshandlung beginne, vgl. *Frank* in MünchKomm-BGB-, § 2325 Rz. 24.
[1286] BGH NJW 1994, 1791.

stattgefunden. Bereits in einer früheren Entscheidung hatte der BGH die Notwendigkeit der wirtschaftlichen Ausgliederung des Geschenks aus dem Vermögen des Erblassers betont[1287]. Diese Rechtsprechung findet in Teilen des Schrifttums Zustimmung[1288]. Unter dem Aspekt des wirtschaftlichen Erfolges stellt sich die Frage, ob dieser auch bei Schenkungen unter Rücktritts- oder Widerrufsvorbehalt eingetreten ist.

b) Stellungnahme

Das Problem stellt sich nicht, wenn man mit Teilen der Literatur aus Gründen der Rechtssicherheit und Rechtsklarheit den Eintritt des rechtlichen Leistungserfolges für den Fristbeginn ausreichend lässt[1289]. Aber auch nach der Rechtsprechung würde bei einem freien Widerrufsvorbehalt die Frist zu laufen beginnen, da der BGH entscheidend auf die Nutzung des Schenkungsgegenstandes abstellt. Die Nutzungsmöglichkeit ist aber bei Schenkungen unter Widerrufsvorbehalt und ohne Nießbrauchsvorbehalt auf den Beschenkten übergegangen, so dass insoweit von einer wirtschaftlichen Ausgliederung gesprochen werden kann. Indessen können auch die Verfügungsmöglichkeiten des Beschenkten nicht außer Acht gelassen werden[1290]. Bei freien Widerrufsvorbehalten besteht die Gefahr, dass der Berechtigte sein Widerrufrecht zur Erteilung von umfassenden Weisungen ausnutzt und der Beschenkte praktisch nicht verfügen kann. Das verstärkt sich, wenn künftige Rückforderungsansprüche durch eine Vormerkung im Grundbuch abgesichert sind[1291]. Sind die Widerrufsrechte auf bestimmte Gründe beschränkt, kann man danach entscheiden, ob und inwieweit die Gründe im Ermessen des Übernehmers liegen oder ob es sich um ungewisse Ereignisse handelt[1292]. Bei Letzterem könnte man auf die Wahrscheinlichkeit des Eintritts abstellen[1293]. Die Ausführungen zeigen, dass bei wirtschaftlicher Betrachtung der Fristbeginn letztlich vom Einzelfall abhängt. Das zieht eine erhebliche Rechtsunsicherheit nach sich, was nicht der Zielsetzung des § 2325 Abs. 3 BGB entsprechen dürfte. Da Widerrufsvorbehalte den Schenkungscharakter nicht beeinflussen[1294], sollten sie auch für den Fristbeginn unerheblich sein. Dafür spricht auch folgende Überlegung. Wurde das Rückforderungsrecht ausgeübt und die Rückabwick-

---

[1287] BGHZ 98, 226, 233.
[1288] *Edenhofer* in Palandt, BGB, § 2325 Rz. 22; *Leipold*, JZ 1994, 1121, 1122; *Schlüter* in Erman, BGB, § 2325 Rz. 4.
[1289] *Frank* in MünchKomm-BGB-, § 2325 Rz. 24 f. ; *Olshausen* in Staudinger, BGB, § 2325 Rz. 58 f.
[1290] *N. Mayer*, FamRZ 1994, 739, 745.
[1291] *Dieckmann* in Soergel, BGB, § 2325 Rz. 56.
[1292] *N. Mayer*, FamRZ 1994, 739, 745.
[1293] So BFH ZEV 1994, 318 zu § 39 AO.
[1294] Siehe oben § 17 I. 1.

lung durchgeführt, dann finden die §§ 2325 ff. BGB ohnehin keine Anwendung[1295]. Wurde das Rückforderungsrecht nicht ausgeübt, ist das Recht leer gelaufen und die Situation entspricht derjenigen, als ob die Schenkung von Anfang an ohne Widerrufsmöglichkeit stattgefunden hätte[1296]. Der Fristbeginn ist aber dann zu verneinen, wenn die Widerrufvorbehalte mit Nießbrauchvorbehalten oder anderen Nutzungsvorbehalten kombiniert worden sind[1297].

3. Rückabgewickelte Schenkungen und §§ 2325 ff. BGB

Würde man die Rückabwicklung einer Schenkung ausblenden, käme es im Rahmen von § 2325 BGB zu einer doppelten Berücksichtigung des Schenkungsgegenstandes. Einmal bei der Berechnung des Pflichtteilergänzungsanspruchs und ein zweites Mal bei der Ermittlung des ordentlichen Pflichtteils, da das Geschenk sich nach der Rückabwicklung wieder im Nachlass befindet. Diese Vorgehensweise würde zu einer Vermehrung des Nachlasses führen, die der Realität nicht entspräche.

Soweit dieses Problem im Schrifttum behandelt wird, gehen alle Autoren zutreffend davon aus, dass § 2325 BGB in diesen Fällen keine Anwendung findet[1298]. Bei nichtigen, angefochtenen oder auflösend bedingten Schenkungen liegt schon vom Wortlaut her keine Schenkung vor. Die Kondiktionsansprüche nach §§ 812 ff. BGB fallen in den Nachlass[1299]. Im Übrigen ist § 2325 BGB bei Rückabwicklungen aufgrund gesetzlicher oder vertraglicher Rückforderungsrechte oder aufgrund von Rücktritts- oder Widerrufsvorbehalten teleologisch zu reduzieren[1300]. Eine Ausnahme besteht nur bei der echten Rückschenkung, da dort ein innerer Zusammenhang zur früheren Schenkung fehlt[1301].

[1295] Sogleich 3.
[1296] Vgl. Heinrich, MittRhNotK 1995, 157, 165.
[1297] *Kollhosser*, AcP 194 (1994), S. 231, 264; *N. Mayer*, FamRZ 1994, 739, 745.
[1298] *Dieckmann* in Soergel, BGB, § 2325 Rz. 11 f.; *Frank* in MünchKomm-BGB-, § 2325 Rz. 24; *Kornexl*, ZEV 2003, 196; *Olshausen* in Staudinger, BGB, § 2325 Rz. 59.
[1299] *Dieckmann* in Soergel, BGB, § 2325 Rz. 11; *Kornexl*, ZEV 2003, 196; *Olshausen* in Staudinger, BGB, § 2325 Rz. 50.
[1300] *Dieckmann* in Soergel, BGB, § 2325 Rz. 11 f.; *Frank* in MünchKomm-BGB-, § 2325 Rz. 24; *Kornexl*, ZEV 2003, 196; *Olshausen* in Staudinger, BGB, § 2325 Rz. 59.
[1301] *Kornexl*, ZEV 2003, 196, 197.

4. § 2329 BGB

Bei mangelnder Verpflichtung des Erben, den Pflichtteilsergänzungsanspruch zahlen zu müssen, kann der Berechtigte vom Beschenkten insoweit die Herausgabe des Geschenks zum Zwecke der Befriedigung wegen des fehlenden Betrags nach den Vorschriften über die ungerechtfertigte Bereicherung verlangen. Die Verpflichtung des Erben entfällt vor allem im Fall des § 2328 BGB und bei Nachlassüberschuldung[1302]. Inhaltlich geht der Anspruch des § 2329 Abs. 1 Satz 1 BGB nicht auf bloße Herausgabe, sondern auf Herausgabe zum Zwecke der Befriedigung durch Zwangsvollstreckung, d. h. eine Klage ist auf Duldung der Zwangsvollstreckung zu richten[1303]. Unmittelbar auf Zahlung geht der Anspruch aus § 2329 Abs. 1 Satz 1 BGB bei Geldgeschenken oder bei Unmöglichkeit der Herausgabe des Geschenks und Nichtvorliegen des § 818 Abs. 3 BGB. Die Höhe des Betrages, den der Pflichtteilsberechtigte letztendlich beanspruchen kann, ergibt sich zum einen aus der Differenz zwischen dem Pflichtteilergänzungsanspruch und dem Umfang der Verpflichtung des Erben. Zum anderen haftet der Beschenkte nur nach den §§ 818 ff. BGB. Nach § 2329 Abs. 2 BGB kann der Beschenkte durch Zahlung des Fehlbetrags die Zwangsvollstreckung abwehren.
Von der Rechtsnatur her ist der Anspruch aus § 2329 BGB auch ein Pflichtteilsergänzungsanspruch im Sinne von § 2325 BGB. Der Unterschied besteht lediglich in Art und Umfang der Haftung[1304].

II. Steuerrecht

1. Besteuerung der ursprünglichen Schenkungen

Die ursprüngliche Schenkung unterliegt der Besteuerung nach den §§ 7 Abs. 1 Nr. 1, 9 Abs. 1 Nr. 2 ErbStG. Zwar ist der Erwerb mit dem potenziellen Anspruch aus § 2329 BGB belastet. Das steht der Bereicherung des Beschenkten jedoch nicht entgegen, da der Tatbestand des Anspruch nach § 2329 BGB nicht erfüllt ist, weil der Erblasser noch lebt. Es handelt sich insoweit nicht einmal um einen bedingten Anspruch, da bei

[1302] *Edenhofer* in Palandt, BGB, § 2329 Rz. 22; *Olshausen* in Staudinger, BGB, § 2325 Rz. 7 ff. Ist der Nachlass auch bei Hinzurechnung des Geschenks überschuldet, besteht von vornherein kein Pflichtteilsergänzungsanspruch.

[1303] BGHZ 85, 274, 282; *Dieckmann* in Soergel, BGB, § 2329 Rz. 18; *Edenhofer* in Palandt, BGB, § 2329 Rz. 6; *Frank* in MünchKomm-BGB-, § 2329 Rz. 9; *Olshausen* in Staudinger, BGB, § 2329 Rz. 22; *Schlüter* in Erman, BGB, § 2329 Rz. 2.

[1304] BGH NJW 1973, 41; 1974, 1327; *Dieckmann* in Soergel, BGB, § 2329 Rz. 16; *Edenhofer* in Palandt, BGB, § 2329 Rz. 1; *Frank* in MünchKomm-BGB-, § 2329 Rz. 8; *Olshausen* in Staudinger, BGB, § 2329 Rz. 37; *Schlüter* in Erman, BGB, § 2329 Rz. 2.

einem solchen der Tatbestand erfüllt sein müsste und lediglich die Rechtswirkungen von einem ungewissen Ereignis abhängen[1305].

2. Besteuerung der Pflichtteilsergänzungsansprüche

Die überwiegende Meinung im Schrifttum[1306] geht von der Steuerpflichtigkeit der Pflichtteilsergänzungsansprüche nach § 3 Abs. 1 Nr. 1 ErbStG aus, und zwar einschließlich des Anspruchs nach § 2329 BGB. Korrespondierend dazu kann der Erbe die Pflichtteilsergänzung als Nachlassverbindlichkeit nach § 10 Abs. 5 Nr. 2 ErbStG abziehen[1307]. Zwar trägt die die Steuerpflicht ablehnende Gegenauffassung[1308] beachtliche Argumente vor. Sie beruft sich zum einen auf den Wortlaut, der nur von Pflichtteilsansprüchen und nicht von Pflichtteilsergänzungsansprüchen spricht, was vor dem Hintergrund der zivilrechtlichen dogmatischen Trennung[1309] zwischen dem ordentlichen Pflichtteilsanspruch und dem Pflichtteilsergänzungsanspruch plausibel erscheint. Zum anderen kommt der Umstand hinzu, dass sich das Geschenk nicht im Nachlass befindet. Gleichwohl ist die Meinung, die von einer Steuerpflicht ausgeht, überzeugender. Der § 3 Abs. 1 Nr. 1 ErbStG verweist nicht nur auf den § 2303 BGB, sondern auch auf die §§ 2303 ff. BGB. Die §§ 2325, 2329 BGB stehen im selben Abschnitt wie der § 2303 BGB und werden somit auch von der Verweisung erfasst. Der Umstand, dass der Ergänzungsanspruch ein eigenständiger Anspruch ist, spricht nicht zwingend gegen die Steuerbarkeit, denn auch der Ergänzungsanspruch ist ein Pflichtteilsrecht im weitesten Sinne[1310], zumal seine Aufgabe gerade in der Sicherung des ordentlichen Pflichtteilsanspruchs besteht. Daraus folgt, dass steuerrechtlich eine Gleichbehandlung erfolgen muss. Die Steuerbarkeit ergibt sich auch aus dem systematischen Zusammenhang zu § 10 Abs. 5 Nr. 2 ErbStG. Geltend gemachte Pflichtteilsansprüche können dort abgezogen werden. Verneinte man die Steuerbarkeit der Pflichtteilsergänzungsansprüche, käme auch ein Abzug nach § 10 Abs. 5 Nr. 2 ErbStG nicht in Betracht. Das würde aber dazu führen, dass der Erbe einen Erwerb zu versteuern hätte, den er seinerseits an den Pflichtteilsergänzungsberechtigten herauszugeben hatte, was dem Bereicherungsprinzip des Erbschaftsteuerrechts, wonach der Erwerber nur seine Bereicherung zu versteuern hat[1311], widerspräche.

[1305] *Heinrichs* in Palandt, BGB, Einf v § 158 Rz. 8.
[1306] *Gebel* in Troll/Gebel/Jülicher, ErbStG, § 3 Rz. 223; *Jülicher*, ZEV 2001, 428, 430; *Hübner* in Viskorf/Glier/Hübner/Knobel/Schuck, ErbStG, § 3 Rz. 138; *Meincke*, ErbStG, § 3 Rz. 49; *Moench/Kien-Hümbert*, DStR 1991, 1137, 1138.
[1307] *Jülicher*, ZEV 2001, 428, 430; *Moench/Kien-Hümbert*, DStR 1991, 1137, 1139.
[1308] *Crezelius*, Unternehmenserbrecht, Rz. 109; *Kapp/Ebeling*, ErbStG, § 3 Rz. 226.
[1309] BGHZ 103, 333, 337.
[1310] BGHZ 85, 274, 280.
[1311] Siehe oben § 2 I. 1.

3. Einfluss der Pflichtteilsergänzung auf die Schenkung

a) Gefahr der Doppelbesteuerung als Grundproblem

Der Pflichtteilsergänzungsanspruch entsteht vom Tatbestand her wegen der vom Erblasser vorgenommenen Schenkungen. Sind nun sowohl die Schenkung als auch der Pflichtteilsergänzungsanspruch steuerpflichtig, besteht die Gefahr, dass das gleiche Vermögen zumindest vom Wert her zweimal zur Steuer herangezogen wird. Das entspräche nicht dem Grundprinzip des Erbschaft- und Schenkungsteuerrechts, den Vermögensübergang von einer Generation auf die nächste nur ein Mal zu besteuern.

b) § 2325 BGB

Das Problem der Doppelbesteuerung tritt nicht auf, soweit der Erbe den Pflichtteilsergänzungsanspruch nach § 2325 BGB erfüllt[1312]. Der Berechtigte muss den Erwerb zwar nach § 3 Abs. 1 Nr. 1 ErbStG versteuern. Der Erbe kann aber auch den geltend gemachten Pflichtteilsergänzungsanspruch bei sich als Nachlassverbindlichkeit nach § 10 Abs. 5 Nr. 2 ErbStG abziehen. Die Hinzurechnungsnorm des § 2325 führt hier nur zu einer anderen Aufteilung des vorhandenen Nachlasses und nicht zu einer rechnerischen, in Wahrheit nicht bestehenden Nachlassvermehrung.

c) § 2329 Abs. 1 BGB

Anders ist die Situation bei § 2329 BGB. Realisiert der Berechtigte seinen Pflichtteilsergänzungsanspruch bei dem Beschenkten, kommt es insoweit zu einer Doppelbesteuerung, da sowohl die Schenkung als auch der Erwerb des Pflichtteilsberechtigten steuerpflichtig sind. Da durch die Regelung des § 2329 BGB nunmehr der Pflichtteilsberechtigte und nicht mehr der Beschenkte bereichert ist, ist von der Systematik der Erbschaftsteuer die Besteuerung des Erwerbs des Pflichtteilsberechtigten richtig. Systematisch falsch dagegen wäre die Aufrechterhaltung der Besteuerung beim Beschenkten, da dieser nicht mehr bereichert ist. In der Literatur und der finanzgerichtlichen Rechtsprechung wird dem Beschenkten daher die Steuererstattung infolge der Anwendung des § 29 Abs. 1 Nr. 1 ErbStG befürwortet[1313]. Vom Wort-

[1312] Ebenso *Jülicher*, ZEV 2001, 428, 430.
[1313] *Meincke*, ErbStG, § 29 Rz. 6; *Jülicher* in Troll/Gebel/Jülicher, ErbStG, § 29 Rz. 6; *ders.*, ZEV 2001, 428, 430; FG Nürnberg EFG 2001, 149, 150 allerdings nur unter Berufung auf den Wortlaut.

laut trifft § 29 Abs. 1 Nr. 1 ErbStG zu. Die Tatsache, dass die Herausgabe an einen Dritten erfolgt und nicht an den Schenker, stellt im Rahmen des § 29 Abs. 1 Nr. 1 ErbStG kein Problem dar[1314]. Ebenso unerheblich ist der Umstand, dass der Anspruch aus § 2329 Abs. 1 BGB auf Duldung der Zwangsvollstreckung geht[1315]. Auch nach dem hier vertretenen Ansatz, wonach es auf die Wiederherstellung des Status ankommt, der ohne Schenkung bestünde, ergibt sich eine Steuererstattung. Hätte die Schenkung nicht stattgefunden, befände sich das Geschenk noch im Nachlass und würde bei der Berechnung des ordentlichen Pflichtteilsanspruchs berücksichtigt werden. Der Pflichtteilsberechtigte könnte bei Zahlungsverweigerung durch den Erben die Zwangsvollstreckung auch in den jetzigen Schenkungsgegenstand betreiben. Daraus ergibt sich, dass die Regelung des § 2329 Abs. 1 BGB einen Zustand herstellt, der bestünde, wenn die ursprüngliche Schenkung nicht stattgefunden hätte.
Danach ergibt sich sowohl aus § 29 Abs. 1 Nr. 1 ErbStG als auch aus dem Rechtsfolgenansatz eine materielle Rückwirkung, wobei im Konkurrenzverhältnis § 29 Abs. 1 Nr. 1 ErbStG der Vorzug einzuräumen ist[1316].

d) § 2329 Abs. 2 BGB

aa) § 29 Abs. 1 Nr. 1 und Nr. 2 ErbStG

Äußerst problematisch ist auch die Frage, ob es im Fall des § 2329 Abs. 2 BGB zu einer Steuererstattung nach § 29 Abs. 1 ErbStG kommt. Das *FG Nürnberg* und der *BFH*[1317] haben das abgelehnt. Nachträgliche Änderungen bei Schenkungen seien nur nach § 29 ErbStG zu berücksichtigen. § 29 Abs. 1 Nr. 1 und Nr. 2 ErbStG seien vom Wortlaut und von der Systematik der § 29 Abs. 1 Nr. 1 und 2 ErbStG her nicht anwendbar. § 29 Abs. 1 Nr. 1 ErbStG scheide mangels Herausgabe aus und §29 Abs. 1 Nr. 2 ErbStG deshalb, da die Abwendung der Herausgabe durch Zahlung abschließend für den Fall des § 528 Abs. 1 Satz 2 BGB geregelt sei.

[1314] BFH/NV 2001, 39; *Jülicher* in Troll/Gebel/Jülicher, ErbStG, § 29 Rz. 5; *Meincke*, ErbStG, § 29 Rz. 6; *Moench*, ErbStG, § 29 Rz. 3.
[1315] Siehe oben § 14 III. 2 b).
[1316] Siehe unten § 16 II. 2. e) und § 20 II. 2. d).
[1317] FG Nürnberg EFG 2001, 149; BFH ZEV 2004, 124, 125.

bb) Gemischte Schenkung

Der Anspruch aus § 2329 Abs. 2 BGB kann auch nicht als Gegenleistung mit der Folge einer gemischten Schenkung gesehen werden, da es sich um einen gesetzlichen Anspruch handelt, der nicht Gegenstand der Vereinbarung der Parteien der Schenkung war[1318].

cc) § 10 Abs. 5 Nr. 2 ErbStG

Möglich ist dagegen ein nachträglicher Abzug nach § 10 Abs. 5 Nr. 2 ErbStG beim Beschenkten[1319]. Der Anspruch nach § 2329 Abs. 1 und 2 BGB ist seiner Rechtsnatur nach auch ein Pflichtteilsergänzungsanspruch im Sinne von § 2325 BGB[1320]. Da Pflichtteilsergänzungsansprüche auch unter § 3 Abs. 1 Nr. 1 ErbStG und unter § 10 Abs. 5 Nr. 2 ErbStG fallen, steht im Hinblick auf § 1 Abs. 2 ErbStG einer Abzugsmöglichkeit nichts im Wege. Die Ausführungen des *FG Nürnberg* zu dieser Frage sind ausgesprochen mangelhaft. Im zu entscheidenden Fall war der Beschenkte zugleich Erbe. Zunächst heißt es, dass es keinen Unterschied mache, ob der Beschenkte als Beschenkter nach § 2329 BGB oder als Erbe nach § 2325 in Anspruch genommen werde[1321]. Dann wird der Abzug verneint, da ihm der Abzug nur als Erbe zustehe[1322]. Da FG verkennt hier offenbar, dass sich die Ansprüche aus § 2325 und § 2329 nicht überschneiden, sondern dass der Anspruch aus § 2329 dort anfängt, wo die Verpflichtung des Erben aus § 2325 BGB aufhört[1323]. Die Abzugsberechtigung des Schenkers wird ohne Begründung verneint, ebenso wie ein schenkungsteuerrechtlicher Zusammenhang. Der schenkungsteuerliche Zusammenhang ist ja gerade das zu lösende Problem. Das Gericht muss sich fragen lassen, warum es noch lange Ausführungen[1324] zu § 29 ErbStG macht, wenn kein schenkungsteuerrechtlicher Zusammenhang bestehen soll.

1318 Das FG München EFG 2001, 843 hat den Abzug von Zahlungen zur Abgeltung eines Pflichtteilsanspruchs nach niederländischem Recht nach den Grundsätzen zur gemischten Schenkung berücksichtigt; vgl. auch BFH ZEV 2004, 124, 125.
1319 *Jülicher*, ZEV 2001, 428, 431; *Meincke*, ErbStG, § 29 Rz. 6; BFH ZEV 2004, 124, 125.
1320 Siehe oben I. 4.
1321 EFG 2001, 149.
1322 EFG 2001, 149, 150.
1323 *Edenhofer* in Palandt, BGB, § 2329 Rz. 2.
1324 EFG 2001, 149, 150.

dd) § 29 Abs. 1 Nr. 2 ErbStG analog

Eine analoge Anwendung des § 29 Abs. 1 Nr. 2 ErbStG kommt nach der Rechtsprechung nicht in Betracht, da diese Norm eine abschließende Sonderregelung enthalte[1325]. Demgegenüber wird im Schrifttum die analoge Anwendung von § 29 Abs. 1 Nr. 2 ErbStG befürwortet[1326]. Die Norm geht auf das ErbStG 1906 zurück[1327]. Ob der Gesetzgeber des Jahres 1906 die Rechtsfolge des § 29 Abs. 1 Nr. 2 ErbStG bewusst auf den Fall des § 528 Abs. 1 Satz 2 BGB beschränken wollte, ist sehr zweifelhaft[1328]. Wahrscheinlicher ist vielmehr, dass der Gesetzgeber die Situation des § 2329 Abs. 2 BGB nicht gesehen hat. Insoweit wäre die für eine Analogie notwendige planwidrige Regelungslücke gegeben. Auch die Interessenlage, d. h. insbesondere die Gefahr der erbschaftsteuerlich systemwidrigen Doppelbesteuerung, spricht für eine Anwendung des § 29 Abs. 1 Nr. 2 ErbStG. Hinzukommt, dass es sich zivilrechtlich beim § 2329 Abs. 2 BGB im Grunde um einen Unterfall des § 2329 Abs. 1 BGB handelt. Dem Beschenkten soll die Möglichkeit zur Verhinderung der Zwangsvollstreckung gegeben werden. Das ändert aber nichts daran, dass er das Geschenk zumindest wertmäßig teilweise herausgeben muss. Daher ist auch steuerrechtlich eine Gleichbehandlung der § 2329 Abs. 1 und 2 BGB geboten. Einer analogen Anwendung des § 29 Abs. 1 Nr. 2 ErbStG bedarf es nicht, wenn man den Abzug nach § 1 Abs. 2 i.V.m. § 10 Abs. 5 Nr. 2 ErbStG zulässt. Es besteht dann keine Regelungslücke[1329].

ee) Rechtsfolgenansatz

Hätte die Schenkung nicht stattgefunden, wäre der Schenkungsgegenstand noch im Nachlass und bei der Pflichtteilsberechnung berücksichtigt worden. Der ordentliche Pflichtteilsanspruch wäre um den Betrag höher, der nun vom Beschenkten verlangt werden kann. Wie im Fall des § 2325 Abs. 1 BGB hätte der Pflichtteilsberechtigte einen Geldbetrag erhalten. Zu beachten ist jedoch, dass das Geschenk beim Beschenkten verbleibt, während im Fall der Nichtvornahme der Schenkung sich der Schenkungsgegenstand im Nachlass befunden hätte. Daher ergibt sich nach dem Rechtsfolgenansatz keine materielle Rückwirkung.

1325 FG Nürnberg EFG 2001, 149, 150; BFH ZEV 2004, 124, 125.
1326 *Jülicher*, ZEV 2001, 428, 431; *Moench/Kien-Hümbert*, DStR 1991, 1137, 1140.
1327 Siehe oben § 8 II. 2. b).
1328 Vgl. *Jülicher*, ZEV 2001, 428, 431 m. w. N.
1329 So auch BFH ZEV 2004, 124, 125.

ff) Ergebnis

Im Fall des § 2329 Abs. 2 BGB kann der Beschenkte die geleistete Zahlung im Rahmen der Besteuerung der Schenkung nachträglich nach § 1 Abs. 2 i. V. m. § 10 Abs. 5 Nr. 2 ErbStG abziehen. Verfahrensrechtlich ist der ursprüngliche Bescheid nach § 175 Abs. 1 Satz 1 Nr. 2 AO zu korrigieren.

4. Keine Rückschenkung

Eine steuerpflichtige Rückschenkung liegt nicht vor. Der Erwerb wird aber nach § 3 Abs. 1 Nr. 1 ErbStG besteuert[1330].

III. Ergebnis

Rücktritts- und Widerrufsvorbehalte stehen dem Beginn der Zehn-Jahres-Frist des § 2325 BGB nicht entgegen. Schenkungen, die rückabgewickelt wurden, sind bei der Berechnung des Pflichtteilsergänzungsanspruchs nicht mit einzubeziehen. Geltend gemachte Pflichtteilsergänzungsansprüche hat der Berechtigten zu versteuern. Dafür kann der Erbe diese nach § 10 Abs. 5 Nr. 2 ErbStG abziehen. Soweit der Beschenkte nach § 2329 Abs. 1 BGB in Anspruch genommen wird, erlischt die Schenkungsteuer nach § 29 Abs. 1 Nr. 1 BGB. In den Fällen des § 2329 Abs. 2 BGB kann der Beschenkte die Zahlung an den Pflichtteilsergänzungsberechtigten bei der Besteuerung der Schenkung nachträglich nach § 1 Abs. 2 i. V. m. § 10 Abs. 5 Nr. 2 ErbStG abziehen.

[1330] Siehe oben II. 2.

§ 26 Anrechnung auf den Zugewinnausgleichsanspruch nach § 1380 BGB

I. Zivilrechtliche Grundlagen

1. Funktionsweise des § 1380 BGB

Der gesetzliche Güterstand der Zugewinngemeinschaft wird von dem Grundsatz geleitet, dass beide Ehegatten an demjenigen, was während der Ehe erworben wurde, gleichermaßen partizipieren sollen, unabhängig davon, auf welchen Ehegatten der einzelne Erwerb zurückgeht und bei wem sich der Erwerb bei Beendigung der Zugewinngemeinschaft befindet[1331]. Diesem Prinzip dient auch § 1380 BGB. Im Zusammenhang mit § 1380 BGB ist fast alles unklar und umstritten[1332]. In der Sache geht es darum, wem der beiden Ehegatten das Verlustrisiko des zugewendeten Gegenstandes zuzuordnen ist. Bei der hier vorzunehmenden steuerrechtlichen Betrachtung soll von folgender prinzipiellen Funktionsweise des § 1380 BGB, die weitestgehend der herrschenden Meinung entspricht, ausgegangen werden. Das bedeutet zunächst, dass § 1380 BGB nur dann zur Anwendung gelangt, wenn der Zuwendende im Sinne des § 1380 auch ohne Berücksichtigung der Norm zum Zugewinnausgleich verpflichtet ist[1333]. Bei der Berechnung des Zugewinnausgleichsanspruchs wird dann nach § 1380 Abs. 2 Satz 1 BGB der Wert der Zuwendung dem Zugewinn des Ausgleichsverpflichteten hinzugerechnet. Nicht berücksichtigt werden darf die Zuwendung dagegen beim Zugewinn des Zuwendungsempfängers[1334], richtigerweise aber nur soweit die Zuwendung noch im Endvermögen vorhanden ist[1335]. Aufgrund dieser rechnerisch modifizierten Zugewinne wird dann der Zugewinnausgleichsanspruch errechnet. Dieser ermäßigt sich nach § 1380 Abs. 1 Satz 1 BGB um den Wert der Zuwendung.

Zusammenfassend lässt sich danach festhalten, dass die Berechnung des Zugewinnausgleichanspruchs unter Berücksichtigung des § 1380 BGB dergestalt erfolgt, dass zunächst unterstellt wird, die Zuwendung hätte nicht stattgefunden, dann aber als Vorauszahlung auf den Zugewinnausgleich gewertet wird.

[1331] Vgl. z. B. *Heckelmann* in Erman, BGB, Vor § 1363 Rz. 2.

[1332] Vgl. *Brudermüller* in Palandt, BGB, § 1380 Rz. 1 ff.

[1333] BGHZ 82, 227, 234; 115, 132, 138; *Brudermüller* in Palandt, BGB, § 1380 Rz. 15.

[1334] BGHZ 82, 227, 235; *Brudermüller* in Palandt, BGB, § 1380 Rz. 8; *Heckelmann* in Erman, BGB, § 1380 Rz. 7; *Koch* in MünchKomm-BGB-, § 1380 Rz. 20; *Lange* in Soergel, BGB, § 1380 Rz. 13; *Tiedtke*, JZ 1992, 334, 335.

[1335] *Lange* in Soergel, BGB, § 1380 Rz. 13; a. A. *Brudermüller* in Palandt, BGB, § 1380 Rz. 11.

2. Zuwendungsbegriff des § 1380 BGB

Unter Zuwendung im Sinne von § 1380 Abs. 1 Satz 1 BGB wird jede freiwillige Leistung ohne Gegenleistung verstanden[1336]. Wie bei § 516 BGB geht es dabei um die unentgeltliche Übertragung eines Vermögensvorteils[1337]. Geklärt ist, dass der Begriff die zwischen Ehegatten üblichen sog. unbenannten Zuwendungen[1338] erfasst[1339]. Umstritten ist dagegen, ob auch Schenkungen im Sinne des § 516 BGB unter § 1380 fallen. Rechtsprechung und Teile des Schrifttum gehen davon aus[1340]. Andere Autoren[1341] verneinen die Anwendung des § 1380 BGB, da die Anrechnungsbestimmung mit dem altruistischen Schenkungscharakter nicht vereinbar sei. Eine vermittelnde Auffassung sieht in der Anrechnungsbestimmung die Schaffung einer eventualcausa[1342]. Danach soll eine Schenkung unter der Bedingung vorliegen, dass kein Zugewinnausgleich stattfindet, vor. Tritt der Fall des Zugewinnausgleichs ein, werde die causa Schenkung dahingehend modifiziert, dass die Zuwendung ihren Rechtsgrund nicht in einer Schenkung, sondern in dem Zugewinnausgleichsanspruch des Empfängers hat. Die Zuwendung war dann eine antizipierte Leistung an Erfüllungs Statt.

Der Streit um die Schenkung ist zunächst ein terminologischer. Zuwendungen mit Anrechnungsbestimmung sind (selbstverständlich) keine Schenkungen nach §§ 516 ff. BGB, weil die §§ 516 ff. BGB eine Anrechnungsbestimmung nicht vorsehen. Umgekehrt fallen reine Schenkungen ohne Anrechnungsbestimmung (selbstverständlich) nicht unter § 1380 BGB, weil sie eben keine Anrechnungsbestimmung enthalten. In der Sache geht es um die Frage, ob es Zuwendungen gibt, die am Zugewinnausgleich vorbei allein dem Empfänger zugute kommen sollen oder nicht. Ob das eine oder das andere der Fall ist, bestimmt sich aber nicht nach § 1380 BGB. Dort kommt es darauf, ob eine Anrechnungsbestimmung vorgenommen worden ist oder nicht und nicht darauf, ob man die Zuwendung als Schenkung qualifiziert. Daher unterliegen auch Schenkungen dem Zuwendungsbegriff des § 1380 BGB. Der Umstand, dass der Schenkung eine Anrechnungsbestimmung beigefügt ist, ändert an deren Rechtsnatur nichts, insbesondere deshalb, da zur Zeit der Zuwendung völlig ungewiss ist, ob es überhaupt zu einem Zugewinnausgleich und einer Anrechnung nach § 1380 BGB kommt.

[1336] BGH NJW 1983, 1113, 1114; NJW-RR 2001, 793; *Brudermüller* in Palandt, BGB, § 1380 Rz. 3; *Thiele* in Staudinger, BGB, § 1380 Rz. 5 ff.

[1337] *Heckelmann* in Erman, BGB, § 1380 Rz. 3; *Koch* in MünchKomm-BGB-, § 1380 Rz. 10.

[1338] Vgl. dazu *Heinrichs* in Palandt, BGB, § 242 Rz. 158.

[1339] BGHZ 82, 227, 231 ff.; BGH NJW-RR 2001, 793, 794; *Brudermüller* in Palandt, BGB, § 1380 Rz. 2.

[1340] OLG München FamRZ 1987, 67; OLG Köln, FamRZ 1998, 1515; *Heckelmann* in Erman, BGB, § 1380 Rz. 3; *Lange* in Soergel, BGB, § 1380 Rz. 7.

[1341] *Brudermüller* in Palandt, BGB, § 1380 Rz. 2; Jeep, Ehegattenzuwendungen im Zugewinnausgleich, S. 53.

[1342] *Koch* in MünchKomm-BGB-, § 1380 Rz. 5; *Thiele* in Staudinger, BGB, § 1380 Rz. 13.

Insofern erscheint die Auffassung, die die Zuwendung als bedingte Schenkung versteht, sachgerecht.

3. Anrechnungsbestimmung

Die Anrechnungsbestimmung ist eine empfangsbedürftige, formlose Willenserklärung, die vor oder bei der Zuwendung erklärt werden muss[1343]. Nachträglich kann sich die Anrechenbarkeit nur durch Vereinbarung[1344] oder aus § 1380 Abs. 1 Satz 2 BGB ergeben.

II. Steuerrecht

1. Steuerbarkeit der Zuwendung

Schenkungen nach § 516 BGB sind als freigebige Zuwendungen nach § 1 Abs. 1 Nr. 2 i. V. m. § 7 Abs. 1 Nr. 1 ErbStG steuerbar. Auch die ehebedingten sog. unbenannten Zuwendungen fallen nach dem heutigen Stand unter den Begriff der freigebigen Zuwendung[1345]. Da es sich bei Zuwendungen im Sinne von § 1380 fast immer[1346] um Schenkungen oder um unbenannte Zuwendungen handelt, liegen in der Regel zugleich steuerbare Zuwendungen vor. Der Erfüllung des Steuertatbestandes könnte indes die Anrechnungsbestimmung entgegenstehen. Da die Zuwendung im Rahmen des Zugewinnausgleichs wieder neutralisiert wird, ist die Bereicherung des Erwerbers insoweit nicht endgültig. Dass die Anrechnungsbestimmung der Steuerbarkeit nicht entgegensteht, ergibt sich aber aus § 29 Abs. 1 Nr. 3 ErbStG. Dieser würde leer laufen, würde man die Anrechenbarkeit bereits im Rahmen des § 7 Abs. 1 Nr. 1 ErbStG berücksichtigen. Hinzukommt, dass es völlig ungewiss ist, ob es überhaupt zu einem Zugewinnausgleich mit der Anwendung des § 1380 BGB kommt. Zu diesem Ergebnis kommt man auch, wenn man die unter Anrechnungsbestimmung vorgenommene Zuwendung als auflösend bedingte Schenkung begreift[1347]. Bei auflö-

---

[1343] BGH NJW-RR 2001, 793.

[1344] Streitig ist, ob dafür die Form eines Ehevertrags nötig ist. Für die Form: *Brudermüller* in Palandt, BGB, § 1380 Rz. 5; *Heckelmann* in Erman, BGB, § 1380 Rz. 4; *Lange* in Soergel, BGB, § 1380 Rz. 5; dagegen: *Koch* in MünchKomm-BGB-, § 1380 Rz. 6 und *Thiele* in Staudinger, BGB, § 1380 Rz. 15. Vgl. auch § 1378 Abs. 3 Satz 2 BGB.

[1345] BFH BStBl. II 1994, 366, 367; BFH/NV 1994, 907, 908; 1995, 70, 72; 1997, 444; zur Kritik vgl. *Meincke*, ErbStG, § 7 Rz. 83a ff.

[1346] Nach BGH NJW-RR 2001, 793 kann auch ein nach § 1360 b BGB nicht rückforderbarer, überschießender Unterhalt eine Zuwendung nach § 1380 BGB sein. Zumindest überschießender Unterhalt nach § 1360 b BGB dürfte auch unter § 13 Abs. 1 Nr. 12 ErbStG fallen.

[1347] Siehe oben I. 2.

send bedingten Schenkungen ist der Steuertatbestand auch vor dem Eintritt der Bedingung erfüllt[1348].

2. Steuerfreiheit des Zugewinnausgleichs

Beim Tod des Ehegatten kann der Überlebende den Zugewinnausgleich entweder nach § 1371 Abs. 1 BGB durch Erhöhung des Erbteils um ein Viertel oder nach § 1371 Abs. 2 BGB nach der unter Lebenden üblichen Berechnung nach § 1372 ff. BGB verlangen. Das Erbschaft- und Schenkungsteuerrecht stellt den Zugewinn für den Fall des § 1371 Abs. 2 BGB in § 5 Abs. 2 Satz 1 Alt. 2 ErbStG steuerfrei. Für den Fall des § 1371 Abs. 1 BGB erklärt § 5 Abs. 1 Satz 1 ErbStG fiktiv den Betrag für steuerfrei, der nach § 1372 ff. BGB verlangt werden hätte können. Für den Zugewinnausgleich unter Lebenden stellt § 5 Abs. 2 ErbStG die Steuerfreiheit klar. Es handelt sich dabei um eine deklaratorische Norm, da die Erfüllung des Zugewinnausgleichanspruchs weder eine Schenkung ist, noch in sonstiger Weise freigebig erfolgt[1349]. Die Steuerfreiheit des Zugewinnausgleichs flankiert den Grundgedanken des Zivilrechts, dass beide Eheleute am in der Ehe Erworbenen gleichermaßen beteiligt waren[1350]. Da die Hälfte des Zugewinns des einen Ehegatten auf der Leistung des anderen beruht, besteht keine Rechtfertigung für eine Besteuerung des Zugewinnausgleichs, da der Zugewinnausgleichsberechtigte nur das erhält, was er selbst bereits durch die Ehe erworben hat.

3. Steuerliche Konsequenzen nach dem Zugewinnausgleich

Geht man davon aus, dass der Zugewinnausgleich steuerfrei bleiben muss[1351] und sich die Zuwendung nach § 1380 BGB im Nachhinein als Vorausleistung auf den Zugewinnausgleichsanspruch darstellt[1352], dann ergibt sich daraus, dass systematisch die Besteuerung der Zuwendung[1353] nicht aufrechterhalten werden kann. Fraglich ist, wie sich dieses Ergebnis aus dem Gesetz ergibt.

1348 Siehe oben § 15 II. 1. b).
1349 BT-Drucks. III/ 598, S. 6; *Hübner* in Viskorf/Glier/Hübner/Knobel/Schuck, ErbStG, § 5 Rz. 45; *Meincke*, ErbStG, § 5 Rz. 38; *Weinmann* in Moench, ErbStG, § 5 Rz. 53.
1350 *Gebel* in Troll/Gebel/Jülicher, ErbStG, § 5 Rz. 3; *Meincke*, ErbStG, § 5 Rz. 1.
1351 Soeben II. 2.
1352 Siehe oben I. 1. und I. 2.
1353 Siehe oben II. 1.

a) § 41 Abs. 1 Satz 1 AO

Versteht man die Zuwendung nach § 1380 BGB als auflösend bedingte Zuwendung, dann könnte sich eine Rückwirkung wie bei einer auflösend bedingten Schenkung aus § 41 Abs. 1 Satz 1 AO ergeben[1354]. Allerdings ist die Situation bei § 1380 BGB die, dass der Eintritt der Bedingung nicht die völlige Aufhebung des Rechtsgrundes mit der Folge der Rückabwicklung hat, sondern die Zuwendung auf eine neue Rechtsgrundlage gestellt wird. Die neue Rechtsgrundlage ist der Zugewinnausgleichsanspruch. Dieser ist aber erst zur Zeit der Beendigung des Güterstandes entstanden. Daraus folgt, dass der Vermögensübergang erst ab dem Zeitpunkt der Beendigung nicht mehr durch einen Rechtsgrund Schenkung gedeckt ist, nicht aber bereits zur Zeit der Zuwendung. Das entspricht auch dem Gedanken der §§ 158 Abs. 2, 159 BGB, wonach der Bedingungseintritt im Grundsatz nur ex nunc wirkt. Die zivilrechtliche Regelung fingiert auch nicht, es habe keine schenkweise Zuwendung stattgefunden. Dazu hätte es einer Regelung bedurft, die die Zuwendung für unwirksam erklärt und dem Zuwendenden ein Rückforderungsrecht einräumt. Eine solche Technik hat das Gesetz in diesem Fall jedoch nicht gewählt, sondern sich auf die Verrechnungstechnik des § 1380 BGB beschränkt. Aus § 41 Abs. 1 Satz 1 AO ergibt sich demnach keine materielle Rückwirkung.

b) Keine Rückwirkung nach hier vertretenem Ansatz

Eine rückwirkende Aufhebung der Schenkung ergibt sich auch nicht nach dem hier vertretenen Ansatz, wonach es darauf ankommt, ob die Rechtsfolgen einen Zustand herstellen, der bei Nichtvornahme der Schenkung bestünde. Denn zum einen verbleibt das Geschenk beim Zuwendungsempfänger, zum anderen verbleiben auch die Nutzungen beim Empfänger, die im Übrigen auch das Endvermögen des Zuwendungsempfängers erhöhen. Zwar wird bei der Berechnung des Zugewinns so getan, als wäre das Geschenk noch beim Zuwendenden, die Zuwendung wird nach der Berechnung dann aber auch wieder angerechnet, so dass es im Prinzip beim status quo bleibt. Die Rechtsfolgen des § 1380 BGB zielen eben nur auf eine Anrechnung im Rahmen des Zugewinnausgleichs und nicht darauf, einen Zustand herzustellen, der dem entspräche, wenn die Schenkung nicht stattgefunden hätte.

[1354] Siehe oben § 15 II. 2. a).

c) § 29 Abs. 1 Nr. 3 ErbStG

Aus den vorstehenden Überlegungen ergibt sich die Notwendigkeit und der Regelungsgehalt des § 29 Abs. 1 Nr. 3 ErbStG. Da die Anrechnung nach § 1380 BGB keine rückwirkende Rückabwicklung einer Schenkung darstellt, Leistungen auf den Zugewinn aber steuerfrei bleiben sollen, bedarf es einer steuerrechtlichen Norm, die die Steuerfreiheit sicherstellt. Das ist der § 29 Abs. 1 Nr. 3 ErbStG, dessen Zweck auch darin gesehen wird[1355].

4. Nutzungen

Mit der herrschenden Meinung im Schrifttum[1356] ist die Anwendung des § 29 Abs. 2 ErbStG in den Fällen des § 29 Abs. 1 Nr. 3 ErbStG abzulehnen. Neben der grundsätzlich abzulehnenden Besteuerung von reinen Nutzungsüberlassungen[1357] und dem Umstand, dass der Zuwendungsempfänger die Nutzungen aus eigenem Recht gezogen hat, spricht auch die Steuerfreistellung des Zugewinnausgleichs selbst dagegen. Die Ziehung der Nutzungen, insbesondere soweit Früchte gezogen werden, stellt einen Vermögenserwerb während der Ehe dar. Soweit die Früchte bei Beendigung der Zugewinngemeinschaft noch vorhanden sind, erhöhen sie das Endvermögen des jeweiligen Ehegatten und gehen im Zugewinnausgleich auf mit der Folge, dass rechnerisch jeder zur Hälfte an den Nutzungen partizipiert. Bei der Freistellung des Zugewinnausgleichs geht es darum, auch steuerlich die Situation abzusichern, wie wenn jeder Ehegatte die Hälfte des gemeinsam Erworbenen unmittelbar selbst erworben hätte. Da diese Situation durch die §§ 1372 ff. BGB und die §§ 5 und 29 Abs. 1 Nr. 3 ErbStG erreicht wird, würde eine steuerliche Zusatzbelastung dieses System ohne Rechtfertigung durchbrechen.

III. Ergebnis

Bei der Anrechnung nach § 1380 BGB handelt es nicht um eine rückwirkende Rückabwicklung einer Schenkung nach den hier aufgestellten Kriterien. Da das Erbschaft- und Schenkungsteuerrecht aber den Zugewinnausgleich steuerlich freistellen will, hebt § 29 Abs. 1 Nr. 3 ErbStG die Besteuerung der ursprünglichen Zuwendung rückwirkend auf.

[1355] *Gebel* in Troll/Gebel/Jülicher, ErbStG, § 5 Rz. 37.

[1356] *Götz*, DStR 2001, 417, 420; *Hübner* in Viskorf/Glier/Hübner/Knobel/Schuck, ErbStG, § 29 Rz. 53; *Jülicher* in Troll/Gebel/Jülicher, ErbStG, § 29 Rz. 57; *Meincke*, ErbStG, § 29 Rz. 19; Troll, DB 1990, 498, 500; a. A. *Eckert*, DStR 1989, 347, 348.

[1357] Siehe oben § 3 II. 2. e).

§ 27 Vergleich

Die Rückabwicklung einer Schenkung kann auch aufgrund eines Vergleichs erfolgen. Das kommt insbesondere dann in Betracht, wenn zwischen den Beteiligten streitig ist, ob der Schenker ein Rückforderungsrecht innehat. Daneben können auch die Rückabwicklungsmodalitäten vergleichsweise geregelt werden.

I. Zivilrechtliche Grundlagen

1. Rechtsnatur des Vergleichs

Nach § 779 Abs. 1 BGB ist der Vergleich ein Vertrag, durch den der Streit oder die Ungewissheit der Parteien über ein Rechtsverhältnis im Wege gegenseitigen Nachgebens beseitigt wird. Der Vertragscharakter des Vergleichs ergibt sich bereits aus dem Wortlaut und der systematischen Stellung des § 779 im BGB[1358].

2. Tatbestandsmerkmale

a) Rechtsverhältnis

Der Begriff des Rechtsverhältnisses in § 779 Abs. 1 BGB ist weit zu verstehen. Er erfasst Rechtsverhältnisse jeder Art, insbesondere Schuldverhältnisse und daraus resultierende Ansprüche[1359]. Vergleiche im Hinblick auf ein potenzielles Rückforderungsrecht des Schenkers unterliegen somit keinen Bedenken, da es sich bei dem Rückforderungsanspruch um einen gewöhnlichen schuldrechtlichen Anspruch handelt.

Das Rechtsverhältnis muss nicht tatsächlich bestehen[1360]. Maßgeblich sind allein die Vorstellungen der Parteien. Denn der Vergleich wird ja gerade geschlossen, weil unklar ist, ob das Rechtsverhältnis tatsächlich gegeben ist oder nicht. Allerdings muss es sich um Beziehungen zwischen den Vertragsparteien handeln, die sich bereits zu einer rechtserheblichen Position

---

[1358] *Marburger* in Staudinger, BGB, § 779 Rz. 40; *Medicus*, Schuldrecht I, Rz. 287; *Sprau* in Palandt, BGB, § 779.

[1359] BGH NJW 1972, 157; 1980, 889, 890; NJW-RR 1992, 363; *Marburger* in Staudinger, BGB, § 779 Rz. 2; *Habersack* in MünchKomm-BGB-, § 779 Rz. 3; *Sprau* in Palandt, BGB, § 779 Rz. 5; *Terlau* in Erman, BGB, § 779 Rz. 3.

[1360] BGH NJW 1972, 157; *Marburger* in Staudinger, BGB, § 779 Rz. 4; *Habersack* in MünchKomm-BGB-, § 779 Rz. 3; *Sprau* in Palandt, BGB, § 779 Rz. 4.

verdichtet haben, aufgrund derer der eine Teil auf die Entschließungsfreiheit des anderen einwirken kann.

b) Streit oder Ungewissheit

Bei der Frage, ob ein Streit oder eine Ungewissheit vorliegt, ist ausschließlich die subjektive Sicht der Parteien maßgeblich. Die objektive Sach- und Rechtslage ist unerheblich, ebenso ob ein Richter den Streit sofort entscheiden könnte[1361]. Werden andererseits nicht bewusst und ernsthaft gegensätzliche Standpunkte vertreten, sodass in der Sache kein Streit und keine Ungewissheit besteht, ist der geschlossene Vertrag entweder falsch bezeichnet oder es liegt ein Scheingeschäft nach § 117 BGB vor[1362]. In diesem Fall ist der Vertrag nichtig oder einem anderen Vertragstyp zuzuordnen, etwa einem Aufhebungsvertrag oder einer Rückschenkung.

c) Beseitigung durch gegenseitiges Nachgeben

Auch der Begriff des gegenseitigen Nachgebens ist extensiv zu verstehen. Ausreichend ist ein Zugeständnis jeder Partei vom bisher nach außen hin vertretenen Standpunkt zugunsten der anderen[1363]. Der Umfang des Entgegenkommens ist unerheblich wie auch der Aspekt, ob beide Seiten gleichermaßen nachgegeben haben[1364]. Demgegenüber liegt noch kein Vergleich vor, wenn eine Partei lediglich davon absieht, mögliche Forderungen geltend zu machen[1365]. Desgleichen ist kein Vergleich in den Fällen des einseitigen Nachgebens einer Partei gegeben[1366]. Wie auch bei den anderen Tatbestandsmerkmalen ist für die Frage des Nachgebens ausschließlich die Sicht der Parteien ausschlaggebend[1367].

1361 RG JW 1901, 138; BGHZ 66, 250, 255; BGH NJW-RR 1992, 363; *Bork*, Vergleich, S. 232, 234; *Marburger* in Staudinger, BGB, § 779 Rz. 22 f.; *Habersack* in MünchKomm-BGB-, § 779 Rz. 24; *Sprau* in Palandt, BGB, § 779 Rz. 4; *Terlau* in Erman, BGB, § 779 Rz. 12.

1362 *Bork*, Vergleich, S. 233 m. w. N.; *Marburger* in Staudinger, BGB, § 779 Rz. 22 f.; *Terlau* in Erman, BGB, § 779 Rz. 14.

1363 BGHZ 39, 60, 65; *Bork*, Vergleich, S. 248 ff.; *Medicus*, Schuldrecht I, Rz. 285; *Marburger* in Staudinger, BGB, § 779 Rz. 27; *Habersack* in MünchKomm-BGB-, § 779 Rz. 26; *Sprau* in Palandt, BGB, § 779 Rz. 9; *Terlau* in Erman, BGB, § 779 Rz. 16.

1364 BGH NJW 1964, 1787; NJW-RR 1992, 363, 364; *Marburger* in Staudinger, BGB, § 779 Rz. 27; *Medicus*, Schuldrecht I, Rz. 285; *Habersack* in MünchKomm-BGB-, § 779 Rz. 26.

1365 BGH NJW 1970, 1122, 1124; *Medicus*, Schuldrecht I, Rz. 285.

1366 RGZ 116, 143; 146, 355; BGH MDR 1998, 1092; *Marburger* in Staudinger, BGB, § 779 Rz. 28; *Habersack* in MünchKomm-BGB-, § 779 Rz. 26; *Sprau* in Palandt, BGB, § 779 Rz. 10; *Terlau* in *Erman*, BGB, § 779 Rz. 16.

1367 *Larenz*, Schuldrecht I, § 7 IV; *Marburger* in Staudinger, BGB, § 779 Rz. 27; *Medicus*, Schuldrecht I, Rz. 285.

3. Abgrenzungen

a) Rückschenkung

Während es bei einem Vergleich darum geht, ein streitiges oder ungewisses Rechtsverhältnis aus der Welt zu schaffen, handelt es sich bei der Rückschenkung um ein neues von der Schenkung unabhängiges Rechtsgeschäft. Entscheidender Unterschied ist, dass bei der Rückschenkung der Beschenkte aus freien Stücken und mit dem Willen zur Bereicherung des ursprünglichen Schenkers ein neues Rechtsgeschäft vornimmt. Anders als bei einem Vergleich ist er nicht in seiner Entschließungsfreiheit durch ein potenziell bestehendes Rückforderungsrecht des Schenkers eingeschränkt[1368].

b) Aufhebungsvertrag

Ein Vergleich kann nur Folge eines Austausches gegensätzlicher Standpunkte sein. Waren Schenker und Beschenkter sich dagegen bei der Rückabwicklung von Anfang an einig und hat insbesondere der Schenker nicht mit der zwangsweisen Durchsetzung eines Rückforderungsrechts gedroht, dann liegt ein Aufhebungsvertrag vor. Hat dagegen der Schenker ein Rückforderungsrecht geltend gemacht und wird daraufhin ein Aufhebungsvertrag geschlossen, dann liegt kein Vergleich vor, wenn der Aufhebungsvertrag genau das umsetzt, was der Schenker ohnehin hätte verlangen können. In diesem Fall hat nämlich der Beschenkte einseitig nachgegeben. Ist der Aufhebungsvertrag dagegen ein Kompromiss, etwa weil das Rückforderungsrecht des Schenkers fraglich war, dann ist ein Vergleich anzunehmen und der Aufhebungsvertrag als solcher nur Vollzugsgeschäft des Vergleichs.

c) Erfüllung eines Rückforderungsrechts

Besteht kein Streit über das Rückforderungsrecht des Schenkers, wird jedoch ein „Vergleich" abgeschlossen, dann liegt kein Vergleich, sondern ein nach § 117 Abs. 1 BGB nichtiges Scheingeschäft vor. In Wahrheit geht es um die Erfüllung eines Rückforderungsrechts, was nach § 117 Abs. 2 BGB maßgeblich ist.

[1368] Vergleiche bereits oben § 22. I. 2. b).

4. Rechtsfolgen

Welche Rechtsfolgen sich aus dem Vergleich ergeben, hängt davon ab, was die Parteien miteinander vereinbart haben. In der Regel wird der Vergleich durch ein Schuldanerkenntnis und durch einen Verzicht vollzogen.
Der Vergleich gehört zu den Feststellungsgeschäften[1369]. Zwar wird durch ihn und ein damit verbundenes Anerkenntnis eine neue Rechtsgrundlage für einen Rückforderungsanspruch des Schenkers geschaffen. Es erfolgt jedoch keine Novation des bestehenden Schuldverhältnisses, da es nur um die Streitbeilegung geht[1370]. Das ursprüngliche Schuldverhältnis bleibt daher weiter maßgebend[1371], insbesondere die Rechtsnatur der ursprünglichen Schuld erhalten[1372].

II. Steuerrecht

1. Einfluss der Rückabwicklung auf die Besteuerung

a) Rückwirkung von Vergleichen im allgemeinen Steuerrecht

Problematisch ist insoweit vor allem der Vertragscharakter des Vergleichs. Denn es gilt im allgemeinen Steuerrecht der Grundsatz, dass rechtsgeschäftlich vereinbarte Rückwirkungen nicht anerkannt werden[1373]. In Ausnahme davon wird jedoch eine Rückbeziehung ernsthafter gerichtlicher und außergerichtlicher Vergleiche zur Regelung streitiger Rechtverhältnisse anerkannt[1374].

1369 *Marburger* in Staudinger, BGB, § 779 Rz. 37; *Habersack* in MünchKomm-BGB-, § 779 Rz. 31.

1370 RGZ 164, 212, 216 f.; BGHZ 52, 39, 46; BGH NJW 2002, 1503; *Bork*, Vergleich, S. 123, 144 f.; *Larenz*, Schuldrecht I, § 7 IV; *Marburger* in Staudinger, BGB, § 779 Rz. 28; *Medicus*, Schuldrecht I, Rz. 288 f.; *Habersack* in MünchKomm-BGB-, § 779 Rz. 33; *Sprau* in Palandt, BGB, § 779 Rz. 11.

1371 *Marburger* in Staudinger, BGB, § 779 Rz. 38.

1372 *Terlau* in Erman, BGB, § 779 Rz. 20.

1373 RFHE 36, 64; 36, 236; BFH BStBl. II 1985, 55, 56; BFH/NV 1995, 665, 666; *Brockmeyer* in Klein, AO, § 38 Rz. 11; *Fischer* in Hübschmann/Hepp/Spitaler, AO, § 38 Rz. 56; *Kruse* in Tipke/Kruse, AO, § 38 Rz. 39; *Lang* in Tipke/Lang, Steuerrecht, § 7 Rz. 15; *Loose* in Tipke/Kruse, AO, § 175 Rz. 28, 37; *Rüsken* in Klein, AO, § 175 Rz. 54, 64; *Rust*, Das rückwirkende Ereignis im Steuerrecht, S. 29 ff.; *Woerner/Grube*, Aufhebung und Änderung, S. 129; a. A. *Barandt*, Rückwirkung im Steuerrecht, S. 125 f.; *Kottke*, DStR 1982, 545, 548.

1374 BFH BStBl. III 1967, 175, 177 f.; BStBl. II 1973, 11, 12 f.; 1975, 603; 1984, 786, 787; DStR 2003, 2162; *Fischer* in Hübschmann/Hepp/Spitaler, AO, § 38 Rz. 62; *G. Lauer*, Korrekturvorschrift, S. 73; *Loose* in Tipke/Kruse, AO, § 175 Rz. 36; *Rüsken* in Klein, AO, § 175 Rz. 62.

Es wurde bereits dargelegt, dass es einer materiellen Rückwirkung nicht entgegensteht, wenn die Rückabwicklung aufgrund einer vertraglichen Regelung erfolgt[1375]. Zum Begriff der „Ernsthaftigkeit“ ist zu sagen, dass bereits zivilrechtlich kein Vergleich vorliegt, wenn die Parteien nicht ernsthaft beziehungsweise tatsächlich unterschiedliche Standpunkte vertreten haben. Es hat dann nämlich in Wahrheit kein Vergleich, sondern eine Rückschenkung, ein Aufhebungsvertrag oder eine reine Erfüllungshandlung auf ein bestehendes Rückforderungsrecht stattgefunden[1376].

b) § 41 Abs. 1 Satz 1 AO

Da der Vergleich keine Novation des ursprünglichen Schuldverhältnisses bewirkt[1377], kommt eine materielle Rückwirkung nach § 41 Abs. 1 Satz 1 AO nur dann in Frage, wenn sich der Streit, der durch den Vergleich beigelegt wurde, um die Wirksamkeit der Schenkung drehte. Kommen die Parteien vergleichsweise zu dem Ergebnis, dass die ursprüngliche Schenkung ganz oder teilweise unwirksam war, dann ist dieses Ergebnis nach § 41 Abs. 1 Satz 1 AO als materiell rückwirkendes Ereignis zu berücksichtigen.

c) § 29 Abs. 1 Nr. 1 ErbStG

Vom Wortlaut her ist § 29 Abs. 1 Nr. 1 ErbStG erfüllt. Denn soweit es zur Rückgabe des Geschenkes kommt, hat der Vergleich einen Rückforderungsanspruch des Schenkers begründet. Problematisch ist, dass vertragliche Ansprüche nicht als Rückforderungsrechte im Sinne von § 29 Abs. 1 Nr. 1 ErbStG anerkannt werden, wenn sie nachträglich, d. h. nicht im Schenkungsvertrag selbst begründet worden sind[1378]. Hier ist jedoch der Feststellungscharakter des Vergleichsvertrages zu beachten. Durch den Vergleichsabschluss erfolgt keine originäre Begründung neuer Rechte und Pflichten. Es geht nur darum, bereits vorhandene Ansprüche anzuerkennen[1379]. Wird also ein Rückforderungsrecht vergleichsweise anerkannt, dann hängt es von der Natur dieses Rückforderungsrechtes ab, ob § 29 Abs. 1 Nr. 1 ErbStG eingreift. Das bedeutet, dass sich aus § 29 Abs. 1 Nr. 1 ErbStG dann eine materielle Rückwirkung ergibt, wenn ein Rückforderungsrecht streitig war und vergleichsweise anerkannt

---

[1375] Siehe oben § 7 II 2. b) bb).
[1376] Siehe oben I. 3.
[1377] Siehe oben I. 4.
[1378] *Jülicher* in Troll/Gebel/Jülicher, ErbStG, § 29 Rz. 3; *Knobel* in Viskorf/Glier/Hübner/Knobel/Schuck, ErbStG, § 29 Rz. 17; *Meincke*, ErbStG, § 29 Rz. 7; *Moench*, ErbStG, § 29 Rz. 7.
[1379] Siehe oben I. 4.

wurde, dass auch im unstreitigen Fall sich ein Rückforderungsrecht nach § 29 Abs. 1 Nr. 1 ErbStG darstellen würde, also etwa bei § 528 BGB, bei §§ 530 ff. BGB oder bei der zweckverfehlten Schenkung[1380].

d) Rechtfolgenansatz

Nach dem Rechtsfolgenansatz kommt es dann zu einer materiellen Rückwirkung, wenn die sich aus dem Vergleich ergebenden Rechtsfolgen den Zustand wiederherstellen, der bestünde, wenn die Schenkung nicht stattgefunden hätte[1381].

2. Nutzungen

Hinsichtlich der Nutzungen kann auf die Ausführungen zur auflösend bedingten Schenkung verwiesen werden[1382].

3. Rückschenkung

Rückschenkung und Vergleich schließen sich aus[1383]. Da der Unterschied sich bereits beim objektiven Tatbestand ergibt, kann ein Vergleich auch keine sonstige freigebige Zuwendung im Sinne von § 7 Abs. 1 Nr. 1 ErbStG sein[1384].

III. Ergebnis

Der Vergleich ist ein Vertrag, bei dem ein Streit oder eine Ungewissheit durch gegenseitiges Nachgeben beseitigt wird. Er ist von der Rückschenkung, dem Aufhebungsvertrag und der Erfüllung eines Rückforderungsrechts zu unterscheiden. Je nachdem um welches Rechtsverhältnis sich der durch den Vergleich beigelegte Streit drehte, kann sich eine steuerlich materielle Rückwirkung aus § 41 Abs. 1 Satz 1 AO, aus § 29 Abs. 1 Nr. 1 ErbStG oder dem Rechtsfolgenansatz ergeben.

[1380] Siehe oben §§ 12, 13, 20.
[1381] Siehe oben § 8.
[1382] Siehe oben § 15 II. 3. a).
[1383] Siehe oben I. 3. a).
[1384] Zum Unterschied zwischen den §§ 516 ff. BGB und dem Begriff der freigebigen Zuwendung siehe oben § 3 II. 2. d).

Achter Teil: Schluss

§ 28 Zusammenfassung der wesentlichen Ergebnisse

Die Erbschaft- und Schenkungsteuer rechtfertigt sich aus der Steigerung der Leistungsfähigkeit, die der Erwerber durch die Erbschaft erfahren hat. Schenkungen werden der Steuer unterworfen, damit sie nicht durch Verfügungen zu Lebzeiten umgangen werden kann.

Ein Grundsatz der Unabänderlichkeit des einmal entstandenen Steueranspruchs ist nicht anzuerkennen. Auch nach seiner Entstehung kann sich der Steueranspruch durch Gesetz oder mittelbar durch Vertrag ändern, d. h. rückwirkend wegfallen oder erlöschen. Inhaltlich liegt eine solche Änderung dann vor, wenn durch die Rückabwicklung der Schenkung ein Zustand hergestellt wird, der demjenigen entspricht, der bestünde, wenn die Schenkung nie stattgefunden hätte (Rechtsfolgenansatz). Verfahrensrechtlich ist insoweit ein rückwirkendes Ereignis nach § 175 Abs. 1 Satz 1 Nr. 2 AO anzunehmen.

§ 29 ErbStG regelt nicht abschließend, in welchen Fällen es zu einer nachträglichen Änderung des Steueranspruchs kommt. Vielmehr können sich auch aus § 41 Abs. 1 Satz 1 AO und dem Rechtsfolgenansatz nachträgliche Änderungen ergeben.

Im Einzelnen lassen sich folgende Fallgruppen zusammenfassen:

War der Schenkungsvertrag von Anfang nichtig, auflösend bedingt oder wurde er angefochten, folgt aus arg. e. § 41 Abs. 1 Satz 1 AO ein nachträglicher Wegfall des Steueranspruchs. Bestand ein gesetzliches Rückforderungsrecht nach §§ 528, 530 BGB oder §§ 134 ff. InsO, §§ 4 ff. AnfG erlischt der Steueranspruch rückwirkend nach § 29 Abs. 1 Nr. 1 ErbStG. Das gleiche gilt für im Schenkungsvertrag vereinbarte Rückforderungsrechte (Widerruf, Rücktritt, selbständiges Rückforderungsrecht) und bei der Zweckschenkung.
Wird die Schenkung nachträglich durch Vertrag aufgehoben oder eine Rückschenkung vorgenommen, erlischt der Steueranspruch nach dem Rechtsfolgenansatz.
Zu keiner nachträglichen Änderung des Steueranspruchs kommt es dagegen beim Rückforderungsrecht nach § 527 BGB und beim Rückfall von Todes wegen.

Die Rückabwicklung selbst ist nur im Fall der echten Rückschenkung steuerpflichtig, wobei die personelle und die sachliche Begrenzung auf den Rückfall von Todes wegen nach § 13 Abs. 1 Nr. 10 ErbStG als systemwidrig anzusehen ist.